HISTOIRE DU THÉATRE EN FRANCE

PAR ÉDOUARD FOUCAUD,

Auteur des ARTISANS ILLUSTRES, de PARIS INVENTEUR, etc.

3 vol. grand in-8°, sur grand raisin,

ILLUSTRÉS DE 22 PORTRAITS DES PREMIERS ARTISTES DRAMATIQUES,

Tirés sur acier, d'après le nouveau procédé de gravure de M. VOISIN.

PUBLIÉE EN 22 SÉRIES A 1 FR.

Il y a un grand nombre d'histoires du théâtre en France; mais toutes, sans exception, ont été écrites avec une partialité désespérante. Depuis les trouvères et les troubadours, qui chevauchaient le luth sur l'épaule et le lai d'amour sur les lèvres, jusqu'au grand Corneille, le théâtre a été apprécié, sinon toujours avec dignité, du moins avec assez de bonne foi; mais, à compter de Molière, l'histoire n'a plus été qu'un véritable pamphlet, qu'une longue énumération de scandales et d'orgies honteuses.

On ne peut se dissimuler que les comédiens ont été longtemps victimes d'une sorte de proscription; une scission profonde s'était formée entre eux et la société; exclus de la grande famille sociale, ils étaient hors la loi. Ils étouffaient dans la sphère étroite où les enfermait le préjugé, quand la révolution de 1789, qui détruisit si rapidement tout un monde d'idées et de faits, vint à leur secours. Le nouveau ferment d'égalité sociale qui agitait alors les esprits était tout à l'avantage des comédiens :

leurs mœurs gagnèrent au changement, et, recouvrant insensiblement l'autorité morale dont ils s'étaient eux-mêmes dépouillés, ils ont reconquis pas à pas l'entrée méritée dans la grande famille. Aujourd'hui, disons-le avec vérité, ils vivent de notre vie, et l'homme qui se respecte rougirait de les regarder comme de simples AMUSEURS gagés.

Nous avons pensé qu'il serait bien de choisir ce moment de réhabilitation, cette époque de palingénésie, pour donner une histoire du théâtre en France, et pour montrer comment il est arrivé, par un développement régulier, à une situation plus belle, plus sociale et glorieusement conquise.

L'*Histoire du Théâtre en France* sera divisée en six grandes époques, naturellement indiquées par six grandes divisions historiques : le siècle de Louis XIV, — le siècle de Louis XV, — la République, — l'Empire, — la Restauration, — la Révolution de 1830.

Nous avons confié les portraits qui doivent illustrer cette édition à M. Voisin, dont le nouveau procédé de gravure nous garantit une ressemblance parfaite ainsi qu'une exécution soignée. — En un mot, nous ne négligerons rien pour faire de l'*Histoire du Théâtre en France* un ouvrage digne de figurer avec honneur au milieu des riches éditions illustrées à grands frais par la librairie moderne.

CONDITIONS DE LA SOUSCRIPTION.

L'Histoire du Théâtre en France, imprimée sur beau papier, formera 3 volumes grand in-8º de 450 à 500 pages, illustrés de 22 beaux portraits gravés sur acier et livrés tous les huit jours par Série de 1 franc (25 centimes en sus par Série pour les départements). Chaque Série contiendra 64 pages de texte et un portrait.

On peut souscrire soit par série, soit par volume, soit pour l'ouvrage complet.

L'ouvrage sera entièrement terminé le 15 avril 1845.

ON SOUSCRIT, A PARIS :
Rue Saint-Denis, nº 124, 2ᵐᵉ Cour Batave, nº 10.

SAINT-DENIS. — IMPRIMERIE DE PREVOT ET DROUARD.

HISTOIRE
DU THÉATRE
EN FRANCE.

HISTOIRE
DU THÉATRE
EN FRANCE

PAR

ÉDOUARD FOUCAUD,

Auteur des ARTISANS ILLUSTRES, de PARIS INVENTEUR, etc.

TOME I.

PARIS.
PUBLICATIONS MODERNES.
RUE SAINT-DENIS, 124, 2e COUR BATAVE, 10.

1845.

PREMIERS TEMPS

DU

THÉATRE EN FRANCE.

ÉTUDE.

Quelle est l'origine du théâtre en France? Après avoir recherché avec patience dans tous les historiens qui ont écrit sur cette matière, je suis resté longtemps indécis à me formuler une opinion éclairée.

Les premiers temps du théâtre en France ressemblent aux premiers âges de la monarchie française, cette époque que nous n'entrevoyons qu'à travers une obscurité profonde; il n'est donné à aucun écrivain de pouvoir les bien comprendre, et surtout les bien apprécier; la preuve des faits manque, et on est obligé de s'en rapporter à la bonne foi d'histoires écrites avec impuissance de vérité. Le canevas s'est trouvé à peu près complet; mais, les détails devenant indéchiffrables, alors l'imagination a suppléé aux lacunes en finissant de couvrir le canevas de mille broderies plus ou moins heureuses, plus ou moins brillantes. Cependant, si par *théâtre* on entend des spectacles réguliers, fixes, quotidiens, des loges grillées, etc..., Riccoboni avait raison lorsqu'il a écrit que « l'époque du théâtre français ne peut être fixée avant 1398, temps où le *Mystère de la Passion* fut représenté à Saint-Maur. » Mais, si l'on veut donner au mot *théâtre* une définition plus étendue, et que l'on comprenne dans ce mot l'*art dramatique*, je dois citer ici, comme l'expression de toute ma pensée, ce qu'en dit le savant archéologue M. Magnin : « On croit trop généralement que le genre dramatique, après sept ou huit cents ans de sommeil, s'est réveillé au XIIIe ou XIVe siècle, un certain jour, ici plus tôt, là plus tard. Chaque nation cherche puérilement à s'attribuer la priorité de ce prétendu réveil ; chaque historien s'épuise en efforts pour fixer l'heure où cette révolution dans les facultés humaines s'est opérée. Ce n'est pas une semblable entreprise que je vais renouveler. N'attendez pas de moi un plaidoyer en faveur de telle ou telle date plus ou moins douteuse. Je ne crois au réveil ni au sommeil des facultés humaines ; je crois à leur continuité, à leurs transformations ; surtout à leur perfectibilité et à leurs progrès... Non, pendant tout ce long intervalle de décomposition ou de recomposition sociale, qu'il faut bien appeler le moyen âge, jusqu'à ce qu'on le connaisse assez bien pour lui donner un nom moins vague, pendant tout ce long espace, le génie dramatique n'a pas manqué à l'humanité. La seule grande difficulté pour le critique est de savoir le discerner sous les nouvelles apparences qu'il revêt, et sous la couche épaisse de barbarie qui le couvre et le déguise. »

Nos premiers jeux, nos premiers spectacles n'étaient que de faibles copies des divertissements romains, que ces derniers avaient introduits dans la Gaule. L'abbé de La Rue rapporte que quelques rois de la première race établirent des jeux de gladiateurs, et construisirent des cirques à Paris et à Soissons, mais que ces jeux sanglants furent abolis entièrement sous la deuxième race : alors les tournois, les carrousels, les *Cours plénières*, se succédèrent sans interruption, et ces jeux, où souvent le sang se répandait aux grands applaudissements des dames et des manans, étaient entremêlés de fanfares bruyantes.

A cette époque, les bardes, poètes qui datent depuis le commencement de la monarchie, jouissaient d'une réputation populaire; mais des histrions ou farceurs, qui paraissent être descendus des anciens mimes latins, se répandirent dans toute la France, et acquirent, en peu de temps, une grande renommée. Ils affichèrent bientôt un si grand cynisme dans leurs gestes et dans leurs paroles, que les conciles de Mayence, de Tours, de Reims, de Châlons-sur-Saône, défendirent aux ecclésiastiques d'assister aux jeux des farceurs, et que Charlemagne, outré de l'indécence de leurs jeux, les proscrivit par une ordonnance de l'année 789.

Les spectacles de ces histrions ou farceurs avaient lieu dans les carrefours et dans les places publiques.

Les premiers interprètes du théâtre en France furent donc des bateleurs, des joueurs de farces. Ces spectacles avaient tellement excité l'enthousiasme du peuple, que, sous le prétexte de célébrer les fêtes des saints, on joua, jusque dans les églises, des farces les plus grossières où se trouvaient des chants tellement obscènes, que les femmes les plus éhontées ne pouvaient s'empêcher de rougir, et ce ne fut qu'en 1198 que ces honteux spectacles furent abolis, grâce à Eudes de Sully, évêque de Paris.

A ces spectacles, déclarés infâmes, succédèrent les *troubadours*, nom donné aux premiers poètes de Provence. Quelques écrivains croient que le nom de *troubadours* vient du verbe *trouver*, à cause de leurs compositions, d'où la dénomination de *trouvères*; d'autres pensent qu'on les a appelés *troubadours* parce qu'ils chantaient en s'accompagnant d'un instrument appelé *trompe* ou *trumpe*. Voici ce que j'ai lu dans les *Essais historiques sur l'origine et les progrès de l'art dramatique en France :* « Les poètes provençaux, c'est-à-dire nés dans les provinces méridionales de la France, et qui parlaient la langue du comté de Provence, nommée *romane provençale*, parce qu'elle dérivait de la langue des Romains, et les poètes français, nés dans nos provinces septentrionales, dont la langue venait de la même source, mais, étant prononcée différemment, était appelée *romane française* ; ces poètes, dis-je, furent les premiers qui composèrent et exécutèrent en France les *Entremets* dont on égaya les fêtes connues sous le nom de *Cours plénières*. Elles avaient lieu dans les grandes circonstances, comme les mariages des souverains et ceux de leurs enfants, la célébration de certains jours consacrés par la religion ou par l'usage, à des époques fixes de l'année. Les poètes provençaux se donnèrent le titre de *troubadours*, et les français celui de *trouvères* ; ce qui, dans l'une et l'autre langue, signifie *trouveurs* ou *inventeurs*. »

La poésie des troubadours consistait en *sonnets*, en *pastorales*, en *chansons*, en *sirventes* ou satires, et en *tensons*, qui étaient des querelles d'amour. De là les fameuses *Cours d'amour*, où il se rendit des arrêts d'après les formules et suivant la règle de la jurisprudence connue.

Dès le xie siècle, les troubadours cheminaient de ville en ville, le luth sur l'épaule et le lai d'amour sur les lèvres ; ils se faisaient accompagner par des *ménestrels* ou *ménestriers*, et par des jongleurs ou bateleurs, faiseurs de tours. Les bateleurs faisaient, à l'aide d'épées, des tours surprenants et périlleux. Peu à peu, ils mêlèrent à leurs spectacles des danses de corde, des farces, des pantomimes, représentant des animaux de toutes sortes et des machines immenses.

« Ces premiers poètes, suivant l'abbé Massieu, menaient une vie errante, et ressemblaient par là aux poètes grecs. Lorsqu'ils avaient famille, ils menaient avec eux leurs femmes et leurs enfants, qui se mêlaient aussi quelquefois de faire des vers ; car, assez souvent, toute la maison rimait, bien ou mal, à l'exemple du maître. Ils avaient pris soin encore de prendre à leur suite des gens qui eussent de la voix, pour chanter leurs compositions, et d'autres qui sussent jouer des instruments pour les accompagner. »

L'opinion de Fontenelle se trouve être la même que celle de l'abbé Massieu, relativement aux troubadours. « Le chant a fait naître la poésie, dit-il, ou l'a du moins accompagnée dans sa naissance. Tous les vers des *trouvères* ont été faits pour être chantés. Quelquefois, durant le repas d'un prince, on voyait arriver un *trouvère* inconnu, avec ses *ménestrels* ou *jongleurs*, et il leur faisait chanter sur leurs harpes ou *vielles* les vers qu'il avait composés. Ceux qui faisaient les *sons* aussi bien que les *mots* étaient les plus estimés. Parmi les anciens *trouvères*, si semblables à des vielleurs, il s'en trouve un grand nombre qui portent de si beaux noms qu'il n'y a point aujourd'hui de grand seigneur qui ne fût bien heureux d'en descendre. Tel qui, par les partages de sa famille, n'avait que la moitié ou le quart d'un vieux château, bien seigneurial, allait quelque temps courir le monde en rimant, et revenait acquérir le reste du château. On les payait en armes, draps (vêtements), et chevaux, et, pour ne rien déguiser, on leur donnait aussi de l'argent. Mais, pour rendre les récompenses des gens de qualité plus honnêtes et plus dignes d'eux, les princesses et les grandes dames y joignaient souvent leurs faveurs; elles étaient fort faibles contre les beaux esprits. Si l'on est étonné que, dans une nation telle que la française, qui avait toujours méprisé les lettres, et qui n'est pas même encore revenue de cette espèce de barbarie, des gentilshommes et des grands seigneurs s'amusassent à faire des vers, je ne puis répondre autre chose, sinon que ces vers se faisaient sans étude et sans science, et que, par conséquent, ils ne déshonoraient pas la noblesse. »

Jean de Notre-Dame, vulgairement appelé Nostradamus, procureur au parlement de Provence, porte le nombre des troubadours à soixante-seize. Pasquier nous apprend qu'il avait un extrait d'un ancien livre appartenant au cardinal Bembo, intitulé: *Los noms da quels qui firent tensòns et syrventes*, et qui en mettait le nombre à quatre-vingt-seize, parmi lesquels on comptait un empereur, Frédéric Ier; deux rois, Richard Ier, roi d'Angleterre et un roi d'Aragon; un dauphin et plusieurs comtes : cependant, de ces quatre-vingt-seize troubadours, tous ne composèrent pas des ouvrages entiers en provençal, quelques-uns même ne s'élevèrent pas plus haut que l'épigramme. Pétrarque, dans le quatrième chapitre du Triomphe de l'Amour, parle avec éloge de plusieurs troubadours. — Pasquier déclare formellement, *dans ses recherches sur la France*, que Dante et Pétrarque sont les sources de la poésie italienne, mais qu'à leur tour ces sources mêmes descendent de la poésie provençale. Bouché, dans son *Histoire de Provence*, dit que, vers le milieu du XII* siècle, les troubadours commencèrent à être estimés eu Europe, et que leur poésie jouissait encore d'une grande renommée vers le milieu du XIV* siècle ; il ajoute que Pétrarque apprit en Provence l'art de la versification qu'il pratiqua dans la suite, et qu'il apprit à l'Italie.

Je crois qu'il n'est pas hors d'à-propos de rapporter ici ce qui se trouve mentionné dans l'*Histoire universelle des Théâtres*, relativement aux *Entremets* qui furent exécutés au mariage du duc Charles de Bourgogne avec Marguerite d'Yorck, sœur du roi d'Angleterre. Ce genre de spectacle me paraît donner une idée assez complète des talents inventifs et multipliés des troubadours, des ménestrels et des jongleurs.

« Durant le premier banquet de noces, on vit arriver dans la salle une licorne de la grandeur d'un cheval et parée d'une couverture peinte aux armes d'Angleterre. Un léopard, placé sur cette licorne, portait une bannière du même pays, et une fleur de Marguerite. La licorne fit le tour des tables au son de divers instruments, s'arrêta devant le duc de Bourgogne, et, alors, un officier lui présenta la fleur que nous venons de nommer, en lui disant : « Le fier et redouté léopard d'Angleterre vient visiter la noble compagnie ; et, pour la consolation de vous, de vos alliés, pays et sujets, vous fait présent d'une Marguerite. » A la licorne succéda un grand lion tout doré et orné des armes du duc de Bourgogne. Sur son dos, il portait une jolie naine en habit de bergère, tenant d'une main un petit lévrier en laisse, et de l'autre une bannière de Bourgogne. Le lion fit plusieurs tours dans la salle, et finit par s'approcher de la nouvelle duchesse, à laquelle il adressa le rondeau suivant :

>Bien vienne la belle bergère,
>De qui la beauté et manière
>Nous rend soulas et espérance :
>Bien vienne l'espoir et fiance
>De cette seigneurie entière...
>Bien devant celle tenir chère,
>Qui nous est garant et frontière
>Contre danger, et tant qu'il pense,
>   Bien vienne !
>
>C'est la source, c'est la minière
>De notre paix grande et fière ;
>C'est notre force et assurance ;
>Dieu louons de telle alliance ;
>Crions, chantons à lie chère
>   Bien vienne !

« Après ce rondeau, deux chevaliers prirent la petite bergère, la mirent sur la table, et l'offrirent en présent à la duchesse.

« Dans le troisième *Entremets* de cette journée, parut un dromadaire richement orné et enharnaché à la manière Sarsinoise.

Il portait sur le dos deux grands paniers au milieu desquels était un homme vêtu en sauvage indien, qui jeta sur les tables des oiseaux de différents plumages, renfermés dans ces paniers.

« Les *Entremets* du second jour représentèrent les douze travaux d'Hercule; et d'abord on le vit dans son berceau, où il était allaité par sa nourrice. Tout à coup s'avancèrent deux serpents qui dévorèrent son frère jumeau, placé à côté de lui; puis ils fondirent sur Alcide, qui les étouffa.

« Dans le second exploit, on le montra sur un vaisseau, accompagné de Thésée, et abordant une montagne couverte de moutons. Hercule sortit de son navire et voulut en emmener quelques-uns. Un géant vint à lui; le combat s'engagea, et le géant fut vaincu. Le roi du pays s'avança; mais il fut obligé de se soumettre, et, maître des troupeaux, Alcide s'éloigna du rivage.

« Dans le troisième de ses travaux, il délivra Hésione, défit un monstre, et l'attacha à son vaisseau. Chacun de ses triomphes était expliqué par des vers que l'on exposait dans la salle du festin, et voici ceux que l'on avait faits pour désigner le dernier dont nous venons de parler :

> Hercule conquêta de l'honneur grand mont-joye,
> D'occir le fier monstre qui voulait faire proye
> D'Hésione la belle, fille au grand roi de Troye,
> Et mit le peuple à paix, à repos et à joye.
> O nobles chevaliers! ô toute gentillesse!
> Prenez ici exemple, Hercule vous en presse ;
> Pour garantir les Dames montrez grand' hardiesse ;
> Faites-vous détranger, pour honnête prouesse ;
> Deffendez leur honneur, car n'est autre richesse.
> Qui autrement le fait, il offense noblesse.

« Dans son quatrième exploit, Hercule triompha de trois lions, et les *Entremets* finirent par l'arrivée d'un griffon d'or et d'azur, orné des chiffres du duc et de la duchesse. Il fit plusieurs tours dans la salle et ouvrit son bec, d'où il sortit une foule d'oiseaux vivants qui se répandirent de tous les côtés.

« Dans un autre banquet, donné à l'occasion du même mariage, le milieu de la salle du festin était rempli d'une tour magnifiquement décorée et environnée de tentes et de pavillons. De cette tour, sortit une sentinelle qui sonna de la trompette. Quatre fenêtres s'ouvrirent, et aussitôt il en saillit quatre sangliers qui, sonnant aussi de la trompette, portaient la bannière du duc de Bourgogne. Alors la sentinelle appela ses hauts ménestriers, et des quatre mêmes fenêtres s'élancèrent trois chevaux et un bouc qui jouèrent de la trompe et du hautbois. La sentinelle demanda ses joueurs de flûte, et quatre loups, tenant à leurs pattes chacun un de ces instruments, vinrent en exécuter plusieurs airs. Ensuite la sentinelle voulut faire venir ses chantres, et ces derniers furent représentés par quatre gros ânes qui chantèrent le rondeau suivant à quatre parties :

Faites-vous l'âne, ma maîtresse ?
Cuidez-vous, par votre rudesse,
Que je vous doive abandonner ?
Jà, pour mordre ne pour ruer,
Ne m'aviendra que je vous laisse,
Pour manger chardons comme ânesse ;
Pour porter bâts, pour faix, pour presse,
Cesser ne puis de vous aimer.
   Faites-vous l'âne ?

Soyez forfante ou mocqueresse,
Soit lâcheté ou hardiesse,
Je suis fait pour vous honorer.
Et donc me devez-vous tuer,
Pour avoir le nom de meurdresse?
Faites-vous l'âne?

« La sentinelle se fit entendre pour la cinquième fois, et à son ordre parurent sept figures de singes, qui firent une infinité de tours différents dans une des galeries de la tour. Ils y trouvèrent un mercier endormi auprès de divers instruments; ils en prirent chacun un, et formèrent un ballet qu'ils exécutèrent sur leur musique.

« Dans les *Entremets* d'une autre journée, on continua la représentation des travaux d'Hercule. On y vit ce héros, qui, accompagné de Pyrithoüs et de Thésée, descendit aux enfers pour se venger de Pluton, ravisseur de Proserpine. Pyrithoüs fut dévoré par Cerbère, et Thésée était près de périr; Hercule vola à son secours, délivra son ami, et, jaloux de poursuivre son entreprise, il s'élança au milieu des feux qui lui défendaient l'entrée du Tartare, parvint jusqu'à Proserpine, l'enleva et la ramena sur la terre.

« Dans un autre *Entremets*, ce même Alcide, monté sur un superbe cheval, et toujours accompagné de Thésée, combattit deux jeunes et vaillantes Amazones dont le courage obligea les deux guerriers à laisser la victoire indécise.

« Les autres travaux d'Hercule furent l'attaque de l'hydre aux sept têtes, la défaite des onze géants, la vengeance qu'il tira de Cacus, la victoire qu'il remporta sur le sanglier, le carnage qu'il fit des sagittaires, enfin les colonnes qu'il planta dans la mer pour servir de monument et de terme à ses travaux. Les vers suivants donnèrent l'explication de ce dernier *Entremets* :

>Hercules, en son temps où tant de renom a,
>Entre ses grand' prouesses onze fois travailla ;
>Dont le dernier fut tel que les bornes planta
>En la grand' mer d'Espagne, dont sa gloire monta.
>Or, vous tous qui lisez cette signifiance,
>Mettez borne à vos faits, si, montrerez prudence.
>Faites comme Hercule, en votre desirance,
>Abornez vos désirs en mondaine espérance,
>Car le jour est prescrit, il faut que l'on y pense,
>Que passer ne pourront, pour or, ne pour chevance.

« Il parut encore dans un banquet une baleine de soixante pieds de long, et d'une hauteur proportionnée, qui fut amenée par deux géants. Elle s'avança au son des trompettes, fit le tour de la salle en imitant tous les mouvements qui lui étaient analogues, s'arrêta devant le duc de Bourgogne, et ouvrit un large gosier d'où saillirent deux syrènes qui se mirent à chanter. Au son de leur voix, douze chevaliers sortirent encore de la même baleine, dans le ventre de laquelle on entendit jouer un tambourin qui fut dansé par les syrènes et les chevaliers. Ensuite ces derniers combattirent entre eux, et, à la voix des géants, ils rentrèrent avec les syrènes dans l'intérieur de l'énorme poisson, qui s'en retourna comme il était venu. »

L'auteur des *Essais historiques* dit, à propos de ces mêmes *Entremets* : « Il est difficile d'imaginer quelles devaient être les dimensions des salles où l'on donnait ces spectacles, et quelles dépenses elles entraînaient pour quelques jours seulement. » Je crois fermement que le récit primitif de ces spectacles renferme, sinon de la mauvaise foi, du moins beaucoup d'exagération, et que les historiens qui, plus tard, en ont rendu compte, se sont montrés d'une crédulité puérile et irréfléchie. Ces fêtes avaient lieu dans les salles d'un château... Aucun chroniqueur, que je sache, n'a donné d'une manière positive l'historique de ces salles gigantesques; ne serait-il pas plus raisonnable de penser que ces fêtes n'avaient lieu qu'en plein air et devant le peuple; que ces salles n'étaient autre chose qu'un certain espace de terrain entouré de palissades, comme les carrousels, par exemple, afin de tenir à distance les transports de joie excités dans le peuple par la magnificence de ces jeux. Si cette opinion semble d'abord légèrement avancée, quelques mots me suffiront pour en faire comprendre toute la probabilité. Les fêtes qui portaient le nom d'*Entremets* ne se donnaient qu'à des époques de réjouissances publiques. Chacun sait que la féodalité étendait alors sur tous sa verge de fer, et que les vilains d'alors, le peuple d'aujourd'hui, ne jouissaient pas de cette franchise d'allure que donne la liberté. Esclaves avant tout, dépendants d'une seule volonté, cruelle quelquefois, toujours capricieuse, les pères n'avaient appris à leurs enfants que l'obéissance aveugle, et si quelquefois, par hasard, quelques fibres plus énergiques venaient à frémir dans la poitrine de quelques-uns, leurs plaintes ne devaient pas être entendues, ou malheur à l'audacieux qui avait osé se souvenir qu'il était homme. La féodalité, toute novice qu'on veut bien nous la représenter dans l'art du gouvernement, possédait la science d'une politique pleine de ruse. Carrousels, *Entremets*, toutes ces fêtes brillantes pouvaient bien cacher, sous un dehors riant, une pensée forte et politique. En effet, de tout temps, les plaintes d'un peuple qui souffre s'apaisent et s'oublient dans les fêtes qu'on lui donne; le peuple ne pense plus pour un instant à la misère qui le ronge, lorsque la joie et l'abondance se montrent à face découverte devant lui. Je le répète donc, tout porte à croire que ces entremets ruineux se passaient en plein air et devant le peuple assemblé.

L'abbé de Longchamps, dans son *Tableau historique des Gens de Lettres,* avance avec raison que les troubadours sont le pères de notre littérature. « Ils bannirent, dit-il, les querelles grossières de la scholastique ; ils polirent nos mœurs, établirent les règles de la politesse, et donnèrent plus de vivacité à la conversation. » Suivant Warton, l'auteur de l'*Histoire de la poésie anglaise,* il y a eu deux classes de troubadours, qu'on n'a pas su suffisamment distinguer l'une de l'autre : « On voit, en effet, en examinant attentivement leur histoire, que la poésie des premiers ne consistait qu'en *fables morales, sonnets amoureux* et *allégories,* tandis que ceux qui parurent plus tard se livrèrent à un genre de composition plus sérieux. A la tête de ces derniers, on doit placer Parasols, qui, outre plusieurs poésies qu'il fit à la louange des papes et des dames, composa *cinq belles tragédies des gestes de Jehanne, reine de Naples.*

« La première, intitulée : l'*Andriasse*, était relative au premier mariage de Jeanne avec André, fils de Charles, roi de Hongrie, et que l'on croit qu'elle fit étrangler, après trois ans de règne, ou, au moins, à l'assassinat duquel elle consentit, par haine ou par faiblesse, et par amour pour Louis, fils de Philippe, prince de Tarente.

« La seconde pièce, intitulée *la Tharenta*, faisait allusion au mariage de Jeanne avec ce Louis de Tarente, et que troubla Louis, roi de Hongrie, autre fils et héritier de Charles, pour venger la mort de son frère André, dont le successeur au trône de Naples « mourut, tout exténué de s'être excessivement et trop souvent employé au service de la reine, » dit Brantôme.

« La troisième pièce, intitulée *le Malhorguyna*, rappelait que Jeanne prit en troisième mariage Jacques d'Aragon, infant de Mayorque, et qu'elle ne fit point roi de Naples, mais seulement duc de Calabre; lequel suivit bientôt ses deux prédécesseurs, car Jeanne lui fit trancher la tête, parce qu'elle apprit qu'il avait une maîtresse; attentat nouveau dont, voulant justifier Jeanne, Brantôme dit: « Qui n'eût condamné ce prince d'avoir faussé compagnie à cette belle reine, et s'être dérobé pour aller habiter avec une autre qui ne la valait pas en la moindre partie de son corps? C'était tout ainsi qu'un qui, pour éteindre sa soif, délaisse la nette et claire fontaine, pour aller boire dans un marais sale, boueux et tout vilain. »

« La quatrième pièce, intitulée *l'Allamanda*, désignait le quatrième et dernier mariage de Jeanne avec Othon de Brunswick, prince allemand, que Charles Durazzo, général hongrois, vainquit dans une bataille, et fit mourir avec Jeanne, par suite de la vengeance exercée contre les meurtriers d'André.

« La cinquième pièce, intitulée *la Johannata*, était une récapitulation des divers évènements de la vie de Jeanne, et Nostradamus nous dit : « Que le poète n'y avait rien oublié, depuis que cette reine fut à l'âge de sept ans jusqu'à la fin de ses jours, qu'elle prit une telle et malheureuse fin qu'elle avait fait prendre à André, son mari. »

L'auteur des *Essais historiques*, après avoir ainsi rendu compte de ces *tragédies*, ajoute que « Parasols est le seul dont il nous soit parvenu quelque chose ; encore, ce que nous en connaissons se borne-t-il aux titres et aux sujets de ses pièces. »

De Beauchamp dit que « Parasols eut pour récompense de ses cinq *tragédies*, qu'il avait données secrètement au pape, un canonicat de Sisteron et la prébende de Parasols, où il alla finir ses jours ; » mais où il les finit empoisonné, prétendent les frères Parfait, « sans que l'on ait su par qui ni pourquoi. » — « Il mourut en **1383**, remarque Fontenelle, et Jeanne de Naples, l'héroïne de ses cinq tragédies, en **1382**, de sorte qu'il n'a vécu qu'en même temps qu'elle, et les actions de cette princesse étaient accommodées au théâtre à mesure qu'elles arrivaient. Avait-elle fait étrangler son mari pour en épouser un plus aimable, il paraissait aussitôt une tragédie sur ce sujet. »

Dès l'année **1180**, un tribunal appelé *Cour d'amour*, et où se décidaient les questions de galanterie, fut institué en Provence et en Picardie. Cette institution fournit une ample matière aux poètes, qui mettaient en vers les griefs et les arguments des parties, dans un style qui amena plus tard les spirituels entretiens de Cyrus et de Clélie. Mais chanter les aventures chevaleresques demandait des talents tout différents : aussi les troubadours qui composèrent des romans en vers ne doivent pas être confondus avec les premiers. Cette dernière classe paraît n'avoir commencé qu'à une époque plus rapprochée, et pas avant la révolution opérée par les croisades dans les mœurs et les idées de l'Occident. En même temps, comme le suppose Warton, l'art des troubadours, vulgairement appelé *gaie science*, passa de France en Italie, et ensuite en Espagne. Si cette conjecture est vraie, M. Rees avance avec raison, dans son *Encyclopédie*, que comme les Espagnols eurent de très bonne heure leurs *juglares*, bardes qui chantaient dans les festins, et qui, par leurs longs rapports avec les Arabes, en connaissaient parfaitement toutes les fictions, il est bien probable que les troubadours de Provence empruntèrent à l'Espagne ce genre de récit. — Cette communication était très facile à l'aide des ports de Toulon et de Marseille, par lesquels les deux nations eurent un commerce régulier dès une époque très reculée.

Les troubadours et les jongleurs, malgré la faveur exclusive dont ils jouissaient auprès des dames, se livrèrent bientôt à un libertinage tellement révoltant, que, sur les plaintes portées contre eux, Philippe-Auguste les chassa ignominieusement ; mais, quelques années après, un grand nombre d'entre eux ayant mis un frein aux débordements de leur conduite, ils rentrèrent dans les bonnes grâces de Philippe-Auguste, qui leur permit alors de se fixer à Paris et de continuer leur joyeux métier. Plus tard, saint Louis renouvela les ordonnances de son grand-père Philippe-Auguste, et les troubadours furent de nouveau bannis du royaume. Cette nouvelle disgrace n'eut pas tout le succès que le scrupuleux Louis IX s'était promis ; car le peuple, habitué à leurs jeux, ne les oublia pas : aussi, peu à peu, les spectacles recommencèrent-ils. Cependant, en 1341, défense leur fut faite, par ordonnance du prévôt de Paris, *de ne rien dire, chanter ou représenter dans les places publiques ou ailleurs, qui pût causer du scandale.*

« Les pièces qu'ils nous ont laissées, au dire des auteurs de l'*Histoire universelle des Théâtres*, ont souvent le mérite de donner une idée des mœurs du siècle dans lequel elles ont été composées. Celles-ci offrent des espèces de scènes dialoguées ; celles-là renferment, ou des anecdotes, ou des historiettes racontées avec naïveté, et plusieurs d'entre elles sont remarquables par la vérité des images qu'elles présentent, par l'élégance avec laquelle elles sont écrites ; mais il en est quantité d'autres auxquelles nous sommes loin d'accorder les mêmes éloges. Nous mettons de ce nombre celles que l'on peut appeler obscènes ou satiriques ; et si les premières sont révoltantes par le ton d'indécence que les poètes y prennent, les secondes ne le sont pas moins par les injures grossières dont ils accablent ceux qu'ils ont envie de critiquer. »

Pour celui qui veut étudier les progrès de l'art dramatique en France, il faut qu'il suive avec une persévérance à toute épreuve les diverses transformations qu'il a subies, qu'il en analyse toutes les nuances avec discernement, afin de se formuler une idée nette et entière ; et comme, pour bien comprendre un tout, il est indispensable d'en connaître les moindres parties sans exception, j'ai pensé qu'on me saurait gré de trouver groupées, dans cette Étude, toutes les différentes graduations du théâtre français avant qu'il eût un Corneille pour poète et un Molière pour comédien.

Voici d'abord un extrait du *Lai de Courtois*, que M. Le Grand rapporte dans les *Fabliaux et Contes des douzième et treizième siècles*. L'auteur de cette petite pièce est resté inconnu.

« Allons, allons, debout! c'est assez dormir. Il y a longtemps que le rossignol chante, et il fait jour. Vous devriez déjà être aux champs avec vos bêtes.

« — Eh! quoi, mon père, tous les jours me coucher tard et me lever matin? Parbleu! si c'est là la vie que vous me destinez, elle est aussi par trop dure! Je vous sers de mon mieux, et vous me traitez en vrai serf, tandis que mon frère cadet vit près de vous sans rien faire, ou qu'il perd au *trémerel* ce qu'avec bien des sueurs nous gagnons tous les deux.

« Tel est le début de cette pièce originale, qui n'est rien autre chose que la parabole de l'*Enfant prodigue*, mise en action, dit M. Le Grand. J'en ai peu vu d'aussi mal écrites, et dont la narration fût aussi obscure et aussi diffuse; mais elle a cela de singulier qu'à l'exception de huit ou dix vers, tout s'y trouve en dialogue ou en monologue; en un mot, c'est une espèce de drame dans lequel, cependant, les différentes actions se suivent sans aucune interruption ni changement de scène. Aussi le prodigue, réduit au plus grand état de pauvreté, forme la résolution de retourner chez son père; et dans le vers suivant il est représenté à ses genoux et lui demandant pardon. Une autre singularité digne d'attention est un monologue que l'auteur a fait en vers alexandrins, tandis que le reste de la pièce est en vers de quatre pieds.

« Le père défend son second fils contre les reproches de l'aîné. Cet aîné prend de l'humeur; il veut s'en aller et demande ce qui lui appartient. Le père lui donne soixante sous qu'il accompagne de ses avis sur la manière de se conduire. L'étourdi, ébloui de cette somme, qu'il croit ne devoir jamais finir, part fort content. Dans sa route, il entend crier : *Bon vin de Soissons, à six deniers le lot* (mesure de deux bouteilles). L'aubergiste l'invite à entrer ; il lui fait des politesses et lui offre une chambre dans laquelle il trouvera un bon lit *fait à la française, haut de paille et mou de plume*, avec un oreiller parfumé de violettes, de l'électuaire et de l'eau-rose, pour se laver le visage ; enfin, toutes les petites recherches qu'on peut désirer. Courtois entre : on lui donne à boire. Enchanté de l'empressement qu'on marque à le servir, il s'applaudit d'avoir entrepris de voyager, et, tout en se moquant des avis circonspects de son père, il trouve qu'il fait là meilleur qu'à l'église. Un moment après, il est accosté par une fille de joie nommée Perrette, qui lui présente la tasse d'argent pour boire, et lui fait compliment sur ses beaux yeux et sur ses grâces. « Que je me trouverais heureuse, dit-elle, d'avoir un si bel ami ! Je voudrais qu'il n'eût rien à faire, et qu'on ne pût trouver en France ni duc ni comte aussi bien mis que lui. » Survient une autre drôlesse qui, feignant, quoique d'intelligence avec la première, de venir là par hasard, s'entretient tout bas avec lui du mérite de sa compagne, et le félicite d'avoir rencontré pareille aventure. S'il cherche un cœur sûr et fidèle, c'est là son fait ; il ne saurait mieux trouver. Elles l'agacent ; on boit ensemble, et même on ne veut plus qu'une tasse pour les trois. Les deux coquines lui avaient vu de l'argent dans sa bourse, et avaient comploté avec l'aubergiste de le lui dérober ; c'est ce qu'elles font en lui proposant de jouer à la *mérelle*. Pendant le jeu, la bourse est escamotée, et elles disparaissent. L'hôtelier se présente alors pour demander son paiement; Courtois, n'ayant plus rien à donner, est dépouillé et abandonné ainsi sur le grand chemin. Sans argent et sans ressource, il se rappelle, mais trop tard, les avis de son père, et songe à ce frère qui est dans l'abondance, tandis que lui va manquer de tout. Un paysan, touché de son état, lui propose de garder ses porcs, et il se trouve trop heureux de l'accepter. Le pain dont il est nourri est du pain d'orge rempli de paille, etc. Le reste comme dans l'Évangile. »

Ce *lai* est, suivant M. Le Grand, le plus ancien qui existe, au moins si l'on en juge par le style des ouvrages de ce temps-là, qui offrent quelques traits de physionomie dramatique.

Les premières pièces connues sous le nom de *farces* renferment presque toutes un cynisme effronté d'expressions, joint aux détails les plus libres et les plus lubriques; cependant, malgré la grossièreté, malgré l'indécence qu'on y rencontre presque à chaque ligne, ces farces sont habituellement écrites avec une verve étonnante et un esprit vraiment plaisant. On pourra en juger par celle dont je donne ici l'analyse; elle a pour titre :

Farce joyeuse et recreative du Badin qui a faict le coup.

assavoir :

LE MÉDECIN,	. . . . .
LE BADIN,	*Oudin.*
LA FEMME,	*Crespinete.*
LA CHAMBRIÈRE,	*Malaperte.*

J'engage le lecteur que la crudité du titre pourrait avoir effarouché à tourner le feuillet ; et je le prie de ne pas oublier que je suis historien, et que l'histoire, racontée même au XIX° siècle, ne veut pas de demi-confidence.

Cette farce commence ainsi :

> Il estoyt vne fillette
> Coincte et ioliette,
> Qui vouloyt sçauoir le ieu d'Amours.

Le badin fait des propositions déshonnêtes à la chambrière. Celle-ci refuse, non pas par vertu, mais par crainte que la chose ne soit découverte par sa maîtresse :

> . . . . . . Mais sy recité
> Estoit, mon maistre, à ma maistresse,
> Vous congnoissés qu'en ma vieillesse
> A iamais seroys diffamée.

A quoi le badin répond :

> Testoy, testoy : ta renomée
> Te sera gardée, par ma foi !
> Touche-la ; je te faictz octroy
> De te donner vng chaperon.

Enfin la chambrière se laisse vaincre par les promesses et les belles paroles du badin. En ce moment, arrive Crespinete, la femme du badin, qui apprend à son mari qu'elle va faire un voyage à la campage ; car

> Mectre (*dit-elle*) ie ne puis en oubly
> Les bonnes gens de ma maison.

Dans la scène suivante, peinture des plus anacréontiques, la chambrière et le badin se réjouissent du départ de Crespinete. Mais la chambrière se repent bientôt d'avoir trop accordé au badin; celui-ci cherche à la consoler :

> Tu n'en seras que mieulx aymée.
> Laisse-moy aler et parler.

LA CHAMBRIÈRE.

> A Dieu commant ma renomée :
> Mon maistre y m'en fault aller.

LE BADIN.

> Tout beau, m'enuois sans bauolet
> Cheulz mon compère le surgien.
> Qui en sçauoir est diligent,
> Et quant auprès de luy seray
> Veu le cas que luy conteray,
> Nuly n'en sera abusé.

Le badin quitte alors la chambrière et s'avance vers le *surgien*, qui se tient sur son *hus*. La conversation suivante s'engage entre eux. Elle m'a puru d'une bonhomie si naïve, que je la transcris en entier :

LE BADIN.

> Honneur! Dieu vous gard, mon compere.
> Dictes, comme vous portez-vous?

LE MÉDECIN.

> Il m'est bien, grâces à Dieu le pere.

LE BADIN.

Honneur! Dieu vous gard, mon compere.

LE MÉDECIN.

Es-tu pour lors en ce repere ?
Qui te meust de venir cheulx nous ?

LE BADIN.

Honneur! Dieu vous gard, mon compere.
Dictes, comme vous portez-vous ?
Sy secouru ne suys de vous,
Diffamé suys à tout iamais.

LE MÉDECIN.

Dy moy les causes ?

LE BADIN.

Voiere : mais
Y fault tenir cela secret.

LE MÉDECIN.

Ton héritage par décret
Est-il passé ?

LE BADIN.

Nenin, nennin.

LE MÉDECIN.

As-tu sur le corps vn venin
Qui cause à ton cœur douleance ?

LE BADIN.

Non, non : i'ai bien d'autre alegeance
Que ie cherche auoir de toy.

LE MÉDECIN.

Et quesse? subit dy le moi.
As-tu nauré aucun à mort?

LE BADIN.

Par la mort Dieu de Monfort,
Ie te diray la vérité.
Un iour fut que ie fus tenté,
Sans viser à gaigne ne perte,
Lors je vins trouuer Malaperte,
La chambrière de ma femme.
En me iouant, par Nostre-Dame!
Ie lui ai forgé vn enfant.

LE MÉDECIN.

Il est forgé?

LE BADIN.

Mon amy,
Il est tout grand ;
Elle est panchue comme une vache.
Sy de par toy je n'ay relache,
Tous mes plaisirs sont desconfis.

LE MÉDECIN.

Quel iour fusse que tu luy fis ?
Dis lay, que i'en soys plus asseur.

LE BADIN.

. . . .
Il estoit dimanche ou lundy.

LE MÉDECIN.

Un homme me semble estourdy
D'aler briser son mariage.

LE BADIN.

Ma femme estoit en pelerinage :
Plus ie n'en pourois endurer.

LE MÉDECIN.

Cela est à considérer.

LE BADIN.

Secourez-moy de votre grace !

LE MÉDECIN.

 Mais quel' reuiegne,
  Et quel' t'embrasse
Ainsi comme une pelerine ;
Incontinent la poueterine
Tu criras et aussi le ventre,
Faignant que ton cœur en pleur entre,
En te chaboulant comme vn veau ;
Lors, te fera faire ton eau,
Quel' m'aportera, et sans fable
Ie me montrerai tant afable
Que tu seras se que vouldras.

LE BADIN.

Nous burons gros comme le bras,
Se vne fois j'en suis deliuré.

LE MÉDECIN.

Va-t'en et ne sois pas yvré,
Aultrement seroys miserable.

LE BADIN.

Ie criray comme le Deable,
Compere, adieu iusques au revoir.

Pendant cet intervalle, Crespinete est revenue. Elle se félicite d'avance du bon accueil qu'elle espère recevoir. C'est alors que le badin joue la comédie qu'on lui a si bien recommandée. Crespinete se rend avec l'*eau* chez le *surgien* en question, et celui-ci, après bien des préambules, dit à Crespinete que son mari, le badin

> Est enchainct d'vn enfant tout vif,

et que, pour se guérir de cette *maladie*, il faut

> Qu'il couche auec la chambrière
> De vostre hostel, s'il est possible.

Crespinete court solliciter la chambrière de vouloir bien se prêter à l'ordonnance du *surgien*, et, après bien des débats de part et d'autre, la grossière ordonnance est acceptée comme un présent du ciel.

Cette farce se termine par une *chanson nouvelle* que chante le badin, en forme de conclusion morale; mais cette chanson est d'une crudité trop révoltante pour être rapportée. Je renvoie les curieux à la source où j'ai puisé cette farce (in-18, à Paris, chez Simon Calvarin).

Comment s'imaginer que de semblables turpitudes aient pu trouver des spectateurs, et surtout des partisans? Et pourtant, à cette époque, le genre dramatique n'était plus à l'état d'embryon; il avait déjà ses tréteaux du haut desquels il parlait à la foule. — Et qu'on ne croie pas que, entre toutes ces productions informes, je me sois arrêté à la plus ordurière. Je copie ici textuellement les titres de quelques farces jouées de ce temps, et ces titres, sans aucun doute, me feront donner gain de cause contre le reproche qu'on pourrait m'adresser de choisir mes citations avec une recherche licencieuse. Je prends au hasard la première farce, et je lis pour titre :

FARCE NOUVELLE DU MEDECIN QUI GUARIST
DE TOUTES SORTES DE MALADIES ET
DE PLUSIEURS AUTRES ; AUSSI
FAICE LE NEZ A L'ENFANT
D'UNE FEMME GROSSE,
ET APPREND A
DEVINER.

à quatre personnages.

Je lis en tête d'une autre :

FARCE NOUVELLE, CONTENANT LE DEBAT
D'UN JEUNE MOINE ET D'UN VIEIL
GENDARME, PAR DEVANT LE DIEU
CUPIDON, POUR UNE FILLE
FORT PLAISANTE ET
RECREATIVE.

à quatre personnages.

En tête d'une troisième :

FARCE JOYEUSE ET RECREATIVE D'UNE FEMME QUI DEMANDE DES ARRERAGES A SON MARI.

à trois personnages.

Il est inutile d'en donner l'analyse; de pareils titres laissent assez deviner les ordures dont ils servent d'enseigne. Au premier abord ne paraît-il pas incroyable que ces farces d'une liberté d'expression si relâchée aient servi de piédestal à notre scène française.

Charlemagne, comme nous l'avons vu plus haut, avait été obligé de proscrire les premiers jeux des farceurs à cause des leur immoralité; mais cette proscription n'avait produit aucun résultat heureux, et ce fut aussi vainement que Eudes de Sully, évêque de Paris, vers le milieu du douzième siècle, lança les foudres de l'Église contre les spectacles qui, des carrefours, où ils avaient été défendus, étaient entrés dans le sanctuaire de Dieu, et y parodiaient les choses les plus sacrées : à la célébration des fêtes connues sous les noms des *Innocents*, des *Fous*, des *Anes*, des *Calendes*, images des saturnales des anciens, les églises étaient transformées en théâtres, et ces bouffonneries sacriléges furent en vigueur encore pendant plus de deux siècles.

Dans la *fête des Fous*, on élisait un évêque ou archevêque, et son élection était confirmée avec beaucoup de bouffonneries, qui servaient de sacre. Aussitôt l'élection, cet évêque, décoré de la mitre, de la crosse et même de la croix archiépiscopale, officiait pontificalement et donnait la bénédiction au peuple. Dans les églises qui relevaient immédiatement du saint-siége, on élisait un *Pape des Fous*, et ce pape, d'une si bouffonne espèce, se pavanait dans les ornements de la papauté, et singeait toutes les fonctions du Saint-Père.

Ce jour-là, le peuple se rendait à l'église en habits de mascarades; chacun se barbouillait le visage le plus ridiculement possible. Pendant l'office divin, non contents de chanter dans le chœur des chansons libertines, les *fidèles* s'y réunissaient pour manger et boire, et jouaient aux dés jusque sur l'autel, à côté du prêtre qui célébrait la messe. Ils mettaient des ordures dans les encensoirs, et faisaient retentir à chaque instant les voûtes saintes de paroles sales, accompagnées de postures cyniques.

Il n'était pas rare de voir s'élever entre eux des querelles suscitées par l'ivresse où ils s'abandonnaient, et ces querelles ne se terminaient presque jamais sans effusion de sang; et, aussitôt le service divin terminé, la saturnale reprenait avec plus d'effronterie qu'auparavant. Alors, comme saisis par un vertige, prêtres et assistants se bousculaient en courant dans l'église comme des insensés, et se livraient à des danses indécentes et honteuses avec tant d'impudence, que quelques-uns n'avaient pas de honte de se mettre presque nus, afin de rendre leur pantomime plus énergique d'impudicité. Ensuite, ils parcouraient la ville dans des tombereaux pleins d'ordures qu'ils jetaient à la populace qui les poursuivait de huées et de cris de joie.

Cette fête avait lieu principalement depuis Noël jusqu'à l'Épiphanie. Ducange, dans son Glossaire, en parle, au mot

Kalendæ, et remarque qu'on l'appelait aussi la *Fête des Sous-Diacres*. On lui donnait ce nom par un mauvais jeu de mots qui faisait allusion à la débauche des diacres, et cette pointe signifiait la fête des diacres « saouls et ivres »

Dans les registres de l'église Saint-Étienne de Dijon (1494), on lit que, pour la célébration de la *fête des Fous*, on représentait une espèce de farce devant une église; qu'on y rasait la barbe au préchantre des fous, et qu'on y débitait nombreuses obscénités, et les registes de l'année 1521 rapportent que les vicaires, après cette farce jouée, couraient par les rues avec fifres, tambours et autres instruments, et portant des lanternes devant le préchantre des fous, à qui l'honneur de la fête appartenait principalement.

Dans la *fête des Anes*, on promenait tout autour de l'église un âne, le dos superbement décoré d'une chape, et le peuple, mêlé aux ecclésiastiques, l'escortait en habits grotesques, et chantait à tue-tête, en imitant le braire :

Hé! sire âne! hé! hé!

Ducange en donne une définition curieuse dans son Glossaire :

« La *fête des Anes*, dit-il, était une procession où certains ecclésiastiques représentaient les prophètes de l'Ancien-Testament, qui avaient prédit la naissance du Messie. Balaam y paraissait, monté sur une ânesse, et c'est ce qui avait donné le nom à la fête. »

Ancelot (Histoire de l'Académie des Inscriptions) dit que les différentes dénominations des fêtes connues sous le nom des

Fous, des *Anes*, des *Innocents*, des *Calendes*, venaient des jours où elles se faisaient; mais que, le plus souvent, elles avaient lieu dans les fêtes de Noël, à la Circoncision ou à l'Épiphanie

Les écoliers, comme les diacres et les sous-diacres de Notre-Dame de Paris, célébraient la *fête des Fous*, et ils l'accompagnaient de scandales non moins révoltants.

A la Saint-Nicolas de décembre, les écoliers et professeurs de l'Université se réunissaient pour créer un évêque, et, cela fait, ils couraient, en habits de prêtres, de rue en rue, avec des flambeaux allumés, et se livraient à la plus crapuleuse débauche.

Le jour de l'Épiphanie, les écoliers élisaient un *roi des Fous*, et, couverts de masques, les uns déguisés en femmes, les autres à demi nus, se répandaient dans les places publiques, insultant les passants, s'entre-battant, faisant mille désordres, tout en se moquant du guet.

Il serait difficile d'assigner une origine exacte à ces scandaleuses fêtes; on ignore également à quelle époque elles furent abolies. Cependant il est présumable qu'elles continuèrent leurs extravagants ébats jusque dans le xve siècle.

Dans ces fêtes, il y avait, entre le peuple et le clergé, échange de lazzis, assaisonnés d'une pantomime fort expressive. A la voix psalmodiante des clercs et des ecclésiastiques, des théâtres se dressaient jusque dans le sanctuaire de Dieu, et les prières se trouvaient alors interrompues pour les représentations de farces plus que profanes. Les *fêtes des Fous*, *des Anes*, etc., devaient donc être comprises dans cette Étude, et, si elles s'éloignent par moment de l'idée principale, elles viennent bientôt s'y rattacher, et forment un tout dont l'art dramatique est le corollaire. J'ai écrit avec le plus de concision possible, mais c'eût été vouloir être incomplet que de passer ces fêtes sous silence.

L'enfance du théâtre en France offre une énigme compliquée et obscure, et dans la divination de laquelle l'esprit se perd bien souvent. Jamais enfance ne se montra plus rachitique et plus désespérée; mais aussi jamais enfance n'eut une réhabilitation physique et morale plus belle et plus glorieuse.

Les pièces appelées *moralités*, qui se jouaient en France dans les xv° et xvi° siècles, contribuèrent au développement du théâtre; elles lui donnèrent une allure dégagée qui promettait longue vie. La plupart de ces pièces se font remarquer par un laisser-aller remarquable d'expression; les passions y sont peintes sous des couleurs, sinon toujours chatoyantes au regard, du moins d'une vérité qui fait regretter qu'un si petit nombre de ces pièces soit parvenu jusqu'à nous. Suivant la règle que je me suis imposée, je vais donner l'analyse d'une moralité.

MORALITÉ NOUVELLE D'UNE PAUURE FILLE
VILLAGEOISE, LAQUELLE AYMA MIEUX
AUOIR LA TESTE COUPPÉE PAR SON
PERE QUE D'ESTRE VIOLÉE PAR
SON SEIGNEUR. FAITE A LA
LOUANGE ET HONNEUR
DES CHASTES ET
HONNESTES
FILLES.

à *quatre personnages.*

LE PÈRE,	*Groux-Moulu.*
LA FILLE,	*Esglentine.*
LE SEIGNEUR,	. . . . .
LE VALET,	*Validire.*

Groux-Moulu est un pauvre paysan qui n'a pour tout bien que l'amour de la belle Esglentine, sa fille. Tous deux supportent la misère avec résignation, en se recommandant à Dieu. Groux-Moulu exhorte ainsi sa fille :

>Dieu triumphant en digne essence,
>Soit de nous hautement loué,
>Quand il nous donne la science
>De patience en pauureté.

A quoi Esglentine *au beau corps menu* répond :

>Pauureté en cueur prinse en gré
>Est au bon Dieu tant aggreable.
>Pauureté est le seul degré
>De haute gloire inenarrable :
>La puissance inestimable
>Nous doint en pauureté regner,
>Si bien qu'en ioye perdurable
>Soyons receuz au deffiner.

Tout en débitant ces belles maximes, Esglentine prépare le *disner*, et prie son père de fendre une bûche,

>Affin (*dit-elle*) que mieux puisse haster
>Le feu que ie ne puis esprendre.

Groux-Moulu va chercher sa cognée, tout en se réjouissant des bons soins de sa fille.

Dans la scène suivante, le seigneur du village s'entretient avec son valet :

> Ie sens amoureuse ieunesse
> Qui m'a nauré d'vn soudain trait,
> Pretendant de viure en liesse,
> Et puis qu'il plaist à sa noblesse
> Qu'amoureux soye, ie l'accorde :
> Se tu sçais fille ne princesse,
> Pour m'esbattre, si la recorde.

Le valet lui apprend qu'il connaît une jeune fille qui doit lui convenir; mais qu'il craint de ne pas réussir, car

> ..... Bonté la tient en sa riue,
> Son chaste cueur homme n'abborde,
> Trop est à l'honneur ententiue.

Qu'est-elle? lui demande le seigneur. Alors le valet lui répond que c'est

> La fille au pauure Groux-Moulu,
> Esglentine au beau corps menu,
> La plus belle qu'on peut requerre.

LE SEIGNEUR.

> Son pere est à moy tenu,
> C'est vn des hommes de ma terre,
> Et mon subiect. Va tost t'enquerre
> Si d'elle on pourroit finer :
> Dy luy s'elle vient en ma serre,

Qu'après la feray marier
Si bien qu'elle pourra porter
Sainture d'or, robbe fourrée,
Et tousiours grand estat mener.

Le valet se rend donc au logis de Groux-Moulu et raconte à Esglentine, d'une manière tant soit peu égrillarde, le but de sa visite; mais celle-ci repousse ces propositions avec indignation, et défend au valet d'oser jamais lui en parler. Il vient rendre compte à son maître du mauvais succès de sa commission. Celui-ci lui ordonne d'y retourner, et d'emmener Esglentine de force.

LE VALET.

Tres volontiers ie le feray.

LE SEIGNEUR.

S'elle fait bruit, ie te diray,
Voyant refuser ma demande,
Vne autre voye t'addresseray,
A son pere me recommande,
Et luy dy que ie lui commande
Qu'il me conuient auoir sa fille,
Ou vaillant vne vieille mande
Ne luy restera, par sainct Gille.

LE VALET.

Mais s'il me donnoit de l'estrille
Qui s'appelle le boys au dos?

LE SEIGNEUR.

Pendu seroit à hart de tille,
Ou bruslé entre cent fagotz.

LE VALET.

Sainct-Jean ! voicy de beaux ergotz,
Bien, i'y reuois encor vn coup.

Et, enhardi par les paroles du seigneur, le valet revient auprès d'Esglentine :

LE VALET.

Fille, au corps gent et gracieux,
Pour Dieu mercy, ne vous desplaise,
Ie vous reuiens vn mot ou deux
Dire, mais que bien il vous plaise.

LA FILLE.

Ie seroye par trop mauuaise,
Se ie ne vous pouuois ouyr,
Ce ne m'est aise, ne malaise.

LE VALET.

Maintenant, vous en faut venir
Plus ne pouuez desobeyr,
Par ma foy ! comment qu'il en soit.

LA FILLE.

Et qui y voudroit conuenir,
Où seroit qu'on ne le trouueroit ?

LE VALET.

Ha ! Monseigneur si vous voudroit
Tenir en nuit en sa chambrette
Pour fournir l'amoureux exploict.

LA FILLE.

Allez à Dieu, l'aumône est faicte.

Mais comme notre valet menace d'employer la force pour se faire obéir, la fille appelle à son secours son père, qui chasse le valet de sa maison à coups de bâton, et le menace de le tuer s'il y revient davantage. Ce valet retourne auprès du seigneur, et lui raconte en tremblant la façon dont il avait été traité, ce qui met le seigneur en fureur et le détermine à aller lui-même enlever Esglentine. Il arrive chez Groux-Moulu et le roue de coups. La pauvre Esglentine, voyant son père prêt à rendre l'âme, se jette aux pieds de son seigneur, et lui demande

.... vne heure de respit.

LE SEIGNEUR.

Cela, et que vous peut-il faire ?

LA FILLE.

Ie veuil à mon pere vn petit
En secret conter mon affaire.

Le seigneur y consent. Alors cette vertueuse fille s'enferme avec Groux-Moulu et le supplie, pour éviter le déshonneur, de vouloir bien lui couper la tête.

LE PÈRE.

Que ie misse à mort ma facture
Mon cher enfant, ma geniture,
La chair de mon corps engendrée,
Possible n'est pas à creature
Humaine. . . . . .
. . . .

LA FILLE.

>Si par vous, pere, suis damnée,
>Ie proteste m'en plaindre à plain
>Deuant le Iuge souuerain :
>Car, ie le dis de temps et d'heure,
>Auant ie mourrai de ma main
>Qu'en mon honneur souffre blesseure.

Enfin, après bien des difficultés, Groux-Moulu se laisse vaincre par les larmes de sa fille, et s'apprête à l'*occir*. Cependant, le seigneur, qui avait écouté à la porte, touché des sentiments honnêtes de cette jeune fille, entre en la chambre et arrête le bras de Groux-Moulu. Esglentine, au désespoir, dit au seigneur :

>Ha! Monseigneur, vous auez tort,
>Vous rengregez mon desconfort.
>. . . . .
>I'ai requis en piteux langage
>Mon pere de moy decoller.
>Cher Seigneur, vous deuez garder
>Vos subiectz par vostre prouesse,
>Et vous me voulez diffamer
>Pour vn peu de folle ieunesse :
>Parquoy desconfort tant me blesse,
>Que i'ayme mieux mon tems conclure,
>Maintenant honneur et sagesse,
>Qu'estre addonée à telle ordure.

Le seigneur lui répond qu'il renonce à sa *folle cure*, que ses sentiments sont changés. Il la conjure d'oublier tout ce qui s'est passé, et de ne voir désosmais en lui qu'un amant soumis et respectueux.

Cette moralité est un véritable chef-d'œuvre de grâce et de pureté; on y rencontre à chaque page de ces pensées qui attachent et qui font aimer le livre qui les contient; et si, au milieu de ces pensées, se glissent parfois quelques paroles ébouriffantes de cynisme, on doit ne pas oublier qu'au temps où ces petites pièces avaient leurs représentations publiques, les oreilles étaient encore vierges des périphrases inventées plus tard, souvent aux dépens du cœur.

Entre autres *moralités* des plus curieuses, je citerai :

LA MORT DE NARCISSUS.

à trois personnages.

qui se trouve dans *la Fontaine des Amoureux*, — Paris, Jehan Jehannot, in-8° goth...., et qui finit par ces vers, adressés aux spectateurs :

> Mirez-vous en cette adventure;
> Ne soyez de telle nature,
> Gentils compagnons amoureux :
> Vous auriez pareille basture,
> En lieu d'amoureuse pasture,
> Et en mourriez très douloureux.
> Et vous, Dames et Damoiselles,
> Bourgeoises, filles et pucelles,
> Soyez du tout outre cuydance,
> Se vous estes gentes et belles.

Ne soyez point pourtant cruelles
Vers vos servants d'humble souffrance,
Vous pourriez dancer à la dance
A laquelle Narcissus dance,
Qui est mort par son orgueil cy,
Ou encores en grand meschance
De cette cruelle à outrance,
Nommée Dame sans mercy.

« Un père et une mère (d'après l'extrait du duc de la Vallière), en mariant leur fils unique, lui abandonnent généralement tous leurs biens, sans se rien réserver. Ils tombent bientôt après dans la plus grande misère, et ont recours à ce fils à qui ils ont tout donné; mais celui-ci, pour n'être pas obligé de les secourir, feint de ne les pas connaître, et les fait chasser de sa maison. Peu de temps après, il se sent une grande envie de manger un pâté de venaison; il le fait faire; on le lui apporte, et il l'ouvre avec empressement. Aussitôt il en sort un gros crapaud qui lui saute au visage et s'y attache. Sa femme, ses domestiques, font de vains efforts pour l'en arracher. Rien ne peut faire démordre cet animal. L'on soupçonne alors que ce pourrait bien être là une punition divine. On le mène chez le curé, qui, instruit de sa conduite envers ses père et mère, trouve le cas trop grave pour en connaître, et le renvoie à l'évêque. Celui-ci, informé de l'excès de son ingratitude, juge qu'il n'y a que le pape qui puisse l'absoudre, et lui conseille de l'aller trouver. Il obéit. Dès qu'il est arrivé, il se confesse au Saint-Père, qui lui fait un beau sermon pour lui faire sentir toute l'énormité de son crime, et, voyant la sincérité de son repentir, il lui donne l'absolution. A l'instant, le crapaud tombe du visage de ce jeune homme, qui, suivant l'ordre du pape, vient se jeter aux pieds de son père et de sa mère, pour leur demander pardon, et il l'obtient. »

Cette moralité a pour titre :

LE MIROUER ET L'EXEMPLE DES ENFANS INGRATS POUR LESQUELS LES PERES ET MERES SE DETRUISENT POUR LES AUGMENTER, QUI A LA FIN LES DECOGNOISSENT.

à dix-huit personnages.

Toutes les moralités, cependant, ne représentaient pas seulement une scène d'intérieur : quelques-unes prenaient un ton plus noble et plus élevé. Thomas Sibilet, dans son *Art poétique*, liv. II, chap. 8 (in-16, 1548,) en parle ainsi :

« La moralité françoise représente en quelque sorte la tragédie grecque et latine, singulièrement, en ce qu'elle traite faits graves et principaux ; et si le François s'étoit rangé à ce que la fin de la moralité fût toujours triste et douloureuse, la moralité seroit tragédie.

« En la moralité, nous traitons narration des faits illustres, magnanimes et vertueux, ou vrais, ou, au moins, vraisemblables, et en prenons autrement que les Grecs et Latins, ce qui fait à l'information de nos mœurs et vie, sans nous assujettir à douleur et plaisir d'issue.

« Or, il y a une autre sorte de moralité que celle dont je viens de parler, en laquelle nous suivons allégorie, ou sens moral, d'où encore retient-elle l'appellation, y traitant, ou proposition morale, et icelle déduisant amplement, sous feinte de personne attribuée à ce qui véritablement n'est homme ne femme, ou autre énigme et allégorie faisant à l'instruction des mœurs. Quoi que ce soit, pense que la première vertu de moralité, et tout autre dialogue, est en le décore des personnes observé à l'ongle, et jà convenante et apte reddition du moral et allégorie.

« Toutes sortes de vers y sont reçus en mélange et variété; même tu y trouveras ballades, triolets, rondeaux, doubles et parfaits lays, virelays, tous amassés comme morceaux en fricassée. Quant à moi, j'estimerois la moralité bonne de vers de dix syllabes, à raison de sa gravité.

« Nous ne faisons aujourd'hui ne pures moralités, ne pures farces; mais, mêlant l'un parmi l'autre, et voulant ensemble profiter et réjoüir, mêlons du plat et du croisé, et des longs vers avec des courts, faisons nos jeux tant divers en bigarures, comme sont archers de garde ou de ville, lesquels, puisqu'ils plaisent tels aux princes, et communautés, semble que ne pouvons être que supportables, bigarrans de même les jeux par lesquels tâchons de plaire à ceux-mêmes.

« La farce retient peu ou rien de la comédie latine; aussi, à vrai dire, pourquoi elle sert, ne serviroient rien les actes et scènes, et en seroit la prolixité ennuïeuse; car le vrai sujet de la farce ou sottie françoise, sont badineries, nigauderies, et toutes sotties émouvantes à ris et plaisir.

« Le sujet de la comédie grecque et latine étoit tout autre ; car il y avoit plus de moral que de ris, et, bien souvent, autant de vérité que de fable. Nos moralités tiennent lieu, entre nous, de tragédies et de comédies indifféremment, et nos farces sont vraiment ce que les Latins ont appelé *mimes* ou *priapées*, la fin et effet desquelles étoit un ris dissolu, et, pour ce, toute licence et lascivité y étoit admise, comme elle est aujourd'hui en nos farces ; à quoi exprimer tu ne doutes pas que les vers de huit syllabes ne soient plus plaisants, et la rime plate plus coulante. »

Après les croisades, tout le monde sait que les pèlerinages se multiplièrent à l'infini. De retour de la Terre-Sainte, un certain nombre de pèlerins, dans l'intention de tirer un honnête profit de la vénération aveugle que le peuple avait pour eux, représentèrent *les Mystères de la Religion et les Aventures les plus remarquables arrivées aux Croisés*. — En 1378, au dire de Félicien, Charles V ayant donné, le jour des rois, un grand festin à l'empereur Charles IV et à son fils Vinceslas, roi des Romains, on joua *la prise de Jérusalem par Godefroy de Bouillon*.

Ces dévots personnages « choisirent, dit Villaret, le bourg de Saint-Maur-des-Fossés, près Paris, rendez-vous célèbre par l'affluence des pèlerins que la dévotion y attirait. Le sujet du *mystère* qui fut exécuté sur ce théâtre était l'histoire de la mort du Sauveur ; et c'est de là que la société prit, dans la suite, le nom de *Confrérie de la Passion*. On courut en foule à cette nouveauté, que le prévôt de la capitale interdit par une ordonnance du 5 juin 1398. Les associés ne se rebutèrent pas pour cette défense. Ils s'adressèrent au roi pour faire lever l'interdiction ; et selon toute apparence, ils obtinrent cette grâce, puisqu'ils eurent l'honneur de représenter plusieurs fois devant le Prince, qui fut si content du poème et du jeu des acteurs, qu'il autorisa leur établissement à Paris, par des lettres datées du 4 décembre 1402. Les associés y sont qualifiés du titre de *Maîtres, Gouverneurs et Confrères de la Confrérie de la Passion.* Ces érections en confréries étaient alors en usage pour les corps les plus distingués; tels que ceux des secrétaires du Roi, des huissiers d'armes, etc. Il paraît même que le Roi ne dédaigna pas de s'agréger à cette confrérie. »

Ce fut la première pierre posée au monument de la Comédie-Française; dès ce moment, l'art tenta de sortir des langes dont il était enveloppé : le noble enfant grandit à vue d'œil; après s'être délivré des entraves qui le retenaient captif, il se traîne sur ses genoux, puis il se lève de toute sa haute taille à la voix de Molière qui lui tend la main.

Mais les mystères étaient connus bien avant cette époque. « En l'an 1313, au rapport des frères Parfait, le roi Philippe-le-Bel donna, dans Paris, une fête des plus somptueuses que l'on eût vues depuis longtemps en France. Le roi d'Angleterre, Édouard II, qu'il y avait invité, passa la mer exprès, avec la reine, sa femme, Isabeau de France, et un grand cortège de noblesse. Tout y brilla par la magnificence des habits, la variété des divertissements et la somptuosité des festins. Pendant huit jours entiers, les seigneurs changeaient d'habits jusqu'à trois fois dans un seul jour; et le peuple, de son côté, représentait divers spectacles, tantôt la gloire des bienheureux et tantôt la peine des damnés, et puis diverses sortes d'animaux; et ce dernier spectacle fut appelé *la procession du Renard.*

« Le dimanche 11 novembre 1380, le roi Charles VI fit son entrée solennelle dans Paris : il vit avec plaisir ce que l'on appelait alors les *Mystères*; c'est-à-dire les diverses représentations de théâtre, d'une invention toute nouvelle.

« L'entrée de la reine, Isabeau de Bavière, épouse de Charles VI, fut solennisée avec toute la magnificence possible, en octobre 1385. Parmi les fêtes qu'elle vit à Paris, il y avait, entre autres, devant la Trinité, un combat préparé, et qui s'exécuta en présence de la reine, des Français et des Anglais contre des Sarrasins. Toutes les rues étaient tendues de tapisseries ; on trouvait en divers lieux des fontaines d'où coulaient le vin, le lait, et d'autres liqueurs délicieuses ; et sur différents théâtres, on avait placé des chœurs en musique, des orgues, et des jeunes gens qui représentaient diverses histoires de l'Ancien-Testament. Il y avait des machines par le moyen desquelles des enfants, habillés comme on représente les anges, descendaient et posaient des couronnes sur la tête de la reine. Mais le spectacle le plus surprenant qu'il y eut à cette entrée fut l'action d'un homme qui, se laissant couler sur une corde tendue depuis le haut des tours de Notre-Dame jusqu'au Pont-au-Change, par où la reine passait, entra par une fente ménagée dans la couverture de taffetas dont le pont était couvert, mit une couronne sur la tête de la reine, et repartit par le même endroit, comme s'il s'en fût retourné au ciel. L'invention était d'un Génois, qui avait tout préparé depuis longtemps pour ce vol extraordinaire ; et ce qui contribua à le rendre encore plus remarquable, même loin de Paris, c'est qu'il était fort tard, et que l'homme qui faisait le personnage avait à chaque main un flambeau allumé, pour se faire voir, et admirer la beauté d'une action aussi hasardeuse que celle-là. »

D'abord nous voyons les *confrères de la Passion*, protégés par Charles VI; par lettres patentes du 4 décembre 1402, il leur permit de s'établir à Paris, d'y continuer publiquement les représentations de leurs *comédies pieuses*, et d'aller et venir dans la ville avec l'habillement conforme au sujet et aux mystères qu'ils devaient représenter. Forts de cette protection, les confrères louèrent la maison de la Trinité.

Cet hôpital, connu d'abord sous le nom de la *Croix de la Reine*, « avait été fondé en 1100, dit la Mare, par deux gentilshommes allemands, frères utérins, nommés Guillaume Escuacol et Jean de la Passée, qui avaient acheté deux arpents de terre, hors de la Porte-Saint-Denis, et y avaient fait bâtir une grande maison, pour y recevoir les pèlerins et les pauvres voyageurs qui arrivaient trop tard à la ville, dont les portes se fermaient en ce temps. Les fondateurs et tous leurs parents étant décédés, cette bonne œuvre fut totalement abandonnée. »

Les confrères construisirent dans une salle de cette maison un théâtre et ils y jouèrent. Plus tard, il se forma plusieurs confréries dans les villes de province. L'usage s'introduisit alors de joindre aux *comédies pieuses* des farces et des folies, et ce mélange bizarre de morale et de bouffonnerie, loin de faire tort aux représentations des confrères, contribua, au contraire, à leur attirer la foule; bien plus, Froissart rapporte que le chapitre de Notre-Dame, pour les faciliter, ordonna qu'on dirait les vêpres à trois heures, immédiatement après les nones.

« Il ne seroit jamais fait, si je voulois insérer ici tous les écrits qui ont été publiés sous le titre *mystères*, tant le nombre en est grand : c'étoit des histoires et des jeux qu'on souloit représenter et joüer publiquement sur échafault. »

Cette opinion de Du Verdier est juste : en effet vouloir enregistrer toutes les pièces qui portent le nom de *mystères* serait un travail non-seulement long et ennuyeux, mais aussi de nulle utilité importante. Je me suis contenté de donner l'extrait d'une de ces pièces, et j'espère que le lecteur me saura gré de cette réserve. J'ai choisi le mystère qui m'a paru le plus capable de faire bien comprendre le mélange du sacré et du profane que ces productions informes semblaient réunir avec une espèce de prédilection.

LE MYSTERE DE LA CONCEPTION, NATIVITE, MARIAGE ET ANNONCIATION DE LA BENOISTE VIERGE MARIE, AVECQUES LA NATIVITE DE JESUS-CHRIST ET DE SON ENFANCE.

Cy commence le mystère de la Conception de la glorieuse Vierge Marie et la Nativité d'icelle avecques la Nativité de Jésus-Christ.

Le théâtre représente d'abord le paradis. Dieu paraît au milieu de ses anges. Saint Michel, Gabriel et Raphaël le supplient de prendre en miséricorde les hommes ; la Paix et la Clémence se joignent à eux, mais la Justice et la Vérité s'opposent à ce que cette grâce leur soit accordée ; enfin, Dieu dit :

> Parquoy fault en conclusion,
> Affin d'apaiser leur discord,
> Que soit fait une bonne mort :
> C'est qu'Adam meure ainsy se fault,
> Pour obtenir par son déffault,
> Miséricorde à tous humains.

Et il ajoute qu'il faut qu'un homme sans péché consente à souffrir le martyre pour le salut de l'espèce humaine. Les quatre Vertus, mises d'accord par ce jugement suprême, descendent sur la terre pour chercher l'homme-sauveur.

Le poète nous conduit alors en enfer, et nous fait assister à une assemblée diabolique, dans laquelle Lucifer apprend à ses suppôts la résolution du conseil de Dieu, et leur demande leur avis pour la faire échouer.

Pendant ce temps, les Vertus ont visité la terre sans avoir pu trouver ce qu'elles cherchent. Désespérées, elles remontent au ciel, où, après avoir entendu le rapport du mauvais succès de leurs perquisitions, Dieu prend la résolution de sauver les hommes à quelque prix que ce soit.

Après cette exposition qui sert de prologue au mystère, le poète met en scène l'histoire de Joachim; il lui fait épouser Anne, fille d'Yascar. Barbapanter et Arbapanter, oncles de Joachim, avaient projeté cette union parce qu'ils étaient certains que, de lui ou de sa race, devait naître le Roi promis aux Juifs, et que les violences exercées par les soldats d'Hérode annonçaient selon eux le prochain avènement de ce rédempteur.

Joachim et Anne n'ont pas eu d'enfants de leur mariage ; ils promettent à Dieu de lui consacrer celui qu'il leur donnerait. Dieu, touché de leurs larmes, charge Gabriel de leur annoncer qu'il leur naîtra une fille, à laquelle ils donneront le nom de Marie : Gabriel apparaît d'abord à Joachim, il lui apprend que Dieu a entendu ses prières et que ses vœux seront exaucés, et, pour preuve de la vérité de ce qu'il lui annonce, il lui dit de se rendre au temple, où il trouvera son épouse à la porte dorée.

Gabriel va trouver Anne, à qui il révèle les mêmes choses et lui prescrit les mêmes ordres. Les deux époux se rencontrent à la porte dorée, et, dès que Anne aperçoit Joachim, elle s'approche avec respect, et lui dit ;

> Joachim, mon ami très-doulx,
> Honneur vous fais et révérance.

JOACHIM.

> Anne, ma mye, votre présence
> Me plaît très-fort; approchez-vous.

ANNE.

> Hélas! que j'ay eu de courroux
> Et de soucy pour votre absence ;
> Joachim, mon amy très-doulx,
> Honneur vous fais et révérance.

JOACHIM.

> Dieu a huy bésongné sur nous,
> Et montré sa grand'préférance ;
> Cueur saoul ne scet que le jun pense,
> Leurs souhaits n'ont les hommes tous.

ANNE.

Joachim, mon amy très-doulx,
Honneur vous fais et révérance.

JOACHIM.

Anne, ma mye, votre présence
Me plaît très-fort; approchez-vous.

Ils s'embrassent, et, après s'être rendu compte de la vision, ils se retirent.

Hérode paraît, et, sur les conseils de ses courtisans, il prend le parti d'user de rigueur avec les Juifs.

D'un autre côté, les bergers Achin et Melchy se réjouissent de la grossesse d'Anne et de la joie que causera sa fécondité. Ils s'expriment en ces termes :

MELCHY.

Les pastourelles chanteront.

ACHIN.

Pastoureaux guetteront œillades.

MELCHY.

Les nymphes les écouteront,
Et les dryades danseront,
Avec les gentes oréades.

ACHIN.

Pan viendra faire ses gambades;
Revenant des Champs-Élisées,
Orphéas fera ses sounades;
Lors Mercure dira ballades,
Et chansons bien autorisées.

MELCHY.

Bergères seront oppressées,
Soudainement sous les pâtis.

Le poète nous introduit chez Joachim. Anne semble incommodée. Joachim ordonne à Utan, sa chambrière, d'en avoir soin.

LA CHAMBRIÈRE.

Ne faites plus cy de demeure,
Dame, sans plus avant toucher;
Le meilleur est de vous coucher;
A bout estes de vostre terme.

ANNE.

Coucher m'en voys sans plus de terme,
Puisque vous me le conseillez.

(*Icy se couche Anne.*)

Elle met au monde la plus belle fille qui ait jamais paru. Joachim, suivi de ses deux oncles et de son cousin, viennent adresser à Anne leurs félicitations sur son heureuse délivrance; mais, comme ils se mettent un peu à causer, Utan, la chambrière, qui a peur que cela ne rompe la tête à sa maîtresse, fait retirer tout le monde sans en excepter le mari.

LA CHAMBRIÈRE.

..... Joués de retraite
Monsieur, s'il vous plaist; car Madame
D'elle même est tendre femme:

Et n'est point requis qu'on tempeste
A l'accouchée ainsi la teste,
Et n'a que faire de blazon.

JOACHIM.

Utan, vous n'avez que raison,
Sa santé voulez désirer,
Saison est de me retirer ;
Mais ma mye entendez à elle.

(*Icy se retire Joachim.*)

Aussitôt le départ de Joachim et des parents, Anne s'entretient avec Utan de la petite Marie.

ANNE.

Tu es tant belle,
Jamais de telle
Ne fut au monde ;
Gente pucelle,
De Dieu encelle
Très-pure et monde,
Tu es féconde,
Nulle seconde.
Et n'auras doulce columbelle :
Car la grace de Dieu redonde,
Joue aux cieulx, et supérabonde,
Anges chantent de la nouvelle.

LA SUIVANTE.

Ainsi qu'une luisante estoile
Sa face reluit, ma maîtresse :

Mais, donnez-lui vostre mamelle,
Affin que plaisir renouvelle ;
Vostre cœur se mette en liesse.

(*Icy Anne se recouche et sont tirées les custodes,
puis peu de temps après s'en yra secrètement.*)

Dans la scène suivante, la petite Marie est âgée de trois ans, ses parents décident qu'il est temps de la présenter au temple, et qu'il faut aller à Jérusalem pour cette cérémonie ; alors la chambrière propose à Marie de la porter, car elle croit que jamais elle ne pourra faire ce chemin à pied, mais celle-ci refuse.

MARIE.

Je suis forte,
Assez pour cheminer ung an ;
Mais que soye en Hiérusalem,
Humblement me reposer icy.
Le saint temple visiteray,
Si plaist à Dieu, tout à mon aise.

Dès qu'ils sont arrivés dans le temple de Jérusalem, Joachim et Anne présentent Marie, et se retirent en priant humblement le grand-prêtre Ruben d'en avoir bien soin.

Marie partage dans le temple les travaux de ses compagnes ; mais, à l'heure du dîner, elle les laisse s'éloigner sans elle, et prenant les prophéties d'Isaïe, elle découvre celle qui la concerne ; Gabriel, qui la veille sans cesse, lui apporte une *viande céleste* pour nourriture, et elle croît et vieillit tout de suite de dix ans.

Le bruit des vertus de Marie pénétrant jusque dans le royaume infernal, Lucifer demande alors à Satan s'il ne pourrait pas la faire tomber dans quelque piége; il est impossible, reprend Satan.

SATAN.

El est plus belle que Lucresse
Plus que Sara dévote et saige,
C'est une Judic en couraige,
Une Hester en humilité,
Et Râchel en honesteté ;
En langaige est aussi benigne
Que la sybille Tiburtine ;
Plus que Pallas a de prudence,
De Minerve de l'éloquence ;
C'est la nompareille qui soit ;
Et suppose que Dieu pensoit
Racheter tout l'humain lignaige,
Quand il la fist.

LUCIFER.

Par ton langaige
Il semble que tu aye peur d'elle.

Malgré toutes les qualités que Satan reconnaît à Marie, Lucifer ne perd pas courage et ordonne à ses démons de faire tout leur possible pour la tenter.

Sur ces entrefaites, Joachim meurt. Pour consoler Anne, Abias, Barbapanter, ses parents, imaginent de la marier *de rechef et sans perdre de temps*. Pendant qu'ils cherchent quel est le mari qui devra remplacer Joachim, Cléophas vient à passer; les parents l'appellent, et lui proposent ce mariage; Cléophas y consent, et ils l'emmènent chez Anne.

ANNE.

Cuidez-vous que j'aye le couraige
D'être mariée (*leur dit-elle*), nenny, non ;
Las! j'avois un mary si bon,
Si courtoys et si aimable,
Prudent, vertueux, charitable,
Jamais tel n'en recouvreray !

Point tant de raisons, répond Barbapanter.

Cléophas est homme d'honneur,
Nous le cognoissons, entre nous,
Et pour ce délibérez-vous,
De le prendre par mariage.

ANNE.

Nonobstant, que je n'ay couraige
D'être mariée, mes amys,
Faictes ainsy qu'il est permys
Selon la loy.

ABIAS.

Ça, Cléophas,
Mon amy, entendez le cas.

CLÉOPHAS.

Mes cousins et amys parfaicts,
Je n'y contredis nullement.

Et, sans plus de cérémonie, ils sortent tous de belle humeur, pour terminer le mariage.

Ensuite paraissent Achin et Melchy. « Il semble, disent les frères Parfait, qu'ils ne viennent guère sur le théâtre que pour former des espèces d'intermèdes. On ne sait pas trop ce qu'ils veulent dire, ni le sujet qui les amène ; ils s'entretiennent ici des façons de faire des bergers. »

Cléophas, après avoir eu une fille d'Anne, qu'ils ont nommée Marie comme celle de Joachim, meurt aussi. Abias vient apprendre cette mauvaise nouvelle aux deux oncles; Barbapanter dit qu'il faut *marier de rechef la veufve*. L'autre répond :

> Sans un chief
> Masculin en une maison,
> Il n'y a ni rime, ni raison,
> Qu'il soit ainsi, je vous le preuve.
> Il y a mainte femme veufve,
> Qui perd ses biens à la volée,
> Par faulte d'être mariée.
> Une femme seule n'est rien.

Abias approuve leur dessein, et ces intrépides marieurs consultent entre eux quel est le mari qu'ils pourront donner à Anne en troisième noce. Chacun propose son homme; mais bientôt après ils fixent leur choix sur Solomé; ensuite ils sortent pour en faire la proposition à Anne. Barbapanter, dès qu'il aperçoit Anne, lui raconte le sujet qui les amène.

ANNE.

> Vous sçavez que je doy entendre,
> A faire votre bon plaisir ;

> Pour ce, selon votre désir
> Soit faict.

Cette soumission d'Anne aux volontés de ses oncles est d'une simplicité touchante. Anne a bien consenti à se marier avec Solomé, mais celui-ci n'en sait encore rien. Barbapanter le rencontre fort à propos et lui dit ce qui a été décidé. Solomé répond avec humilité qu'il est persuadé qu'on ne veut que son bonheur, et qu'il ne prétend pas s'y opposer. Alors les parents, suivis des deux fiancés, sortent pour mettre fin à ce nouveau mariage.

Marie a quatorze ans, et le grand-prêtre, qui, selon l'usage, congédie du temple les filles qui en ont plus de treize, veut l'obliger à retourner chez ses parents; Marie le supplie de lui permettre de rester, car, lui dit-elle, *j'ay voué à Dieu ma virginité*. Le grand-prêtre ne sait comment se conduire dans une affaire aussi délicate et dont il n'a point vu d'exemple. Dans son embarras, il va consulter les Juifs; ceux-ci se mettent en prières pour demander à Dieu de leur interpréter sa volonté.

Gabriel vient ordonner à tous ceux de la race de David de se rendre au temple, chacun avec une verge à la main, et il annonce que celui dont la verge fleurira est destiné par Dieu à devenir *l'espoux et le gardien de Marie*.

Tous les enfants de David se présentent au temple; la verge que porte Joseph a fleuri; il doit épouser Marie; mais, comme elle, il a fait vœu de garder sa virginité; le grand-prêtre les unit cependant, et on les laisse seuls.

Joseph avait d'abord senti de la répugnance à ce mariage, à cause de son vœu et de son extrême pauvreté; mais, à la vue de Marie, reprenant du courage, il s'avance vers elle et lui dit :

> Suave et odorante rose,
> Je sçay bien que je suis indigne
> D'espouser vierge tant benigne ;
> Nonobstant que soye descendu
> De David ; bien entendu,
> Ma mye, je n'ay guères de biens.

MARIE.

> Nous trouverons bien les moyens
> De vivre ; mais qu'y mettons peine :
> En texture de soie et de laine
> Me cognoys.—

JOSEPH.

> C'est bien dict, ma mye :
> Aussy, de ma charpenterie
> Je gaignerai quelque chosette.

Marie propose de se retirer chacun de côté. Le dessein de Joseph lui est encore inconnu, et elle prie Dieu de ne pas l'abandonner. Joseph se trouve dans le même embarras. Aussi est-ce avec un contentement mutuel qu'ils s'aperçoivent qu'ils sont tous deux dans les mêmes sentiments, relativement au vœu de virginité qu'ils ont formé, et ils s'en vont, plus décidés que jamais d'y persister.

La scène change. Zacharie prie dans le temple. Il demande à Dieu d'envoyer promptement son Christ pour délivrer les Juifs des maux qu'ils endurent. Sa prière est écoutée favorablement. Gabriel, envoyé par Dieu, vient lui annoncer qu'il lui naîtra, de son épouse Élisabeth, un fils à qui il doit donner le nom de Jean, et que cet enfant sera le précurseur du Messie. Zacharie, à la vue de l'ange, tombe de frayeur sous l'autel. Il est bientôt rassuré par les paroles bienveillantes de Gabriel. Mais, comme il se montre incrédule, ce dernier lui dit qu'il restera muet jusqu'à la naissance de Jean.

Nous sommes au ciel. Le procès demeuré pendant au tribunal de Dieu, entre la Vérité et la Justice, la Miséricorde et la Paix, recommence avec plus de chaleur que jamais.

Dieu veut absolument sauver l'homme. Les quatre Vertus persistent dans leurs sentiments. Elles s'adressent, dans l'espoir de se mettre d'accord, à la Sapience.

La Paix demande que l'homme soit reçu à pardon, après une pénitence déterminée.

— Non, répond la Justice; cent milliers d'années de pénitence ne me suffiraient pas. Il faut sa mort éternelle.

La Sapience paraît ébranlée.

LA SAPIENCE.

Justice a très-bonne raison,
S'elle se tient bien difficile.
Regardez en cause civille,
Si ung malfaicteur, pour son desroy,
Est saisy en prison de roy,
Et tant à mal faire la Mort,
Que sa cause est digne de mort.
La repentance rien n'y faict,
Ne le Juge en rien ne regarde,
Que son payement il ne lui garde.
De la mort, qu'il a deservie.

Et Sapience conclut, pour accommoder toutes les parties, qu'il faut que ce soit un Dieu fait homme qui fasse cette pénitence.

— Laquelle des trois personnes doit la faire? demande la Miséricorde.

— Le fils, répond Sapience.

— Et pourquoi lui plutôt qu'un autre? réplique la Paix.

— Par quatre choses, dit Sapience :

>Et premier, je puis estimer
>Selon que filz se faict nomer;
>La seconde est qu'il est ymaige
>De Dieu le père, noble et saige;
>Tiercement est parole et verbe
>De Dieu, qui est noble proverbe;
>A la quarte, qui bien en sonne,
>Il est la moyenne personne.

Les quatre Vertus se déclarent satisfaites de cette décision. Alors Dieu conclut au mystère de l'incarnation, et il dépêche Gabriel vers la vierge Marie.

Gabriel, le messager fidèle, s'introduit auprès de Marie qui est occupée à lire :

GABRIEL.

>*Ave* pour salutacion,
>Je te salüe d'affection,
>*Maria,* vierge très-bénigne,
>*Gracia,* par infusion
>De grâce acceptable et condigne,
>*Plena* par la vertu divine :
>Pleine quant dedans toy récline

> *Dominus* par dilection,
> Nostre Seigneur fait un grant signe,
> *Tecum* d'amour quand il assigne
> Avec toy sa permancion.

Marie est fort surprise à ce discours. Alors Gabriel lui déclare qu'elle a été élue par Dieu pour porter le Messie dans son sein. Marie, qui veut garder sa virginité, refuse opiniâtrément de croire ce que lui dit Gabriel. Mais l'ange parvient à la rassurer en lui disant que cela se fera par l'opération du Saint-Esprit. A cette condition, elle y consent.

MARIE.

> *Ecce ancilla Domini.*
> L'ancelle de Dieu suis en effect,
> J'ay parfaicte crédence en luy,
> Et selon ton dict me soit faict.

Gabriel remonte au ciel et Joseph revient auprès de Marie. Ils se renouvellent encore leur vœu de chasteté.

Élisabeth s'entretient de sa grossesse avec sa chambrière. Elle a honte de se trouver enceinte à son âge, et elle craint qu'on n'élève des soupçons sur sa vertu. La chambrière l'engage à ne pas se créer des chimères. En ce moment, Marie vient visiter Élisabeth, et celle-ci, aux mouvements extraordinaires du fruit qu'elle porte, s'aperçoit bien qu'elle parle à la **mère du Sauveur**.

L'enfer est alarmé des préparatifs d'une rédemption prochaine. Lucifer convoque ses suppôts pour prendre leurs avis.

SATAN.

Qui faict cette muracion?
Lucifer, roy des Ennemys?
Vous hurlez comme un loup famis,
Quand vous cuidez chanter ou rire.

LUCIFER.

Approche ton propos, Sathan,
Car je me tiens assez des tiens,
Veu et escoute, tes moyens :
Grand supson en moy je fonde.
Quand tu cours et vas par le monde,
Ne lis-tu point aux Escriptures
Pour voir ce de noz adventures
Ilz font aucune mention ?

Satan apprend à Lucifer que les Écritures parlent d'un Messie à naître, qui doit délivrer les âmes des justes, détenues aux limbes, et obtenir miséricorde pour les pécheurs.

— L'affaire devient sérieuse, s'écrie Lucifer; il faut prendre un parti prompt et définitif. Et il ordonne à Satan de descendre sur la terre pour tenter le Messie lorsqu'il paraîtra.

Élisabeth, qui est accouchée derrière la scène, entre avec Marie, Barbapanter, Arbapanter, Abias et sa chambrière. Ceux-ci sont venus pour assister à la circoncision de l'enfant.

— Quel nom lui donnerons-nous? se demandent-ils.

Ils ne savent lequel choisir, lorsque Zacharie, recouvrant l'usage de la parole, dit que l'ange qui lui est apparu lui a enjoint de le nommer Jean, et qu'il faut obéir.

Lorsque Joseph est de retour chez lui, il s'aperçoit que Marie est grosse. Elle lui proteste qu'elle a toujours gardé sa virginité. Mais Joseph trouve la chose incroyable, et il projette de s'en séparer.

JOSEPH.

>Mon soulcy ne se peut deffaire.
>De Marie, mon épouse saincte,
>Que j'ay ainsy trouvée ençaincte,
>Ne sçay s'il y a faute ou non.
>
>. . . . .
>
>De moy n'est la chose venue;
>Sa promesse n'a pas tenue :
>
>. . . . .
>
>Elle a rompu son mariage.
>Je suis bien infeible, incrédule,
>Quant je regarde bien son faire,
>De croire qu'il n'y ait meffaire.
>Elle est ençainte; et d'où viendroit
>Le fruict? Il faut dire par droit,
>Qu'il y ait vice d'adultère,
>Puisque je n'en suis pas le père.
>
>. . . . .
>
>Elle a été troys mois entiers
>Hors d'icy, et au bout du tiers
>Je l'ay toute grosse receüe :
>L'aurait quelque paillard deceüe,
>Ou de faict voulu efforcer?
>Ha! bref! je ne sçay que penser!

Dieu lui envoie en songe Gabriel, pour lui défendre d'avoir de mauvaises pensées contre la pudicité de Marie, et lui annoncer que sa grossesse est une opération du Saint-Esprit. Joseph, à son réveil, honteux de ses soupçons, se rend en toute hâte auprès de Marie, pour lui en demander pardon.

Pendant ce temps, Rapporte-Nouvelle publie l'ordre de l'empereur des Romains, qui porte que chacun de ses sujets devra se retirer au lieu de sa naissance et s'y faire enregistrer, afin que le nombre exact en soit connu. Cet ordre contrarie beaucoup Joseph et Marie, qui n'ont pas d'argent pour se rendre à Bethléem. Ils sont pourtant obligés de s'y conformer.

JOSEPH.

>Et bien, Marie, puisqu'ainsi est,
>Mener notre asne conviendra,
>Pour nous porter, quand aviendra
>Que nous nous trouverons fort las;
>Aussi, pour ce que nous n'avons pas
>Tant d'argent que pourrions despendre,
>Nous marrons ce beuf-ci pour vendre,
>Si nous survient aucune affaire.

En s'en allant, ils rencontrent Abias, qui leur propose de les accompagner.

Arrivés à Bethléem, Abias se met à la recherche d'un logement. Il s'adresse au maître d'une hôtellerie, et le prie de leur donner un gîte, si petit qu'il voudra. L'hôtelier, qui s'est aperçu de l'allure peu confortable de nos voyageurs, refuse avec aigreur :

L'HOTELIER.

>Vous n'y povez; croyez-vous pas?
>Et quant place pour vous auroye,
>Ja ne vous y logeroye :

> Ce n'est pas icy l'ospital ;
> C'est logis pour gens de cheval,
> Et non pas pour gens si méchans.
> Allez loger emmy les champs,
> Et vuidez hors de ma maison.

Abias ne se laisse pas décourager par la méchante réception de l'hôtelier : il le supplie de nouveau, au nom de Dieu, de les prendre en pitié. L'hôtelier, lassé par son importunité, leur permet de se loger dans un vieux appentis, sans porte ni toiture. Les pauvres voyageurs s'y arrangent le plus commodément qu'il leur est possible. Marie recommande surtout à Joseph de prendre soin des animaux.

JOSEPH.

> Ils sont très-bien logez tous deux ;
> Mais icy, endroit cette bresche,
> Leur feray une belle cresche,
> Avant que je fasse départ,
> Pour mettre leur mangeaille à part :
> Ils seront très-bien ordonnez.
> Or vous, tournez, bauldet, tournez
> Le museau devers la mangeoire ;
> Vous avez bien gagné à boire,
> Car peine avez eue à foison.

Marie met au monde Jésus. Dieu, qui a prévu le moment de la naissance de son fils, envoie sur la terre les anges Michel, Raphaël, Gabriel, Uriel, Séraphin et Chérubin, pour le servir. Marie le leur présente, et ils chantent ses louanges.

MARIE (*seule*).

O doulx Dieu! de moy te souvienne,
Comme il y a parfaite crédence
A ta haulte magnificence,
Et clère illumination ;
Honorer ce mystère en moy.
Quand sans quelque vexation,
Sans fracture ne corruption,
Le fruit de mon ventre reçoy.

(*Icy, monstre Marie l'enfant Jésus.*)

JOSEPH (*entrant*).

Puisque j'ay fait mes provisions,
Saison est que retourner doye.

(*Apercevant l'enfant.*)

O très-glorieuse Trinité,
Quesse que je voys à cette heure ?
Certes! c'est un enfant qui pleure ;
Tout nud sur le seure gesant,
Et la mère à genoux devant.

MARIE.

Mon cher enfant, ma très-doulce portée,
Mon bien, mon cœur, mon seul avancement,
Ma tendre fleur que j'ay longtemps portée
Et engendrée de mon sang proprement,
Parquoy te adore et te clame à voix plaine,
Mon doulx enfant, mon vray Dieu et mon père.

JOSEPH.

Tu es le saulveur du monde,
Enfant ou tout bien abonde,
Pur et monde
Te adore en crainte profonde.

Les rois mages Jaspar, Melcyor et Balthazar, avertis par une étoile extraordinaire,

Vraye estoile parfaite,
Clere comme seroit Vénus,

partent, de leurs différentes cours, à la recherche du Messie.

Les bergers Aloris, Rifflart, Ysambart et Pélyon, qui ont appris des anges la naissance de Jésus, se demandent quels présents ils vont lui offrir.

— Sera-ce ton chapelet ou ta houlette? demande Rifflart à Pélyon.

— Non; j'en ai trop besoin.

— Tu lui donneras alors ton chien?

— Encore moins : qui garderait mes brebis? Mais je lui ferai un joli cadeau.

— *Quesse?*

— Mon flageolet, qui m'a coûté tout dernièrement deux deniers à la foire de Bethléem, et qui en vaut bien quatre.

YSAMBART.

J'ai advisé un autre don,
Qui est gorgias et doulcet.

RIFFLART.

Quesse ?

YSAMBART.

Mon hochet,
Si très-bien faict que c'est merveilles,
Qui dira *clic*, *clic*, aux oreilles :
Au moins, quand l'enfant plorera,
Ce hochet le rapaisera ;
Et se taira sans faire pose.

ALORIS.

Je lui donray bien aultre chose.
J'ai ung beau kalendrier de boys,
Pour savoir les jours et les moys,
Et cognoître le nouveau temps.
Il n'y en a, comme j'entens,
Si juste au monde qu'il est.
Chaque saint a son marmouset
Escript de lestre.

RIFFLART.

Luy donneroye une sonnette,
Qui est pendue à ma cornette
Depuis le tems Robin fouette ;
Puis une belle pirouette
Qui est dedans ma gibeciere.

Après avoir été adorer l'enfant Jésus et lui faire leurs présents, ils s'en retournent, et rencontrent Garnier et Gombault, deux autres bergers, à qui ils racontent ce qui leur est arrivé.

GOMBAULT.

Si en ma loge le tenoye,
Dieu sçait que je lui donneroye
Ung morceau de roti tout chault,
De bon cueur !

— Ah! si je n'étais pas si gros et si pesant, ajoute-t-il, que j'y serais bientôt arrivé! Garnier lui offre l'appui de son bras : Car, dit-il, tu n'en peux déjà plus.

GOMBAULT.

Tay toi, tay toi :
Quant je voy, dessous l'arglantier,
La bergière.....

GARNIER.

Ne te vante point.

GOMBAULT.

Et pourquoi?

GARNIER.

On te cognoist bien, Dieu mercy.

Gombault, piqué, lui répond qu'il a fait ses preuves dans le village.

— Cela est vrai, réplique Garnier ; mais cet heureux temps n'est plus.

Et, tout en se disputant sur leur plus ou moins de vertu corporelle, les bergers se retirent.

Depuis la délivrance de Marie, huit jours se sont écoulés. Joseph invite Barbapanter, Arbapanter et Abias à la cérémonie de la circoncision. Joseph s'excuse humblement auprès de l'enfant d'être indigne de faire une telle opération. Barbapanter, que les doléances de Joseph ennuient, lui dit de terminer promptement.

BARBAPANTER.

Nos préparatifs sont tous fais,
Joseph, père très-vénérable ;
Faites conclusion finale,
Et abrégez, car il est tart.

JOSEPH.

Or, le tournez ung peu à part,
Et je l'expédiray, grant erre.

L'opération se fait, et, sur la demande de Marie, on donne à l'enfant le nom de Jésus. Pendant ce temps-là, l'étoile qui servait de guide aux trois rois mages a disparu, et ils ne savent comment faire pour découvrir l'endroit où est né le nouveau roi des Juifs. Dans leur embarras, ils s'adressent à Zorobabel, Naasson et Manassée, qui les conduisent à Hérode. Hérode entre en fureur contre les rois mages, qui nient qu'il soit le roi des Juifs. Mais Zorobabel parvient à l'apaiser en lui disant que ce roi est apparemment le *Christus*, qui, selon le prophète Michéas, doit naître à Bethléem. Hérode prie alors les rois mages de revenir lui apprendre ce qu'ils auront vu.

Au sortir du palais d'Hérode, l'étoile apparaît de nouveau, et s'arrête au-dessus du vieux appentis où est Jésus. Ils y entrent, et, chacun à son tour, lui offrent leurs dons, en lui disant :

Présent te fais d'or, mirre et d'ensens,
Toy démonstrant Dieu, roi et mortel homme.

La vierge Marie est toute confuse de les recevoir si pauvrement ; elle leur en fait des excuses :

> Vous voyez le lieu malhonneste,
> Qui ne duyt pas à faire feste.

Mais les rois mages se retirent fort satisfaits, et, le lendemain, suivant l'ordre de Raphaël, qui est venu les visiter pendant leur sommeil, ils s'en retournent par mer sans revoir Hérode.

Dans les scènes suivantes, Jésus est présenté au temple, et la prophétesse Anne et Siméon annoncent toutes les souffrances qu'il doit éprouver, ainsi que toutes les choses merveilleuses qu'il fera pendant son séjour sur la terre.

Hérode apprend ce qui s'est passé au temple, et le départ précipité des rois mages. Sa colère ne connaît plus de bornes ; il n'épargne pas contre eux les injures les plus grossières, et promet d'en tirer vengeance. Gabriel prévient Joseph de passer sans délai en Égypte, avec Marie et Jésus. La Vierge monte alors sur l'âne avec Jésus ; Joseph marche devant, et ils partent.

Satan, qui s'était tenu aux aguets, s'empresse d'aller informer Lucifer de ce qu'il a vu. A cette nouvelle, Lucifer accuse Satan de négligence, et il donne ordre aux démons Astaroth, Bérith, Belzébuth et Cerbérus de s'emparer de lui, et de le tourmenter tant et plus. Après que les bourreaux se sont lassés de torturer Satan, Lucifer s'informe si Hérode est instruit de ce qui se passe, et, sur sa réponse affirmative, il lui dit de retourner sur la terre, et d'insinuer à Hérode la pensée de massacrer les innocents. Satan y consent, quoique avec répugnance.

Pendant cet intervalle, Jésus, Marie et Joseph sont arrivés en Égypte. Ils se logent près d'un temple, et, à leur vue, les idoles qui le décorent tombent tout à coup; Théodas et Torquatus s'y rendent pour sacrifier aux Dieux, et leur surprise est grande de les trouver renversées.

THÉODAS.

J'ay bien regardé sus et jus,
Mais je n'ay ymage trouvé,
Qui ne gisse sur le pavé :
Je ne sçay qui ainsi les met.
Voycy le grand dieu *Mahomet*
Qui a la tête despecée;
Voycy Vénus toute cassée;
Voycy Apollo et Jupin.

TORQUATUS.

Voycy Saturne et Adoyn,
Pana, Cloto et Lachésis,
Démogorgon avec Ysis,
Mis par terre avec Ycarus.

THÉODAS.

Voycy Flora et Zéphyrus,
Juno, Célion et Minerve,
Et, brefvement, toute la cotherve
Des Dieux, qui sont tous ruez bas.

Ils ne peuvent s'expliquer ce qui a pu donner lieu à une telle profanation, et se retirent tout confus.

Hérode, excité par Satan, ordonne que tous les enfants mâles au-dessous de deux ans soient impitoyablement égorgés, et il défend à ses sicaires d'épargner qui que ce soit, sous peine de la corde.

Asfrappart, Agrippart, Narinart, Hermogenes et Réghine, courent mettre à exécution cet ordre sanguinaire. Ils rencontrent, au sortir du palais, Raab, qui porte son enfant. Réghine demande à cette femme de le lui confier un instant. Comme Raab hésite, Agrippart lui dit :

> Ne vous chaile ; vous le verrez :
> Il ne le fait que pour esbattre.

RAAB.

> A ce ne veuil point débattre,
> Tenez, le voylà bel et tendre :
> Veuillez le tant doulcement prendre,
> Tost lui feriez le cueur faillir.

Dès que Réghine tient l'enfant, il le tue, le rend à la mère, et Narinart répond aux cris et aux pleurs de cette malheureuse femme par les deux vers suivants :

> Or, tenez, portez-le bouillir,
> Rostir, ou faire des pastez.

Le massacre si bien commencé continue avec plus de férocité encore, et le nombre des enfants égorgés s'élève bientôt à cinq mille. Le fils d'Hérode, que sa nourrice Médusa et sa chambrière Sabine promenaient dans un petit chariot, est mis au nombre des victimes. Hérode s'en console dans la persuasion que Christus n'aura pas échappé. Mais, bientôt après, il se plaint de douleurs violentes; son corps exhale une odeur fétide, et les vers le rongent tout vif. Il demande à sa sœur Salomée une pomme et un couteau pour peler ce fruit. En ce moment, ses douleurs redoublent, et il se roule à terre, en poussant des cris épouvantables. Satan, qui, depuis la tentation, ne l'a pas abandonné un instant, ainsi qu'Astaroth, lui dit :

> Meschant homme, fiers en ton ventre
> Le couteau, sans trop endurer.

HÉRODE.

> Dyables, je ne puis plus durer :
> Il fault qu'à vous tout obéisse.
> Ha, mort! haste-toi, faulce lisse !
> Veez-la, fait par toy advancer.
> De cueur, de corps et de penser,
> A tous les dyables me commandz.

(Il se tue.)

SATAN.

> Sus, troussons nous deux saquemens,
> Ce faulx murdrier désespéré.

ASTAROTH.

> Son logis est jà tout préparé :
> Portons-le en enfer droicte voye.

Et, pendant que Salomée fait préparer sur terre de magnifiques funérailles à son frère Hérode, l'âme de celui-ci est, par ordre de Lucifer, précipitée dans du plomb fondu.

La scène change encore, et représente l'intérieur du temple. Les docteurs y sont rassemblés : ils discutent sur la naissance du Messie. L'un affirme qu'il est né, un autre le nie, et la discussion s'anime de plus en plus. Jésus, qui est venu au temple avec ses parents, pour faire leurs offrandes et remercier Dieu de leur heureux retour d'Égypte, se mêle à leur dispute, et les force bientôt à croire, par des preuves éloquentes et persuasives, que le Messie est sur terre.

Marie et Joseph, ne voyant plus Jésus parmi ses parents, le cherchent de tous côtés ; ils le demandent à tous ceux qu'ils rencontrent. Voici le portrait que leur en fait Joseph :

> Il a douze ans, ou environ,
> Nonobstant qu'il est grandellet ;
> Ung beau fils, assez vermeillet ;
> Les yeulx vers, chair blanche et tendre,
> Les cheveux blonds, à tout comprendre :
> Il a la bouche bien vermeille,
> Il est bel enfant à merveille.
> Brefvement le fault ainsy dire.

Enfin, ils retournent tous au temple pour le chercher. On le trouve discourant avec les docteurs, qui le comblent de caresses et d'éloges.

Le *mystère de la Conception* s'arrête ici. Il est suivi d'un *prologue finale*, que l'auteur aurait dû logiquement intituler : *épilogue*, « mais, dans ce temps, on n'y prenait pas garde de si près, » disent les frères Parfait.

Dans ce *prologue finale*, tous les évènements représentés dans le mystère sont résumés, et on y trouve, à la fin, une invitation aux spectateurs pour le lendemain. En voici les derniers vers, qui expliquent le mot journée, désignant les différentes parties de cette sorte de pièces, beaucoup trop longues pour être jouées en entier dans un seul jour et sans interruption.

> Seigneurs, en la déduction
> De nostre petit abrégé,
> Il vous a esté prorogé,
> A nostre possibilité,
> La divine Nativité
> De Jésus-Christ nostre sauveur.
> Demain retournez, s'il vous plaist;
> Ne sçaurez estre si tost prest
> Que nous ne viengnons accourant,
> Pour poursuir au demourant.

Jean Michel, à qui on attribue ce mystère, était un poète angevin, et premier médecin de Charles VIII. Il paraît avoir retouché et augmenté le fameux *mystère de la Passion*, joué en 1402, de Jean Michel, évêque, et duquel la confrérie prit son nom. Ces deux similitudes de noms donnèrent lieu à de nombreuses erreurs et à de longues contestations entre les écrivains de notre théâtre. Mais aujourd'hui il est facile de ne plus confondre Jean Michel, le poète, avec Jean Michel l'évêque.

« Dès que l'auteur du *Mystère de la Conception* n'a pas pour guide le Nouveau-Testament, ou la tradition, il tombe dans des absurdités ou des indécences. Il fait Hérode païen; Cirinus, gouverneur de la Judée, mahométan; il met un chapelet au nombre des présents que les bergers offrent à Jésus-Christ; les diables disent les injures les plus grossières ; Anne, Élisabeth et Marie accouchent sur le théâtre, derrière le rideau, etc.... » Le duc de la Vallière, en inscrivant ces réflexions à la fin de l'extrait qu'il en donne, me dispense d'écrire ici ce que j'en pense. En effet, mon opinion ne pouvait être que l'écho de la sienne.

Les *Confrères de la Passion* ne tardèrent pas à avoir des imitateurs. Les clercs de la *Bazoche*, voyant le succès que ceux-ci obtenaient, résolurent de donner, eux aussi, des spectacles au public.

« Le succès des mystères représentés à l'hôpital de la Trinité excita, disent les frères Parfait, l'envie et l'émulation des clercs de la Basoche. Mais, arrêtés par le privilége exclusif des confrères de la Passion, ils furent obligés de chercher une autre route. La morale parut un fonds inépuisable à leur dessein. Ils personnifièrent les vertus et les vices, et, dépeignant toute l'horreur des derniers, ils faisaient voir l'avantage que l'on retire en suivant les premiers. C'est ce qui fit donner aux pièces dressées sur ce plan le titre de *moralités*. Cette idée, assez heureuse, fit tout l'effet que ceux qui l'avaient employée pouvaient en attendre, et ce nouveau genre de spectacle fut estimé, par beaucoup de personnes, supérieur à celui *des mystères*. Tout contribuait aux applaudissements que recevaient les clercs de la Basoche. Ils étaient auteurs et acteurs, et avaient plus d'éducation que ceux qui représentaient les mystères. Ils mettaient plus d'art et de convenance dans leur déclamation et leur jeu de théâtre. Ils ne jouaient ordinairement que trois fois l'année : la première fois, le jeudi qui précédait ou suivait la fête des Rois ; la seconde fois, le jour de la cérémonie du Mai, dans la cour du palais, et la troisième fois, quelque temps après la montre générale. Mais, lorsqu'il se faisait des réjouissances publiques à Paris, comme aux entrées des rois et des reines, la troupe des Basochiens prenait part à ces évènements, et donnait le divertissement de son spectacle. »

La concurrence ne devait pas en rester là. Au commencement du règne de Charles VIII, quelques jeunes gens de famille, qui joignaient à beaucoup d'éducation un grand amour pour les plaisirs et les moyens de se les procurer, formèrent une société sous le nom des *Enfants Sans Souci*.

« Ces circonstances réunies, ajoutent les frères Parfait, il ne pouvait manquer d'en naître quelque chose de spirituel. Aussi donnèrent-elles lieu à l'idée badine, mais morale, d'une principauté établie sur les défauts du genre humain, que ces jeunes gens nommèrent *Sottise* (ou *Sottie*), et dont l'un d'eux prit la qualité du prince. Cette plaisanterie était neuve; les moyens qu'on employa pour la faire connaître ne le furent pas moins. Nos philosophes enjoués inventèrent, mirent au jour et représentèrent eux-mêmes, sur des échafauds, à la halle, en place publique, des pièces dramatiques qui portaient le nom de *sottises* (ou *sotties*), qui, en effet, peignaient celle de la plupart des hommes. »

Pour me renfermer dans l'engagement de donner une idée des différentes formes qu'a subies le genre dramatique, je ferai ici l'extrait d'une *sottie*. Je crois, avec l'auteur de la *Bibliothèque du Théâtre François*, que cette pièce est de Jean Bouchet, et non de Pierre Gringore, comme l'avance de Beauchamps.

SOTTIE
à huit personnages,

Assauoir :

LE MONDE.

ABUS.		SOT CORROMPU.
SOT DISSOLU.		SOT TROMPEUR.
SOT GLORIEUX.		SOT IGNORANT.

SOTTE FOLLE.

Le *Monde* se plaint que sa puissance diminue chaque jour. *Abus*, qui a écouté ses lamentations, lui donne le conseil de suivre dorénavant *Plaisance Mondaine*, et lui dit qu'il s'en trouvera bien. Il l'invite, en même temps, à tâcher de dormir.

— Vous me semblez fatigué, lui dit-il d'un air patelin; dans le repos, vous retrouverez les forces qui vous manquent.

— Mais, qui prendra soin de mes affaires, si je me livre au sommeil?

— Soyez sans inquiétude, répond *Abus*; je veillerai à votre place.

Le *Monde* se laisse persuader, et s'endort. Aussitôt *Abus* appelle *Sot Dissolu*, *Sot Glorieux*, *Sot Corrompu*, *Sot Trompeur*, *Sot Ignorant* et *Sotte Folle*. Cette joyeuse bande entre en poussant des exclamations de joie, et *Sot Dissolu*, dès qu'il aperçoit *Abus*, adresse à ses compagnons ces paroles:

> Ribleurs, chasseurs, joueurs, gormens,
> Et autres gens pleins de tormens,
> Seigneurs dissolus, apostates,
> Ivrognes, napleuz, à grand hastes
> Venez, car votre prince est né.

Sotte Folle, après avoir examiné le *Monde*, qui dort, demande à *Abus* quel est cet homme-là. Il lui répond que c'est le *Vieux Monde*. *Sotte Folle* propose alors, pour passer un moment agréable, de profiter de son sommeil pour le tondre. Cette proposition est acceptée à l'unanimité, et, aussitôt dit, aussitôt fait : le *Monde* est tondu. L'opération n'a pas été heureuse, du moins tel est l'avis de tous les *Sots*, qui demeurent d'accord que jamais tête tondue n'égala en laideur celle du *Monde*.

Ils le réveillent alors, et le chassent honteusement. Mais, ne pouvant se passer du *Monde*, ils prient *Abus* de leur en construire un nouveau. Celui-ci y consent volontiers, et consulte à ce sujet tous les *Sots* et *Sotte Folle*. Les avis se trouvent partagés. Ils ne peuvent s'accorder ni sur les fondements, ni sur la température, ni sur la figure de ce *Nouveau Monde*. *Abus*, pour les concilier, propose de l'établir sur *Confusion*, et de l'affermir sur des piliers que chacun désignerait à sa fantaisie.

Sot Dissolu se présente le premier, et dit :

> Ne suis-je pas le sot d'Eglise ?
> Or sus, qu'on fasse mon pilier.

On essaie de placer pour pilier du clergé *Dévotion*; mais, comme il ne peut convenir, on y substitue *Ypocrisie*, qui s'ajuste à merveille. *Sot Glorieux* veut placer à côté *Chasteté*, mais alors *Sotte Folle* lui dit :

> Que chasteté et gens d'église
> Ne se cognoissent nullement.

Chasteté est donc remplacée par *Ribaudise*, sur la présentation de *Sot Glorieux*, et *Sotte Folle* ajoute :

C'est le vrai armet de l'Eglise.
Par saint Jehan! ah! tu es bon homme.

On continue le pilier du clergé, et, pour achever la pyramide, on y place encore *Apostazie, Lubricité, Simonie,* et *Irrégularité.*

ABUS.

A ceste heure, voy toute entière
La pile des Sots de l'Eglise :
Ypocrisie, Ribauderie,
Apostazie, Lubricité,
Symonie, Irrégularité.

Les autres piliers s'élèvent de la même manière et avec les mêmes plaisanteries.

« Une chose singulière et digne de remarque, a écrit le duc de la Vallière, c'est que, lorsqu'on élève la deuxième pyramide, et qu'on y place *Avarice,* au lieu de *Générosité, Sot Corrompu* lâche alors un trait de satire très vif contre l'avarice de Louis XII, quoique ce roi fût présent au spectacle. Mais ce qu'il y a peut-être de plus singulier encore, c'est que Louis XII ne le trouva pas du tout mauvais. »

Lorsque le *Nouveau Monde* est entièrement construit, les *Sots* se disputent le cœur de *Sotte Folle,* et prétendent tous à l'épouser. *Sotte Folle* promet la préférence à celui qui saura le mieux courir. Dans leur course, ils se heurtent, se querellent, et finissent par en venir aux mains, et par renvoyer le nouvel édifice. Cette catastrophe malheureuse les réconcilie ; ils vont se plaindre à *Abus,* qui, pour les punir de leur maladresse, les fait entrer dans le sein de la *Confusion*. Alors le *Vieux Monde* reparaît, et la pièce finit par une longue dissertation morale sur le sort des *Sots*.

L'étymologie du mot *Sottie*, hasardée par le duc de la Vallière, est fort croyable. « Des poètes de ce temps, dit-il, cachaient le plus souvent leur véritable nom, ou ne l'indiquaient que dans quelques endroits de leurs ouvrages par des espèces d'acrostiches, c'est-à-dire par des lettres initiales d'un certain nombre de vers, lesquelles répondaient à celles dont étaient composés leurs noms ; mais, souvent aussi, ils en adoptaient d'autres qui pouvaient les faire connaître. Jehan Bouchet s'annonçait sous celui de *Traverseur des voyes périlleuses* ; François Habert, sous celui de *Banni de Liesse*, etc...... Pierre Gringore se déguisait sous le titre de *Mère Sotte*. La satire caractérisait particulièrement les ouvrages de ce dernier ; on peut en voir la preuve dans ses *Fantaisies* et ses *Menus Propos*. Il est donc probable que, d'après le nom que cet auteur avait adopté, on a appliqué la dénomination de *Sottie* aux pièces de théâtre que le ton satirique distinguait des autres, comme on appelle, dans la conversation ordinaire, des *pasquinades*, les plaisanteries épigrammatiques et mordantes semblables à celles qu'on affichait à Rome sur la statue de Pasquin. »

Comme on le voit, ce genre de spectacle se faisait remarquer par une licence d'expressions et par une critique éhontée. Qu'on lise

LE JEU

DU PRINCE DES SOTS

ET

DE MERE SOTTE,

joué aux halles de Paris, le mardi-gras 1511,

et on pourra se convaincre aisément de la hardiesse que se permettaient les auteurs de cette époque. Rien ne leur paraît sacré ; ils exercent leur critique mordante envers et contre tous, sans pitié et sans crainte.

Le Jeu du Prince des Sots et de Mère Sotte, de Pierre Gringore, a cela de singulier, qu'il se compose en même temps d'une sottie, d'une moralité et d'une farce.

Les Confrères de la Passion, s'apercevant, à la faiblesse de leurs recettes, que la concurrence devenait chaque jour plus formidable, prirent prudemment la résolution d'adjoindre à leurs scènes pieuses plusieurs scènes tirées de sujets burlesques. Ils s'associèrent alors avec les *Enfants Sans Souci*, et la réunion de ces deux genres de spectacles, si différents, prit le nom de *pois pilés*, ce qui, suivant un proverbe du temps, signifiait *mélange*.

Cette association prospéra jusqu'en 1539. A cette époque, la maison de la Trinité étant redevenue un hôpital, suivant l'esprit de sa première fondation, les confrères louèrent une partie de l'hôtel de Flandres. En 1547, Henri II, par lettres patentes du 20 septembre, ayant ordonné la démolition de l'hôtel de Flandres et de ceux d'Arras, d'Estampes et de Bourgogne, qui l'avoisinaient, nos pieux acteurs se trouvèrent encore obligés de chercher un gîte ailleurs. Au commencement de l'année suivante, on les trouve installés dans un local qu'ils avaient fait bâtir sur l'emplacement de l'ancien hôtel de Bourgogne, qu'ils s'étaient décidés à acheter, pour éviter les ennuis de nouveaux transports et les frais onéreux qu'ils nécessitaient. Le parlement leur permit de s'y établir, mais *sous la condition expresse de ne jouer que des sujets profanes, mais licites et honnêtes.*

Voici la description de cette salle, que les frères Parfait nous ont donnée dans leur *Histoire :*

« Ce théâtre était, sur le devant, de la même forme que ceux d'aujourd'hui; mais le fond était différent. Plusieurs échafauds, qu'on nommait *établies*, le remplissaient : le plus élevé représentait le paradis; celui de dessous, l'endroit le plus éloigné du lieu où la scène se passait; le troisième, en descendant, le palais d'Hérode, la maison de Pilate, etc.; ainsi des autres, jusqu'au dernier, suivant le mystère qu'on représentait.

« Sur les côtés de ce même théâtre, étaient des espèces de gradins en forme de chaises, sur lesquels les acteurs s'asseyaient, lorsqu'ils avaient joué leur scène (car on ne peut autrement nommer chaque action de ces pièces pieuses), ou qu'ils attendaient leur tour à parler; et jamais ils ne disparaissaient aux yeux des spectateurs, qu'ils n'eussent achevé leur rôle. Ainsi, lorsque le mystère commençait, les spectateurs voyaient tous ceux qui devaient y jouer. Les auteurs et les acteurs n'y entendaient pas plus finesse, et les derniers étaient censés absents lorsqu'ils étaient assis.

« A l'endroit où l'on place à présent une trappe pour descendre sous le théâtre, l'enfer était représenté par la gueule d'un dragon, qui s'ouvrait et se fermait lorsque les diables en sortaient ou y entraient.

« Une espèce de niche, avec des rideaux devant, formait une chambre, et cette chambre servait à cacher aux spectateurs certains détails qu'on ne pouvait leur présenter, tels que l'accouchement de sainte Anne, de la Vierge, etc. »

D'abord, les Confrères de la Passion ne jouaient que des pièces pieuses, comme on le voit par l'arrêt du parlement, de l'année 1542, qui leur prescrivit, à propos de la représentation du *mystère de l'Ancien-Testament*, qu'il avait défendu et que le roi autorisa par lettres patentes, *d'en user bien et duement, sans y user d'aucune fraude, ni interposer choses profanes, lascives et ridicules*.

Ensuite, dans le courant du mois de novembre 1548, c'est-à-dire six ans après, le même parlement rend un arrêt qui change tout à fait leur caractère originel. Cet arrêt porte *qu'ils ne pourront jouer que des sujets profanes, licites et honnêtes, et avec défense expresse de représenter les mystères de la Passion, ni aucun autre mystère de la religion, sous peine d'amende arbitraire*. Par le même arrêt, le parlement, comme pour amoindrir la sévérité de sa décision, *confirma les Confrères dans tous leurs priviléges, et fit défense à toutes autres personnes qu'aux Confrères de la Passion de jouer ni présenter aucune pièce, tant dans la ville que dans la banlieue de Paris, sinon sous le nom et au profit des Confrères*.

Henri II, par des lettres patentes du mois de mars 1552, approuva tous les priviléges que ses prédécesseurs avaient accordés aux Confrères.

Possesseurs d'un privilége exclusif et de richesses considérables, les Confrères se lassèrent bientôt du rôle qu'ils s'étaient imposé; ils résolurent de ne plus monter eux-mêmes sur les théâtres, prétextant, dans leur sagesse, que les pièces profanes ne convenaient pas au titre religieux qui caractérisait leur société. En conséquence, ils louèrent à une troupe de comédiens l'hôtel de Bourgogne et le droit d'y jouer. La société de la Passion se réserva seulement deux loges pour ses membres et ses amis. C'étaient, d'après les anciennes chroniques, les plus rapprochées du théâtre ; elles étaient distinguées par des barreaux, et portaient le nom de *loges des maîtres.*

Ces comédiens formèrent la première troupe régulière qui parut en France. Henri II, qui les avait pris sous sa protection particulière, assistait souvent à leurs représentations.

« C'est aux Italiens, dit Voltaire, dans ses *Questions sur l'Encyclopédie*, qu'on doit ce malheureux genre de drames appelés *mystères*. Ils commencèrent dès le xiii° siècle, et peut-être auparavant, par des farces tirées de l'Ancien et du Nouveau-Testament ; indigne abus, qui passa bientôt en Espagne et en France ! C'était une imitation vicieuse des essais que saint Grégoire de Nazianze avait faits en ce genre, pour opposer un théâtre chrétien au théâtre païen de Sophocle et d'Euripide. Saint Grégoire de Nazianze mit quelque éloquence et quelque dignité dans ses pièces ; les Italiens et leurs imitateurs n'y mirent que des platitudes et des bouffonneries. »

Ce jugement est écrit avec trop de sévérité. Les *mystères*, malgré le grossier bavardage et l'allure immorale qu'ils déploient dans la plupart des scènes qui les composent, renferment cependant quelques naïves peintures, qui donnent une compréhension large de leur siècle, et que l'histoire théâtrale aimera toujours à rappeler comme étant un des premiers fleurons de la couronne dramatique.

Sous Henri III, le royaume fut rempli de *farceurs*. Venus d'Italie, à la demande de ce prince, rapporte le *Journal de l'Estoile*, ces acteurs, nommés *gli Gelosi*, commencèrent à jouer dans l'hôtel de Bourgogne, le dimanche 29 mai 1577. Ils prenaient quatre sous par personne. La nouveauté de ce spectacle attira la curiosité des bourgeois de Paris, et, chaque soir, l'hôtel de Bourgogne se trouvait envahi par la foule : manants, bourgeois, noblesse, tout le monde y allait, vu la modicité du prix, confondus et pêle-mêle. Devant le plaisir, toutes les nuances de la société, si tranchées à cette époque, formaient un tout compacte et harmonieux : la noblesse se déridait du même rire que le bourgeois ; le bourgeois oubliait ses vexations du jour, et fraternisait de gaîté avec cette noblesse si fière de ses prérogatives. Le parlement se crut encore obligé de s'interposer. Ayant été instruit que les comédiens de l'hôtel de Bourgogne ne se montraient pas très chatouilleux du côté de la décence, il rendit, dans sa dignité ombrageuse, aux mercuriales du 26 juin 1577, un arrêt qui portait *défenses de plus jouer leurs comédies, parce qu'elles n'enseignaient que paillardises.* Le *journal de l'Estoile* dit, à ce sujet, que « le samedi 17 juillet suivant, *gli Gelosi*, après avoir présenté à la cour les lettres patentes par eux obtenues du roi, afin qu'il leur fût permis de jouer leurs comédies, nonobstant les défenses de la cour, furent renvoyés par fin de non-recevoir, et *défenses leur furent faites de plus obtenir et présenter à la cour de semblables lettres, sous peine de dix mille livres parisis d'amende applicable à la boîte des pauvres.* »

Gli Gelosi ne se regardèrent pas comme vaincus, malgré les termes explicites du parlement ; ils eurent recours au roi, et Henri III leur accorda des lettres expresses, en vertu desquelles ils recommencèrent leurs représentations, au mois de décembre suivant.

Les mêmes motifs qui avaient déterminé le parlement à refuser d'enregistrer les lettres patentes accordées par le roi aux *Gelosi* le portèrent également à faire le même refus aux troupes répandues dans la province. Il permit seulement, par arrêt, en 1596, à ces comédiens de jouer à la foire Saint-Germain, *à charge par eux de payer, par chaque année qu'ils joueraient, deux écus aux administrateurs de la confrérie de la Passion*; ce qui prouve que le privilége des Confrères subsistait encore à cette époque. Il ne fut en effet anéanti qu'en 1696, par la réunion qui fut faite des revenus de la confrérie à l'hôpital général.

Nous avons vu, jusqu'à présent, le théâtre luttant avec énergie contre le parlement, qui cherche toujours, sinon à l'étouffer, du moins à le retenir dans des bornes étroites; maintenant, nous allons assister à son développement dans tout le royaume, et c'est maintenant seulement que nous allons trouver des comédiens; car les comédiens commencent à Molière, ou à peu près, et l'on ne peut guère donner ce titre à tout ce qu'on rencontre jusqu'à cette époque. L'excommunication et le préjugé ont pu frapper indistinctement tout ce qui a précédé Molière; mais ils ne devaient pas aller au delà.

Jusqu'à l'année 1552, les Français n'eurent pas d'autres spectacles que les mystères, les farces et les sotties. Mais, à cette époque, un jeune homme de vingt ans eut la hardiesse de prétendre donner une nouvelle direction au genre dramatique, qui, s'il ne se perdait pas entièrement, marchait dans une voie improgressive et qui pouvait lui devenir fatale.

Étienne Jodelle, né en 1532, d'une famille noble, s'était adonné avec passion à la culture des arts et des lettres :

« C'est lui qui, le premier, a osé essayer de donner une forme nouvelle aux spectacles de la France. Savant dans les langues grecque et latine, il connaissait le théâtre de ces deux nations, et n'en était que plus choqué contre l'espèce de dévotion mal entendue qui faisait alors la base des drames qu'on représentait sur le nôtre. Il voulut tenter de donner une pièce de son invention; mais sans avoir recours aux livres saints. Il puisa son sujet dans l'histoire profane, et choisit celui de Cléopâtre. Il sentit toutes les difficultés de son entreprise; il comprit qu'il fallait combattre et vaincre les préjugés de l'habitude. Rien ne le découragea, et il finit son ouvrage. Mais, lorsqu'il fut question de le représenter, il fallut trouver des acteurs en état de rendre ses personnages. Les Confrères de la Passion, soit par jalousie de cette nouveauté, soit qu'en effet ils regardassent cette tragédie comme une action profane, ayant refusé de la jouer, il prit le parti, avec La Péruse, Remi Belleau et d'autres amis, de s'en charger. (Il remplit le rôle de Cléopâtre.) Et enfin cette pièce fut représentée sur un théâtre dressé dans la cour de l'hôtel de Rheims. Henri II, avec toute sa cour, l'honora de sa présence, et cette pièce eut un succès prodigieux.

« Jodelle, encouragé par les applaudissements, voulut essayer aussi le genre de la comédie. Il composa *Eugène*, ou *la Rencontre*, qui fut jouée à la suite de *Cléopâtre*, et qui eut la même réussite. Il donna ensuite la tragédie de *Didon*, qui vraisemblablement fut représentée, mais dont on ignore le succès. Cet auteur jouit, pendant sa vie, de la plus haute réputation; mais il ne sut pas profiter des avantages qu'elle pouvait lui procurer. Livré à ses plaisirs, évitant de faire sa cour, censeur un peu trop austère, il tomba bientôt dans la plus grande indigence, et il mourut au mois de juillet 1573; il ne s'était pas borné à la seule connaissance des belles-lettres : il était aussi savant dans l'architecture, la peinture et la sculpture. Aussi fût-il chargé lui seul des vers, des ornements et de la construction d'un théâtre, pour une fête donnée par la ville, et à l'Hôtel-de-Ville, au roi Henri II. »

Jodelle est donc le véritable créateur de notre théâtre. Tous les auteurs contemporains se sont accordés sur la supériorité de son mérite. Ronsard l'a fait entrer dans sa *Pléiade*. Il a écrit :

> Jodelle, le premier, d'une plainte hardie,
> Françoisement chanta la grecque tragédie ;
> Puis, en changeant de ton, chanta devant nos roys,
> La jeune comédie, en langage françois ;
> Et si bien les sonna, que Sophocle et Ménandre,
> Tant fussent-ils sçavants, y eussent pu apprendre.

Ces vers flatteurs n'étaient cependant qu'une faible expression des sentiments admiratifs des auteurs du xvie siècle pour le talent de Jodelle. M. Binet, dans sa *vie de Ronsard*, a donné une preuve curieuse de l'enthousiasme qu'excitait ce poète, que Baillet a mis au nombre des *enfants devenus célèbres par l'étude*.

Pendant le carnaval de l'année 1552, Jodelle habitait Arcueil. Plusieurs auteurs, au nombre de cinquante, firent, « selon Binet, le projet d'aller passer auprès de lui quelques joyeuses journées. Le hasard leur fit rencontrer un bouc, ce qui donna occasion à quelques-uns d'entre eux, après avoir orné ce bouc d'un chapelet de fleurs, de le mener dans la salle du festin, tant pour faire semblant de le sacrifier à Bacchus que pour le présenter à Jodelle, à la manière des Grecs. En effet, ce bouc, ainsi orné, ayant la barbe pointue, fut poussé auprès de la table, et, après leur avoir servi de risée pendant quelque temps, il fut chassé, et non pas sacrifié à Bacchus, quoique, dans la suite, il ait été reproché à Ronsard, par le ministre protestant Chandieu, d'avoir, par ce sacrifice, fait un acte d'idolâtrie. Il n'y eut aucun des convives qui ne fît quelques pièces de vers à ce sujet, à l'imitation des bacchanales des anciens. Ronsard, entre autres, en composa une sous le titre de *Dithyrambe à la pompe du bouc d'Étienne Jodelle, poète tragique*, et une autre, intitulée *le Voyage d'Arcueil*. »

Il paraît que Jodelle composa un grand nombre de pièces, du moins à en croire de La Mothe, qui lui fait dire :

« J'avois des tragédies et des comédies, les unes achevées, les autres pendues au croc, dont la pluspart m'avoient été commandées par la Royne et par Madame, sœur du Roy, sans que les troubles du temps eussent permis d'en rien voir, et j'attendois une meilleure occasion. »

« Nous ne pouvons celer aux lecteurs une chose quasy incroyable, ajoute de La Mothe : c'est que tout ce que l'on verra composé par Jodelle n'a jamais été faict que promptement, sans étude et sans labeur ; et pouvons-nous, avecque plusieurs personnes de ce temps, témoigner que la plus longue tragédie ou comédie ne l'a jamais occupé, à composer et escrire, plus de dix matinées ; mesme la comédie d'*Eugène* fust faicte en quatre traites. »

Cette prodigieuse facilité est citée par Beauchamps, qui, après avoir fait la description de la fameuse fête où Jodelle exerça à la fois ses talents de poète, d'architecte et de sculpteur, dit :

« Au reste, la rapidité avec laquelle Jodelle composait ses ouvrages nuisit beaucoup à leur perfection. »

Depuis Jodelle jusqu'à Robert Garnier, les progrès de l'art dramatique furent peu sensibles.

« Il était réservé à Robert Garnier, dit le duc de la Vallière, de commencer à faire sortir la tragédie de cette espèce d'enfance où elle était encore. Il s'écarta de la route que Jodelle avait toujours suivie. Admirateur, ainsi que lui, des anciens, il ne voulut pas, comme cet auteur, les imiter servilement; mais il sut s'en approprier les beautés, et l'on voit que, dans sa tragédie d'*Hippolyte*, représentée en 1573, il eut l'art de tirer la scène de *Phèdre* avec sa nourrice de la même source que Racine a puisé depuis celle de cette princesse avec *OEnone*, sa confidente.

« Dès 1558, il s'était fait connaître par la tragédie de *Porcie*, qui lui acquit quelque réputation. Il fut au comble de sa gloire, dès qu'il eut fait représenter *Hippolyte*. Alors, Jodelle fut aussi oublié que Garnier l'est aujourd'hui lui-même. Mais, soit qu'il fût enivré par ses succès, soit qu'il eût épuisé son talent, il n'alla pas plus loin; les pièces qui suivirent furent même inférieures; et si, depuis 1573, l'art dramatique fit quelques progrès, ils furent si peu considérables qu'il est bien difficile de s'en apercevoir. »

Né à la Ferté-Bernard, dans le Maine, en 1534, Robert Garnier avait été destiné dès son enfance, par ses parents, à la magistrature. Envoyé à Toulouse pour faire son droit, il fit deux parts égales de son temps : la première, il l'employa à l'étude choisie par ses parents; mais, la seconde, il la voua tout entière à faire des vers et à analyser les poètes grecs et latins. En 1565, il remporta l'*Églantine* des Jeux floraux. De retour dans le Maine, il épousa Françoise Hubert, jeune fille à l'imagination vive et poétique. Il continua alors de se livrer à son goût passionné et à ses talents pour la poésie.

Ronsard, alors le dispensateur des réputations littéraires, lui adressa le sonnet suivant :

> Quel son mâle et hardi! quelle bouche héroïque,
> Et quels superbes vers entends-je ainsy sonner?
> Le lierre est trop bas pour ton front couronner,
> Et le bouc est trop peu pour ta Muse tragique.
>
> Sy Bacchus retournoit au manoir platonique,
> Il ne voudroit Eschyle au monde redonner :
> Il te chériroit seul, quy peut seul étonner
> Le théâtre françois de ton cothurne antique.
>
> Les premiers trahissoient l'infortune des roys,
> Redoublant leur malheur d'une trop basse voix ;
> La tienne, comme foudre, en la France s'écarte.
>
> Heureux en bons esprits ce siècle plantureux !
> Après toy, mon Garnier, ie me sens bienheureux
> De quoy mon petit Loir est voisin de la Sarte.

« Les différents ouvrages de Garnier furent admirés et regardés comme des chefs-d'œuvre, disent les auteurs de *l'Histoire universelle des Théâtres*. En effet, on ne connaissait point encore de pièces aussi intéressantes et qui approchassent davantage de celles des Grecs. Ses sujets sont nobles, ses personnages ont de grands caractères ; son style est harmonieux, et souvent énergique. Cependant les critiques lui reprochent d'avoir préféré la manière de Sénèque à celle de Sophocle et d'Euripide ; d'avoir eu alternativement dans sa poésie les tournures familières de l'épître, les tons épiques du poème, les élans pindariques de l'ode et les images pastorales de l'églogue ; en un mot, d'avoir forgé des expressions nouvelles, à l'exemple de Ronsard, c'est-à-dire chamarées de grec et de latin. Mais, malgré ces défauts, Garnier tiendra toujours un rang distingué parmi les poètes de son genre. Pendant sa vie, la France fut désolée par des guerres civiles, et il crut devoir en inspirer l'horreur dans ses tragédies, où il fit voir que les divisions intestines avaient été la première cause de la décadence des Romains. Tel fut le but de presque toutes ses pièces, dans lesquelles on verra qu'il eut le courage de s'élever contre ces haines barbares qui armaient les citoyens contre les citoyens, et qui *rendoient les hommes inhumains ;* telle est son expression à ce sujet. Ses ouvrages avaient donc alors le double avantage d'offrir tout à la fois à ses compatriotes des leçons de conduite et des beautés littéraires qui leur étaient inconnues. »

De Robert Garnier à Alexandre Hardy, c'est-à-dire pendant environ la dernière moitié du xvie siècle, plusieurs auteurs travaillèrent à l'amélioration de l'art dramatique, sans cependant obtenir de succès marquants. Mais, dès que paraît Alexandre Hardy, ce prodigieux phénomène de facilité, le théâtre se relève fièrement, et jette de profondes racines.

Enfant de Paris, Alexandre Hardy, dont les premières années sont inconnues, commence à se faire connaître vers la fin du xvie siècle. Dès ses premiers débuts dans l'étude du théâtre, il se montre déjà grand. Son apprentissage d'étude demeure couvert d'un voile épais. Le premier cri que lui arrache la pensée est répété par mille échos, est recueilli par mille oreilles avides. Tout porte à croire, cependant, qu'il suivit d'abord une troupe de comédiens ambulants pour lesquels il faisait des pièces.

« Ce qui est sûr, disent les frères Parfait, c'est que les comédiens qui s'établirent à Paris vers 1600, et qui formèrent le dessein d'y donner leur spectacle régulièrement trois fois la semaine, jugèrent qu'ils ne pouvaient l'exécuter qu'en s'associant un poète qui fût en état de leur fournir fréquemment des nouveautés ; que Hardy osa l'entreprendre, et que, secondé par son génie et ses lectures, il soutint, presque seul, la scène française pendant une longue suite d'années. Il remplit même ses engagements avec eux jusqu'à sa mort, dont on ignore la date précise. On conjecture qu'elle peut être arrivée vers 1630, car, en 1628, il publia lui-même le sixième et dernier volume qui ait été imprimé de ses tragédies ; et, en 1632, il ne vivait plus, puisqu'il existe un plaidoyer, composé cette même année, pour sa veuve, contre les comédiens, au sujet de l'association qu'il avait contractée avec eux.

« Toutes faibles que soient les pièces de Hardy, elles ont eu du succès dans leur nouveauté, et même elles ont été reprises depuis sa mort. Elles étaient encore au théâtre en 1635. »

Scudéry s'exprime ainsi dans sa *Comédie des Comédiens*, jouée au mois de novembre 1634. Dans cette pièce, l'un des personnages demande à un autre quels sont les ouvrages que les comédiens ont en état d'être représentés.

— « Toutes celles de feu Hardy, répond l'interlocuteur. Il faut donner cet aveu à la mémoire de cet auteur, qu'il avait un puissant génie et une verve prodigieusement abondante, comme huit cents pièces de sa façon en font foi ; et, certes, à lui seul appartient la gloire d'avoir relevé le premier le théâtre français, tombé depuis tant d'années. Il est plein de facilité et de doctrine, et, quoi qu'en veuillent dire ses envieux, il est certain que c'était un grand homme ; et, s'il eût aussi bien travaillé par divertissement que par nécessité, ses ouvrages auraient, sans aucun doute, été inimitables ; mais il avait trop de part à la pauvreté de ceux de sa profession, et c'est ce qui a produit l'ignorance de notre siècle et le mépris de la vertu. »

« En substituant le mot *passable* au mot *inimitable*, pour les ouvrages de Hardy, l'éloge est assez exact, » objectent les frères Parfait, qui ajoutent que « les auteurs ont aussi l'obligation à ce poète d'avoir, le premier, introduit l'usage de recevoir de l'argent des pièces de théâtre : usage inconnu avant lui, et que les poètes, ses successeurs, ont suivi assez régulièrement. »

« Si l'on examine sans prévention les ouvrages de Hardy, on s'apercevra aisément que ses plans sont sans choix et sans beaucoup de discernement ; que sa versification est des plus faibles et des plus basses, et qu'il a aussi mal observé les règles des mœurs et des bienséances que celles de la poésie dramatique. Mais, avec tous ses défauts, il faut convenir qu'il avait apporté en naissant des talents marqués, que sa triste situation et sa trop malheureuse facilité à faire des vers ne lui ont presque pas permis de mettre en usage. On ne peut pas aussi lui refuser d'avoir assez bien entendu son théâtre, et que, s'il a été forcé de prendre à la hâte tous les sujets qui s'offraient à lui, au moins a-t-il tâché de les présenter sur la scène avec un art qui lui était naturel, et qui avait été ignoré par la plupart des poètes qui l'ont précédé. Il suffit, pour Hardy, d'avoir soutenu les commencements d'un théâtre à Paris, sous une forme nouvelle, et accoutumé le public à un spectacle journalier qui est devenu absolument nécessaire, et dont on ne peut plus se passer. »

Dans la *Guerre des Auteurs*, ingénieux ouvrage qui a servi de modèle au *Temple du Goût*, Guéret dit que Hardy possédait à un tel degré la facilité de faire des vers, « que, bien souvent, deux mille ne lui coûtaient que vingt-quatre heures. En trois jours, il faisait une comédie ; les comédiens l'apprenaient, et le public la voyait..... »

« Il était venu dans un siècle où l'on ne se piquait pas d'entendre la poétique d'Aristote, ajoute Guéret ; on ne trouvait point à dire qu'un même personnage vieillît de quarante ans en vingt-quatre heures ; que sa barbe, ses cheveux, blanchissent dans l'intervalle de deux actes. Il pouvait, entre deux soleils, passer de Rome à Paris, et c'était faire une comédie que de mettre une vie de Plutarque en vers. »

Fontenelle, qui avait le malheur de juger avec l'esprit de son époque, et qui ne voyait habituellement, dans l'écrivain livré à son jugement, que le poète selon les habitudes et les mœurs du siècle où lui-même vivait, a écrit, dans son *Répertoire du théâtre françois*, les réflexions suivantes, sur le théâtre de Hardy :

« Dès qu'on lit Hardy, sa fécondité cesse d'être merveilleuse. Les vers ne lui ont pas beaucoup coûté, ni la disposition des pièces non plus. Tous sujets lui sont bons. La mort d'Achille et celle d'une bourgeoise que son mari prend en flagrant délit, tout cela est également tragédie chez Hardy. Nul scrupule sur les mœurs ni sur les bienséances. Tantôt on trouve une courtisanne au lit, qui, par ses discours, soutient assez bien son caractère ; tantôt, l'héroïne de la pièce est violée ; tantôt une femme mariée donne des rendez-vous à son galant. Les premières caresses se font sur le théâtre; on n'en fait perdre au spectateur que le moins que l'on peut..... Les personnages de Hardy s'embrassent volontiers sur le théâtre; et, pourvu que deux amants ne soient pas brouillés ensemble, vous les voyez sauter au cou l'un de l'autre dès qu'ils se rencontrent. Au milieu de ces amours, qui se traitent si librement, il y a lieu d'être étonné que les amants de Hardy appellent très souvent leurs maîtresses *ma sainte*. Ils se servent de cette expression comme ils feraient de celles de *mon âme, ma vie*, et c'est une de leurs plus agréables mignardises. Voulaient-ils marquer par là une espèce de culte? Il n'y a que les idées du culte païen qui soient galantes. Le vrai est trop sérieux. On peut appeler sa maîtresse *ma déesse*, parce qu'il n'y a point de déesses, et on ne peut l'appeler *ma sainte*, parce qu'il y a des saintes.

« Les bienséances étant ainsi méprisées dans les ouvrages de Hardy, on peut juger que le reste ne va pas trop bien. Ses pièces ne sont pas de cette ennuyeuse et insupportable simplicité de la plupart de celles qui avaient été faites avant lui, mais elles n'en ont pas pour cela plus d'art. Il y a plus de mouvement, parce que les sujets en fournissent davantage; mais, ordinairement, le poète n'y met pas du sien.

« Les chœurs commençaient à passer de mode. Il y a plusieurs tragédies de Hardy qui n'en ont point. Celles qui en ont ne les ont pas régulièrement placés à la fin des actes; ils entrent où ils peuvent, et deviennent souvent des personnages de la pièce. »

Certes! ces réflexions renferment de grandes et incontestables vérités; mais, si Fontenelle eût eu la faculté de commenter le théâtre de Hardy avec les idées admises par les contemporains de ce poète, il n'aurait pas mis dans son jugement ce sans-façon caustique qui se rencontre dans presque toutes ses critiques.

On ne s'accorde pas généralement sur le nombre exact des pièces d'Alexandre Hardy. Scudéry, qui élève le chiffre de ses pièces au nombre prodigieux de huit cents, doit-il être cru sur parole? Quoi qu'il en soit, Hardy lui-même, dans ses préfaces, parle de *six cents* et plus.

« Ce nombre serait peu de chose, observe plaisamment Fontenelle, et les Espagnols le terrasseraient par les deux mille de Lope de Vega. »

Voici un extrait du poète Théophile, qui vient à l'appui de cette opinion, savoir, que la facilité presque fabuleuse d'Alexandre Hardy ne doit pas être mise en doute.

> Hardy, dont le plus grand volume
> N'a jamais su tarir la plume,
> Pousse un torrent de tant de vers,
> Qu'on dirait que l'Hypocrène
> Ne tient tous ses vaisseaux ouverts
> Que lorsqu'il y remplit sa veine.

De sept à huit cents pièces qu'on attribue à Hardy, quarante-une seulement ont été imprimées, et sont parvenues jusqu'à nous.

« Il est quelques auteurs, disent les écrivains des *Essais historiques*, à qui l'on ferait grand tort en retranchant une ou deux pièces du catalogue de leurs ouvrages; mais Hardy est précisément dans le cas contraire. On ne peut que nuire à sa réputation en cherchant à augmenter le nombre de ses productions;

et, quoi qu'il puisse arriver, il lui en restera toujours trop pour sa gloire. Il est certain que, s'il avait moins composé, il aurait travaillé beaucoup mieux. On le voit par quelques-unes de ses pièces et par quelques endroits de chacune d'elles; car il n'en a pas une, quelque mauvaise qu'elle soit, qui ne décèle un vrai talent. »

Hardy a donc été d'un grand secours à l'art dramatique. Ses productions, tout informes qu'elles sont, doivent être regardées comme progressives et méritantes.

M. de la Vallière a parfaitement résumé les services que cet écrivain a rendus, lorsqu'il écrivait :

« Un voyageur, forcé de traverser une forêt percée de toutes parts, et incertain du chemin qu'il doit prendre, aurait, sans doute, une véritable obligation à un homme qui, sans lui montrer précisément la route qu'il doit suivre, lui marquerait un très grand nombre de celles qu'il doit éviter. Tel est le service qu'a rendu Hardy à ses successeurs, et c'est toujours celui que rendent, dans tous les arts, les essais informes de ceux qui s'en occupent les premiers. Peut-être même l'esprit humain n'a-t-il pas d'autres moyens de parvenir à un certain degré de perfection. »

Le cardinal Richelieu aimait d'entraînement la comédie. Il avait aussi la prétention de se croire un génie comme poëte dramatique, et faisait tous ses efforts pour le faire croire. Cette manie du célèbre cardinal ferait pitié, si elle n'avait pas aidé aux progrès de l'art dramatique. En effet, Richelieu protégea les essais dramatiques par tous les moyens qui furent en son pouvoir. Il s'entoura d'écrivains de talent, sur lesquels il répandit les faveurs et les bienfaits. Et aussi une justice à lui rendre, c'est qu'il ne recula jamais devant les dépenses, souvent exorbitantes, que nécessitaient souvent les satisfactions de la noble passion qu'il ressentait.

Fort de la puissance du ministre-cardinal, l'art dramatique prit bientôt de nouveaux développements; il marcha avec plus de sûreté dans la voie du progrès, et rejeta bientôt loin de lui cette licence grossière qui flétrissait chacune de ses paroles, cette allure cynique qui souillait chacun de ses gestes.

Le duc de la Vallière a résumé d'une manière assez heureuse et assez complète cette transfiguration de l'art dramatique. Aussi, je lui cède encore volontiers la parole.

« Rotrou osa, le premier, faire dialoguer plusieurs personnages dans la même scène. Avant lui, on n'en voyait ordinairement paraître que deux ; il était bien rare qu'on en produisît un troisième ; encore n'était-ce le plus souvent qu'un acteur muet, qu'on ne mettait point en scène avec les autres.

« Scudéry, dans sa tragédie de *l'Amour tyrannique*,, introduisit la règle des vingt-quatre heures, qu'il avait puisée dans Aristote. Sarrazin en démontra et la nécessité et les avantages, dans une préface qu'il mit à la tête de cette pièce.

« Mairet, dont la *Sophonisbe* fut mise dans la suite en parallèle avec celle du grand Corneille, étudia avec succès ce qui concernait les règles et la constitution de la fable.

« Ces différentes découvertes n'avaient pas encore produit de bons ouvrages. On avait fait quelques pas de plus dans la carrière, mais personne n'avait encore atteint au but. Ces divers avantages, que chacun avait ajoutés au genre, en général étaient déparés par un plus grand nombre de défauts. C'étaient des beautés isolées, des règles éparses, de simples vues, des essais heureux : on tâtait, pour ainsi dire, la voie. Il n'appartenait qu'à un génie sublime de parcourir à pas de géant l'intervalle de la médiocrité à la perfection ; de rassembler toutes les règles, et d'en former un tout ; de faire briller à la fois la noblesse de la poésie, la dignité, la variété et l'ensemble des caractères, et de produire, enfin, des chefs-d'œuvre qui ne le cèdent point à ceux qui ont immortalisé les Sophocle et les Euripide, et qui seront admirés tant que les hommes conserveront le goût des grandes choses. On reconnaît, à ces traits, Pierre Corneille, si justement surnommé *le Grand*. »

Avant de parler de Corneille, deux mots sur son époque et sur les hommes qui l'ont suivi dans la resplendissante carrière du théâtre.

Le nom de l'auteur des *Visionnaires* vient tout naturellement prendre place. Desmarets, laborieux écrivain, passait pour l'un des beaux esprits du xviie siècle. Il fut un des cinq auteurs collaborateurs du cardinal de Richelieu, qui l'affectionnait beaucoup. Desmarets était doué d'un très grand esprit, et avait l'imagination tellement déréglée, qu'on disait de lui qu'il était le plus bel esprit de tous les visionnaires, et le plus visionnaire de tous les beaux esprits. Cet auteur, l'un des premiers membres de l'Académie française, peut être regardé comme un des piliers de la tragédie du xviie siècle.

A côté de Desmarets, et sur la même ligne, se montrait Mairet. Sans être doué des hautes qualités que demande instamment la poésie tragique, Mairet possédait un talent fort distingué pour l'époque où il vivait, et, ce qu'il ne faut pas oublier, c'est que toutes les pièces de cet auteur sont antérieures aux tragédies de Corneille.

« Né avec une imagination vive, ardente, élevée, mais trop féconde, Scudéry se livrait sans goût à la facilité d'écrire, qu'il regardait comme un effet du génie. De là ces plans si étendus, ces intrigues si compliquées, ces incidents si multipliés, ces détails si minutieux et si prolixes; mais ces défauts sont compensés par des traits pleins d'esprit, des tours pleins de hardiesse, des situations heureuses et intéressantes, et beaucoup de variété, soit dans les pensées, soit dans la façon de les rendre. »

Il se rencontre en tout temps des écrivains tout disposés à tremper leur plume dans le fiel de la satire. Scudéry ne fut pas épargné. Lorsqu'il fut reçu à l'Académie française, certain auteur le salua de l'épigramme suivante :

> Bienheureux Scudéry, dont la fertile plume
> Peut, tous les mois, sans peine, enfanter un volume !
> Tes écrits, il est vrai, sans art et languissants,
> Semblent être formés en dépit du bon sens;
> Mais ils trouvent pourtant, quoi qu'on en puisse dire,
> Un marchand pour les vendre, et des sots pour les lire.

La critique des satiriques ne fait que rarement montre d'impartialité.

En 1625, vivait à Paris un pauvre auteur, possesseur d'une minime fortune et d'une nombreuse famille. Il vivait, tant bien que mal, du produit de ses écrits. On prétend qu'un libraire avait consenti, et encore après bien des débats, à lui donner un écu par feuille de prose; le cent de grands vers lui était payé quatre francs, et le cent de petits deux francs. Le libraire de ce temps-là devait faire difficilement de mauvaises affaires. Aussi Du Ryer, tel est le nom du pauvre écrivain, écrivait-il à la hâte : ses enfants attendaient, pour manger, que l'inspiration arrivât, docile à leur père, et bien souvent l'inspiration oubliait de venir; et comme on ne pouvait attendre que le cerveau eût passé son caprice, Du Ryer était obligé de versifier malgré cela. Cependant, « on ne peut refuser à cet auteur de la force, et, quelquefois, du sublime dans les idées, de l'énergie dans l'expression, et un grand fond de raisonnement. »

Du Ryer s'était retiré avec sa famille dans un petit village auprès de Paris. Du moins, là, isolé de tous, sa misère n'était un sujet de pitié pour personne.

« Un beau jour d'été, dit Vigneul de Marville, nous allâmes plusieurs ensemble lui rendre visite. Il nous reçut avec joie, nous parla de ses desseins, et nous montra ses ouvrages. Mais, ce qui nous toucha, c'est que, ne craignant pas de nous montrer sa pauvreté, il voulut nous donner la collation. Nous nous rangeâmes sous un arbre; on étendit une natte sur l'herbe; sa femme nous apporta du lait, et lui des cerises, de l'eau fraîche et du pain bis. Quoique ce régal nous semblât très bon, nous ne pûmes dire adieu à cet excellent homme sans pleurer de le voir si maltraité de la fortune. »

De tous les écrivains du commencement du xvii° siècle, Rotrou est celui qui approche le plus de Pierre Corneille. La plume qui a écrit *Venceslas* n'aurait certainement pas été dédaignée par l'auteur de *Cinna*. Mais les compositions de Rotrou sont remplies d'inégalités : à côté de vers aisés, naturels, énergiques, se rencontrent des vers durs, mal sonnants et barbares. Ce qui nuisit le plus au talent poétique de Rotrou, c'est la malheureuse facilité avec laquelle il écrivait : la pensée venait à lui sans travail et au courant de la plume. Rotrou aimait le jeu, et il ne pouvait assouvir cette passion qu'au détriment de sa bourse. Alors, assis devant sa table de travail, il élucubrait avec une hâte coupable. Sa cassette était vide, et les cartes réclamaient un enjeu. Encore si, comme le pauvre Du Ryer, la précipitation qu'il mettait à composer ses pièces eût trouvé une excuse dans une position de misère !

Quelquefois, Rotrou prenait la résolution de ne plus jouer, et de se livrer avec conscience à l'étude. Si, sur ces entrefaites, les comédiens lui envoyaient le produit de ses pièces, il avait l'habitude de jeter alors son argent sur son bûcher. La passion venait-elle le talonner avec plus d'empire, et le forçait-elle à céder à ses attraits, la difficulté de trouver son argent le mettait au moins à l'abri des risques de tout perdre à la fois, et, bien souvent, la raison reprenait le dessus avant qu'il eût pu réunir une somme convenable.

Enfin parut Pierre Corneille ! Je n'entreprendrai pas ici une dissertation critique; je me contenterai seulement de rapporter les différents faits arrivés à cette époque incolorée de notre théâtre, en y joignant quelquefois ce qu'en ont écrit certains auteurs pompeusement affublés du nom de critiques souverains. — Que feraient quelques fleurs de plus à la couronne, déjà si brillante, de Pierre Corneille !

Une des premières actrices qui soient montées sur la scène, mademoiselle Beaupré, disait de Corneille : « Il nous a fait grand tort : nous avions ci-devant des pièces de théâtre pour trois écus, que l'on nous faisait en une nuit; on y était accoutumé, et nous gagnions beaucoup. Présentement, les pièces de M. Corneille nous coûtent bien de l'argent, et nous gagnons peu de chose. Il est vrai que ces vieilles pièces étaient misérables; mais les comédiens étaient excellents, et ils les faisaient valoir par la représentation. »

Mélite fut la première pièce de Pierre Corneille. Elle fut représentée à l'hôtel de Bourgogne, en 1625. Corneille était alors âgé de dix-neuf ans. « Le succès en fut surprenant, raconte-t-il; il établit une nouvelle troupe de comédiens à Paris, malgré le mérite de celle qui était en possession de s'en voir l'unique, et me fit connaître à la cour. »

Un évènement singulier révéla à Corneille le talent qu'il avait pour la poésie. Ayant été conduit par un de ses amis chez une demoiselle dont ce dernier était amoureux, Corneille se fit bientôt aimer aux dépens de l'introducteur. La joie que lui causa cette aventure le rend poète; il en fait une comédie. Et voilà le grand Corneille !

Hardy, qui était l'auteur banal du théâtre, et associé pour une part avec les comédiens, répondait à ceux qui lui apportaient son contingent des représentations de *Mélite* :

— « *Bonne farce !* »

Parce que cette part se trouvait augmentée par le succès de cette pièce.

La carrière était ouverte; il ne s'agissait plus que d'avancer.

Je lis dans *les Classiques et les Romantiques*, à l'article Pierre Corneille, par M. Jules Belin, le passage suivant :

« Il lui fallut un voyage qu'il fit à Paris, dans l'intention de voir le succès de *Mélite,* pour apprendre qu'elle n'était pas « dans les vingt-quatre heures. C'estoit l'unique règle que l'on connust en ce temps-là. »

« Piqué de la supériorité que s'adjugeaient les beaux esprits de Paris, et pour montrer que *Mélite* avait de vraies beautés de théâtre, Corneille entreprit de faire une pièce régulière (c'est-à-dire dans les vingt-quatre heures), pleine d'incidents, et d'un style plus élevé, mais qui ne vaudrait rien du tout; en quoi il réussit parfaitement. Il s'agit de *Clitandre,* ou *l'Innocence délivrée,* comédie jouée à l'hôtel de Bourgogne, en 1632. »

De 1633 à la fin de 1636, Corneille écrivit *la Veuve,* ou *le Traître trahi*; *la Galerie du Palais*; *la Suivante*; *la Place-Royale*; *Médée,* et *l'Illusion.*

« Il était alors confondu parmi les cinq auteurs que le cardinal de Richelieu faisait travailler aux pièces dont il était l'inventeur. Ces cinq auteurs, au rapport de Voltaire, étaient l'Estoile, fils du grand-audiencier, dont nous avons les Mémoires; Bois-Robert, abbé de Châtillon-sur-Seine, aumônier du roi et conseiller d'État; Colletet, qui n'est plus connu que par les satires de Boileau, mais que le cardinal regardait alors avec estime; Rotrou, lieutenant civil au bailliage de Dreux, homme de génie; Corneille lui-même, assez subordonné aux autres, qui l'emportaient sur lui par la fortune ou par la faveur. »

Jamais solennité littéraire n'eut plus de retentissement que la première représentation du *Cid,* joué vers la fin de 1636. On peut à peine s'imaginer la cabale qui s'éleva contre ce chef-d'œuvre. Mairet n'eut pas honte d'écrire contre Corneille des personnalités odieuses. Scudéry n'épargne pas les critiques violentes. L'Académie française, fondée trois ans auparavant, sur les instances réitérées du cardinal de Richelieu, jaloux du génie de Corneille, donna son sentiment sur le *Cid*. Mais la censure qu'elle en fit fut conçue en des termes si ménagés que cette censure valut un second triomphe à son auteur. On sait la généreuse défense de Balzac. En un mot, le *Cid* excita une si profonde admiration, qu'il était passé en proverbe de dire : *Cela est beau comme le Cid !*

Ce succès, dont jusqu'alors on n'avait pas eu d'exemple, devait naturellement donner naissance à ces écrits scandaleux qui ne manquent jamais d'éclore à l'ombre des réputations. Dans une satire du temps, on fit parler ainsi Guilhem de Castro :

> Donc, fier de mon plumage, en Corneille d'Horace,
> Ne prétends plus voler plus haut que le Parnasse.
> Ingrat ! rends-moi mon *Cid*, jusques au dernier mot.
> Après, tu connoistras, Corneille déplumée,
> Que l'esprit le plus vain est souvent le plus sot,
> Et qu'enfin tu me dois toute ta renommée.

En **1639**, parurent *Horace* et *Cinna*; en **1640**, *Polyeucte*, accueilli froidement par le tribunal spirituel de l'hôtel de Rambouillet, et sauvé de l'oubli auquel Corneille l'avait condamné, par le comédien Laroque, fut salué de nombreux applaudissements ; **1641** vit la *Mort de Pompée* ; le *Menteur* fut représenté en **1642**. Cette comédie, la première qui parut en ce genre, était en partie traduite, en partie imitée de Lopez de Vega. Corneille trouvait ce sujet espagnol si riche et si spirituel, qu'il disait souvent qu'il donnerait volontiers ses deux plus belles pièces pour en être l'inventeur.

L'année suivante s'ouvre par la *Suite du Menteur*. Cette pièce, n'eut que peu de représentations.

Théodose, représenté près de trois ans après, ne put se soutenir ; mais Corneille se releva de ce léger échec en donnant quelques mois après *Rodogune*, qui obtint un très grand succès.

De 1647 à 1652, se succèdent *Héraclius*, le *désespoir de tous les auteurs*, comme l'appelait l'abbé Pellegrin ; *Andromède*, qui eut 45 représentations ; *Don Sanche d'Aragon* et l'admirable tragédie de *Nicomède*.

Pertharite, roi des Lombards, fut tellement mal accueilli en 1653, qu'il n'osa se montrer que deux fois en public, dit Fontenelle ; cet échec dégoûta Corneille du théâtre, et, pour s'en consoler, il résolut de traduire l'*Imitation de Jésus-Christ* ; mais il paraît qu'il consentit, sur la sollicitation du procureur-général Fouquet, à reprendre la plume tragique, qu'il avait abandonnée dans un moment de chagrin ; il fit représenter en 1659, après six ans de retraite, *OEdipe*, tragédie, dont le sujet lui avait été fourni par M. Fouquet.

Corneille, outre ses nombreuses richesses littéraires, donna encore au siècle de Louis XIV la *Toison d'or*, tragi-comédie, jouée d'abord dans le château de Neubourg en Normandie, appartenant au marquis de Sourdéac, en réjouissance du mariage de Louis XIV et de la paix avec l'Espagne.

Sestorius, représenté sur le théâtre du Marais, le 25 février 1662. On prétend que M. de Turenne, en assistant à une représentation de cette pièce, s'écria à deux ou trois fois : « Où donc Corneille a-t-il appris l'art de la guerre ? »

La *Sophonisbe*, le 18 janvier 1663 ; trente-deux ans après qu'eut paru celle de Mairet.

Corneille ajouta encore à ce magnifique héritage :

Othon, joué en 1665 : « Si mes amis ne me trompent, écrit-il, cette pièce égale ou passe la meilleure des miennes. »

En avril 1666, l'*Agésilas;* et, en 1667, l'*Attila*.

Ces deux pièces valurent à Corneille la pitoyable épigramme de Boileau :

> Après Agésilas,
> Hélas!
> Après Attila,
> Holà !

Le 17 janvier 1671, *Psyché*, en collaboration avec Molière; le 28 novembre suivant, *Tite et Bérénice*, dont l'origine était si romanesque; *Pulchérie* fut jouée le 25 novembre 1672. Enfin, le 12 décembre 1674, *Suréna, général des Parthes*, vint fermer la liste si glorieuse des travaux du grand Corneille, — et, le premier octobre 1684 s'éteignit, à Paris, la vie laborieuse du restaurateur de notre théâtre.

« Le style de Corneille est le mérite par où il excelle. Voltaire, dans son commentaire, a montré, sur ce point comme sur d'autres, une souveraine injustice et une assez grande ignorance des vraies origines de notre langue. Il reproche à tout moment à son auteur de n'avoir ni grâce, ni élégance, ni clarté. Il mesure, plume en main, la hauteur des métaphores, et, quand elles dépassent, il les trouve gigantesques. Il retourne et déguise en prose ces phrases altières et sonores qui vont si bien à l'allure des héros, et il se demande si c'est là écrire et parler *français*. Il appelle grossièrement solécisme ce qu'il dévrait qualifier d'idiotisme, et qui manque si complètement à la langue étroite, symétrique, écourtée et à la *française* du xviii° siècle. On se souvient du magnifique vers de l'*Épître à Ariste*, dans lequel Corneille se glorifie lui-même, après le triomphe du *Cid :*

> Je sais ce que je vaux, et crois ce qu'on m'en dit.

« Voltaire a osé écrire de cette belle épître :
« Elle paraît écrite entièrement dans le style de Régnier : sans grâce, sans finesse, sans élégance, sans imagination; mais on y voit de la facilité et de la naïveté. »

« Prusias, en parlant de son fils Nicomède, que les victoires ont exalté, s'écrie :

> Il ne veut plus dépendre, et croit que ses conquêtes
> Au-dessus de son bras ne laissent point de têtes.

« Voltaire met en note :
« *Des têtes au-dessus des bras!* il n'était plus permis d'écrire ainsi en 1657. »

« Il serait, certes! piquant de lire quelques pages de Saint-Simon, qu'aurait commentées Voltaire. Pour nous, le style de Corneille nous semble, avec ses négligences, une des plus grandes manières du siècle qui eut Molière et Bossuet. La touche du poète est rude, sévère et vigoureuse. Je le comparerais volontiers au statuaire qui, travaillant sur l'argile pour y exprimer d'héroïques portraits, n'emploie d'autre instrument que le pouce, et qui, pétrissant ainsi son œuvre, lui donne un superbe caractère de vie, avec mille accidents heurtés qui l'accompagnent et qui l'achèvent; mais cela est incorrect, cela n'est pas lisse, ni *propre*, comme on dit. Il y a peu de peinture et de couleur dans le style de Corneille; il est chaud plutôt qu'éclatant; il tourne volontiers à l'abstrait, et l'imagination y cède à la pensée et au raisonnement; il doit plaire surtout aux hommes d'État, aux géomètres, aux militaires, à ceux qui goûtent les styles de Démosthènes, de Pascal, de César. »

Tel est le jugement qu'a formulé M. Sainte-Beuve, dans ses *Critiques et Portraits littéraires*. Ces remarques sont écrites avec cette juste appréciation qui distingue les critiques de cet écrivain.

Voltaire était le plus acharné jugeur de tout le xviiie siècle; se fiant sur sa facilité prodigieuse, il écrivait, à tort et à travers, un certain nombre de phrases plus tranchées les unes que les autres, et, une fois toutes ces phrases dites, il les accouplait spirituellement, et ce déraisonnable assemblage se trouvait tout à coup baptisé du nom fastueux de *commentaires*. Aussi, il existe peu d'auteurs qui aient avancé des jugements plus erronés. En voici un exemple pris dans les remarques qu'il a laissées sur le *Cid*.

« Voltaire, dit La Beaumelle, qui parlait fort bien de ce qu'il savait, était entraîné par un goût très vif à parler de ce qu'il ne savait pas. Or, il ne connaissait pas plus la langue et la littérature castillane que le grec et l'hébreu. On le voit par sa traduction de l'*Heraclius* de Caldéron, et mieux par ses commentaires sur le *Cid*.

« Avec la même exactitude qu'il a fait de Lope de Vega un

comédien, et qu'il a attribué à lui ou à Roxas (il ne sait lequel) l'original du *Menteur,* que Corneille lui-même déclare être de Don Juan d'Alarcon, il nous dit : « que l'Espagne avait deux tragédies du *Cid,* l'une de Diamante, qui était la plus ancienne ; l'autre de Guilhem de Castro, qui était la plus en vogue. On voyait dans toutes les deux une infante amoureuse du Cid, et un bouffon appelé le valet gracieux, personnages également ridicules, etc., etc. » Dans ces cinq lignes il y a quatre erreurs : 1° Il n'y avait qu'un *Cid* quand celui de Corneille parut, car 2° l'*Honrador de Su-Padre* n'existait pas ; 3° l'infante n'est nullement ridicule dans la pièce de Castro ; 4° le rôle du berger, dans le même ouvrage, est tellement épisodique et si court, qu'on ne peut en faire le sujet d'une imputation contre le seul poète de ce temps qui se soit presque toujours passé de cet emploi.

« Il dit ensuite qu'il citera les morceaux de Diamante imités par Corneille. Il cite, en effet, un passage de huit vers traduits de Corneille par Diamante ; on en trouverait facilement six cents autres dont il ne dit pas un mot ; mais Voltaire, à coup sûr, n'a lu que la moitié de la première journée de la pièce de cet auteur, et n'a point lu du tout celle de Guilhem de Castro.

« Dans le *Cid* de Diamante, ce roi donne la place de gouverneur de son fils en présence du comte, et cela est encore plus théâtral... Il semble que Corneille aurait plutôt dû imiter Diamante que Castro dans cette intelligence du théâtre. » Or, dans Castro, la place est donnée en présence du comte.

« Voltaire remarque comme une chose bouffonne que, dans la pièce de Diamante, le comte, après avoir donné le soufflet à *Don Diègue,* lui dise en latin : *Vale!* Le fait serait plaisant s'il était vrai : mais ce qui est plus plaisant encore, c'est que le commentateur a pris ou fait semblant de prendre *Vase* (il sort), imprimé en caractères italiques, pour l'*adieu* des Latins.

« Montesquieu prétendait que Voltaire prêtait aux autres ses idées, et qu'ensuite il se moquait de ce qu'il leur avait attribué. Qu'il suivît cette marche avec ses contemporains, Montesquieu, Rousseau, Buffon, Maupertuis, Larcher, La Beaumelle, à la bonne heure, on en conçoit la raison ; mais il fallait qu'il craignît bien d'en perdre l'habitude pour se conduire ainsi envers le pauvre Diamante, mort depuis longtemps dans un pays lointain. Au reste, « *on ne remarque ces légères fautes qu'en faveur des étrangers ou des commençants.* » (Voltaire, commentaires sur *Cinna*.)

On devrait lire ce passage chaque année, et devant la statue du grand Corneille, à l'anniversaire de sa mort ; cela vaudrait mieux que de plats éloges.

Si les morts revivent, l'ombre de Voltaire doit se trouver bien mal à l'aise lorsqu'elle rencontre l'ombre de l'auteur du *Cid*.

« Resserrer un évènement illustre et intéressant dans l'espace de deux ou trois heures ; ne faire paraître les personnages que quand ils doivent venir ; ne laisser jamais le théâtre vide ; former une intrigue aussi vraisemblable qu'attachante ; ne rien dire d'inutile ; instruire l'esprit et remuer le cœur ; être éloquent en vers, et de l'éloquence propre à chaque caractère qu'on représente ; parler sa langue avec autant de pureté que dans la prose la plus châtiée, sans que la contrainte de la rime paraisse gêner les pensées ; ne se pas permettre un seul vers ou dur, ou obscur, ou déclamateur, ce sont là les conditions qu'on exige aujourd'hui d'une tragédie, pour qu'elle puisse passer à la postétérité avec l'approbation des connaisseurs, sans laquelle il n'y a jamais de réputation véritable. »

Ceci est du Voltaire tout pur. Certes ! une pièce de théâtre qui réunirait toutes ces conditions serait digne de passer à la postérité, *avec l'approbation des connaisseurs*. Mais croirait-on que Voltaire ait eu la *bonhomie* de placer ces préceptes dans les remarques qu'il a écrites sur *Médée*, et qu'il se soit presque formalisé de ce que Corneille ne les a pas suivis à la lettre.

Pierre Corneille était d'une simplicité de mœurs patriarchale. Il habitait la même maison que son jeune frère Thomas, qui avait épousé la sœur de sa femme. Les deux ménages n'en faisaient qu'un, et les deux frères s'aimaient d'une amitié si unie, qu'après plus de ving-cinq ans de mariage, ils n'avaient pas encore pensé à faire le partage des biens de leurs femmes.

Thomas Corneille resta toujours inférieur à son frère Pierre, infériorité qu'il avouait lui-même. Il travaillait avec une facilité très grande. Parmi ses pièces de théâtre, qui sont au nombre de trente-trois, toutes en cinq actes et en vers, on doit surtout remarquer *Ariane* et la comédie héroïque de l'*Inconnu*, en collaboration avec de Visé, qui obtinrent un très grand succès.

« Thomas Corneille, dit Voltaire, fut plus heureux dans le choix d'*Ariane* que son frère ne le fut dans aucun des siens, depuis *Rodogune*. Mais je doute fort que Pierre Corneille eût mieux fait le rôle d'*Ariane* que son frère. On peut remarquer, en lisant cette tragédie, qu'il y a moins de solécismes et moins d'obscurités que dans les dernières pièces de Corneille. Le cadet n'avait pas la force et la profondeur du génie de l'aîné; mais il parlait sa langue avec plus de pureté, quoique avec plus de faiblesse. C'était, d'ailleurs, un homme d'un très grand mérite et d'une vaste littérature. Si vous exceptez Racine, auquel il ne faut comparer personne, il était le seul de son temps qui fût digne d'être le premier au-dessous de son frère. »

Il aurait été à souhaiter que Voltaire eût toujours mis autant de modération dans ses jugements.

J'ai retracé, le plus rapidement qu'il m'a été possible l'histoire primitive du théâtre et du comédien. J'ai rebâti, pierre à pierre, l'édifice, pour bien faire comprendre le mystère et la marche de sa fondation. Depuis les farces et les comédies pieuses jusqu'au théâtre de Corneille et de Molière, ce voyage de l'art, au chemin si rocailleux, aux haltes si rapprochées, je l'ai parcouru à vol d'oiseau, montrant le comédien, quel qu'il soit, toujours aux prises avec les parlements qui condamnent, toujours en contact avec les rois qui protégent. Maintenant, une dernière tâche me restait à remplir, et, cette tâche, je l'ai acceptée avec d'autant plus d'empressement qu'elle tend à détruire un des plus misérables préjugés qui affligent l'humanité. Je veux parler du préjugé qui, *autrefois*, voulait que la profession de comédien fût déclarée infâme, et qui ne lui accorde encore *aujourd'hui* qu'à son corps défendant la qualité d'honorable.

Plusieurs anciens conciles, tels que celui d'Elvire, tenu en 305; celui d'Arles, tenu en 314; ceux de Mayence, de Tours, de Rheims, de Châlons-sur-Saône, tenus dans le commencement du IXe siècle, prononcent des peines contre les comédiens, et les déclarent infâmes.

Voilà la source du préjugé qui est remonté jusqu'à nous!

Mais savez-vous ce que c'était qu'un comédien avant le ix⁰ siècle? Le comédien de cette époque n'était qu'un misérable accoutré d'habits ridicules, et qui allait débitant partout, sans pitié pour la chasteté des femmes, des paillardises accompagnées de gestes et de danses obscènes; en un mot, un *histrion* et un *farceur*.

Ces histrions et ces farceurs, sont-ce là des comédiens?

L'Église, en prononçant des peines contre ces gens, cherchait à détruire une source de débauches et d'obscénités que ces spectacles grossiers et indécents ne pouvaient que répandre. Mais, si l'art, dans son enfance, était licencieux et impudique, est-il toujours resté dans l'appétit des sens?

Les peines prononcées, avant le xvii⁰ siècle, contre les comédiens, regardent bien moins les véritables comédiens que les *farceurs* et les *baladins* qui existaient avant eux. Lisez le texte des ordonnances, et vous trouverez cette vérité démontrée sans réplique. En effet, l'ordonnance d'Orléans, article 4, défend « *à tous joueurs de farces, bateleurs et autres semblables, de jouer aux jours de dimanches et fêtes pendant les heures du service divin, et de se vêtir d'habits ecclésiastiques; de jouer choses dissolues et de mauvais exemple, à peine de prisons et de punitions.* »

Ces joueurs de farces, bateleurs, et autres semblables, sont-ce là des comédiens?

Louis XIII, dans sa déclaration du 14 avril 1641, après avoir renouvelé les défenses prononcées par ses prédécesseurs contre les comédiens de représenter aucune action malhonnête et d'user de paroles lascives et qui puissent blesser l'honnêteté publique, sous peine d'être déclarés infâmes, punissables d'amende, et même de bannissement, a ajouté « *qu'il entendait que les comédiens qui se conformeraient à cette loi ne seraient point exposés au blâme qui couvrait auparavant leur profession, et que leur exercice ne pourrait préjudicier à leur réputation dans le commerce public.* »

Ces gens qui débitaient des paroles lascives et qu'on déclarait infâmes, sont-ce là des comédiens?

SIÈCLE
DE
LOUIS XIV.

SIÈCLE DE LOUIS XIV.

Le 24 octobre 1658, par ordre du roi, un théâtre était construit à grands frais et à grand bruit dans la salle des gardes du vieux Louvre. La troupe de Molière, connue sous le nom de l'*Illustre Théâtre*, de retour à Paris après cinq années d'excursions dans les provinces, avait été, grâce à la protection bienveillante du prince de Conti, présentée à Louis XIV et à la reine-mère par Monsieur, frère unique du roi. C'était donc pour les débuts de l'*Illustre Théâtre* que la salle des gardes du vieux Louvre se trouvait ainsi transformée. Nicomède, tragédie de Corneille, devait faire les honneurs de cette solennité; cette pièce avait été choisie par Louis XIV lui-même. Les comédiens de l'hôtel de Bourgogne, quoique jaloux de la haute protection accordée à Molière, s'y étaient rendus sur l'invitation royale. La cour fut exacte à l'heure indiquée, et, dès que le roi et la reine-mère, suivis de Monsieur, eurent pris place, les lumières ayant été soigneusement *mouchées*, Nicomède fut joué. Les débuts furent heureux, et les actrices surtout accueillies de nombreux applaudissements ; mais ce premier succès, tout éclatant, tout mérité qu'il était, n'enthousiasma pas Molière au point de lui faire oublier que la troupe de l'hôtel de Bourgogne était de beaucoup supérieure à la sienne dans le genre tragique, et, comme il tenait à donner une idée de son savoir-faire dans la comédie, où elle était plus exercée, il s'avança vers la rampe, et, suivant le récit de La Grange, l'un de ses camarades, « après avoir remercié Sa Majesté, en termes très modestes, de la bonté qu'elle avait eue d'excuser ses défauts et ceux de toute la troupe, qui n'avait paru qu'en tremblant devant une assemblée aussi auguste, il lui dit que l'envie qu'ils avaient eue d'avoir l'honneur de divertir le plus grand roi du monde leur avait fait oublier que Sa Majesté avait à son service d'excellents originaux, dont ils n'étaient que de très faibles copies ; mais que, puisqu'elle avait bien voulu souffrir leurs manières de campagne, il l'a suppliait très humblement d'avoir pour agréable qu'il lui donnât un de ces petits divertissements qui lui avaient acquis quelque réputation, et dont il régalait les provinces. »

L'usage de jouer des pièces en un acte ou en trois après des pièces en cinq était alors abandonné ; mais, depuis cette époque, la mode en a été conservée. Le roi ayant agréé l'offre de Molière, celui-ci fit aussitôt représenter le *Docteur amoureux*, et l'auteur-acteur provoqua des rires unanimes, par le comique de son jeu, dans le rôle principal de cette bluette. Louis XIV en ressentit tant de satisfaction, qu'il permit à l'*Illustre Théâtre* de s'établir sous le nom de TROUPE DE MONSIEUR, et de jouer alternativement, de deux jours l'un, avec les comédiens italiens sur le théâtre du Petit-Bourbon. Dix jours après la représentation de Nicomède au Louvre, Molière prenait publiquement possession du théâtre du Petit-Bourbon, au nom de la troupe de Monsieur, premier titre de noblesse de l'*Illustre Théâtre*, accordé par le bon plaisir de Louis XIV. Reconnaissance royale pour avoir fait rire un roi.

La troupe de Molière se composait alors des deux frères Bejart, de du Parc, de du Fresne, de de Brie, de Croisac (gagiste à deux livres par jour) et de mesdemoiselles Bejart, du Parc, de Brie et Hervé.

Avant de passer outre, il me paraît essentiel de faire remarquer que la qualification de *madame* n'appartenait alors qu'aux femmes de qualité; toute bourgeoise, fût-elle même mariée, devait, sous peine de ridicule, se contenter du modeste nom de *mademoiselle*; le siècle du grand roi avait des susceptibilités d'aristocratie vraiment incroyables, et *les Satires sur les femmes bourgeoises qui se font appeler* MADAME, par de Trissart, qui avait la naïve précaution de se cacher sous le pseudonyme du chevalier D***, en fournissent une preuve précieuse pour l'histoire des mœurs.

Maintenant, en revenant sur nos pas et nous reportant par la pensée vers l'année 1635, époque où l'hôtel de Bourgogne était dans toute sa splendeur, où la foule se portait avec empressement aux représentations de Bellerose, dans le haut comique; de Gauthier-Garguille, de Gros-Guillaume et de Turlupin, dans la farce; quelquefois, un vieillard accompagné d'un jeune enfant, tous deux joyeux, mais d'une joie bien différente, se rendaient à l'hôtel de Bourgogne, s'asseyaient, devisant d'une douce causerie qui faisait place au plus religieux silence aussitôt que l'acteur paraissait en scène; alors l'enfant, attentif, la poitrine oppressée, suivant avec onction tous les gestes de l'acteur, oubliait ce qui l'entourait, même le bon vieillard qui veillait à ses côtés. Oh! comme son jeune cœur battait, lorsque la voix de l'acteur exprimait la passion; comme son œil étincelait, lorsque l'œil du comédien exprimait le sentiment de la colère; alors le vieillard, son front chauve appuyé sur une de ses mains, le regard fixé avec amour sur la blonde tête de l'enfant, oubliait, de son côté, et la foule, et parfois aussi l'acteur, en cherchant à deviner l'avenir de gloire et de fortune que Dieu avait assigné au jeune enthousiaste ; mais le spectacle finissait-il, l'enfant devenait triste, avait le cœur gros de larmes; les paroles toutes de bonté du vieillard ne pouvaient nullement le distraire, et chaque jour cette tristesse devenait plus profonde.

Au sortir de l'hôtel de Bourgogne, de retour à la maison paternelle, l'enfant se retirait dans un coin de l'atelier de tapissier de son père, et là il pleurait amèrement: le travail manuel lui répugnait. Les représentations de Bellerose, à l'hôtel de Bourgogne, lui avaient fait comprendre l'ambition, ce vice des âmes basses, cette vertu des âmes élevées. Un jour que le bon vieillard avait épuisé auprès de lui toutes les consolations les plus persuasives (il revenait d'assister à une nouvelle représentation de Bellerose), le maître tapissier s'avisa de se fâcher sur l'absence et le désœuvrement de son fils, et comme l'enfant baissait la tête et ne disait mot, il se retourna vers le vieillard, lui aussi consterné de cette boutade, et lui demanda avec aigreur s'il prétendait faire un comédien de son fils. « Plût à Dieu, s'écria « alors le vieillard, que cela arrivât ainsi, et qu'il eût le talent

« de Bellerose. » Ces paroles furent un trait de lumière pour l'enfant.

Cette scène de famille se passait rue Saint-Honoré, au coin de la rue des Vieilles-Étuves, dans la boutique de Jean Poquelin, tapissier, valet de chambre de Louis XIV, entre Jean Poquelin le père, Jean-Baptiste Poquelin l'enfant, qui devait être un jour l'immortel auteur du *Misanthrope*, et Jean Poquelin le grand-père.

Depuis ce moment, petit-fils et grand-père se liguèrent ensemble, et, à force de supplications et de larmes, ils parvinrent à déterminer Jean Poquelin le père à consentir à ce que son fils apprît quelque chose. Le consentement du brave homme valut sans doute bien des gourmades et bien des dures paroles à l'enfant assez ambitieux pour ne pas se contenter de l'ignorance héréditaire, lui l'aîné de dix enfants et destiné à remplacer son père, qui avait sollicité et déjà obtenu pour lui la survivance de sa charge de tapissier valet de chambre du roi, qualité qui lui avait été concédée depuis quelques années. Certes, la position semblait bien belle à Poquelin le père, et il ne pouvait comprendre plus forte ambition ; mais enfin, de guerre lasse, le brave homme s'était laissé fléchir, et Jean-Baptiste Poquelin entra comme externe dans le collége de Clermont, dirigé par les jésuites.

Lorsque son grand-père vint lui apprendre l'heureuse nouvelle, la joie du jeune Poquelin ne connut pas de bornes ; tous ses vœux étaient comblés ; il allait donc remplacer la boutique et l'aiguille de tapissier par les classes et les livres du collége ; et il devait tout cela à son aïeul ! Aussi de combien de larmes, de combien de caresses reconnaissantes ne couvrit-il pas le visage et les mains du vieillard, et l'on comprendra plus aisément les démonstrations de vive tendresse que le jeune Poquelin prodiguait à son grand-père, lorsqu'on saura que le vieillard, seul, l'avait soutenu dans la lutte contre son père, que lui seul l'avait consolé aux jours de découragement. Jean-Baptiste Poquelin avait perdu sa mère; et, sans la parole persuasive d'une mère qui nous console, sans les larmes fortifiantes d'une mère, qui se mêlent à nos larmes, que peut un enfant? Ne ressemble-t-il pas alors, dans son isolement, à ces jeunes plantes qui poussent à l'abri d'un grand arbre dont l'ombre fait la vie et sur lequel la foudre est tombée.

Le jeune Poquelin se livra donc à l'étude avec un empressement passionné, et quelques mois après son entrée au collége de Clermont, il se fit remarquer par de rapides progrès. Dans le même temps, Armand de Bourbon, prince de Conti, suivait le même cours de classes que le jeune Poquelin; bientôt une douce familiarité s'établit entre l'ancien apprenti tapissier et le jeune prince, qui devint par la suite son protecteur. Le jeune Poquelin avait encore au collége de Clermont, pour camarades et pour rivaux, trois enfants appelés un jour à acquérir quelque célébrité : c'étaient Chapelle, Bernier et Hesnaut. Chapelle, connu depuis par de petits vers dont la facilité fait tout le mérite, mais qui, suivant l'expression de Voltaire, « lui ont fait d'autant plus « de réputation qu'il ne rechercha pas celle d'auteur. » Bernier, célèbre par ses voyages aux Indes et par ses livres de philosophie; enfin Hesnaut, fils d'un boulanger de Paris et l'auteur de quelques poésies anacréontiques.

Le jeune Chapelle, fils naturel de Luillier, homme d'une très grande fortune, ayant terminé sa rhétorique, fut confié aux soins du célèbre Gassendi, pour étudier la philosophie. Luillier avait toujours pris un grand soin de l'éducation du jeune Chapelle ; il voulait, puisqu'il lui était impossible de lui transmettre son nom, lui donner au moins une éducation remarquable, et, dans le dessein d'exciter davantage son amour-propre, quelquefois endormi, il faisait assister aux mêmes leçons que lui le jeune Bernier, qu'il avait pris en grande affection, et dont la famille n'était que médiocrement fortunée. Poquelin, ainsi que Hesnaut, furent admis à ce cours par l'antagoniste de Descartes, qui leur développa et leur fit admirer dans ses savantes leçons la *presque* vraisemblance de la philosophie d'Épicure.

Au commencement du cours de Gassendi, un jeune homme, malgré la réputation mauvaise qu'il apportait, parvint à s'y faire admettre. Ce nouvel élève se nommait Cyrano de Bergerac. Chassé du collège de Beauvais pour insubordination ; son père, ne sachant plus qu'en faire, l'avait envoyé à Paris pour terminer des études si mal commencées. Cyrano était doué d'une mémoire excellente et d'une intelligence assez heureuse ; il sut profiter des leçons auxquelles il avait montré un désir ardent d'être admis. Les difficultés que les élèves de Gassendi, peu désireux d'un surcroît de compagnie si turbulent, lui avaient opposées, furent peut-être pour beaucoup dans l'application et l'assiduité qu'il montra pendant toute la durée du cours ; mais à peine les leçons de Gassendi sont-elles achevées, que son mauvais caractère reprend le dessus : il abandonne bientôt ses anciens camarades, dont la fréquentation lui avait été si utile, et, plus turbulent que jamais, il entre bientôt au service, où il ne tarde pas à acquérir un renom fameux comme ferrailleur. « Son nez, dit « La Monnoye, dans le *Ménagiana*, qu'il avait tout défiguré, lui

« avait fait tuer plus de dix personnes, parce qu'il fallait mettre
« l'épée à la main dès qu'on l'avait regardé. »

Ces détails, quoique très peu importants pour l'histoire du théâtre en France, m'ont paru cependant nécessaires à relater, et, soit dit en passant, je suis fort peu disposé à mésestimer les bonnes gens qui jettent complaisamment un coup d'œil sur la bordure d'un tableau.

Jean Poquelin le père, étant devenu infirme et incapable de remplir les devoirs de sa charge, le jeune Poquelin se vit forcé, en sa qualité de survivancier de l'emploi de valet de chambre du roi, de partir en 1641 pour le Languedoc, à la suite de Louis XIII, et il paraît qu'à son retour, qui eut lieu vers le commencement de l'année suivante, il alla à Orléans continuer ses études pour se faire recevoir avocat. L'acteur La Grange affirme ce fait, dans sa préface de l'édition des Œuvres de Molière, qui parut en 1682, et douze ans plus tôt, Le Boulanger de Chalussay l'avait avancé dans sa comédie d'*Élomire* * *hypochondre, ou les Médecins vengés*. Voici ce que dit à ce sujet Grimarest, à la fin de son histoire de Molière : « On s'étonnera peut-être que je n'aie point fait M. de Molière avocat; mais ce fait m'avait été absolument contesté par des personnes que je devais supposer savoir mieux la vérité que le public, et je devais me rendre à leurs bonnes raisons. Cependant sa famille m'a si positivement assuré du contraire, que je me crois obligé de dire que Molière fit son droit avec un de ses camarades d'études; que, dans le temps qu'il se fit recevoir avocat, ce camarade se fit

---

* *Élomire,* anagramme de *Molière.*

comédien; que l'un et l'autre eurent du succès, chacun dans sa profession, et qu'enfin lorsqu'il prit fantaisie à Molière de quitter le barreau pour monter sur le théâtre, son camarade le comédien se fit avocat. Cette double cascade m'a paru assez singulière pour la donner au public telle qu'on me l'a assurée, comme une particularité qui prouve que Molière a été avocat. »

Le voyage en Languedoc fut pour le jeune Poquelin un complément d'études dont il sut plus tard tirer un très grand parti. Au sortir des leçons d'un des plus grands philosophes, à peine âgé de vingt ans, encore tout imbu des notions sublimes de la morale, ses premiers pas dans le monde se font dans les antichambres d'une cour sans dignité, à une époque hargneuse et mal apprise; alors, comme l'a écrit un des plus spirituels écrivains dont l'Académie française se soit enorgueillie : « Il se mit à continuer sur les hommes et la société des études qu'il ne pouvait plus faire dans les livres. Et quels livres eussent été plus féconds en instruction que cette cour composée d'éléments si hétérogènes? Là fermentaient encore les vieilles passions de la ligue, mais si usées qu'elles n'étaient plus que des ridicules; là, près de la gravité plaisante des débris de l'ancien règne, s'agitait étourdiment la frivolité un peu lourde des courtisans ultramontains. Les beaux-arts, presque méconnaissables, se mêlaient à toutes les affaires; deux partis conspiraient encore au milieu des fêtes, et la France allait voir bientôt des guerriers en habit de bal, des combats livrés en cadence, et des villes prises au son du violon. Les personnages qui préparaient ce spectacle grotesque posèrent plusieurs mois, sans se douter, sous les yeux du plus grand peintre qui jamais ait copié la nature. Que Poquelin dut s'enrichir dans ce voyage fait avec une pareille cour ! Combien d'originaux prirent place dans sa mémoire! Quelle foule de travers fut enregistrée sur ses tablettes ! »

Poquelin, après avoir assisté à la reprise de Perpignan sur les Espagnols, put voir Richelieu sur son lit de mort, déjouant la conspiration de Saint-Mars et de Thou, jeunes fous dont l'imprudence fit la perte; il put voir le cardinal, au moment du départ du roi pour Paris, redescendre le Rhône, traînant dans une barque attachée à la queue de la sienne ses deux jeunes victimes qu'il avait vouées d'avance à l'échafaud. Toujours près de Louis XIII, chaque jour en contact avec les courtisans gentilshommes qui rivalisaient de bassesse entre le maître et le ministre, redoutant également la faiblesse du premier et le despotisme du second, Poquelin apprit à lire jusque dans les replis les plus cachés du cœur humain.

Jamais jeunesse ne donna peut-être plus matière à versions que celle du jeune Poquelin; les circonstances premières de sa vie étant presque entièrement ignorées, l'imagination des écrivains put courir çà et là sans crainte d'être démentie : aussi l'on ne rencontre le plus souvent dans les ouvrages sur Molière que contradictions et qu'erreurs. Selon Le Boulanger de Chalussay, La Grange et Grimarest, le jeune Poquelin étudie et se fait recevoir avocat, et Tallemant des Réaux écrit que, « destiné par ses parents à l'état ecclésiastique, Molière étudia avec succès la théologie; mais que, devenu amoureux de la Bejart, alors actrice dans une troupe de campagne, il quitta les bancs de la Sorbonne pour la suivre. »

Certes, cette assertion ne mérite aucune croyance; la survivance de l'emploi de valet de chambre, que Poquelin le père avait sollicitée pour son fils, dément victorieusement l'opinion avancée un peu légèrement par Tallemant des Réaux : voilà comme on écrit l'histoire !

Poquelin n'avait jamais oublié les représentations, quoique bien imparfaites, de Bellerose : les applaudissements recueillis chaque jour par l'acteur avaient fait naître en lui un amour passionné pour les spectacles ; amour que l'étude développa en l'initiant aux fougueuses poésies échappées, comme la lave d'un volcan, de la tête de Corneille. Depuis cette époque, toutes ses pensées étaient tournées vers le théâtre ; il se montra spectateur assidu de l'Orviétan et de Bary, successeurs de Mondor et de Tabarin, dont les tréteaux s'élevaient sur le Pont-Neuf, et du fameux farceur napolitain Scaramouche, que Mazarin avec fait venir d'Italie. Quelques mémoires assurent même qu'il prit des leçons particulières de ce dernier. Cette tradition, toute contestable qu'elle est, se trouve encore consignée dans le quatrain placé au bas du portrait de Scaramouche :

> Cet excellent comédien
> Atteignit de son art l'agréable manière ;
> Il fut le maître de Molière,
> Et la nature fut le sien.

La passion qu'avait montrée le cardinal de Richelieu, pendant sa vie, pour les spectacles, avait mis le goût de la comédie à la mode : aussi vit-on de toutes parts des sociétés particulières se réunir dans de petits théâtres construits exprès. A la mort du cardinal, ces sociétés continuèrent de s'assembler régulièrement. La régence d'Anne d'Autriche s'annonçait sous d'heureux auspices, et chacun, en se livrant tout entier aux joies du plaisir, semblait vouloir oublier les craintes et les terreurs du règne enfin évanoui des deux vieillards, cette alliance de la faiblesse à l'astuce.

Peu de temps après, en 1645, il s'éleva une nouvelle troupe bourgeoise à la tête de laquelle se trouvaient les deux frères Bejart, Madeleine Bejart, leur sœur, tous trois enfants d'un Joseph Bejart, auquel plusieurs actes donnent la qualité de procureur au Châtelet de Paris, et du Parc, qui prit quelque temps après le nom de Gros-René. Cette troupe parut dans la même année sur les fossés de la porte de Nesle, aujourd'hui la rue Mazarine; ensuite au port Saint-Paul; mais n'y ayant obtenu aucun succès, elle s'établit dans le jeu de paume de la Croix-Blanche, faubourg Saint-Germain. Poquelin, s'étant lié avec les Bejart, ne tarda pas à y entrer; il avait cédé au penchant irrésistible qui le portait vers le théâtre. D'abord nos apprentis comédiens jouèrent dans le but unique de se divertir; mais leur société ayant éclipsé bientôt toutes les autres, ils se ravisèrent et prétendirent tirer quelque profit de leurs représentations. Ils qualifièrent alors leur modeste réduit du nom peu modeste de l'*Illustre Théâtre*. On voit sur une tragédie de ce temps-là, intitulée *Artaxerce*, d'un nommé *Magnon*, et imprimée en 1545, qu'elle fut représentée par l'*Illustre Théâtre*.

Dès que Poquelin fut entré dans l'association des frères Bejart, il changea de nom et prit celui de Molière, et Grimarest prétend que « lorsqu'on lui a demandé ce qui l'avait engagé à prendre celui-là plutôt qu'un autre, jamais il n'en a voulu dire la raison, même à ses meilleurs amis. » Si Grimarest eût réfléchi à la niaiserie de cette assertion, il aurait hésité à lui donner place dans son histoire; mais Grimarest ne se piquait pas d'exactitude. Pouvu qu'un fait présentât à l'esprit quelque vraisemblance, il ne trouvait aucune difficulté à l'enregistrer comme chose raisonnable. — Aussi l'histoire de Molière, qu'il a laissée, renferme-t-elle une foule de faits controuvés et incroyables; et, malgré cela, je suis encore obligé d'avouer que Grimarest est, de tous les historiens de notre célèbre *éplucheur de ridicules*, celui qui a écrit avec le plus de conscience et de rectitude.

« Peut-être que le souvenir de *la Polixène*, roman qui avait alors quelque réputation, et dont l'auteur, qui se nommait Molière, avait longtemps joué la comédie, eut quelque part à ce choix. » Nous empruntons ce passage à une *vie de Molière*, citée dans l'édition de M. Aimé Martin, et qui, selon ce spirituel critique, date de 1724. Cette supposition, quoique peu satisfaisante, a du moins le mérite de la vraisemblance.

Eh! mon Dieu, l'esprit va quelquefois chercher bien loin ce que la saine raison a placé tout près de nous. Le champ des suppositions est toujours large pour celui qui rapporte, mais l'imagination devrait être mise sous triples verroux lorsque l'écrivain échange la plume du conteur contre le burin de l'historien. Lorsque Poquelin, en entrant dans la troupe des frères Bejart, prit le nom de Molière, il ne fit que suivre l'exemple des comédiens d'Italie et de ceux de l'hôtel de Bourgogne : trois acteurs célèbres, Hugues Guéru, Le Grand et Robert Guérin avaient pris, dans le haut comique, les surnoms de *Fléchelles*, *Belleville* et *La Fleur*, et ceux de *Gautier-Garguille*, *Turlupin*, et *Gros-Guillaume* dans la farce, et Dominique Biancoletti et Tiberio Fiurelli étaient des noms tout à fait ignorés des habitués de la scène italienne, qui ne connaissaient de ces deux acteurs que *Arlequin* et *Scaramouche*.

Il existe une autre raison qui décida plutôt Poquelin à changer de nom; ce fut par égard pour son père, qui voyait avec déplaisir son fils consentir à monter sur les planches. Un jour, sa famille, alarmée de ce dangereux dessein, lui députe un ancien maître d'école, bon homme qui lui avait enseigné tant bien que mal les premières notions de la syntaxe, afin de lui représenter qu'il perdait l'honneur de sa famille, qu'il plongeait ses parents dans de douloureux déplaisirs, et qu'enfin il risquait son salut. Après avoir écouté tranquillement le maître d'école, Molière prit la parole en faveur du théâtre, et déploya tant d'éloquence persuasive, qu'il séduisit le bon homme jusqu'à le décider à l'accompagner au théâtre. Cette anecdote, racontée par Perrault, ne sanctionne-t-elle pas cette opinion? En effet, puisque Jean Poquelin le père voyait dans la profession de comédien une tache honteuse pour toute une famille, pourquoi ne voudriez-vous pas que Jean-Baptiste Poquelin le fils eût échangé son nom contre celui de Molière, dans le but d'apporter quelques adoucissements à la colère aveugle de sa famille? Molière était susceptible d'amour filial, et, tout philosophe qu'il était, il avait trop de tact et de savoir-vivre pour se moquer du respect humain. Si la masse des préjugés est une plaie pour notre société, certains d'entre eux ont été inventés par la décence! Que vous en semble?

L'Illustre Théâtre n'ayant pas obtenu tout le succès qu'en attendaient nos apprentis comédiens, Molière proposa à ses camarades de se joindre à lui et de former une troupe pour aller jouer en province. La proposition ayant été acceptée, le théâtre de la *Croix-Blanche* fut fermé, et un beau matin cette caravane comique sortit de Paris, l'escarcelle peu garnie, mais aussi, par compensation, la cervelle pleine de beaux rêves de gloire et d'argent.

A cette époque, la régence d'Anne d'Autriche était devenue orageuse. La *Cabale des Importants*, les factions des *Mazarins* et des *Frondeurs*, toutes ces ridicules dissensions qui partagèrent la cour en deux camps ennemis, quoique obéissant tous deux à mille caprices toujours puérils et quelquefois honteux, ne tardèrent pas à allumer la guerre civile, qui s'étendit bientôt sur toute la France comme un crêpe de deuil; aussi, au milieu des troubles qui s'élèvent de toutes parts, les traces de la troupe de Molière se perdent de 1646 à 1650. La vie de son chef est presque entièrement ignorée; dans ce long intervalle, on le retrouve une seule fois à Bordeaux, où le fameux duc d'Épernon, alors gouverneur de la Guienne, l'accueille avec empressement. Pendant son séjour dans cette ville, rapporte Cailhava dans ses *Études*, Molière fait représenter une tragédie, *la Thébaïde*; mais les Bordelais l'ayant écoutée d'une façon peu flatteuse pour l'auteur, ce revers de fortune le détourna fort à propos du genre tragique. Montesquieu accorde une grande confiance à cette ancienne tradition qu'il se plaisait à raconter. Ce fait, quoiqu'un peu hasardé, offre cependant quelque vraisemblance, lorsqu'on voit, quelques années plus tard, Molière donner le plan de cette même pièce au jeune Racine.

De retour à Paris, en **1650**, le prince de Conti se ressouvient avec bonté de Molière, reçoit son ancien condisciple avec des marques du plus haut intérêt, et fait venir souvent à son hôtel (aujourd'hui la Monnaie) la troupe dont le jeu avait acquis déjà, dans ses différents voyages, un entrain et un comique de bon aloi ; et, trois ans plus tard, un peu avant la convocation des États de Languedoc, Molière se dispose à faire de nouvelles courses dans les provinces. La troupe se rend alors à Lyon, où eut lieu la première représentation de *l'Étourdi*, première pièce régulière de Molière. Il était alors dans sa trente-deuxième année. La pièce et la troupe obtinrent un si grand succès, que les Lyonnais abandonnèrent un autre théâtre qu'ils possédaient depuis longtemps, et dont quelques-uns des acteurs prirent le parti de se joindre au nouveau-venu : de ce nombre, étaient de Brie, Ragueneau et les demoiselles de Brie et du Parc.

La vie de Ragueneau renferme quelques particularités assez curieuses pour me laisser aller à la tentation d'en donner ici quelques-unes. Ragueneau avait été d'abord pâtissier rue Saint-Honoré. Un méchant poète nommé Beys, qui fréquentait assidûment la boutique de notre homme, lui avait mis en tête de faire des vers ; le poète Beys, dont le manque de numéraire n'était pas un des moindres défauts, ne soldait jamais ses comptes qu'avec de belles paroles. Dès ce jour, le pauvre Ragueneau négligea son four, et, de bon pâtissier, il devint méchant poète. Dassoucy, qui nous a conservé son histoire, dit que « à force de faire crédit à ses confrères du Parnasse, il se ruina, et, un beau matin, sans aucun respect pour les Muses, les huissiers le jetèrent dans une prison... Il en sortit après un an de captivité, et voulut donner au monde des vers qu'il avait composés ; mais il ne trouva dans Paris aucun poète qui le voulût nourrir à son tour, et aucun pâtissier qui, sur un de ses sonnets, lui voulût faire crédit seulement d'un pâté. Il sortit donc de Paris avec sa femme et ses enfants, lui cinquième, en comptant un petit âne tout chargé de ses œuvres, pour aller chercher fortune en Languedoc, où il fut reçu dans une troupe de comédiens qui avaient besoin d'un homme pour faire un personnage de suisse, où, quoique son rôle fût tout au plus de quatre vers, il s'en acquitta si bien, qu'en moins d'un an il acquit la réputation du plus méchant comédien du monde ; de sorte que les comédiens, ne sachant à quoi l'employer, le voulurent faire moucheur de chandelles ; mais il ne voulut point accepter cette condition, comme répugnante à l'honneur et à la qualité de poète ; depuis, ne pouvant résister à la force de ses destins, je l'ai vu avec une autre troupe, mouchant les chandelles fort proprement. Voilà le destin des fous quand ils se font poètes, et le destin des poètes quand ils deviennent fous. »

Aujourd'hui tous les historiens du Théâtre Français s'accordent à dire que Molière eut d'abord des liaisons avec Madeleine Bejart, dont l'emploi principal dans la comédie était celui des soubrettes. Lorsque Molière fut reçu, en 1645, dans la troupe des frères Bejart, Madeleine pouvait avoir environ vingt-cinq ans. Elle venait de parcourir avec ses deux frères le Languedoc et la Provence, et, dans cette dernière province, elle avait fait connaissance d'un gentilhomme nommé Raymond de Modène, avec qui elle contracta, dit-on, un mariage et dont elle eut une fille, le 2 juillet 1638. Madeleine Bejart était une de ces femmes aimantes chez lesquelles un cœur trop impressionnable fait excuser bien des faiblesses.

Quoi qu'il en soit de ses liaisons avec la Bejart, dès l'instant que Molière aperçut mademoiselle du Parc, il l'aima. Mademoiselle du Parc était d'une beauté peu ordinaire ; mais la sécheresse de son cœur ne pouvait lui laisser comprendre l'amour : aussi reçut-elle impérieusement Molière, lorsqu'il lui déclara ce qu'il ressentait pour elle. Si mademoiselle du Parc avait pu lire dans l'avenir de Molière, elle n'aurait pas eu plus tard à se repentir de ses orgueilleuses froideurs.

De son côté, Molière, attristé des dédains de mademoiselle du Parc, et après avoir longtemps lutté contre sa passion, confie enfin cet amour à Mademoiselle de Brie. Mademoiselle de Brie ne possédait pas la beauté de l'inhumaine du Parc, mais elle était extrêmement jolie, avait la taille bien prise, et, de plus, le cœur sensible : et l'amie confidente mérita bientôt un nom plus doux.

Après avoir passé près d'une année dans la ville de Lyon, Molière et ses camarades se rendent à Avignon. Voici quelques détails que me fournissent encore les mémoires de Dassoucy. Dassoucy était un coureur de fortune, plein d'insouciance et de laisser-aller. Figurez-vous une espèce de troubadour, assez bon musicien, poète verveux et comique, allant de ville en ville, le luth sur l'épaule, la chanson toujours prête, et suivi de deux pages que Chapelle, son ingrat ami, n'a pas épargnés dans *le Voyage* qu'il composa avec Bachaumont, et vous aurez une idée complète du joyeux auteur des mémoires que je cite si largement. Arrivé à Lyon, il trouva, dit-il, ses poésies dans tous les couvents de religieuses. Mais « ce qui me charma le plus, ce fut la rencontre de Molière et de MM. les Bejart. Comme la comédie a des charmes, je ne pus sitôt quitter ces charmants amis ; je demeurai trois mois à Lyon parmi les jeux, la comédie et les festins, quoique j'eusse bien mieux fait de ne m'y pas arrêter un jour; car, au milieu de tant de caresses, je ne laissai pas d'y essuyer de mauvaises rencontres. (Il perdit son argent au jeu, et un de ses pages l'abandonna.) Ayant ouï dire qu'il y avait à Avignon une excellente voix de dessus, dont je pourrais facilement disposer, je m'embarquai avec Molière sur le Rhône, qui mène à Avignon, où, étant arrivé avec quarante pistoles de reste du débris de mon naufrage, comme un joueur ne saurait vivre sans cartes, non plus qu'un matelot sans tabac, la première chose que je fis, ce fut d'aller à l'académie; j'avais ouï parler du mérite de ce lieu et de la capacité de plusieurs galants hommes qui divertissaient galamment les bienheureux Français qui aiment à jouer à trois dez. J'en fus encore averti par un fort honnête marchand de linge, qui, voyant ma bourse assez bien garnie, que j'avais ouverte pour lui payer quelques rabats, me dit : « Monsieur, tandis que vous avez la main au gousset, vous feriez bien de faire votre provision de linge, car je vous vois souvent entrer dans cette porte (me montrant la porte de l'académie) où j'ai bien vu entrer des étrangers aussi lestes que vous ; mais je vous puis assurer, sur la part que je prétends en paradis, que je n'en ai vu jamais aucun qui, au bout de quinze jours, en soit sorti mieux vêtu que notre premier père Adam sortit du paradis terrestre. Comme cette maison est un petit quartier de la Judée, et que les Juifs sont amoureux des nippes, ils joueront sur tout ; et bien que vous ayez le visage d'un fébricitant, ne croyez pas que ce peuple mosaïque, qui ne pardonne pas à la peau, pardonne à la chemise. Après avoir gagné votre argent, ils vous dépouilleront comme au coin d'un bois, vous gagneront votre habit; c'est pourquoi je vous conseille d'acheter au moins une paire de ca-

leçons... » J'étais trop amoureux de mon faible pour écouter
un conseil si contraire à ma passion dominante, et, jour pour
jour, je me trouvai au bout d'un mois au même état que mon
marchand de linge m'avait prédit... Un grand Juif qui avait le
nez long et le visage pâle me gagna mon argent: Moïse me
gagna ma bague, et Simon le lépreux mon manteau. Pierrotin,
qui faisait gloire de m'imiter, râfla son baudrier contre Abraham. Je laissai donc tout à ce peuple circoncis, jusqu'à ma fièvre quarte, que je perdis avec mon argent. Mais, comme un
homme n'est jamais pauvre tant qu'il a des amis, ayant Molière pour estimateur, et toute la maison des Bejart pour amie,
en dépit du diable, de la fortune et de tout ce peuple hébraïque, je me vis plus riche et plus content que jamais ; car ces
généreuses personnes ne se contentèrent pas de m'assister
comme ami, elles me voulurent traiter comme parent. Étant
commandés pour aller aux États, ils me menèrent avec eux à
Pézénas, où je ne saurais dire combien de grâces je reçus ensuite de toute la maison. On dit que le meilleur frère est las au
bout d'un mois de donner à manger à son frère ; mais ceux-ci,
plus généreux que tous les frères qu'on puisse avoir, ne se lassèrent pas de me voir à leur table tout un hiver ;... quoique je
fusse chez eux, je pouvais bien dire que j'étais chez moi. Je ne
vis jamais tant de bonté, tant de franchise, ni tant d'honnêteté
que parmi ces gens-là, bien dignes de représenter réellement
dans le monde des princes qu'ils représentent tous les jours sur
le théâtre. Après donc avoir passé six bons mois dans cette Cocagne, et avoir reçu de M. le prince de Conti, de Guilleragues et
de plusieurs personnes de cette cour des présents considérables, je commençai à regarder du côté des monts ; mais, comme

il me fâchait fort de retourner en Piémont sans y amener encore un page de musique, et que je me trouvais tout porté dans la province de France qui produit les plus belles voix, aussi bien que les plus beaux fruits, je résolus de faire encore une tentative ; et, pour cet effet, comme la comédie avait assez d'appas pour s'accommoder à mon désir, je suivis encore Molière à Narbonne. »

Je n'ai pas hésité un seul instant à transcrire ce morceau tout entier des mémoires de Dassoucy ; car, outre la naïveté pétillante d'esprit de la narration, ce sont les seuls documents authentiques qui soient parvenus jusqu'à nous sur cette époque de la vie de Molière.

De Narbonne, la troupe de Molière se rend à Montpellier, vers la fin de 1654, sur l'invitation que lui en avait faite, l'année précédente, le prince de Conti, qui allait présider les États de Languedoc. Dès leur arrivée dans cette ville, le prince de Conti voulut que Molière lui donnât aussitôt un échantillon des talents que sa troupe avait dû acquérir dans ses promenades de ville en ville. Molière joua alors *l'Étourdi*, et cette pièce, faite avec toutes les ressources de sa troupe, obtint à Montpellier un succès aussi brillant qu'à Lyon ; et, quelques jours après, il fit représenter, pour la première fois, le *Dépit amoureux*. Malgré l'obscurité de l'intrigue, la franche gaîté dont cette pièce étincelle s'étant communiquée aux spectateurs, les habitants de Montpellier ne restèrent pas en arrière des Lyonnais en fait d'applaudissements. Le rire est contagieux, et jamais contagion, que je sache, n'a des résultats plus prompts et ne rencontre moins de résistance à la décomposition du visage ; la grimace a pris naissance dans l'épanouissement du rire, et le rire dans le contentement de l'esprit, et quelquefois du cœur. Le prince de Conti, depuis la représentation du *Dépit amoureux,* ne mit aucune restriction aux bienfaits dont il accabla Molière : il voulut que l'ordonnance et la conduite des plaisirs et des spectacles qu'il donnait à la province, pendant les États, lui fussent confiés exclusivement. Il eut la bonté de donner des appointements à la troupe. La table du prince était ouverte à Molière : et que de fois le frère du grand Condé parut en public, appuyé sur le bras du comédien. Le prince de Conti apprécia bientôt toute la noblesse, toute la générosité du cœur de Molière, et il trouva tant d'attraits dans sa société, qu'il offrit au comédien de devenir son secrétaire. Cette place était vacante par la mort du poète Sarrasin ; mais Molière refusa. Ce refus, qui a donné lieu à dix controverses, ne doit, selon moi, être commenté que sous un point de vue. La réputation de Molière, quoique à son commencement, avait acquis une certaine autorité qui présageait déjà un avenir glorieux. Les deux succès qu'il venait d'obtenir, dans l'espace d'une année, avaient développé devant l'auteur-comédien une route large et belle à parcourir. Molière ne pouvait pas accepter une place de secrétaire, lorsque la Comédie, cette vierge impitoyable, s'incubait dans son cerveau, et devait, quelques années plus tard, compléter le règne éclatant de Louis XIV. Les hommes tels que Molière ont le secret de leur avenir. Quelques auteurs citent pour raisons valables du refus de Molière les mémoires de Segrais, qui disent que « Sarrasin mourut à l'âge de quarante-trois ans, d'une fièvre chaude, causée par un mauvais traitement que lui fit M. le prince de Conti. Ce prince lui donna un coup de pincette à la tempe. Le sujet de son mécontentement était que l'abbé de Cosnac, depuis archevêque d'Aix, et Sarrasin, l'avaient fait condescendre à épouser la nièce du cardinal Mazarin et à abandonner quarante mille écus de rente ; de sorte que l'argent lui manquait souvent, et alors il était dans des chagrins contre ceux qui lui avaient fait faire cette bassesse, comme il l'appelait à cause de la haine universelle qu'on avait dans ce temps-là contre le cardinal Mazarin ! » Que penser d'une telle opinion avancée sérieusement ? Quoi ! Molière n'aurait pas accepté une place de secrétaire dans la crainte de mourir des suites d'une mauvaise humeur princière ?

« Molière était ravi de se voir le chef d'une troupe ; il se faisait un plaisir sensible de conduire sa petite république : il aimait à parler en public ; il n'en perdait jamais l'occasion, jusque-là que, s'il mourait quelque domestique de son théâtre, ce lui était un sujet de haranguer pour le premier jour de comédie. Tout cela lui aurait manqué chez le prince de Conti. » Ces quelques lignes sont du *naïf* Grimarest : la période était commencée ; vaille que vaille, il fallait la finir. Pauvre Molière !

Enfin, le comédien refuse l'offre du prince, et la place qu'il devait occuper est donnée à M. de Simoni. Quelques amis blâmèrent beaucoup Molière de n'avoir point accepté un emploi si avantageux. « Eh ! messieurs, leur dit-il, ne nous déplaçons jamais. Je suis passable auteur, si j'en crois la voix publique ; je puis être fort mauvais secrétaire. Je divertis le prince par les spectacles que je lui donne, je le rebuterais par un travail sérieux et mal conduit. Et pensez-vous d'ailleurs, ajouta-t-il, qu'un misanthrope comme moi, capricieux, si vous voulez, soit propre auprès d'un grand ? Je n'ai pas les sentiments assez flexibles pour la domesticité ; mais, plus que tout cela, que deviendront ces pauvres gens que j'ai amenés si loin? Qui les conduira? Ils ont compté sur moi, et je me reprocherais de les abandonner. »

Ce langage est le seul que Molière dut tenir à cette occasion. En effet, que seraient devenus *ces pauvres gens* qui suivaient Molière en aveugles, et dont toute la renommée venait de lui. La troupe de l'Illustre Théâtre ne devait ses succès qu'à la judicieuse administration de son chef. Sans Molière, qui soutenait par son génie le courage de tous, cette confiance de soi-même qui donne souvent le talent, les Bejart et autres comédiens, alors *ejusdem farinæ*, seraient restés toute leur vie ignorés; mais, chaque jour en contact avec Molière, chaque jour obligés de s'appliquer à de nouvelles études, à de nouvelles créations, leurs talents grandirent insensiblement, et, de pauvres et médiocres qu'ils étaient, *ces pauvres gens* se firent bientôt riches d'émotions et d'effets. Aussi, encore de nos jours, les amateurs dévoués du théâtre répètent-ils avec plaisir, lorsque la Comédie-Française *s'oublie jusqu'à jouer du Molière,* les noms des premiers acteurs qui suivirent la fortune du *Plaute français.*

Molière parcourut encore la province pendant plusieurs années. Il y fit représenter *le Docteur amoureux, le Maître d'école, le Médecin volant* et *la Jalousie de Barbouillé*; ces deux derniers canevas servirent depuis à Molière lorsqu'il composa le *Médecin malgré lui* et *George Dandin*. Ces bouffonneries étaient imitées de l'italien, et l'acteur pouvait ajouter à son rôle toutes les facéties plus ou moins heureuses que l'imagination, venue en aide à l'esprit, pouvait lui suggérer. « Tout cela, dit Jean-Baptiste Rousseau, est revêtu du style le plus bas et le plus ignoble qu'on puisse imaginer. Ainsi, le fond de la farce peut être de Molière:

on ne l'avait point portée plus haut de ce temps-là; mais toutes les farces se jouaient à *l'improvisade*, à la manière des Italiens ; il est aisé de voir que ce n'est point lui qui en a mis le dialogue sur le papier; et ces sortes de choses, quand même elles seraient meilleures, ne doivent jamais être comptées parmi les ouvrages d'un homme de lettres. » Cependant Boileau regrettait beaucoup que la petite pièce du *Docteur amoureux* eût été perdue; « car, disait-il, il y a toujours quelque chose d'instructif et d'amusant dans ses moindres ouvrages. » *Le médecin volant* et *la Jalousie de Barbouillé* ont été retrouvés.

Outre ces quatre petites pièces, Molière passe pour en avoir composé sept autres, qui se trouvent portées sur deux registres de la troupe de Molière, qui commencent le 6 avril 1663 et se terminent le 4 janvier 1665. Quoique cela soit douteux, j'en donnerai ici les noms et les dates pour n'avoir plus à revenir sur ces compositions sans importance, et dont les titres ne sont vraiment curieux à conserver que pour l'histoire complète de notre théâtre : le 13 avril 1663, *le Docteur pédant* ; — le 15, *la Jalousie de Barbouillé* ; — le 17, *Gorgibus dans le sac* ; — le 20, *le Fagoteux* ; — le 20 janvier 1664, *le Grand Bénêt de Fils* ; — le 27 avril, *Gros-René petit enfant* ; — le 26 mai, *la Casaque*. Je laisse à qui voudra le soin de rechercher, dans de semblables titres, quelques vestiges des comédies de Molière.

A son retour des États de Languedoc, au mois de décembre 1657, Molière rencontra à Avignon Pierre Mignard, qui revenait d'Italie après vingt-deux ans d'absence. Mignard était occupé alors à faire le portrait de la marquise du Gange, cette pauvre femme que ses malheurs et sa fin tragique rendirent si célèbre.

Une étroite amitié ne tarda pas à naître entre le peintre et le comédien ; et, depuis cette époque, jamais la moindre froideur ne vint en ternir la pureté : tous deux égaux par la réputation, ils pouvaient tous deux marcher dans la même voie en se tenant la main, sans craindre la jalousie, cette lèpre de l'humanité. Mignard a laissé à la postérité le portrait de Molière, et Molière écrivit pour son ami le poème du *Val-de-Grâce*.

Après avoir passé le carnaval à Grenoble, la troupe de Molière part pour Rouen, où elle arrive vers les fêtes de Pâques de l'année 1657. Mais, à peine est-elle installée, que Molière devient triste : une grande pensée le préoccupe. A quelques lieues de Paris, il rêve les applaudissements de la cour ; les applaudissements de la province ne suffisent plus à ses besoins d'ambition : il lui faut un plus grand théâtre pour ses pièces ; il lui faut une assemblée plus imposante et plus critique pour ses acteurs ; et, dans sa tête brûlante, au milieu de ses pensées qui demandent à éclore, le mot Paris bourdonne comme un avertissement du destin. La réputation des comédiens de l'hôtel de Bourgogne le trouble incessamment, et son plus grand désir serait de rivaliser avec des adversaires que la renommée a faits si grands. Enfin, après avoir lutté pendant quelque temps contre lui-même, il laisse sa troupe à Rouen, se rend à Paris pour solliciter le prince de Conti de lui venir en aide, d'obtenir pour lui la faveur de débuter devant la cour. Le prince promet d'employer tout son crédit, et bientôt Molière est reçu par Monsieur, frère unique du roi. Alors, au comble de la joie, il retourne au plus vite à Rouen apprendre à sa troupe l'honneur insigne qu'il vient d'obtenir, et, un mois après, les comédiens de l'hôtel de Bourgogne comptaient l'Illustre Théâtre, désormais troupe de Monsieur, au nombre de leurs plus redoutables rivaux.

Dès que Molière fut installé au théâtre du Petit-Bourbon comme je l'ai raconté plus haut, il eut peur un moment de la comparaison que le public pourrait faire de sa troupe avec les comédiens de l'hôtel de Bourgogne. Cette rivalité qu'il avait souhaitée avec tant d'ardeur, maintenant il la redoutait : ses camarades cherchaient-ils à le rassurer, Molière n'en conservait pas moins cette appréhension qui se dresse, douloureuse et poignante, devant toutes les pensées de l'homme au moment de la lutte; aussi que de conseils ne donna-t-il pas à la troupe avant de paraître en public. Enfin le gant était jeté; l'ennemi était en présence : accueilli chaque soir par les applaudissements de la foule, il fallait vaincre cet ennemi, et cette victoire ne devait être remportée qu'à force de talent. Bienheureux alors l'homme privilégié qui aurait pu se glisser dans l'intimité de Molière! bienheureux si cet homme avait pu surprendre sa pensée tout entière! Il aurait appris d'étranges choses : il aurait assisté, sans aucun doute, à d'étranges révélations : deux ambitions accouplées ensemble, se heurtant, se contrariant à chaque pensée qui passait brûlante entre elles, et qu'elles devaient étouffer ou faire éclater dans leurs embrassements; deux amours-propres aux prises dans le même cerveau : — l'amour-propre auteur, qui écrit la pensée; l'amour-propre acteur, qui l'anime; l'un conseiller et impérieux, l'autre boudeur et indocile, mais tous deux créateurs. En effet, certains comédiens, mais ils sont rares, savent, par leur jeu, donner à la pensée une couleur chaleureuse que l'auteur n'avait pu qu'indiquer. La pensée est là, chaste, belle, mais froide et inanimée comme la vierge de Pygmalion. Le jeu du comédien est l'étincelle divine qui doit lui communiquer le mouvement et la vie.

Le 3 novembre 1658, jour de la première apparition de la troupe sur le théâtre du Petit-Bourbon, la cour et les bourgeois se portèrent en foule à la représentation de l'*Étourdi*, et, un mois après, à celle du *Dépit amoureux*. La lutte était donc engagée ! Que faisaient, pendant ce temps, les comédiens de l'hôtel de Bourgogne? De la rivalité excitée entre eux et Molière, il s'éleva aussitôt une guerre mesquine et hargneuse : les deux troupes se disputèrent la faveur publique, et bientôt cette espèce de combat, où toutes les ruses semblaient permises aux antagonistes, dégénéra en injures et en calomnies. Les comédiens de l'hôtel de Bourgogne, surtout, se montrèrent impitoyables ; et cependant, à la tête de leur troupe, se trouvaient des hommes d'un haut talent, et qui pouvaient conserver d'une manière honorable la faveur publique. La cour et la ville se rappelaient encore les belles années où brillaient Mondori, mort en 1650, et Gauthier-Garguille, Gros-Guillaume et Turlupin, ces trois célèbres farceurs, dont la vie avait été un prodige d'amitié, et dont l'histoire s'était terminée par la plus touchante catastrophe. La cour et le peuple n'avaient pas oublié Bellerose, l'un des plus excellents comédiens qui eussent paru dans le genre tragique sous le règne de Louis XIII ; Bellerose, qui, suivant une *Lettre sur la vie et les ouvrages de Molière et les comédiens de son temps*, attribuée à la femme du comédien Poisson, et insérée au *Mercure de France*, au mois de mai 1740, « paraît avoir joué d'original le rôle de Cinna. Il était en grande réputation sous le cardinal de Richelieu. Il annonçait de bonne grâce, parlait facilement, et ses petits discours faisaient toujours plaisir à entendre. (Il était orateur de la troupe. Il a joué le rôle du *Menteur* d'original.) Le cardinal de Richelieu lui avait fait présent d'un habit magnifique pour jouer ce rôle, ce qui piqua si fort l'acteur qui jouait le rôle d'Alcipe, qui était fort inférieur au rôle du Menteur, qu'il fit valoir cet Alcipe autant et plus qu'il ne pouvait valoir. » On se souvenait aussi de Floridor, l'acteur aimé duquel de Visé dit : « Il paraît véritablement ce qu'il représente dans toutes les pièces qu'il joue. Tous les auditeurs souhaiteraient de le voir sans cesse, et sa démarche, son air et ses actions ont quelque chose de si naturel qu'il n'est pas nécessaire qu'il parle pour attirer l'admiration de tout le monde; » et de Montfleury, l'ancien page du duc de Guise, « ce comédien achevé, comme l'appelle Chapuzeau. Il est rare de voir un acteur exceller dans les deux genres et dans tous les caractères, et le théâtre n'a guère eu qu'un Montfleury qui s'est rendu illustre en toutes manières ; aussi avait-il de l'esprit infiniment, et il s'en est fait une large effusion dans sa famille. »

Avec de tels souvenirs et de tels interprètes, le théâtre de l'hôtel de Bourgogne pouvait supporter sans crainte la concurrence la plus redoutable. Il est vrai que la troupe de Molière excellait dans la comédie; mais il est incontestable que la troupe où brillaient Bellerose, Floridor et Montfleury n'avait pas d'égale dans la tragédie. Le genre différent des deux troupes aurait dû devenir un lien de rapprochement et d'amitié entre elles; mais le contraire arriva, les comédiens n'ayant consulté que leur amour-propre froissé. Molière eut à souffrir longtemps de ces misérables tracasseries. Comme chef de la troupe du Petit-Bourbon, toutes les allusions méchantes lui étaient adressées. Ses ennemis, ne pouvant nier cependant la perfection de son talent, faisaient tous leurs efforts pour lui en ôter le mérite, et ils allèrent jusqu'à lui reprocher les études qu'il avait faites sur le jeu de Scaramouche.

L'auteur de *Zélinde*, excité sans doute par l'envie, faisait dire à un des personnages de cette comédie : « Voulez-vous tout de bon jouer Molière ? Il faut dépeindre un homme qui ait dans son habillement quelque chose d'Arlequin, de Scaramouche, du Docteur et de Trivelin. Que Scaramouche lui vienne redemander sa démarche, sa barbe et ses grimaces, et que les autres viennent en même temps demander ce qu'il prend d'eux dans son jeu et dans ses habits. Dans une autre scène, on pourrait faire venir tous les auteurs et tous les vieux bouquins où il a pris ce qu'il y a de beau dans ses pièces. On pourrait ensuite faire paraître tous les gens de qualité qui lui ont donné des mémoires, et tous ceux qu'il a copiés. »

Le trait suivant sur Scaramouche, et que rapporte Gherardi, trouve ici naturellement sa place. Il prouve combien Scaramouche excellait dans la pantomime. « Dans une scène de *Colombine avocat pour et contre*, Scaramouche, après avoir arrangé tout ce qu'il y a dans sa chambre, prend sa guitare, s'assied dans un fauteuil et joue en attendant l'arrivée de son maître. Pascariel vient tout doucement derrière lui, et bat la mesure par dessus ses épaules. C'est ici que cet incomparable acteur, modèle des plus illustres comédiens de son siècle, qui avaient appris de lui l'art si difficile de remuer les passions et de savoir les bien peindre sur leur visage; c'est ici, dis-je, qu'il fallait pâmer de rire pendant un grand quart-d'heure dans une scène d'épouvante où il ne proférait pas un seul mot. »

Après cet exemple d'une si parfaite imitation d'un sentiment, quoi d'étonnant à ce que Molière eût pris pour modèle Scaramouche? et quel plaisir ses ennemis pouvaient-ils trouver à vouloir jeter du ridicule sur les études sérieuses qu'il en avait faites? Du reste, Molière ne les nia jamais. Lisez la vie de Scaramouche par Mezzetin : « La nature, dit cet auteur, avait doué Scaramouche d'un talent merveilleux, qui était de figurer par les postures de son corps, et par les grimaces de son visage tout ce qu'il voulait, et cela d'une manière si originale, que le célèbre Molière, après l'avoir étudié longtemps, avoua ingénument qu'il lui devait toute la beauté de son action. »

A mesure que la vie de Molière se développera sous la plume, toutes les passions haineuses viendront une à une, depuis l'envie jusqu'à la calomnie, se heurter contre le piédestal de notre grand comique, et s'épuiser dans de vains efforts à rechercher quelque tache dans sa réputation d'honnête homme. Aussi, que de fois le dégoût vous prend à la lecture de ces honteux pamphlets qui ne trouvèrent un passage jusque dans la chambre à coucher du roi que pour être noblement foulés aux pieds. Mais assez de digressions. Les dates sont à l'histoire ce que les étapes sont aux voyages; elles marquent les distances comme elles, et l'historien consciencieux et le voyageur ne peuvent les franchir qu'à petites journées.

Après la rentrée de Pâques 1659, Molière enrôla deux acteurs qui, par leurs talents, contribuèrent aux nouveaux succès : c'étaient Du Croissy et La Grange. Philibert Cassaud, sieur du Croissy, qui avait été longtemps à la tête d'une troupe de province; Charles Varlet, sieur de La Grange, que les tracasseries et les chicanes de son tuteur avaient décidé à prendre le parti de la comédie.

Tous les ennuis qu'eut à éprouver Molière dans le premier temps de son séjour à Paris, malgré ce qui se trouvait pour lui de flatteur et de consolant dans la bienveillante protection de Louis XIV et de Monsieur, avaient déjà formé dans son esprit ce germe de doute et de découragement qui se fit remarquer dans toutes les actions de sa vie. L'anecdote suivante, que j'emprunte à Grimarest, en donne la preuve :

« Après que Molière fut installé à Paris, un jeune homme de vingt-deux ans, beau, bien fait, vint le trouver un jour, et, après les compliments, lui découvrit qu'il était né avec toutes les dispositions nécessaires pour le théâtre ; qu'il n'avait point de passion plus forte que celle de s'y attacher ; qu'il venait le prier de lui en procurer les moyens, et lui faire connaître que ce qu'il avançait était véritable. Il déclama quelques scènes détachées, sérieuses et comiques, devant Molière, qui fut surpris de l'art avec lequel ce jeune homme faisait sentir les endroits touchants. Il semblait qu'il les eût travaillés vingt années, tant il était assuré dans ses tons ; ses gestes étaient ménagés avec esprit ; de sorte que Molière vit que ce jeune homme avait été élevé avec soin. Il lui demanda comment il avait appris la déclamation. « J'ai toujours eu inclination de paraître en public, lui dit-il ; les régents sous qui j'ai étudié ont cultivé les heureuses dispositions que j'ai apportées en naissant ; j'ai tâché d'apporter les règles à l'exécution, et je me suis fortifié en allant souvent à la comédie. — Et avez-vous du bien ? lui dit Molière. — Mon père est un avocat assez à son aise, lui répondit le jeune homme. — Eh bien ! lui répliqua Molière, je vous conseille de prendre sa profession ; la nôtre ne vous convient pas ; c'est la dernière ressource de ceux qui ne sauraient mieux faire, ou des libertins qui veulent se soustraire au travail. D'ailleurs c'est enfoncer le poignard dans le cœur de vos parents, que de monter sur le théâtre ; vous en savez les raisons ; je me suis toujours reproché d'avoir donné ce déplaisir à ma famille ; et je vous avoue que, si c'était à recommencer, je ne choisirais jamais cette profession. Vous croyez peut-être, ajouta-t-il, qu'elle a ses agréments? vous vous trompez. Il est vrai que nous sommes en apparence recherchés des grands seigneurs, mais ils nous assujétissent à leurs plaisirs ; et c'est la plus triste de toutes les situations, que d'être l'esclave de leurs fantaisies ; le reste du monde nous regarde comme des gens perdus et nous méprise. Ainsi, monsieur, quittez un dessein si contraire à votre bonheur et à votre repos ; si vous étiez dans le besoin, je pourrais vous rendre mes services ; mais, je ne vous le cèle point, je vous serais plutôt un obstacle. » Le jeune homme donnait quelques raisons pour persister dans sa résolution, quand Chapelle arriva, un peu pris de vin ; Molière lui fit entendre ce jeune homme. Chapelle fut aussi étonné que son ami. « Ce sera là, dit-il, un excellent comédien. — On ne vous consulte pas sur cela, répondit Molière à Chapelle. Représentez-vous, ajouta-t-il au jeune homme, la peine que nous avons ; incommodés ou non, il faut être prêt à marcher au premier ordre, et à donner du plaisir quand nous sommes bien souvent accablés de chagrin ; à souffrir la rusticité de la plupart des gens avec qui nous avons à vivre, et à captiver les bonnes grâces d'un public qui est en droit de nous gourmander pour l'argent qu'il nous donne. Non, monsieur, croyez-moi encore une fois, dit-il au jeune homme ; ne vous abandonnez pas au désir que vous avez pris, faites-vous avocat, je vous réponds du succès. — Avocat ! dit Chapelle, il a trop de mérite pour brâiller à un barreau, et c'est un vol au public s'il ne se fait prédicateur ou comédien. — En vérité, il faut que vous soyez bien ivre pour parler de la sorte, et vous avez mauvaise grâce de plaisanter sur une affaire aussi sérieuse que celle-ci, où il est question de l'établissement et de l'honneur de monsieur. — Ah ! puisque nous sommes sur le sérieux, répliqua Chapelle, je vais le prendre tout de bon. Aimez-vous le plaisir ? dit-il au jeune homme. — Je ne serais pas fâché de jouir de celui qui peut m'être permis, répond le fils de l'avocat. — Eh bien donc, mettez-vous dans la tête que, malgré tout ce que Molière vous a dit, vous en aurez plus en six mois de théâtre qu'en six ans de barreau. » Molière qui n'avait en vue que de convertir le jeune homme, redoubla de raisons pour le faire, et enfin il réussit à lui faire perdre la pensée de se mettre à la comédie. « Oh ! voilà mon harangueur qui triomphe, s'écria Chapelle ; mais, morbleu ! vous répondrez du peu de succès de monsieur dans la partie que vous lui faites embrasser. »

Chapelle, que Grimarest fait intervenir d'une manière si bouffonne dans cette anecdote, était l'homme bon par excellence, mais affichant un épicurisme quelquefois poussé à l'excès. Le premier jour que Molière fut à Paris, Chapelle s'était rendu chez lui, et leur ancienne amitié avait pris de nouvelles forces dans ce bon souvenir. Chapelle ne savait pas refuser une partie de plaisir ; un semblable refus lui eût semblé un crime : aussi prenait-il place, sans scrupule, à la table du premier amphitryon venu, pourvu toutefois que l'on y fît bonne chère et que les vins fussent des meilleurs : chaque jour, Molière lui adressait des reproches sur son incontinence ; d'abord le sermon faisait effet, Chapelle se laissait attendrir et il ne partait jamais sans avoir juré d'être plus sobre à l'avenir ; mais toutes ces belles promesses, il les oubliait bientôt. Chapelle eût été, sans contredit, un homme de parole, s'il n'eût rencontré sur son chemin ni cabaret pour le tenter ni amis pour l'y entraîner.

Despréaux, le rencontrant un jour au palais, lui en parla à cœur ouvert. (Il paraît que ce jour-là il avait encore oublié ses promesses de la veille.)

« Eh quoi! lui dit-il, ne reviendrez-vous pas de cette fatigante crapule qui vous tuera à la fin? Encore, si c'était toujours avec les mêmes personnes, vous pourriez espérer, de la bonté de votre tempérament, de tenir bon aussi longtemps qu'eux ; mais quand une troupe s'est outrée avec vous, elle s'écarte : les uns vont à l'armée, les autres à la campagne, où ils se reposent, et, pendant ce temps-là, une autre compagnie les relève ; de manière que vous êtes nuit et jour à l'atelier. Croyez-vous de bonne foi pouvoir être toujours le plastron de ces gens-là sans succomber? D'ailleurs vous êtes tout agréable, ajouta Despréaux; faut-il prodiguer cet agrément indifféremment à tout le monde? Vos amis ne vous ont plus d'obligation quand vous leur donnez de votre temps pour se réjouir avec vous, puisque vous prenez le plaisir avec le premier venu qui vous le propose, comme avec le meilleur de vos amis. Je pourrais vous dire encore que la religion, votre réputation même, devraient vous arrêter, et vous faire faire de sérieuses réflexions sur votre dérangement.

« Ah! voilà qui est fait, mon cher ami, je vais entièrement me mettre en règle, répondit Chapelle, la larme à l'œil, tant il était touché ; je suis charmé de vos raisons, elles sont excellentes, et je me fais un plaisir de les entendre ; redites-les-moi, je vous en conjure, afin qu'elles me fassent plus d'impression. Mais, dit-il, je vous écouterais plus commodément dans le cabaret qui est ici proche, entrons-y, mon cher ami, et me faites bien entendre raison, car je veux revenir de tout cela. » Despréaux qui croyait être au moment de convertir Chapelle, le suit, et en buvant un coup de bon vin, lui étale une seconde fois sa réthorique ; mais le vin venait toujours, de manière que ces messieurs, l'un en prêchant, l'autre en écoutant, s'enivrèrent si bien qu'il fallut les reporter chez eux. »

Malgré tous ses défauts, Molière affectionnait beaucoup Chapelle ; il estimait en lui une grande franchise qui ne se démentait jamais ; sa conversation était empreinte d'un esprit naïf et séduisant, et cependant, avec ces qualités, il ne pouvait résister au penchant qui le poussait à l'ivrognerie. Le grand Condé l'ayant invité à dîner, il aima mieux suivre des joueurs de boules avec lesquels il se trouvait. Le prince lui en faisant des reproches : « En vérité, monseigneur, lui dit-il, c'étaient de bien bonnes gens, et bien aisés à vivre, que ceux qui m'ont donné à souper. » Un autre jour, dînant à la table de certain marquis chez lequel le service des vins n'était fait que par un seul domestique, Chapelle ne pouvant boire tout à son aise, la patience lui échappa bientôt, et s'adressant au marquis : « Eh ! je vous prie, marquis, s'écria-t-il, donnez-nous la monnaie de votre page. » Cette faible esquisse de Chapelle a du moins le mérite de donner une idée générale du caractère d'un des plus intimes amis de Molière ; à ce titre elle ne peut donc être jugée inutile. Dans le cours de mes recherches, chaque fois qu'à côté d'un homme célèbre s'est trouvé un autre homme placé, soit par l'amitié, soit par la renommée, je me suis empressé de lier leurs deux existences et de ce rapprochement sont ressortis forcément des détails qui échappent presque toujours aux faits avancés sans étude. La vie d'un homme que la postérité a proclamé doit être pour l'historien une chose sacrée et qu'il ne peut altérer ou modifier sans encourir le blâme.

A compter de la fin de 1659, les représentations du théâtre du Petit-Bourbon devinrent le rendez-vous habituel des gens de cour et de toute la gentilhommerie. Le 8 du mois de novembre, Molière avait fait jouer *les Précieuses ridicules*, et cette charmante comédie avait obtenu un de ces succès de franchise et d'unanimité dont les annales littéraires conservent peu d'exemples. Ce succès fut d'autant plus éclatant que Molière avait attaqué, dans *les Précieuses ridicules*, le langage d'afféterie que la société de l'hôtel de Rambouillet avait mis à la mode. Le coup avait porté juste. Tous les zélés de l'hôtel de Rambouillet s'étaient rendus à cette première représentation; aucune place du théâtre n'était inoccupée. L'audace du titre de la pièce avait provoqué la curiosité d'un grand nombre; aussi la mystification fut-elle complète!

« J'étais, dit Ménage, à la première représentation des *Précieuses ridicules,* de Molière, au Petit-Bourbon. Mademoiselle de Rambouillet y était, madame de Grignan, tout l'hôtel de Rambouillet, M. Chapelain et plusieurs autres de ma connaissance. La pièce fut jouée avec un applaudissement général, et j'en fus si satisfait en mon particulier, que je vis, dès lors, l'effet qu'elle allait produire. Au sortir de la comédie, prenant M. Chapelain par la main : Monsieur, lui dis-je, nous approuvions, vous et moi, toutes les sottises qui viennent d'être critiquées si finement et avec tant de bon sens; mais, croyez-moi, pour me servir de ce que saint Remy dit à Clovis : « Il nous faudra brûler ce que nous avons adoré, et adorer ce que nous avons brûlé. » Cela arriva comme je l'avais prédit, et, dès cette première représentation, l'on revint du galimathias et du style forcé. »

Il s'était formé, à cette époque, une société de beaux-esprits qui tenait ses séances à l'hôtel de Rambouillet; véritable école des *belles manières* et du *doucereux parler*. C'était à qui, même parmi les hommes et les femmes du plus haut mérite, briguerait l'honneur d'être admis à l'intimité de ces cercles où se rendaient chaque jour Larochefoucault, Conrart, Cotin, Pélisson, Voiture, Balzac, Segrais, Bussy-Rabutin, Benserade, Desmarets, Ménage, Vaugelas et Chapelain, l'auteur de la *Pucelle*, qui, de l'oracle qu'il était du public, en devint la risée, et pour lequel Mommor composa ce distique :

>   Illa Capellani dudum exputata Puella,
>   Post longa, in lucem tempora, prodit, anus.

et que Linière rendit ainsi :

>   Nous attendions de Chapelain
>   Une pucelle
>   Jeune et belle ;
>   Vingt ans à la former il perdit son latin,
>   Et de sa main
>   Il sort enfin
>   Une vieille sempiternelle.

La princesse mère du grand Condé, sa fille, depuis madame de Longueville, mademoiselle de Scudéri, madame de la Suze, l'aimable madame de Sévigné, faisaient l'ornement de l'hôtel de Rambouillet.

Voici ce qui donna lieu aux *Précieuses ridicules*. Catherine de Vivonne, épouse du marquis de Rambouillet, femme d'un caractère aimable et d'un esprit cultivé, avait ouvert son hôtel à tout ce que Paris renfermait de beaux-esprits. Dès lors, l'hôtel de Rambouillet eut ses poètes; mais ces réunions spirituelles ne conservèrent pas la réputation de bon goût dont elles jouissaient dans les premiers temps. Nos beaux-esprits ayant eu la prétention de modifier le langage, bientôt leur conversation fut remplie de circonlocutions et de périphrases qui la rendirent inintelligible pour tout autre que pour les initiés. Chaque jour, on discutait avec gravité des questions frivoles; on se morfondait à trouver le mot d'une énigme; car « les précieuses, dit l'abbé Cotin, s'envoyaient visiter par un rondeau ou une énigme, et c'est par là que commençaient toutes les conversations. »

La Bruyère a écrit dans ses *Caractères* :

« L'on a vu, il n'y a pas longtemps, un cercle de personnes des deux sexes, liées ensemble par la conversation et par un commerce d'esprit. Ils laissaient au vulgaire l'art de parler d'une manière intelligible. Une chose dite entre eux peu clairement en entraînait une autre encore plus obscure, sur laquelle on enchérissait par de vraies énigmes, toujours suivies par de longs applaudissements, par tout ce qu'ils appelaient délicatesse, sentiment et finesse d'expression; ils étaient enfin parvenus à n'être plus entendus et à ne s'entendre plus eux-mêmes. Il ne fallait, pour servir à ces entretiens, ni bon sens, ni jugement, ni mémoire, ni la moindre capacité; il fallait de l'esprit, non pas du meilleur, mais de celui qui est faux et où l'imagination a trop de part. »

L'affectation devint tellement à la mode que les poètes de

l'hôtel de Rambouillet s'étant récriés contre le nom peu galant de Catherine, Malherbe, aidé de Racan, après bien des recherches, donna le baptême de l'esprit au prénom malheureux, et l'échangea contre celui d'*Arthenice*, son anagramme. On lit dans Ménage : « Ce mot d'*Arthenice*, que Malherbe fit pour madame de Rambouillet, lui est demeuré, car c'est ainsi que tous les écrivains l'ont depuis appelée dans leurs ouvrages; et elle s'est elle-même ainsi appelée dans ces vers qu'elle fit pour son épitaphe, quelque temps avant sa mort :

> Ici gît Arthenice, exempte des rigueurs
> Dont la rigueur du sort l'a toujours poursuivie ;
> Et si tu veux, passant, compter tous ses malheurs,
> Tu n'auras qu'à compter les moments de sa vie.

« C'était, au reste, une personne d'un mérite extraordinaire que cette madame la marquise de Rambouillet. Voiture la traite de divine. »

Bien plus, ce nom, inventé par le caprice de l'esprit est prononcé comme un éloge à la face de Dieu. En 1672, Fléchier s'écrie, dans l'oraison funèbre de la belle Julie d'Angennes, fille de madame de Rambouillet, qui n'avait consenti à épouser M. de Montausier qu'après quatorze ans d'une cour assidue :

« Souvenez-vous, mes frères, de ces cabinets que l'on regarde encore avec tant de vénération, où l'esprit se purifiait, où la vertu était vénérée sous le nom de l'incomparable *Arthenice*; où se rendaient tant de personnages de qualité et de mérite, qui composaient une cour choisie, nombreuse sans confusion, modeste sans contrainte, savante sans orgueil, polie sans affectation. »

Mademoiselle de Scudéri tenait le haut bout de la conversation, et si, à l'hôtel de Rambouillet, le langage n'était plus qu'un raffinement puéril d'expressions, cependant le cœur n'en conservait pas une allure plus franche. La *carte du pays de Tendre* devait être suivie comme règle de conduite amoureuse, et personne ne pouvait prétendre à se faire aimer sans avoir successivement emporté d'assaut le village des *Billets-Galants*, le hameau des *Billets-Doux*, et le château des *Petits-Soins*. Les femmes affectaient des sentiments romanesques, et elles n'étaient désignées que sous la qualification de *chères*, qu'elles se donnaient à tout propos.

Dès que l'heure des visites était arrivée, une *précieuse*, une *chère*, se faisait mettre aussitôt au lit. Les visiteurs venaient alors s'asseoir dans son alcôve, dont la *ruelle* était décorée avec la plus grande coquetterie. La charge de *grands introducteurs des ruelles* se trouvait, selon Somaise, remplie par les abbés de Bellebat et du Buisson; et comme, pour être reçu chez les *chères*, il fallait avoir prouvé qu'on connaissait *le fin des choses, le grand fin, le fin du fin*, les jeunes gens qui ambitionnaient leurs entrées ne manquaient pas de se rendre chez ces deux abbés, pour acquérir les qualités indispensables à la fréquentation des cercles des *chères*.

Outre les *grands introducteurs des ruelles*, une *chère* devait avoir toujours chez elle, à poste fixe, un *alcôviste :* c'était une espèce de chevalier-servant sur lequel reposaient les honneurs de la maison et qui veillait à l'ordonnance des conversations. Si nos petites-maîtresses d'aujourd'hui se mettaient en tête de faire revenir les *alcôvistes* à la mode, on ne manquerait certainement pas de crier au scandale; sous Louis XIV, il n'en était pas ainsi, et l'*alcôviste* n'avait jamais fait naître le moindre soupçon contre la vertu des *chères*. « L'*alcôviste*, dit Saint-Évremont, n'était que pour la forme, parce qu'une *précieuse* faisait consister son principal mérite à aimer tendrement son amant sans jouissance, et à jouir solidement de son mari avec aversion. »

Les *précieuses* de l'hôtel de Rambouillet étaient une riche mine à exploiter. Molière sut présenter sous un aspect si comique tous les travers de ce ridicule, qu'un grand nombre de ceux-là mêmes qu'il avait mis en jeu dans sa comédie ne purent s'empêcher de mêler leurs applaudissements à ceux du parterre, et, de cette époque, la réputation de Molière fut solidement établie. Après avoir fait les délices de tout Paris, on joua *les Précieuses ridicules* à la cour, qui était alors au bas des Pyrénées, et cette pièce fut reçue avec non moins d'empressement qu'à Paris. Ce double succès fit comprendre à Molière toutes les ressources de son génie. « Je n'ai plus que faire, dit-il, d'étudier Plaute et Térence, ni d'éplucher les fragments de Ménandre. Je n'ai qu'à étudier la nature. »

Un jour qu'on représentait *les Précieuses ridicules*, un vieillard, emporté par une admiration soudaine, s'écria du milieu du parterre : « Courage, Molière, voilà la bonne comédie ! » La postérité a sanctionné ce jugement.

Si *les Précieuses ridicules* ne firent pas disparaître entièrement l'afféterie du langage, elles s'adressaient du moins d'une manière si directe aux séances de l'hôtel de Rambouillet, que les habitués, depuis, s'y montrèrent moins assidus. La pièce de Molière opéra un changement presque complet dans le goût du public; « elle décrédita les romans, et ruina le pauvre libraire Jolly, qui venait de traiter avec Courbé, autre libraire, pour son fonds romanesque, dont l'impression de *Pharamond*, qui était déjà fort avancée et qui parut l'année suivante, faisait une partie considérable. Ce *Pharamond* vint au monde sous cette mauvaise étoile, et fut un enfant mort-né. » La lecture de ces lignes du *Longueruana* peut donner une idée assez juste de la révolution apportée dans la littérature par l'apparition des *Précieuses ridicules* sur le théâtre du Petit-Bourbon. Mais Molière, craignant sans doute d'attaquer de front une si puissante coterie, cherche à adoucir le coup qu'il a porté, dans la préface qui se trouve en tête de cette pièce. D'abord, il se récrie contre les gens qui sont forcés de se faire imprimer, contre le peu de loisir qu'on lui a laissé pour se reconnaître; puis il ajoute : « J'aurais voulu faire valoir qu'elle se tient partout dans les bornes de la satire honnête et permise ; que les plus excellentes choses sont sujettes à être copiées par de mauvais singes qui méritent d'être bernés ; que ces vicieuses imitations de ce qu'il y a de plus parfait ont été de tout temps la matière de le comédie, et que, par la même raison que les véritables savants et les vrais braves ne se sont point encore avisés de s'offenser du docteur de la comédie et du capitan, non plus que les juges, les princes et les rois, de voir Trivelin ou quelqu'autre, sur le théâtre, faire ridiculement le juge, le prince ou le roi ; aussi les véritables Précieuses auraient tort de se piquer lorsqu'on joue les ridicules qui les imitent mal. »

Les Précieuses ridicules avaient attiré une foule si grande à la première représentation, que, le jour suivant, la troupe doubla le prix des places, excepté le parterre, dont le prix fut porté de 10 sous à 15. Il paraît que Molière joua le rôle de *Mascarille* avec un masque pendant les premières représentations; le comédien Villiers, dans *la Vengeance des marquis,* avance ce fait.

L'hôtel de Bourgogne avait pris le sage parti de garder le silence; mais les ennemis de Molière ne crurent pas devoir suivre cet exemple. On parodia la pièce de Molière. Somaise écrivit alors ses *véritables Précieuses,* à l'instigation des comédiens de l'hôtel de Bourgogne. La critique se fit hargneuse et méchante, et l'acteur ayant excité des rires unanimes par le comique de son jeu, les envieux tournèrent leurs armes contre l'auteur; ils prétendirent qu'il devait toutes ses pièces à Guillot-Gorju. Et savez-vous quel était ce Guillot-Gorju, dont on accusait Molière d'être le compilateur? C'était un des plus misérables farceurs de cette époque, et qui avait succédé à Gauthier-Garguille, Gros-Guillaume et Turlupin. Selon les frères Parfait, « il avait étudié en médecine, même en pharmacie, et renonça à ces sciences pour embrasser la carrière du théâtre. Il jouait ordinairement les rôles de médecins ridicules, et les faisait rire eux-mêmes. Il était grand, noir, et fort laid; il avait une excellente mémoire, et nommait avec une volubilité extraordinaire les drogues des apothicaires et les instruments de chirurgie. Après avoir joué des farces pendant huit ans, il se retira à Melun, où il exerça la profession de médecin. Ennuyé de son nouvel état, il tomba dans une mélancolie qui l'obligea de revenir à Paris, où il mourut en 1648. »

L'envie chercha en vain à discréditer le talent de Molière : *les Précieuses ridicules* l'avaient placé au-dessus de toute atteinte, et quatre mois d'applaudissements successifs le consolèrent des basses intrigues tramées contre lui par ses ennemis. « Jusque-là, imitateur habile, quelquefois rival heureux des Latins et des Italiens, il ne nous avait intéressés qu'aux ruses d'un valet ou aux amours de deux jeunes gens. Dès ce moment, il s'engage à nous faire rire aux dépens de nos ridicules; il se propose pour but de nous en corriger. Répétons-lui, avec le vieillard du parterre: « Courage, Molière, voilà la bonne comédie ! »

Dès que le succès des *Précieuses ridicules* commence à se ralentir, Molière fait représenter le *Cocu imaginaire*, et cette pièce, d'une gaîté si bouffonne, fut représentée quarante jours de suite, malgré la chaleur de l'été et les fêtes du mariage de Louis XIV et de Marie-Thérèse, célébré à Fontainebleau, le 3 juin 1660. Quoi de plus comique que le personnage de *Sganarelle*, et de quels fous rires ne devait pas être saisie le parterre lorsque *Sganarelle*, après avoir lutté contre la peur, sort enfin dans le dessein de se venger de son prétendu rival, et s'écrie :

Déjà, pour commencer, dans l'ardeur qui m'enflamme,
Je vais dire partout qu'il couche avec ma femme.

Sganarelle est une de ces peintures faites à grands coups de pinceau et où les couleurs sont profusionées avec esprit. Quelques auteurs ont adressé à Molière le reproche d'avoir encore sacrifié aux bouffonneries italiennes; mais Molière ne pouvait brusquer le goût du public; il fallait qu'il le préparât peu à peu à entendre une critique sévère ; et s'il eût débuté par le *Tartufe* ou le *Misanthrope*, peut-être que la troupe du Petit-Bourbon n'eût pas vu la ville et la cour se porter en foule à ses représentations.

« Un bon bourgeois de Paris, vivant bien noblement, mais

dans les chagrins que l'humeur et la beauté de sa femme lui avaient assez publiquement causés, s'imagina que Molière l'avait pris pour l'original de son *Cocu imaginaire*. Ce bourgeois crut devoir s'en offenser; il en marqua son ressentiment à un de ses amis. « Comment, lui dit-il, un petit comédien aura l'audace de mettre impunément sur le théâtre un homme de ma sorte (car le bourgeois s'imagine être beaucoup plus au-dessus du comédien que le courtisan ne croit être élevé au-dessus de lui)! Je m'en plaindrai, ajouta-t-il; en bonne police, on doit réprimer l'insolence de ces gens-là; ce sont les pestes d'une ville; ils observent tout pour le tourner en ridicule. » L'ami, qui était un homme de bon sens et bien informé, lui dit : « Monsieur, si Molière a eu intention sur vous en faisant le *Cocu imaginaire*, de quoi vous plaignez-vous? Il vous a pris du beau côté, et vous seriez bien heureux d'en être quitte pour l'imagination. » Ce bourgeois, quoique peu satisfait de la réponse de son ami, ne laissa pas d'y faire réflexion, et ne retourna plus au *Cocu imaginaire*. »

Aujourd'hui, le langage primitif se perd de plus en plus; chaque chose a un nom qui lui est propre, mais l'oreille se refuse à entendre prononcer ce nom dans toute sa virginité. Nos mœurs le veulent ainsi ! La civilisation, qui envahit tout, a périphrasé les expressions les plus naïves. (La périphrase naquit un jour d'un esprit atteint de l'épidémie du mal.) Si, par hasard, un mot un peu énergique vient à se rencontrer dans la conversation, vite, l'effrontée, de se couvrir le visage avec un geste de honte apprêtée. Que votre parole soit *chaste*, voilà l'essentiel ! L'ingénuité, cette sainte enfant de l'illusion et de la croyance, n'est plus de bonne compagnie au dix-neuvième siècle. En effet, le positivisme, qui escompte jusqu'à l'innocence, a tué, à la fois, par le ridicule, et la croyance et l'illusion, ces deux espérances de l'homme de bien. Fi donc! appeler les choses par leur nom! mais l'imagination a besoin qu'on lui tienne la bride serrée. Et que deviendrions-nous, bon Dieu! si tout le monde s'avisait de parler comme parlaient Adam et Ève dans le Paradis terrestre? Chacune des paroles de nos bons pères devait exprimer terriblement les choses, à en juger par la légèreté de leurs costumes; et quels visages voudriez-vous que fissent nos petites-maîtresses, si la langue primitive pouvait désormais s'acclimater dans notre siècle? Les vapeurs ne leur suffiraient bientôt plus; aussi, gardons-nous de pareils souhaits, et... tout n'est-il pas pour le mieux dans le meilleur des mondes possibles?

Autrefois, on ne se montrait pas si chatouilleux sur l'expression, et le titre du *Cocu imaginaire* n'avait soulevé aucune récrimination; dans le grand siècle, le mot n'effrayait personne, et se disait communément dans la meilleure compagnie; madame de Sévigné s'en sert mainte et mainte fois dans les lettres adressées à sa fille, et les mémoires du cardinal de Retz, où ce mot se trouve souvent répété, ne le rejetaient pas comme une qualification grossière. Bussy-Rabutin, dans son *Histoire amoureuse des Gaules*, écrit, en parlant de madame de Sévigné, sa cousine, qu'il avait tenté vainement de séduire :

« Toute sa chaleur est à l'esprit. Si l'on s'en rapporte à ses actions, je crois que la foi conjugale n'a point été violée; si l'on regarde l'intention, c'est tout autre chose. Pour parler franchement, je crois que son mari s'est tiré d'affaire devant les hommes; mais je le tiens cocu devant Dieu. »

Personne ne pensait à se formaliser de l'énergie de l'épithète; au contraire, le mot était des mieux reçus, et le trait suivant, que me fournit le *Ménagiana*, fermera la bouche aux incrédules.

Madame Loiseau, bourgeoise que la vivacité de ses saillies avait mise en renom, était à Versailles. Le roi, qui ne manquait jamais de provoquer l'esprit de notre bourgeoise toutes les fois que l'occasion s'en présentait, voyant qu'elle s'avançait fort près du Cercle, dit tout bas en souriant à madame la duchesse de *** :
— Questionnez-la un peu, madame.

— *Quel est l'oiseau le plus sujet à être cocu ?* lui demanda aussitôt la duchesse.

— *C'est le duc, madame*, répondit la spirituelle bourgeoise.

Le *Cocu imaginaire*, moins fait pour amuser les gens délicats que pour faire rire le peuple, fit naître une particularité unique dans les fastes du théâtre.

Un nommé Neufvillenaine fit imprimer cette pièce avec un argument à chaque scène, et la dédia à Molière, en lui disant « qu'enchanté des beautés de cette comédie, il s'était aperçu, après y avoir été cinq à six fois, qu'il l'avait retenue par cœur; que, dans ce même temps, un de ses amis en province, l'ayant prié de lui mander des nouvelles de cette pièce, il la lui avait envoyée. Mais, quelque temps après, ayant vu qu'il s'en était répandu plusieurs copies très difformes, il avait pris le parti de la faire imprimer et de la lui dédier. »

Cette manière d'éditer un ouvrage montre combien on respectait peu alors la propriété littéraire. En effet, le sieur Neufvillenaine qui s'était fait, de son autorité privée, l'éditeur du *Cocu*, obtint, pour cinq ans, un privilége avec *défense à tous autres* de l'imprimer.

On ne sait pas ce qui doit le plus étonner, ou de la prodigieuse mémoire ou de l'audace du sieur Neufvillenaine. Je doute fort qu'un semblable tour de gibecière, arrivé de nos jours, fût accepté par nos auteurs avec la complaisance de Molière, qui se contenta pendant deux ans de la dédicace.

Les *Précieuses ridicules* et le *Cocu imaginaire* avaient été joués par l'élite de la troupe ; dans les *Précieuses ridicules*, outre Molière, dans le rôle du *marquis de Mascarille*, et de Brécourt dans celui du *vicomte de Jodelet*, le public applaudissait chaque jour La Grange et du Croisy, les *amants rebutés* ; les charmantes mesdemoiselles du Parc et de Brie sous les traits de *Madelon* et de *Cathos*, Madelaine Bejart, la spirituelle *Marotte*, et l'Épy, le bon bourgeois *Gorgibus*.

Le *Cocu imaginaire* avait été monté avec non moins de soin : il comptait de dignes interprètes. La Grange-*Lélie*, du Parc-*Gros-René* ne le cédaient en rien pour la verve à Molière-*Sganarelle*, à l'Épy-*Gorgibus*, et à de Brie-*Villebrequin* ; et si mesdemoiselles du Parc-*Célie*, et de Brie-*la femme de Sganarelle* rivalisaient dans leur jeu de nature et de gaîté, Madelaine Bejart-*la suivante* complétait cet ensemble de la manière la plus heureuse.

Un mot pour mémoire sur ces différents acteurs —

« La Grange, dit M. de Tralage, était un très honnête homme, docile et poli ; Molière avait pris plaisir lui-même à l'instruire. » Un contemporain a aussi écrit, en parlant de lui : « Quoique sa taille ne passe guère la médiocre, c'est une taille bien prise, un air libre et dégagé, et, sans l'ouïr parler, sa personne plaît beaucoup. Il passe avec justice pour très bon acteur, soit pour le sérieux, soit pour le comique, et il n'y a point de rôle qu'il n'exécute très bien. »

Du Croisy était un des meilleurs acteurs de la troupe du Palais-Royal.

Du Parc, plus connu sous le nom de *Gros-René*, savait toujours captiver la bienveillance du parterre, grâce toutefois à Molière qui lui avait, pour ainsi dire, donné le baptême du talent par ses créations originales. — En effet, Molière avait l'habitude d'étudier le caractère de ses camarades avant d'écrire : aussi n'était-il pas difficile à l'acteur de jouer convenablement, toutes ses qualités, tous ses moindres défauts étant reproduits avec une fidélité scrupuleuse dans le personnage qu'il était chargé de représenter. L'entrain de du Parc dans les *valets* fut une grande ressource pour le répertoire du théâtre du Petit-Bourbon, quoique quelques écrivains aient prétendu que le plus beau côté de la réputation de du Parc était la beauté de sa femme. — Voici la preuve qu'on lui reconnaissait quelque talent et que son jeu était hautement approuvé. Au mois de mai 1659, une pièce est jouée à l'impromptu à Vincennes, devant le roi, et toute la cour, par deux acteurs français et quatre italiens; je laisse parler Loret qui rend compte de ce fait dans sa *Muse historique* du 31 mai 1659.

> La cour a passé dans Vincenne
> Cinq ou six jours de la semaine ;
> Château certainement royal,
> Où monseigneur le cardinal
> (Dont la gloire est partout vantée)
> L'a parfaitement bien traitée.
> Leurs Majestés, à tous moments,
> Y goûtaient des contentements

Par diverses réjouissances ;
Savoir des bals, ballets et danses.

. . . .

D'ailleurs quelques comédiens,
Deux François, quatre Italiens,
Sur un sujet qu'ils concertèrent,
Tous six ensemble se mêlèrent
Pour faire Mirabilia.
Savoir l'époux d'Aurélia...
Scaramouche à la riche taille,
Le signor Trivelin canaille,
Jodelet plaisant raffiné,
Item aussi le Gros-René,
Et Gratian le doctissime,
Aussi bien que fallotissime.
Horace, en beaux discours fréquent,
Faisoit l'amoureux éloquent ;
Pour Trivelin et Scaramouche,
Qui se font souvent escarmouche,
Ces deux rares facétieux
Tout de bon y firent de mieux :
Gros-René, chose très certaine,
Paya de sa grosse bedaine.
La perle des enfarinés,
Jodelet, y parla du nez,
Et fit grandement rire, parce
Qu'il est excellent pour la farce :
Et pour le docteur Gratian,
Estimé de maint courtisan,
Avec son jargon pédantesque,
Y parut tout à fait grostesque ;

> Enfin ils réussirent tous
> En leurs personnages de fous :
> Mais, par ma foi, pour la folie,
> Ces gens de France et d'Italie,
> Au rapport de plusieurs témoins,
> Valent mieux séparés que joints.

Guillaume Marcoureau, sieur de Brécourt, avait embrassé de fort bonne heure le parti de la comédie. Après avoir joué pendant quelques années en province dans différentes troupes, il entra enfin dans celle de Molière en 1658 ; mais, ayant eu le malheur de tuer un cocher sur la route de Fontainebleau, il fut obligé de se sauver. Il s'enfuit alors en Hollande, où il s'engagea dans une troupe française qui appartenait au prince d'Orange. Pendant le séjour de Brécourt en ce pays, le hasard voulut que la cour de France, pour certaines raisons d'État, cherchât à faire enlever un particulier qui s'était réfugié en Hollande. Brécourt, désirant trouver l'occasion de faciliter son retour, promit d'exécuter ce qu'on lui demandait. Mais cette entreprise ayant manqué, Brécourt jugea bien que sa vie n'était pas en sûreté, et sur-le-champ il revint en France. Le roi, informé de la bonne volonté dont il avait donné des preuves, lui accorda sa grâce et lui permit de rentrer dans la troupe de Molière.

Brécourt excellait dans les rôles de roi de tragédie et dans ceux *à manteau* des pièces comiques.

L'Épy, frère de Jodelet, *la perle des enfarinés*, comme l'appelle Loret, était entré dans la troupe de Molière en 1659. — Quoique d'un talent des plus ordinaires, il remplissait les rôles de *Gorgibus* d'une manière fort convenable.

De Brie (Edme Wilquin) attendait alors, en s'essayant dans des rôles sans grande importance, qu'il plût à du Parc de mourir, pour s'emparer de l'héritage de *Gros-René*.

Trois actrices seulement étaient alors maîtresses du répertoire de Molière; mais aussi quelles actrices ! — Toutes trois douées d'un talent supérieur :

Madelaine Bejart, *l'acoquinante* soubrette, de qui le public gardait un si bon souvenir.

Mademoiselle de Brie, parfaite comédienne, dont la diction était d'une pureté remarquable et à qui la nature accorda le don de paraître toujours jeune. Combien d'actrices voudraient pouvoir être ainsi redevables à dame Nature et paieraient cher un pareil compliment.

Mademoiselle du Parc, qui remplissait avec un égal succès les rôles tragiques et comiques; « la seule qui, suivant Molière, sût s'élever à la hauteur des personnages de la tragédie et qui eût compris la manière dont il voulait qu'elle fût déclamée. » Elle avait plusieurs cordes à son arc ; elle était belle et bien faite ; elle brillait aux ballets du roi dans les danses hautes, elle faisait certaines cabrioles remarquables; « car (rapporte le *Mercure de France*), on voyait ses jambes et partie de ses cuisses, par le moyen de sa jupe fendue des deux côtés, avec des bas de soie attachés au haut d'une petite culotte, ce qui alors était une nouveauté. » Cette tradition est oubliée ; aujourd'hui, mesdames les artistes de la danse se sont faites, Dieu merci ! plus modestes, et ne poussent pas si loin ce moyen de séduction.

Et, dominant sur tous, Molière, l'homme d'étude et d'avenir, dont la vie fut un dévoûment sans bornes pour ses camarades, qui voyaient en lui plutôt un père de famille que le chef d'une troupe; Molière, enfin, le philosophe profond, l'observateur judicieux, le critique mordant, impitoyable, sans peur, toujours prêt, et sur la vie et les ouvrages duquel la femme du comédien Poisson faisait insérer au *Mercure de France*, dans le courant du mois de mai 1740, les réflexions suivantes :

« La nature, qui lui avait été si favorable du côté des talents et de l'esprit, lui avait refusé ces dons extérieurs, si nécessaires au théâtre, surtout pour les rôles tragiques. Une voix sourde, des inflexions dures, une volubilité de langue qui précipitait trop sa déclamation, le rendaient, de ce côté, fort inférieur aux acteurs de l'hôtel de Bourgogne. Il se rendit justice, et se renferma dans un genre où ces défauts étaient plus supportables. Il eut même bien des difficultés à surmonter pour y réussir, et ne se corrigea de cette volubilité si contraire à la belle articulation, que par des efforts continuels, qui lui causèrent un hoquet qu'il a conservé jusqu'à la mort, et dont il savait tirer parti en certaines occasions. Pour varier ces inflexions, il mit le premier en usage certains tons inusités, qui le firent d'abord accuser d'un peu d'affectation, mais auxquels on s'accoutuma. Non-seulement il plaisait dans les rôles de Mascarille et de Sganarelle... il excellait encore dans les rôles de haut comique; c'est alors que, par la vérité des sentiments, par l'intelligence des expressions, et par toutes les finesses de l'art, il séduisait les spectateurs au point qu'ils ne distinguaient pas le personnage représenté d'avec le comédien qui le représentait : aussi se chargeait-il toujours des rôles les plus longs et les plus difficiles.

« Molière n'était ni trop gras ni trop maigre ; il avait la taille plus grande que petite, le port noble, la jambe belle ; il marchait gravement, avait l'air très sérieux, le nez gros, la bouche grande, les lèvres épaisses, le teint brun, les sourcils noirs et forts, et les divers mouvements qu'il leur donnait lui rendaient la physionomie extrêmement comique. A l'égard de son caractère, il était doux, complaisant, généreux. Il aimait fort à haranguer ; et quand il lisait ses pièces aux comédiens, il voulait qu'ils y amenassent leurs enfants pour tirer des conjectures de leurs mouvements naturels. »

Au mois d'octobre 1660, le théâtre du Petit-Bourbon ayant été abattu pour faire place à la colonnade du Louvre, le chef-d'œuvre de Claude-Perrault, le roi accorda à la troupe de Molière et à la troupe italienne qui y jouaient alternativement, la salle du Palais-Royal, que Richelieu avait fait bâtir pour la représentation de *Mirame*, tragédie jouée en 1639 sous le nom de Desmarets et dans laquelle ce ministre avait composé plus de cinq cents vers ; la construction de cette salle avait coûté, au dire de Gui Patin, 100,000 écus ; Molière y débuta le 4 novembre suivant.

Le 4 février 1661, les comédiens de la troupe de Monsieur représentent *don Garcie de Navarre* ou *le Prince jaloux*. Cette nouvelle pièce n'eut pas de succès. Molière s'était chargé du rôle de *don Garcie*; mais le genre affecté et sérieux de cette comédie ne lui convenait pas ; aussi la pièce et le jeu de Molière furent très mal reçus du parterre.

A cette nouvelle, les ennemis de Molière reprennent courage. Ils avaient à se venger de ses deux derniers succès ; « Molière est épuisé, » disaient les uns. « Son esprit vient de rendre le dernier soupir, » s'écriaient les autres. « Peut-on jouer avec plus de froideur et moins d'entente de la scène, » ajoutaient les comédiens de l'hôtel de Bourgogne, qui ne pouvaient pardonner à Molière les applaudissements enthousiastes avec lesquels il avait été accueilli dans les rôles de Mascarille des *Précieuses ridicules*, et de Sganarelle du *Cocu imaginaire*. Don Garcie fut le sujet de nombreuses épigrammes qui arrivaient de toutes parts. Visé s'en réjouit dans le *Mercure galant*; mais Molière ne se laissa pas décourager, et l'échec qu'il venait d'essuyer lui donna l'occasion d'étudier plus à fond l'esprit de son siècle; et pendant que ses ennemis se livraient à leur joie insensée, enfermé dans son cabinet d'étude, il écrivait, sous la dictée d'une verveuse inspiration, la comédie de l'*École des maris* qui devait imposer silence aux sarcasmes de l'envie, et ramener à son théâtre la faveur publique un peu réfroidie par la malheureuse représentation de *don Garcie*.

L'*École des maris* est enfin annoncée : demain 24 juin 1661, les comédiens de la troupe de Monsieur auront l'honneur de jouer la nouvelle comédie de Molière. Le jour indiqué, la salle du Palais-Royal eut de nombreux visiteurs, sans compter les ennemis de Molière, qui se promettaient monts et merveilles de cette représentation. Mais quel ne fut pas le désespoir de ces derniers lorsqu'ils entendirent, pendant toute la durée de la pièce, s'élever, des quatre coins de la salle, mille exclamations d'une folle allégresse, jointes aux applaudissements les plus vigoureux qu'ils eussent peut-être jamais entendus ? « Je ne vois pas, disait un auteur contemporain, où est le mérite de l'avoir fait : ce sont les *Adelphes* de Térence; il est aisé de travailler en y mettant si peu du sien, et c'est se donner de la réputation à peu de frais. »

Voltaire, qui prouve la fausseté de cette assertion par l'analyse *parallélique* des *Adelphes* et de l'*École des maris*, ajoute que « l'auteur français égale presque la pureté de Térence et le passe de bien loin dans l'intrigue, dans le caractère, dans le dénoûment, dans la plaisanterie. » On aime à voir un homme comme Voltaire rendre justice à Molière.

Les Fâcheux suivirent de près *l'École des maris*. Fouquet, le surintendant des finances, avait engagé Molière à composer cette comédie pour la fameuse fête qu'il donna au roi et à la reine-mère, à l'occasion du mariage du duc d'Orléans avec Henriette d'Angleterre, sœur de Charles II. Cette fête avait lieu dans sa maison de Vaux, pour la construction et l'ornement de laquelle il avait dépensé, dit-on, près de trente-six millions.

Fouquet, nommé surintendant des finances dans un temps où le trésor était épuisé par les dépenses des guerres civiles et étrangères, et par la cupidité de Mazarin, s'était livré à son goût des folles dépenses, qu'il satisfaisait aux dépens des *finances*. Ses déprédations, les alarmes que donnaient les fortifications de Belle-Isle, les prétentions qu'il avait élevées sur le cœur de mademoiselle de la Valière, tout enfin se réunissait pour le perdre ; et Louis XIV, au dire des historiens, indigné d'une fête si outrageusement splendide, eut l'intention de faire arrêter Fouquet au milieu de ses magnificences ; mais la reine-mère l'en dissuada. Fouquet, quoique disgracié quelque temps après, ne fut pas abandonné des écrivains dont il s'était plu à s'entourer dans sa prospérité. Tout le monde connaît l'élégie que Lafontaine composa sur sa détention, et qui finit par ce vers touchant :

Et c'est être innocent que d'être malheureux.

La spirituelle comédie des *Fâcheux* fut faite, apprise et représentée en moins de quinze jours.

« D'abord que la toile fut levée (c'est Molière qui parle), un des acteurs, comme vous pourriez dire moi, parut sur le théâtre en habit de ville, et s'adressant au roi avec le visage d'un homme surpris, fit des excuses en désordre de ce qu'il se trouvait là seul, et manquait de temps et d'acteurs pour donner à Sa Majesté le divertissement qu'elle semblait attendre. En même temps, au milieu de vingt jets d'eau naturels, s'ouvrit cette coquille que tout le monde a vue, d'où sortit une naïade qui s'avança au bord du théâtre, et, d'un air héroïque, prononça les vers que M. Pelisson avait faits et qui servent de prologue. »

« Dans la comédie des *Fâcheux*, remarque Ménage, qui est une des plus belles de celles de Molière, le fâcheux chasseur qu'il introduit sur la scène est de M. de Soyecourt. Ce fut le roi qui lui donna ce sujet en sortant de la première représentation de cette pièce, qui se donna chez M. Fouquet. Sa Majesté, voyant passer M. de Soyecourt, dit à Molière : « Voilà un grand original que vous n'avez pas encore copié. »

Ce M. de Soyecourt était un intrépide chasseur. Molière profita du conseil du roi ; mais, comme il n'entendait rien au jargon de la chasse, il se rendit le lendemain chez M. de Soyecourt, fit tomber la conversation sur la manie de notre homme, et bientôt il sut par cœur tous les termes dont il avait besoin.

« Molière n'y a aucune part que pour la versification, dit Grimarest ; car, ne connaissant pas la chasse, il s'excusa d'y travailler ; de sorte qu'une personne, que j'ai des raisons de ne pas nommer, la lui dicta tout entière dans un jardin, et M. de Molière, l'ayant versifiée, en fit la plus belle scène de ses *Fâcheux*, et le roi prit beaucoup de plaisir à la voir représenter. »

Il faut être fou ou de mauvaise foi pour écrire de pareils faits.

L'anecdote suivante, qui se trouve dans les *Récréations littéraires*, par Cizeron Rival, a pu fournir à Grimarest l'idée de *cette personne qu'il avait des raisons de ne pas nommer.*

« Molière, craignant de manquer de temps, avait prié Chapelle de composer la scène du pédant Caritidès. Les envieux attribuèrent le succès à Chapelle, qui ne s'en défendit que faiblement, comme ces jeunes gens, a dit Chamfort, qui, soupçonnés d'être bien reçus par une jolie femme, paraissent, dans leur désaveu même, vous remercier d'une opinion si flatteuse, et n'aspirer en effet qu'au mérite de la discrétion. Boileau fut alors chargé par le véritable auteur de dire à Chapelle que, s'il ne démentait pas promptement les bruits que l'on répandait sur lui, Molière se verrait forcé de montrer, à qui la voudrait voir, la scène que celui-ci avait apportée et qu'il avait été obligé de refaire entièrement. »

Molière, le 20 février 1662, contracte mariage avec Armande Gresinde Bejart, la sœur et non la *fille* de Madeleine Bejart, comme on l'a prétendu longtemps, quelques-uns peut-être dans un but de calomnie infâme. La jeune Armande n'avait pas encore vingt années ; sans être belle, elle possédait ce don de plaire qui puise sa force dans une grâce naturelle ; élevée sous les yeux de Molière, celui-ci avait puisé auprès d'elle cet amour violent qui fut un des tourments de sa vie. Armande ne paraît avoir commencé à jouer dans la troupe de Molière, au moins des rôles de quelque importance, que depuis l'*École des Maris*, pièce dans laquelle cette actrice représentait *Léonor*.

On a blâmé Molière de s'être marié, comme si le mariage n'était pas la condition forcée de tout honnête homme. Sa femme, il est vrai, le rendit malheureux par une coquetterie coupable, et Molière fut bientôt forcé de renfermer dans son cœur tous ses beaux rêves de félicité.

« Cependant, ce ne fut pas sans se faire une grande violence que Molière résolut de vivre avec elle dans cette indifférence. Il y rêvait un jour dans son jardin d'Auteuil, quand son ami Chapelle, qui s'y promenait par hasard, l'aborda. En le trouvant plus inquiet que de coutume, il lui en demanda plusieurs fois le sujet. Molière, qui eut quelque honte de se sentir si peu de constance pour un malheur si fort à la mode, résista autant qu'il put ; mais comme il était alors dans une de ces plénitudes de cœur si connues par les gens qui ont aimé, il céda à l'envie de se soulager, et avoua de bonne foi à son ami que la manière dont il était forcé d'en user avec sa femme était la cause de cet abattement où il se trouvait. Chapelle, qui croyait être au-dessus de ces sortes de choses, le railla sur ce qu'un homme comme lui, qui savait si bien peindre le faible des autres, tombait dans celui qu'il blâmait tous les jours, et lui fit voir que le plus ridicule de tous était d'aimer une personne qui ne répond pas à la tendresse qu'on a pour elle.

« Pour moi, lui dit-il, je vous avoue que, si j'étais assez malheureux pour me trouver en pareil état, et que je fusse fortement persuadé que la même personne accordât des faveurs à d'autres, j'aurais tant de mépris pour elle qu'il me guérirait infailliblement de ma passion. Encore avez-vous une satisfaction que vous n'auriez pas si c'était une maîtresse, et la vengeance, qui prend ordinairement la place de l'amour dans un cœur outragé, vous peut payer tous les chagrins que vous cause votre épouse, puisque vous n'avez qu'à l'enfermer ; ce qui sera un moyen assuré de vous mettre l'esprit en repos.

« Molière, qui avait écouté son ami avec assez de tranquillité, l'interrompit pour lui demander s'il n'avait jamais été amoureux.

« Oui, lui répondit Chapelle, je l'ai été comme un homme de bon sens doit l'être ; mais je ne me serais jamais fait une si grande peine pour une chose que mon honneur m'aurait conseillé de faire, et je rougis pour vous de vous trouver si incertain.

« — Je vois bien que vous n'avez encore rien aimé, lui répondit Molière, et vous avez pris la figure de l'amour pour l'amour même. Je ne vous rapporterai point une infinité d'exemples qui vous feraient connaître la puissance de cette passion; je vous ferai seulement un fidèle récit de mon embarras, pour vous faire comprendre combien on est peu maître de soi-même quand elle a une fois pris sur nous un certain ascendant que le tempérament lui donne d'ordinaire. Pour vous répondre donc sur la connaissance parfaite que vous dites que j'ai du cœur de l'homme, par les portraits que j'en expose tous les jours, je demeurerai d'accord que je me suis étudié autant que j'ai pu à connaître leur faible ; mais si ma science m'a appris qu'on pouvait fuir le péril, mon expérience ne m'a que trop fait voir qu'il est impossible de l'éviter. J'en juge tous les jours par moi-même. Je suis né avec les dernières dispositions à la tendresse ;

et comme j'ai cru que mes efforts pourraient lui inspirer, par l'habitude, des sentiments que le temps ne pourrait détruire, je n'ai rien oublié pour y parvenir. Comme elle était encore fort jeune quand je l'épousai, je ne m'aperçus pas de ses méchantes inclinations, et je me crus un peu moins malheureux que la plupart de ceux qui prennent de pareils engagements; aussi le mariage ne ralentit point mes empressements; mais je lui trouvai tant d'indifférence, que je commençai à m'apercevoir que toute ma précaution avait été inutile, et que ce qu'elle sentait pour moi était bien éloigné de ce que j'aurais souhaité pour être heureux. Je me fis à moi-même ce reproche sur une délicatesse qui me semblait ridicule dans un mari, et j'attribuai à son humeur ce qui était un effet de son peu de tendresse pour moi; mais je n'eus que trop de moyens de m'apercevoir de mon erreur, et la folle passion qu'elle eut, peu de temps après, pour le comte de Guiche, fit trop de bruit pour me laisser dans cette tranquillité apparente. Je n'épargnai rien, à la première connaissance que j'en eus, pour me vaincre moi-même, dans l'impossibilité que je trouvai à la changer. Je me servis pour cela de toutes les forces de mon esprit; j'appelai à mon secours tout ce qui pouvait contribuer à ma consolation. Je la considérai comme une personne de qui tout le mérite est dans l'innocence, et qui, par cette raison, n'en conservait plus depuis son infidélité. Je pris, dès lors, la résolution de vivre avec elle comme un honnête homme qui a une femme coquette, et qui est bien persuadé, quoi qu'on puisse dire, que sa réputation ne dépend point de la méchante conduite de son épouse; mais j'eus le chagrin de voir qu'une personne sans beauté, qui doit le peu d'esprit qu'on lui trouve à l'éducation que je lui ai donnée, détruisait en un moment toute ma philosophie. Sa présence me fit oublier mes résolutions, et les premières paroles qu'elle me dit pour sa défense me laissèrent si convaincu que mes soupçons étaient mal fondés, que je lui demandai pardon d'avoir été si crédule. Cependant mes bontés ne l'ont pas changée. Je me suis donc déterminé à vivre avec elle comme si elle n'était pas ma femme ; mais si vous saviez ce que je souffre, vous auriez pitié de moi. Ma passion est venue à un tel point qu'elle va jusqu'à entrer avec compassion dans ses intérêts ; et, quand je considère combien il m'est impossible de vaincre ce que je sens pour elle, je me dis en même temps qu'elle a peut-être une même difficulté à détruire le penchant qu'elle a d'être coquette, et je me trouve plus dans la disposition de la plaindre que de la blâmer. Vous me direz sans doute qu'il faut être fou pour aimer de cette manière ; mais, pour moi, je crois qu'il n'y a qu'une sorte d'amour, et que les gens qui n'ont point senti de semblable délicatesse n'ont jamais aimé véritablement. Toutes les choses du monde ont du rapport avec elle dans mon cœur. Mon idée en est si fort occupée, que je ne fais rien en son absence qui m'en puisse divertir. Quand je la vois, une émotion et des transports qu'on peut sentir, mais qu'on ne saurait exprimer, m'ôtent l'usage de la réflexion ; je n'ai plus d'yeux pour ses défauts ; il m'en reste seulement pour tout ce qu'elle a d'aimable. N'est-ce pas là le dernier point de la folie ? et n'admirez-vous pas que tout ce que j'ai de raison ne sert qu'à me faire connaître ma faiblesse sans en pouvoir triompher ?

« — Je vous avoue à mon tour, lui dit son ami, que vous êtes plus à plaindre que je ne pensais. Mais il faut tout espérer du temps. Continuez cependant à faire vos efforts ; ils feront leur effet lorsque vous y penserez le moins. Pour moi, je vais faire des vœux afin que vous soyez bientôt content.

« Là-dessus, il se retira et laissa Molière, qui rêva encore fort longtemps aux moyens d'amuser sa douleur. »

Cette conversation avec Chapelle, extraite de *la fameuse Comédienne*, met au grand jour l'exquise sensibilité du cœur de Molière.

Armande était une de ces femmes aimables, si communes de tout temps, chez lesquelles la coquetterie tient lieu d'affection. Elle voulait plaire à tous, aussi n'épargnait-elle rien pour y parvenir : furtives œillades, regards agaçants, minauderies de toutes espèces venaient augmenter chaque jour le nombre de ses adorateurs ; et si Molière lui adressait parfois de tendres reproches sur sa légèreté, Armande, qui savait par cœur la *science des bouderies*, après s'être emportée contre la mauvaise humeur de son mari, lui tournait le dos et faisait si bien que Molière se trouvait toujours avoir tort.

La passion qu'éprouvait Molière pour Armande avait pris naissance dans l'intimité étroite où ils vivaient. Lorsqu'elle était enfant, il se plaisait à la faire jouer sur ses genoux ; mais lorsque la jeune fille commença à devenir femme, un sentiment plus tendre prit la place de la douce amitié dont Molière aimait tant autrefois à lui donner des preuves. La jeune Armande voyait avec un plaisir mêlé d'une sorte d'orgueil les empressements de Molière, et la préférence marquée qu'il lui donnait sur sa sœur Madeleine. Son amour-propre ne connut plus de bornes lorsqu'elle se fut aperçue de la rivalité qui allait exister entre elle et Madeleine ; elle entoura Molière de tant de prévenances calculées que celui-ci, qui l'aimait déjà, conçut dès lors pour elle une de ces passions qui ne s'éteignent qu'avec la vie. Armande, à force de coquetterie, et en dépit des nombreux obstacles opposés par sa sœur Madeleine, était donc parvenue à se faire aimer assez éperdument de Molière pour l'obliger à l'épouser; et cependant il n'est pas douteux qu'Armande ne payait pas de retour l'amour de Molière; moitié par coquetterie, moitié par amour-propre, elle avait formé le projet de devenir sa femme, et, ce projet, elle l'avait mis à exécution avec une adresse tout à fait féminine.

Armande ne fut pas plus tôt mademoiselle Molière, qu'elle ne prit plus le soin de se contenir; elle afficha un luxe recherché de parure joint à une coquetterie démesurée; elle prêta une oreille complaisante aux paroles d'amour des courtisans. Molière souffrait de tant d'inconstance; mais, las bientôt de lui adresser des remontrances, il chercha, dans les consolations de l'étude, quelque relâche aux douleurs de son affection.

A ceux qui ont blâmé Molière de s'être marié, je dirai :

Pour l'homme d'étude, il faut une femme douce et aimante; il faut des caresses saintement permises, sanctionnées par le mariage. Une fois l'inspiration lassée, il a besoin d'une épaule toujours prête pour reposer sa tête fatiguée et brûlante; il a besoin d'une affection bonne, chaste, toujours égale; le mariage, pour lui, doit être une union où le cœur gouverne, où les sens obéissent. S'il en était autrement, l'homme d'études serait bien à plaindre. En effet, son esprit, sans cesse tourmenté par l'analyse, conserve bien peu d'illusions; à sa parole, le masque laisse à découvert le visage; les plus secrètes pensées, dépouillées de leur parure de convention, se montrent dans toute leur primitivité. Heureux, lorsqu'il est assez sage pour mettre à profit l'esprit d'observation qu'il a acquis souvent aux dépens de ses plus chères croyances! Alors, son cœur peut s'ouvrir aux plus enivrantes illusions, ses lèvres peuvent murmurer encore des paroles de reconnaissance et d'amour; — une femme, ange de pureté et d'abnégation, s'est trouvée sur sa route, et, en le voyant brisé par la fatigue et par l'irrésolution, lui a tendu la main avec amour, et lui a dit d'espérer.

Écoutez le poète :

> Dieu laisse quelquefois échapper de ses mains
> Des anges qu'il oublie aux bords de nos chemins,
> Pour que le voyageur qu'un trop lourd fardeau lasse
> S'arrête, consolé, quand devant eux il passe.

Le mariage renferme donc une illusion dernière, sous la sainte garde d'un attachement sincère et respectueux, et l'homme qui peut se persuader qu'il est exclusivement aimé, doit défier toutes les souffrances de la vie; car, il a, dans le cœur, assez de joies pour supporter les épreuves les plus dures de l'adversité.

Mais Molière eut pu mieux choisir? N'est-ce pas ici le cas de répondre à tous ces beaux raisonnements par les vers suivants de l'*Art d'aimer* :

> Raisonne-t-on? L'amour est un délire.
> L'oiseau qu'en l'air le chasseur a blessé
> A-t-il pu voir le trait qu'on a lancé?
> Les traits d'Amour sont encore plus rapides;
> Son bras caché frappe ses coups perfides.
> Il rit d'un cœur vainement étonné,
> Le matin libre et le soir enchaîné.

Qu'est-ce donc que l'amour?

Esméralda, création angélique et pure, a répondu :

« L'amour? c'est être deux et n'être qu'un ; un homme et une femme qui se fondent en un ange. C'est le ciel ! »

Mignard et le célèbre physicien Rohault étaient, suivant le rapport de Grimarest, les deux amis auxquels Molière racontait le plus souvent ses chagrins.

« Ne me plaignez-vous pas, leur disait-il un jour, d'être d'une profession et dans une situation si opposées aux sentiments et à l'humeur que j'ai présentement? J'aime la vie tranquille, et la mienne est agitée par une infinité de détails communs et turbulents, sur lesquels je n'avais pas compté dans les commencements, et auxquels il faut absolument que je me donne tout entier malgré moi. Avec toutes les précautions dont un homme peut être capable, je n'ai pas laissé de tomber dans le désordre où tous ceux qui se marient sans réflexions ont accoutumé de tomber.

« — Oh! oh! dit M. Rohault.

« — Oui, mon cher monsieur Rohault, je suis le plus malheureux de tous les hommes, ajouta Molière, et je n'ai que ce que je mérite. Je n'ai pas pensé que j'étais trop austère pour une société domestique. J'ai cru que ma femme devait assujétir ses manières à sa vertu et à mes intentions, et je sens bien que, dans la situation où elle est, elle eût encore été plus malheureuse que je ne le suis, si elle l'avait fait. Elle a de l'enjoûment, de l'esprit; elle est sensible au plaisir de le faire valoir. Tout cela m'ombrage malgré moi; j'y trouve à redire; je m'en plains. Cette femme, cent fois plus raisonnable que je ne le suis, veut jouir agréablement de la vie : elle va son chemin, et, assurée par son innocence, elle dédaigne de s'assujétir aux précautions que je lui demande. Je prends cette négligence pour du mépris ; je voudrais des marques d'amitié, pour croire que l'on en a pour moi, et que l'on eût plus de justesse dans la conduite, pour que j'eusse l'esprit plus tranquille. Mais ma femme, toujours égale et libre dans la sienne, qui serait exempte de tout soupçon pour tout autre homme moins inquiet que je ne le suis, me laisse impitoyablement dans mes peines, et, occupée seulement du désir de plaire en général, comme toutes les femmes, sans avoir de dessein particulier, elle rit de ma faiblesse. Encore, si je pouvais jouir de mes amis aussi souvent que je le souhaiterais, pour m'étourdir sur mes chagrins et sur mon inquiétude ! mais vos occupations indispensables et les miennes m'ôtent cette satisfaction.

« M. Rohault étala à Molière toutes les maximes d'une saine philosophie, pour lui faire entendre qu'il avait tort de s'abandonner à ses déplaisirs.

« Eh ! lui répondit Molière, je ne saurais être philosophe avec une femme aussi aimable que la mienne, et peut-être qu'en ma place vous passeriez encore de plus mauvais quarts-d'heure. »

Au troisième acte du *Bourgeois-Gentilhomme*, Molière, dans la scène entre Dorante et Covielle, a tracé le portrait d'Armande, et ce portrait est un véritable chef-d'œuvre d'amour. — Qu'on en juge :

COVIELLE.

Premièrement, elle a les yeux petits.

CLÉONTE.

Cela est vrai ; elle a les yeux petits, mais elle les a pleins de feu, les plus brillants, les plus perçants du monde, les plus touchants qu'on puisse voir.

COVIELLE.

Elle a la bouche grande.

CLÉONTE.

Oui; mais on y voit des grâces qu'on ne voit point aux autres bouches ; et cette bouche, en la voyant, inspire des désirs; elle est la plus attrayante, la plus amoureuse du monde.

COVIELLE.

Pour sa taille, elle n'est pas grande.

CLÉONTE.

Non ; mais elle est aisée et bien prise.

COVIELLE.

Elle affecte une nonchalance dans son parler et dans ses actions.....

CLÉONTE.

Il est vrai ; mais elle a grâce à tout cela, et ses manières sont engageantes, ont je ne sais quel charme à s'insinuer dans les cœurs.

COVIELLE.

Pour de l'esprit.....

CLÉONTE.

Ah ! elle en a, Covielle, du plus fin, du plus délicat.

COVIELLE

Sa conversation.....

CLÉONTE.

Sa conversation est charmante.

COVIELLE.

Elle est toujours sérieuse.

CLÉONTE.

Veux-tu de ces enjouements épanouis, de ces joies toujours ouvertes? Et vois-tu rien de plus impertinent que des femmes qui rient à tout propos?

COVIELLE.

Mais enfin, elle est capricieuse autant que personne du monde.

CLÉONTE.

Oui, elle est capricieuse, j'en demeure d'accord; mais tout sied bien aux belles; on souffre tout des belles.

Après ce portrait de mademoiselle Molière, celui qu'a laissé un contemporain ne sera pas déplacé. Il renferme quelques notes sur La Grange, qui complètent ce que j'ai déjà dit sur ce comédien.

« Remarquez que la Molière et La Grange font voir beaucoup de jugement dans leur récit, et que leur jeu continue encore, lors même que leur rôle est fini. Ils ne sont jamais inutiles sur le théâtre; ils jouent presque aussi bien quand ils écoutent que quand ils parlent. Leurs regards ne sont pas dissipés, leurs yeux ne parcourent pas les loges. Ils savent que leur salle est remplie ; mais ils parlent et ils agissent comme s'ils ne voyaient que ceux qui ont part à leur action. Ils sont propres et magnifiques sans rien faire paraître d'affecté. Ils ont soin de leur parure, et ils n'y pensent plus dès qu'ils sont sur la scène ; et si la Molière retouche parfois à ses cheveux, si elle raccommode ses nœuds et ses pierreries, ces petites façons cachent une satire judicieuse et naturelle. Elle entre, par là, dans le ridicule des femmes qu'elle veut jouer. Mais enfin, avec tous ses avantages, elle ne plairait pas tant si sa voix était moins touchante. Elle en est si persuadée elle-même, que l'on voit bien qu'elle prend autant de divers tons qu'elle a de rôles différents. »

Granval le père, au dire de Cizeron Rival, racontait de mademoiselle Molière qu'elle jouait à merveille les rôles que son mari avait faits pour elle et ceux des femmes coquettes et satiriques, et que, sans être belle, elle était piquante, et capable d'inspirer une grande passion ; et les frères Parfait ont écrit « qu'elle avait la voix extrêmement jolie ; elle chantait avec goût le français et l'italien, et personne n'a mieux su se mettre à l'air de son visage par l'arrangement de sa coiffure, et plus noblement par l'ajustement de son habit. »

Molière avait pris un soin extrême de l'éducation scénique de la jeune Armande. Il avait remarqué dans la jeune fille, encore enfant, de grandes dispositions, et il s'était plu alors à les développer par ses conseils, toujours bons et persévérants. Avec ce mode d'études progressives, la jeune fille avait été initiée, petit à petit et sans peine, à l'art d'une parfaite diction et d'une tenue sévère, ces deux qualités essentielles au théâtre, et sans lesquelles il n'existe pas de comédien. Chaque jour, l'élève acquérait un degré de perfection de plus : chaque jour aussi, la jeune fille se faisait plus jolie, plus gracieuse. Bien des fois le maître avait oublié la leçon en regardant les charmes naissants de l'élève; bien des fois aussi la voix de l'élève s'était arrêtée au milieu d'une longue scène, émue et toute tremblante devant le regard fixe et profond que le maître tenait attaché sur elle. Un jour, Madeleine Bejart s'aperçut de l'intelligence qui existait entre Armande et Molière, et, à compter de ce jour, Molière fut en butte à mille tracasseries excitées par l'humeur jalouse de cette femme acariâtre. Madeleine Bejart avait quelques droits acquis sur le cœur de Molière, et elle prétendait les conserver en dépit de tout. Continuellement sur le qui-vive, elle poursuivait Molière d'incessants reproches, et ne se lassait pas d'accabler de mauvais traitements sa jeune sœur Armande.

Mademoiselle de Brie, qui ressentait pour Molière une affection plus vraie, trouva, dans ses larmes, quelques consolations à ses chagrins de cœur. Chez les femmes, toutes les souffrances morales finissent ainsi.

Grimarest raconte que Molière prit le parti d'épouser Armande sans en rien dire à Madeleine Bejart. Le contrat de mariage trouvé et publié par M. Beffara donne un démenti formel à Grimarest. En effet, cet acte se trouve signé par Madeleine elle-même. Grimarest qualifie aussi Armande de *fille* de Madeleine. Les curieuses recherches de M. Beffara nous prouvent encore d'une manière certaine qu'Armande n'était que la *sœur* de Madeleine; et, devant cette précieuse découverte, tombe d'elle-même l'accusation odieuse dirigée contre Molière, et dans laquelle ses ennemis n'eurent pas honte d'avancer qu'il avait épousé sa *fille*. Maintenant, voici la version de Grimarest. Je la rappporte *quand même,* car Madeleine Bejart s'y trouve dépeinte sous des traits assez vraisemblables. C'est un portrait de plus dans la galerie des comédiens. Je préviens seulement les lecteurs de vouloir bien remplacer les qualifications de *mère* et de *fille* par celle de *sœur*, toutes les fois qu'elles s'y rencontreront.

« C'était une femme altière et peu raisonnable, lorsqu'on n'adhérait pas à ses sentiments. Elle aimait mieux être l'amie de Molière que sa *belle-mère*. Ainsi, il aurait tout gâté de lui déclarer le dessein qu'il avait d'épouser sa *fille*. Il prit le parti de le faire sans en rien dire à cette femme ; mais, comme elle l'observait de fort près, il ne put consommer son mariage pendant plus de neuf mois : c'eût été risquer un éclat qu'il voulait éviter sur toutes choses, d'autant plus que la Bejart, qui le soupçonnait de quelque dessein sur sa *fille*, le menaçait souvent, en femme furieuse et extravagante, de le perdre, lui, sa *fille*, et elle-même, si jamais il pensait à l'épouser. Cependant, la jeune fille ne s'accommodait point de l'emportement de sa *mère*, qui la tourmentait continuellement, et qui lui faisait essuyer tous les désagréments qu'elle pouvait inventer ; de sorte que cette jeune personne, plus lasse, peut-être, d'attendre le plaisir d'être femme que de souffrir les duretés de sa *mère*, se détermina, un matin, de s'aller jeter dans l'appartement de Molière, fortement résolue de n'en point sortir qu'il ne l'eût reconnue pour sa femme, ce qu'il fut contraint de faire. Mais cet éclaircissement causa un vacarme terrible : la *mère* donna des marques de fureur et de désespoir, comme si Molière avait épousé sa rivale, ou comme si sa *fille* fût tombée entre les mains d'un malheureux. »

Sans cesse placé au milieu de ces trois femmes, Molière eut à éprouver un tourment continuel. Trompé dans ses affections les plus chères, il se renferma dans l'étude, comme dans un sanctuaire d'oubli du dehors ; mais, presque toujours, cette retraite était envahie par le souvenir, et le souvenir des peines du cœur rend la solitude orageuse et pleine de souffrances. Entouré de quelques personnes sur l'amitié desquelles il pouvait s'appuyer, il se rendait souvent avec elles à sa maison d'Auteuil, et là il se sentait moins malheureux. L'amitié, cette douce rosée des passions, ne vous semble-t-elle pas avoir été donnée à l'homme pour le consoler des déceptions de l'amour ?

Molière travaillait donc sans relâche. Par le travail, les affections s'amoindrissent de moitié. Les passions sont comme les femmes en toilette ; voyez-les à leur lever, et ces formes charmantes et délicates, qui vous avaient fait rêver, ont disparu tout à coup ; alors une pensée de désillusion vous encercle le cerveau, et de la désillusion au scepticisme il n'y a qu'un pas. L'analyse ouvre les yeux aux dépens du cœur. Cependant, chez quelques hommes, le travail, dans les dépréciations de l'analyse, ne produit pas entièrement une désillusion morale. Le cœur, chez eux, est un aimant qui attire à lui, indifféremment et comme son bien propre, tout ce qu'il rencontre de pensées d'espérance, et ces pensées ne peuvent s'en séparer qu'en les en arrachant de force. Ces hommes trouvent toujours un brin d'herbe auquel ils se rattrapent, comme la mouche de la fable ; le doute existe chez eux, mais ce doute donne un charme de plus à leur passion, car, que serait l'affection d'une femme, si cette affection s'écoulait toujours limpide et sans écume, comme le ruisseau de la vallée. L'insouciance désenchante la vie, et, pour que le bonheur soit réellement complet, il faut que la souffrance se soit assise à notre chevet. En effet, si le bonheur existe sur cette terre, il est enfant des contrastes. Molière travaillait donc sans relâche, avec cette aptitude dévorante qui apportait chaque jour plus de soulagement à son cœur, mais plus de mélancolie à son front.

La même année de son mariage, Molière donna *l'École des femmes*. La première représentation fut des plus orageuses : les beaux-esprits poussèrent les hauts cris ; les femmes crièrent à l'indécence, à l'infamie. Toutes ces simagrées ridicules n'empêchèrent pas le parterre de rire de bon cœur.

Un certain Plapisson, qui passait pour un grand philosophe, était sur le théâtre, et, à tous les éclats de rire que le parterre laissait échapper, il haussait les épaules, et, fixant sur ce bon parterre un regard où se peignaient tour à tour le courroux et la pitié, il disait tout haut : *Ris donc, parterre ! ris donc !*

Parmi les détracteurs de *l'École des femmes*, se trouvaient le duc de La Feuillade, le commandeur de Souvré et le comte de Broussin, qui, pour faire sa cour au commandeur, sortit un jour au second acte de la comédie.

On demandait au duc de La Feuillade ce qu'il y trouvait à redire d'essentiel.

« Ah ! parbleu ! ce que j'y trouve à redire est plaisant, s'écria le duc : *tarte à la crème !*

« — Mais, *tarte à la crème* n'est point un défaut, pour le décrier comme vous faites.

« — *Tarte à la crème* est exécrable ! répliqua le courtisan. *Tarte à la crème !* Bon Dieu ! avec du sens commun, peut-on soutenir une pièce où l'on a mis *tarte à la crème ?* »

Cette sortie du duc de La Feuillade fut bientôt connue de tout le monde, et lorsque Molière, quelque temps après, fit représenter la *Critique de l'École des femmes*, le *tarte à la crème* qui avait excité à un si haut degré la persuasive éloquence de notre duc lui fournit la scène la plus comique de cette spirituelle conversation.

On sait que Thomas Corneille se faisait appeler M. de Lille; peut-être est-ce de lui que Molière a voulu parler, lorsqu'il fait dire à Chrysalde :

> Quel abus! de quitter le vrai nom de ses pères,
> Pour en vouloir prendre un bâti sur des chimères!
> De la plupart des gens c'est la démangeaison;
> Et, sans vous embrasser dans la comparaison,
> Je sais un paysan qu'on appelait Gros-Pierre,
> Qui, n'ayant pour tout bien qu'un seul quartier de terre,
> Y fit tout à l'entour faire un fossé bourbeux,
> Et de monsieur de l'Isle en prit le nom pompeux.

Malgré le succès contesté de la première représentation de *l'École des femmes*, cette comédie n'en fournit pas moins une carrière honorable; cependant, dans les premiers temps, les critiques pleines d'amertume qui s'élevaient de toutes parts firent naître chez Molière quelques idées de découragement. Ce fut alors que Despréaux lui adressa les stances suivantes :

STANCES

de Despréaux à Molière sur la comédie de l'ÉCOLE DES FEMMES, *que plusieurs gens frondaient.*

> En vain mille jaloux esprits,
> Molière, osent, avec mépris,
> Censurer ton plus bel ouvrage;
> Sa charmante naïveté

S'en va pour jamais, d'âge en âge,
Divertir la postérité.

Que tu ris agréablement !
Que tu badines savamment !
Celui qui sut vaincre Numance,
Qui mit Carthage sous sa loi,
Jadis, sous le nom de Térence,
Sut-il mieux badiner que toi ?

Ta muse, avec utilité,
Dit plaisamment la vérité ;
Chacun profite à ton école :
Tout en est bien, tout en est bon,
Et ta plus burlesque parole
Est souvent un docte sermon.

Laisse gronder tes envieux :
Ils ont beau crier, en tous lieux,
Qu'en vain tu charmes le vulgaire,
Que tes vers n'ont rien de plaisant.
Si tu savais un peu moins plaire,
Tu ne leur déplairais pas tant.

Enfin, Molière, outré des jugements misérables et hargneux que certains courtisans portaient sur sa pièce, prit le parti de les flétrir à jamais. Il composa alors la *Critique de l'École des femmes*, et, dans cette petite pièce, premier ouvrage de ce genre qu'on trouve au théâtre, il attaqua de front chacun de ses détracteurs, et les couvrit, sans pitié, de ridicule.

On lit dans une vie de Molière, écrite en 1724 :

« Le duc de La Feuillade, outré de se voir traduit sur la scène, dans la *Critique de l'École des femmes*, s'avisa d'une vengeance indigne d'un honnête homme. Un jour qu'il vit passer Molière par un appartement où il était, il l'aborda avec des démonstrations d'un homme qui voulait lui faire caresse. Molière s'étant incliné, il lui prit la tête, et, en lui disant : « *Tarte à la crème, Molière, tarte à la crème,* » il lui frotta le visage contre ses boutons, et lui mit le visage en sang. Le roi, qui vit Molière le même jour, apprit la chose avec indignation, et le marqua au duc, qui apprit, à ses dépens, combien Molière était dans les bonnes grâces de Sa Majesté. Je tiens ce fait d'une personne comtemporaine qui m'a assuré l'avoir vu de ses propres yeux. »

Malgré cette nouvelle victoire, remportée, pour ainsi dire, à la *pointe de l'esprit*, les détracteurs du talent de Molière ne s'avouèrent pas vaincus. Ne pouvant le combattre à armes égales, les moyens les plus lâches furent mis en usage.

Voici un fait avancé par de Visé, au sujet de la *Critique de l'École des femmes*, qui montre jusqu'à quel point les ennemis de Molière poussaient contre lui l'acharnement :

« Nous verrons dans peu, continua Clorante, une pièce de Molière, intitulée : *la Critique de l'École des femmes*, où il dit toutes le fautes que l'on reprend dans sa pièce, et les excuse en même temps.

« — Elle n'est pas de lui, repartit Strabon ; elle est de l'abbé du Buisson, qui est un des plus galants hommes de ce siècle.

« — J'avoue, lui repartit Clorante, que cet illustre abbé en a fait une, et que, l'ayant montrée à l'auteur dont nous parlons, il trouva des raisons pour ne la point jouer, encore qu'il avouât qu'elle fût bonne. Cependant, comme son esprit consiste principalement à se savoir bien servir de l'occasion, et que cette idée lui a plu, il a fait une pièce sur le même sujet, croyant qu'il était seul capable de se donner des louanges. »

Mais de tels moyens ne parvinrent qu'à augmenter la faveur que Molière avait obtenue du public.

Le rôle d'*Agnès*, de *l'École des femmes*, avait été joué par mademoiselle de Brie, et cette actrice l'avait créé avec une très grande supériorité. « Quelques années avant sa retraite, ses camarades l'engagèrent à céder son rôle d'*Agnès* à mademoiselle du Croisy, et cette dernière s'étant présentée pour le jouer, tout le parterre demanda si hautement mademoiselle de Brie, qu'on fut obligé de l'aller chercher chez elle, et on l'obligea de jouer en habit de ville. On peut juger des acclamations qu'elle reçut ; et ainsi elle garda le rôle d'*Agnès*, jusqu'à ce qu'elle quittât le théâtre. Elle le jouait encore à soixante et cinq ans. »

> Il faut qu'elle ait été charmante,
> Puisqu'aujourd'hui, malgré ses ans,
> A peine des attraits naissants
> Égalent sa beauté mourante.

Ces vers furent faits à cette occasion, et cependant Grimarest a osé donner le portrait suivant de cette actrice :

« Molière avait assez de penchant pour le sexe. La de Brie l'amusait quand il ne travaillait pas. Un de ses amis, qui était surpris qu'un homme aussi délicat que Molière eût si mal placé son inclination, voulut le dégoûter de cette comédienne.

« Est-ce la vertu, la beauté ou l'esprit, lui dit-il, qui vous font aimer cette femme-là? Vous savez que la Barre et Florimond sont de ses amis, qu'elle n'est point belle, que c'est un vrai squelette, et qu'elle n'a pas le sens commun.

« — Je sais tout cela, monsieur, lui répondit Molière; mais je suis accoutumé à ses défauts, et il faudrait que je prisse trop sur moi pour m'accommoder aux imperfections d'une autre; je n'en ai ni le temps ni la patience. »

Si ce portrait n'est pas à la louange de mademoiselle de Brie, il n'est certes pas plus flatteur pour Molière; aussi, l'on doit s'estimer heureux de pouvoir s'inscrire en faux contre de pareils témoignages.

Brécourt, dans le rôle d'*Alain*, s'était montré acteur achevé; ce qui fit dire au roi, charmé de son jeu : « Cet homme-là ferait rire des pierres. »

Molière, dans la *Critique de l'École des femmes*, avait donné une leçon de jugement et de savoir-vivre aux beaux-esprits des deux sexes, qui s'étaient ligués contre lui. Les comédiens de l'hôtel de Bourgogne eurent leur part d'étrivières dans *l'Impromptu de Versailles*, représenté la première fois devant le roi, le 14 octobre 1663, et, à Paris, le 4 novembre suivant.

Molière avait supporté longtemps avec patience les incessantes et mesquines tracasseries des envieux et des sots; mais, lassé d'être leur dupe, il prit le parti de les regarder en face, et de leur dire toute sa pensée. *L'Impromptu de Versailles* acheva donc ce que la *Critique de l'École des femmes* avait commencé. Courtisans, comédiens, furent chacun tournés en ridicule, et jamais dette de sarcasmes ne fut payée avec plus d'intérêts.

Boursault avait cru se reconnaître dans le personnage de *Lisi-*

das, de la *Critique de l'École des femmes*. Pour s'en venger, il avait fait jouer, à l'hôtel de Bourgogne, le *Portrait du Peintre*, ou *la Contre-Critique*, pièce dans laquelle il attaquait la vie privée de Molière. Dans *l'Impromptu de Versailles*, Molière s'en vengea par l'ironie la plus sanglante.

« Le beau sujet à divertir la cour, que monsieur Boursault! dit-il. Je voudrais bien savoir de quelle façon on pourrait l'ajuster pour le rendre plaisant, et si, quand on le bernerait sur le théâtre, il serait assez heureux pour faire rire le monde. Ce lui serait trop d'honneur que d'être joué devant une aussi auguste assemblée; il ne demanderait pas mieux; et il m'attaque de gaîté de cœur pour se faire connaître, de quelque façon que ce soit. C'est un homme qui n'a rien à perdre, et les comédiens ne me l'ont déchaîné que pour m'engager à une sotte guerre, et me détourner, par cet artifice, des autres ouvrages que j'ai à faire... Je ne prétends faire aucune réponse à leurs critiques et contre-critiques. Qu'ils disent tous les maux du monde de mes pièces, j'en suis d'accord. Qu'ils s'en saisissent après nous; qu'ils les retournent comme un habit, pour les mettre sur le théâtre, et tâchent à profiter de quelque agrément qu'on y trouve, et d'un peu de bonheur que j'ai, j'y consens; ils en ont besoin, et je serai bien aise de contribuer à les faire subsister, pourvu qu'ils se contentent de ce que je puis leur accorder avec bienséance. La courtoisie doit avoir des bornes, car il y a des choses qui ne font rire ni les spectateurs ni celui dont on parle. Je leur abandonne de bon cœur mes ouvrages, ma figure, mes gestes, mes paroles, mon ton de voix et ma façon de réciter, pour en faire et dire tout ce qu'il leur plaira, s'ils en peuvent tirer quelque avantage. Je ne m'oppose point à toutes ces choses, et je serai ravi que cela puisse réjouir le monde. Mais, en leur abandonnant tout cela, ils me doivent faire la grâce de me laisser le reste, et de ne point toucher des matières de la nature de celles sur lesquelles on m'a dit qu'ils m'attaquaient dans leurs comédies. C'est de quoi je prierai civilement cet honnête monsieur qui se mêle d'écrire pour eux. Et voilà toute la réponse qu'ils auront de moi! »

Il est déplorable de voir le dépit exciter deux hommes de talent jusqu'à l'invective :

« La licence de l'ancienne comédie grecque n'allait pas plus loin, a écrit Voltaire. Il eût été de la bienséance et de l'honnêteté publique de supprimer la satire de Boursault et celle de Molière. Il est honteux que des hommes de génie et de talent s'exposent, par cette petite guerre, à être la risée des sots. »

Le jeu ampoulé et emphatique des comédiens de l'hôtel de Bourgogne eurent aussi leur part de ridicule, dans *l'Impromptu de Versailles*. Floridor fut le seul épargné.

Dans cette petite pièce, Molière a laissé une preuve de la haute estime qu'il avait pour le talent de mademoiselle Duparc. Voici ce passage :

MOLIÈRE, parlant à mademoiselle du Parc.

Pour vous, mademoiselle....

MADEMOISELLE DU PARC.

Mon Dieu! pour moi, je m'acquitterai fort mal de mon personnage, et je ne sais pas pourquoi vous m'avez donné ce rôle de façonnière.

MOLIÈRE.

Mon Dieu! mademoiselle, voilà comme vous disiez lorsque l'on vous donna celui de la *Critique de l'École des femmes*, cependant, vous vous en êtes acquittée à merveille, et tout le monde est demeuré d'accord qu'on ne peut pas mieux faire que vous avez fait. Croyez-moi, celui-ci sera de même, et vous le jouerez mieux que vous ne pensez.

MADEMOISELLE DU PARC.

Comment cela se pourrait-il faire? car il n'y a point de personne au monde moins façonnière que moi.

MOLIÈRE.

Cela est vrai; et c'est en quoi vous faites mieux voir que vous êtes une excellente comédienne, de bien représenter un personnage qui est si contraire à votre humeur.

Molière était donc parvenu, dans l'espace de cinq années, à se créer une position brillante et enviée. Hautement placé dans les lettres, aimé et protégé du roi, tous ses souhaits de gloire se trouvaient comblés. Mais comme, sur cette terre, il ne peut exister de bonheur sans inquiétude et sans secousse, il avait trouvé des épreuves cruelles dans le mariage, ce lien sacré dans lequel il avait réuni toutes ses espérances, toutes ses joies. — Le bonheur est un mot inventé par les hommes, mais qui n'a de signification réelle qu'après que la vie misérable de cette terre s'est évanouie pour la vie espérée du ciel.

Qu'on me permette d'arrêter quelques instants Molière dans sa glorieuse progression. D'autres personnages, moins grands, il est vrai, mais d'une importance incontestable, réclament contre le silence gardé jusqu'à présent sur eux, et exigent quelques lignes d'enregistrement. Il faut donc que je retourne quelque peu sur mes pas. J'espère que le lecteur ne me fera pas l'injure de m'abandonner, pour ces quelques pas en arrière. S'il consent à me suivre, je lui promets mainte chronique et mainte anecdote dont la curiosité le paiera, grandement et au-delà, de l'ennui qu'il aura pu éprouver dans l'interruption subite de la narration. « Il n'y a personne de moins curieux d'apprendre que les gens qui ne savent rien. » Aussi je suis persuadé que le lecteur ne me faussera pas compagnie.

Trois troupes principales se disputaient alors la faveur publique : celles de l'hôtel de Bourgogne, de l'hôtel d'Argent, au Marais, et du Palais-Royal.

La troupe de l'hôtel de Bourgogne, dont j'ai déjà donné l'historique dans l'Étude qui précède, comptait, sur la fin du règne de Louis XIII, et jusqu'en 1634, au nombre de ses comédiens, trois célèbres farceurs, dont la réputation de bouffonnerie s'est conservée intacte jusqu'à nous; trois garçons boulangers du faubourg Saint-Laurent de Paris, tous trois amis, qui s'étaient mis un beau jour en tête de jouer la comédie.

« Ces trois amis, disent les Mémoires, louèrent un petit jeu de paume à la porte Saint-Jacques, ou plutôt près de l'ancien fossé qu'on nomme aujourd'hui l'Estrapade. Ils avaient un théâtre portatif et des toiles de bateau peintes, pour leur servir de décorations. Ils jouaient depuis une heure jusqu'à deux, surtout pour les écoliers, et le jeu recommençait le soir. Le prix du spectacle était de deux sols six deniers.

« Gaultier-Garguille faisait ordinairement le maître d'école, quelquefois le savant, avec un livre de chansons qu'il avait composées et qu'il débitait, et quelquefois le maître de la maison, suivant les sujets de leurs pièces. Gros-Guillaume avait adopté le caractère d'un homme sentencieux, et le prude Turlupin, tantôt valet, tantôt intrigant et filou, jouait avec feu, et les bons mots ne lui manquaient pas. »

Comme je l'ai rapporté plus haut, les noms de Gaultier-Garguille, de Gros-Guillaume et de Turlupin ne sont que des noms d'emprunt.

Gaultier-Garguille, ou autrement dit Hugues Guéru, était Normand, ce qui ne l'empêchait pas, dit Sauval, d'imiter parfaitement l'accent, le geste et les manières d'un Gascon. Il était extrêmement souple, et toutes les parties de son corps lui obéissaient si parfaitement qu'on l'aurait pris pour une vraie marionnette. Il était très maigre, avait les jambes droites, menues, et, avec cela, un très gros visage, qu'il couvrait ordinairement d'un masque orné d'une barbe pointue. On ne pouvait le voir sans rire. Il n'y avait rien dans ses paroles, dans sa démarche et dans son action qui ne fût très comique. Aussi jamais comédien ne fut plus naïf et plus naturel. Turlupin et Gros-Guillaume le secondaient merveilleusement ; mais, lorsqu'il venait à chanter seul, il réunissait tous les suffrages. Sa posture, ses gestes, ses tons, ses accents, tout était si burlesque, que la chanson de Gaultier-Garguille passa en proverbe.

Leur réputation s'éleva à un tel degré que le cardinal de Richelieu voulut les voir, et, charmé de leurs bouffonneries, il fit mander les comédiens de l'hôtel de Bourgogne, et leur dit qu'on sortait toujours triste de la représentation de leurs pièces, et qu'il leur ordonnait de s'associer ces trois acteurs comiques.

Les chansons de Gaultier-Garguille eurent les honneurs de l'impression en 1631, et d'une réimpression en 1658. Gaultier faisait parade dans presque toutes d'une licence impardonnable.

Pour en donner une première idée, je transcris les phrases du privilége du roi :

« Notre cher et bien-aimé Hugues Guéru, dit Fléchelles, l'un de nos comédiens ordinaires, nous à fait remonstrer qu'ayant composé un petit livre intitulé : *les nouvelles Chansons de Gaultier-Garguille*, il le désirerait mettre en lumière et faire imprimer ; mais il craint qu'autres que lui le contrefissent et n'ajoutassent quelques autres chansons plus dissolues que les siennes... »

Voici un échantillon des chansons de Gaultier-Garguille :

Jean, ceste nuict, comme m'a dit ma mère,
Doit m'assaillir, mais je ne le crains guère ;
Si
Ma mère n'en est pas morte,
Je n'en mourray pas aussi.

Je ne suis pas de ces folles badines
Qui font venir à l'ayde leurs voisines ;
Si
Ma mère n'en est pas morte,
Je n'en mourray pas aussi.

Ces chansons eurent alors une très grande vogue. Gaultier se fit aussi le poète des dames, et composa en leur honneur des romances qui prouvent que l'égrillardise n'était pas l'unique qualité de son esprit.

La stance suivante en fait foi :

Gaultier aura l'honneur que les plus belles dames
Emprunteront ses vers pour descrire leurs flames,

> Et le Dieu des neuf sœurs
> Apprendra ses chansons pour donner des oracles ;
> Car leurs charmes et leurs douceurs
> N'ont que trop de pouvoir pour faire des miracles.

« Gros-Guillaume avait le ventre extrêmement gros. Cette incommodité était ce qui servait le plus à rendre sa figure plaisante. Sur le théâtre, il était garrotté de deux ceintures, l'une au-dessous du nombril, et l'autre près des mamelles, ce qui faisait un effet si bizarre, qu'on l'eût pris pour un tonneau dont les ceintures ne ressemblaient pas mal à des cercles. » Il ne portait pas de masque, mais il se couvrait le visage de farine, et si adroitemeut, ajoutent les Mémoires, « qu'en remuant un peu les lèvres, il blanchissait tout d'un coup ceux à qui il parlait. » Il était tourmenté de la pierre, et souvent, sur le théâtre, il lui prenait des crises tellement violentes, qu'il en pleurait de douleur. Cependant la force du mal ne l'empêchait pas de jouer ; il se faisait violence, et, le visage décomposé, la démarche chancelante, il continuait son rôle jusqu'à la fin, au grand contentement des spectateurs.

On lit au bas du portrait de Gros-Guillaume :

> Tel est dans l'hôtel de Bourgogne
> Gros-Guillaume avecque sa trogne,
> Enfariné comme un meunier.
> Son minois et sa rhétorique
> Valent les bons mots de Regnier
> Contre l'humeur mélancolique.

Turlupin passait pour n'avoir pas son pareil dans le bas comique. Il avait élevé la *farce* à un tel degré, que les scènes qu'il débitait reçurent le nom de *turlupinades*.

L'originalité burlesque de leurs costumes mérite d'être rapportée :

Celui de Gaultier-Garguille était ainsi composé : une espèce de bonnet plat et fourré ; point de cravate ni col de chemise ; une camisole qui descendait jusqu'à la moitié des cuisses ; une culotte étroite qui venait se joindre au bas, dessous les genoux ; une ceinture, de laquelle pendait une gibecière et un gros poignard de bois passé dans la même ceinture.

Celui de Gros-Guillaume n'était pas moins remarquable : culotte rayée ; de gros souliers gris, noués d'une touffe de laine ; de plus, enveloppé d'un sac plein de laine, lié au bout de ses cuisses ; pour coiffure, une calle ou barrette ronde, ayant une mentonnière de peau de mouton.

Quant à Turlupin, coiffé d'un chapeau pointu et à bords retroussés, vêtu d'une souquenille et d'un large pantalon, il portait à sa ceinture une batte d'arlequin. Ce costume était imité de celui de Briguelle, comédien italien, alors fort couru, et dont le caractère est resté à notre théâtre. « Leur taille était la même, et leur visage avait aussi beaucoup de rapport. Tous deux jouaient le rôle de Zani, qui est le facétieux de la bande. Ils portaient un masque, et l'on ne voyait pas d'autre différence entre eux que celles qu'on remarque, dans un tableau, entre l'original et une excellente copie. »

Mais, bon Dieu ! à quoi les fortunes humaines sont-elles exposées ? Les trois illustres farceurs furent tout à coup arrêtés au milieu de leur marche triomphante par un évènement des plus tragiques. — L'âme des comédiens s'étiole bien vite au théâtre, par les passions d'emprunt qu'ils représentent chaque soir. La sensibilité, cette qualité essentielle des honnêtes gens, trouve toujours son œil sec et sa bouche ironique. Telle est, du moins, l'opinion généralement répandue. Il ne me sera pas difficile de combattre cette opinion avec garantie de succès : Gros-Guillaume, Gaultier-Garguille et Turlupin, trinité bouffonne et grimaçante, m'offrent leur vie entière pour réponse, et, pour conclusion morale, leur fin superlativement amicale. Auprès de nos trois garçons boulangers-comédiens, Oreste et Pylade étaient des petits garçons en fait d'amitié. La preuve est du domaine de l'histoire. Lisez ce qu'en ont écrit les frères Parfait.

« Gros-Guillaume, disent les frères Parfait, ayant eu la hardiesse de contrefaire un magistrat à qui une certaine grimace était familière, il le contrefit trop bien, car il fut décrété, ainsi que ses deux compagnons. Ceux-ci prirent la fuite ; mais Gros-Guillaume fut arrêté et mis dans un cachot. Le saisissement qu'il en eut lui causa la mort, et la douleur que Gaultier-Garguille et Turlupin en ressentirent les emporta aussi dans la même semaine. Ces trois acteurs avaient toujours joué sans femmes. Ils n'en voulaient point, disaient-ils, parce qu'elles les désuniraient. »

Ils furent tous trois enterrés dans l'église Saint-Sauveur. On leur composa une épitaphe dont je transcris ici les traits principaux :

> Gaultier, Guillaume et Turlupin,
> Qui mettaient tout le monde en liesse,
> Ont tous trois rencontré leur fin
> Avant qu'avoir vu leur vieillesse.

. . . .

Gaultier, Guillaume et Turlupin,
Ignorants en grec et latin,
Brillèrent tous trois sur la scène
Sans recourir au sexe féminin.

. . . .

Mais la mort, en une semaine,
Pour venger son sexe mutin,
Fit à tous trois trouver leur fin.

Après les trois garçons boulangers-comédiens, parurent tour à tour sur la scène de l'hôtel de Bourgogne : Bertrand Haudrin, dit *Guillot-Gorju,* dont j'ai parlé plus haut ; Dulaurier, surnommé *Bruscambille,* qui avait succédé à Gaultier-Garguille ; Julien de l'Épy, dont le nom de théâtre était *Jodelet.* Suivant les écrivains du temps, « il lui suffisait de se présenter sur la scène pour exciter les éclats de rire des spectateurs. » C'est lui qui a joué d'original les rôles de *don Japhet d'Arménie,* de *Jodelet souffleté,* de *Jodelet maître et valet,* comédies de Scarron, ouvrages plus burlesques que comiques.

Tous ces acteurs, à l'exception de Gros-Guillaume, ne paraissaient jamais que le visage couvert d'un masque, et le même costume leur servait pour tous les personnages qu'ils représentaient.

Tels étaient les acteurs qui attiraient la foule à l'hôtel de Bourgogne ; tant il est vrai que le rire n'est pas difficile sur la qualité des provocations. Aussi la grosse gaîté fut-elle de tout temps à l'ordre du jour.

Sur la même scène apparaissent des noms plus noblement illustres : Bellerose, le majestueux interprète du répertoire de

Corneille; Montfleury et Floridor, « la gloire du théâtre, et les grands modèles de tous ceux qui s'y veulent dévouer. Je les ai connus particulièrement l'un et l'autre, ajoute Chapuzeau; ils ont laissé chacun une famille très spirituelle et bien élevée; et comme ils avaient l'air noble et toutes les inclinations très belles, comme ils étaient polis, généreux et d'agréable entretien, toute la cour en faisait grand cas. Floridor était particulièrement connu du roi, qui le voyait de bon œil, et daignait le favoriser en toute rencontre. »

Ce fut en effet à son occasion que Louis XIV rendit une ordonnance qui déclare que la profession de comédien n'est pas incompatible avec la qualité de gentilhomme.

Je citerai encore de Villiers, Hauteroche, Beauchâteau et mademoiselle Beauchâteau, sa femme, ces quatre comédiens, aux dépens desquels Molière s'est amusé dans *l'Impromptu de Versailles*. Quoique loin d'être parfaits, ces acteurs savaient cependant captiver l'attention du public, et, malgré la satire mordante de Molière, n'en possédaient pas moins un talent fort honorable pour le temps d'alors.

A propos de Beauchâteau et de mademoiselle Beauchâteau, je me rappelle avoir lu un trait assez bizarre, qui fait honneur à l'excellence de leur cœur, et qui vient à l'appui de ce que j'ai déjà dit, à savoir, que le comédien comprend aussi bien que quiconque les saints devoirs de la charité.

Un jour, Beauchâteau s'était rendu à Notre-Dame pour entendre la messe. Comme il se disposait à faire ses prières, il vit une femme à demi cachée derrière un pilier de l'église, et toute en pleurs. Il s'approcha de la pauvre désolée, et lui demanda avec compassion ce qui pouvait lui causer tant de chagrin. Celle-ci fit d'abord quelques difficultés de lui répondre ; mais, Beauchâteau ayant insisté, cette femme lui apprit qu'elle était venue à Paris pour le jugement d'un procès. « Ce procès, ajouta-t-elle en redoublant ses sanglots, a duré beaucoup plus de temps que je ne l'avais pu prévoir. Aujourd'hui, je me trouve sans ressource, seule à Paris, et dénuée de tout. » Elle lui avoua alors qu'elle n'osait retourner dans la chambre qu'elle occupait, parce qu'il lui était impossible de payer le terme qu'elle devait. Beauchâteau, touché de ce récit, la conduisit chez sa femme, et lui offrit d'habiter avec eux tant qu'elle le trouverait à son gré. Un pareil procédé engagea cette femme à se faire connaître de plus en plus à ses bienfaiteurs. Elle raconta, entre autres choses, qu'elle avait eu une sœur qui était morte dans un couvent, où elle avait expié, dans l'austérité des jeûnes et dans la solitude de la prière, le malheur de s'être laissée séduire par un président, duquel elle avait eu une fille ; mais que cet enfant avait disparu, sans qu'on eût pu jamais savoir ce qu'il était devenu. A ces paroles, la femme de Beauchâteau se sentit tout émue ; ses yeux se remplirent de larmes, et, cédant aux mouvements de sa tendresse, elle se jeta aux pieds de cette pauvre femme et l'appela sa chère tante. En effet, la demoiselle Beauchâteau était cette fille, le fruit de la séduction du président et de la faiblesse de celle dont on venait de parler.

Les comédiens de l'hôtel d'Argent, au Marais, qui avaient commencé à jouer en 1600, étaient un démembrement de la troupe de l'hôtel de Bourgogne, qui, selon Beauchamps, « jugea à propos de se séparer en deux troupes pour la commodité publique. »

« Ils restèrent séparés jusqu'au 22 novembre 1619, et peut-être plus longtemps ; mais il est sûr, selon La Mare, que ces deux troupes s'étaient réunies à l'hôtel de Bourgogne, faute de spectateurs, avant la représentation de *Mélite* (1625), première pièce de Pierre Corneille, qui eut un si grand succès que les comédiens se séparèrent de nouveau, et rétablirent la troupe du Marais du Temple. »

Mondori fut, plus tard, chef de cette troupe, et jamais direction ne fit plus d'honneur à son chef.

Chapuzeau fixe donc à tort l'époque de l'établissement de la troupe d'Argent en 1620 ; mais, à part cette erreur de date, ce qu'il a écrit sur ces comédiens renferme des faits fort circonstanciés et assez croyables :

« La troupe des comédiens établie au Marais en 1620 a toujours été pourvue de bons acteurs et d'excellentes actrices, à qui les plus célèbres auteurs ont confié la gloire de leurs ouvrages..... Cette troupe n'avait qu'un désavantage, qui était celui du poste qu'elle avait choisi à une extrémité de Paris, et dans un endroit devenu fort incommode. Mais son mérite particulier et la faveur des auteurs qui l'appuyaient, et ses grandes pièces de machines, surmontaient aisément le dégoût que l'éloignement du lieu pouvait donner au bourgeois, surtout en hiver et avant le bel ordre qu'on a apporté pour tenir les rues éclairées jusques à minuit, et nettes partout de boue et de filous. Cette troupe allait quelquefois passer l'été à Rouen ; étant bien aise de donner cette satisfaction à une des premières villes du royaume. De retour à Paris de cette petite course dans le voisinage, à la première affiche, le monde y courait, et elle se voyait visitée comme de coutume.

« Il est arrivé de temps en temps de petites révolutions dans cette troupe, et toujours causées par quelques mécontentements des particuliers, ou par quelques intérêts nouveaux, chacun, dans ce monde, allant à son but et se mettant peu en peine du bien du prochain. D'ailleurs, nous aimons tous naturellement le changement, et la diversité plaît, quoique nous ne trouvions pas en tous lieux mêmes avantages. Il y a eu de bons comédiens qui ont quitté le Marais, où ils étaient estimés, sans nulle nécessité, et de gaîté de cœur, le poste de Paris leur plaisant mieux que la liberté de la campagne. L'homme n'est constant que par fantaisie, et c'est l'être assez que s'imaginer de l'être. »

L'ordonnance de police du 12 novembre 1609 porte que les comédiens des deux théâtres ouvriront leurs portes à une heure, et qu'avec telles personnes qu'il y aura, ils devront commencer à deux heures précises, pour que le spectacle soit fini avant quatre heures et demie; ce règlement était en vigueur depuis la Saint-Martin jusqu'au 15 février.

Il paraît, d'après cette ordonnance, que l'obscurité des rues ne devait pas nuire au concours du peuple, comme pourrait le faire croire la narration de Chapuzeau.

Ces quelques renseignements sur les deux troupes rivales de celles du Palais-Royal font voir combien Molière eut besoin de zèle et de talent pour soutenir une semblable concurrence. — Je n'entrerai pas dans de plus grands détails à cet égard, dans la crainte d'ennuyer outre *promesse* le lecteur. — Pour les gens scrupuleux, le peu d'importance historique de ces mêmes détails me servira d'excuse.

Si l'on consulte tous les auteurs qui ont écrit sur le théâtre français, il est curieux de voir avec quelle sans-façon ils se contredisent. Le fond du fait existe, mais les dates ne s'accordent que bien rarement : aussi n'est-ce seulement qu'à l'installation de la troupe de Molière à l'hôtel du Petit-Bourbon que l'horizon dramatique s'éclaircit et permet de formuler une opinion arrêtée et consciencieuse. On dirait, à examiner les travaux historiques des contemporains mêmes de cette époque, tant ils sont incomplets, qu'ils ont voulu mettre à l'épreuve la perspicacité des siècles futurs, en présentant souvent leur narration sous la forme d'une énigme. Mais qu'est-il arrivé? Au lieu d'intéresser, la lecture de leurs ouvrages a dégoûté le lecteur, et ils n'ont plus trouvé de place que dans le cabinet de l'homme bien désireux d'apprendre. L'étude connaît peu d'obstacles.

Qu'un fait se présente obscur ou sous plusieurs formes, alors l'étude se replie sur elle-même ; elle se plonge dans la réflexion ; elle médite longtemps, et bientôt les ténèbres qui l'enveloppaient de toutes parts se dissipent ; elle peut lire, sinon couramment, du moins d'une manière assez complète pour comprendre et commenter. — Il n'existe pas, que je sache, de jouissance plus heureuse, plus soutenue, plus profonde, que la jouissance apportée par l'étude. Les ébattements du cœur ne sont rien auprès de ceux du cerveau. Si le cœur contient le bonheur dans les sentiments dont il est dépositaire, l'étude renferme de plus la consolation. Prenez deux hommes : l'un qui aura vécu de la vie bruyante du monde, et dans le cœur duquel toutes les passions se seront heurtées ; l'autre qui, presque étranger au monde, et bien jeune encore, se sera fait une vie laborieuse et méditatrice ; examinez, chacun à part, ces deux hommes, et dites-moi après quel est le plus heureux. Chez l'homme du monde, vous trouverez le dégoût et l'ennui, car les passions ne durent pas toujours ; elles s'effacent et elles emportent bien souvent avec elles le peu d'énergie morale qui nous restait encore. Au contraire, chez l'homme d'étude, plus le travail est abondant, plus son cœur trouve en lui de nouvelles forces et de nouvelles consolations.

L'étude est donc un don précieux. Aucune souffrance, aucune épreuve, ne résiste devant un ouvrage bien-aimé ; nos yeux cessent de pleurer, notre cœur cesse de saigner dans la retraite de la science. La vie à des moments de découragement inexplicable ; eh bien ! le travail sans relâche est le meilleur remède contre cette apathie qui nous donne quelquefois de folles pensées. Le cœur s'oublie dans l'étude ; et le cœur n'est-il pas la source de toutes les douleurs morales ?

Une dernière anecdote :

Les comédiens de l'hôtel de Bourgogne s'étaient plaints au cardinal de Richelieu que Gaultier-Garguille, Gros-Guillaume et Turlupin, les trois farceurs de l'Estrapade, attiraient la foule à leurs préjudices ; c'est alors que Richelieu, dont la curiosité avait été excitée par ces récriminations, les fit venir au palais-cardinal pour juger si la réputation populaire dont ils jouissaient n'était pas usurpée. Entre autres farces jouées par nos trois bouffons, ils eurent le privilége de faire rire l'irascible ministre dans une scène fort burlesque. — Gros-Guillaume, habillé en femme, cherche à apaiser la fureur de Turlupin, son mari. Il se tient, tremblant et à deux genoux, devant celui-ci, et verse un torrent de larmes. Turlupin est inflexible ; il refuse de l'écouter, et, un sabre de bois à la main, *fraîchement émoulu*, il le menace de lui trancher la tête.

Dans cette scène, d'une heure entière, Gros-Guillaume lui disait mille choses touchantes, et tentait tous les moyens de l'attendrir, mais vainement.

—Vous êtes une masque! disait Turlupin à sa femme improvisée; je n'ai point de comptes à vous rendre; il faut que je vous tue!

— Eh! mon cher mari, je vous en conjure par cette soupe aux choux que je vous fis manger hier et que vous trouvâtes si bonne.

A ces mots, le mari se rend, et le sabre lui tombe des mains.

— Ah! la carogne! s'écrie-t-il, elle m'a pris par mon faible. La graisse me fige encore sur le cœur.

Cette parade avait été jouée dans une alcôve. Le ministre n'avait pas pu retenir sa gravité : les comédiens de l'hôtel de Bourgogne devaient perdre leur procès, et, à compter de ce jour, la farce associa son masque et sa grimace au cothurne de la tragédie.

Les deux troupes de l'hôtel de Bourgogne et de l'hôtel d'Argent se partagèrent la faveur publique jusqu'à l'installation de Molière à Paris. Depuis cette époque, l'affluence de leurs spectateurs fut bien moins grande; un attrait invincible attirait la foule au théâtre du comédien moraliste. D'abord les acteurs des deux anciens hôtels y firent peu d'attention; mais la réputation de Molière devenant chaque jour plus brillante, et les menaçant de les faire entièrement oublier, ils se liguèrent contre le nouveau théâtre, et rivalisèrent d'émulation et de soins pour reconquérir ce qu'ils avaient perdu dans l'estime du public.

« Lorsqu'une troisième troupe vint se poster au Palais-Royal, raconte Chapuzeau, et qu'elle y eut fait bruit par le mérite extraordinaire d'un homme qui l'a seul entretenue par ses ouvrages, qui exécutait son rôle d'une manière admirable, et qui charmait également la cour et la ville dont il était fort aimé, cela ne put produire qu'un bon effet, que causer une forte émulation aux deux autres troupes qui mirent tout en usage pour soutenir leur ancienne réputation.

« La justice et la bienséance demandaient que ces trois petits états fussent amis, et que chaque particulier n'eût d'autre vue que l'avantage commun du corps où il se trouvait uni; mais la gloire mal ménagée, l'ambition trop forte, et le désir d'acquérir, faisaient que ces trois troupes se regardaient toujours d'un œil d'envie, la prospérité de l'une donnant du chagrin à l'autre; et même qu'entre les particuliers l'intelligence n'était pas des plus étroites. »

Un rivalité bien tranchée existait donc entre les trois troupes; Molière comprit que, pour soutenir toujours au même degré la vogue dont jouissait le théâtre du Palais-Royal, il était nécessaire de faire changer quelquefois à ses acteurs le brodequin de la comédie pour le cothurne tragique. En effet, les comédiens de l'hôtel de Bourgogne avaient alors le privilége presque exclusif de représenter les ouvrages sérieux. Molière voulait exploiter les deux genres; mais que faire? Les auteurs tragiques, et à leur tête le grand Corneille, portaient toutes leurs pièces à l'hôtel de Bourgogne. Il se souvint heureusement qu'un an auparavant, un jeune homme, nommé Racine, lui avait donné à lire une tragédie intitulée *Théagène et Chariclée*; cette pièce était mal ordonnée, mais elle renfermait quelques scènes écrites avec assez de talent, et qui pouvaient faire présager un bel avenir pour le jeune auteur, s'il voulait se livrer à l'étude.

Molière députa donc vers celui-ci un de ses acteurs pour l'engager à venir le voir ; le jeune homme, tout joyeux de cette nouvelle, court chez Molière, qui, après quelques exhortations amicales sur la carrière du théâtre, lui confie le sujet des *Frères ennemis*, en lui faisant promettre de lui en apporter un acte par semaine. (M. Beffara a écrit que ce plan pourrait bien être le même que celui de la *Thébaïde*, pièce que Molière avait fait jouer à Bordeaux, pendant sa première excursion dans la province.)

« Le jeune auteur, dit Grimarest, ardent et de bonne volonté, répondit à l'empressement de Molière ; mais celui-ci remarqua qu'il avait pris presque tout son travail dans la *Thébaïde*, de Rotrou. (Grimarest veut parler ici d'*Antigone* ; Rotrou n'a pas fait de *Thébaïde*.) On lui fit entendre qu'il n'y avait point d'honneur à remplir son travail de celui d'autrui ; que la pièce de Rotrou était assez récente pour être encore dans la mémoire des spectateurs, et qu'avec les heureuses dispositions qu'il avait, il fallait qu'il se fît honneur de son premier ouvrage, pour disposer favorablement le public à en recevoir de meilleurs. Mais, comme le temps pressait, Molière l'aida à changer ce qu'il avait emprunté, et à achever la pièce. »

La Grange-Chancel disait avoir entendu raconter à des amis particuliers de Racine que, pressé par le peu de temps que lui avait donné Molière pour composer cette pièce, il y avait fait entrer, sans presque aucun changement, deux récits entiers tirés de l'*Antigone* de Rotrou, jouée en 1638 : ces morceaux disparurent dans l'impression de *la Thébaïde*, représentée en 1664.

Cette pièce fut accueillie d'une manière également honorable pour l'auteur et pour les comédiens ; la tragédie, dès son premier pas sur le théâtre de Molière, s'était présentée sous les dehors d'une dignité noble et aisée.

Les comédiens de l'hôtel de Bourgogne, depuis cette représentation solennelle, se crurent tout permis pour perdre un rival qui avait eu l'audace d'être applaudi au détriment de leur réputation.

Louis XIV ayant créé, en 1663, des pensions pour un certain nombre d'hommes de lettres, n'oublia pas Molière dans cet acte de munificence.

Quelques mois après, Montfleuri, qui ne pouvait pardonner à Molière de l'avoir joué dans *l'Impromptu de Versailles*, aveuglé par la haine, osa présenter au roi une requête dans laquelle il accusait l'auteur-comédien d'avoir épousé sa propre fille. Montfleuri aurait dû se souvenir que son fils l'avait vengé par une comédie intitulée *l'Impromptu de l'hôtel de Condé*, où il contrefaisait à son tour Molière dans le rôle de César, de *la Mort de Pompée*.

Racine, bien jeune encore, fut témoin de cette intrigue. « Montfleuri, écrit-il à M. Le Vasseur, a fait une requête contre Molière et l'a donnée au roi; il l'accuse d'avoir épousé la fille et d'avoir *vécu* autrefois avec la mère; mais Montfleuri n'est point écouté en cour. » Molière dédaigna de répondre à cette attaque calomnieuse.

La requête dans laquelle Monfleuri accusait Molière d'avoir épousé sa fille avait été présentée vers la fin de 1663, et le 28 février suivant, c'est-à-dire deux mois après, le roi et la duchesse d'Orléans, Henriette d'Angleterre, tinrent le premier enfant de Molière sur les fonts de baptême. Cette haute marque de faveur était la réponse la plus énergique que Louis XIV pût faire au pamphlet scandaleux de Montfleuri.

L'anecdote suivante, empruntée au *Moliérana*, prouve combien Louis XIV avait d'estime et d'amitié pour Molière.

« Quoique comédien, Molière faisait toujours, auprès du roi, son service de valet de chambre. Cette double fonction fut cause de plusieurs aventures que nous allons rapporter. Un jour, s'étant présenté pour faire le lit du roi, un autre valet de chambre, qui devait le faire avec lui, se retira brusquement, en disant qu'il n'avait point de service à partager avec un comédien. Bellocq, homme d'esprit, et qui faisait de jolis vers, s'approcha dans le moment, et dit :

« — Monsieur de Molière, voulez-vous bien que j'aie l'honneur de faire le lit du roi avec vous ? »

« Louis XIV, instruit de l'affront qu'on avait voulu faire à Molière, en parut fort mécontent. »

La spirituelle madame Campan raconte, dans ses Mémoires, une anecdote du même genre, et non moins curieuse, « que son père tenait, dit-elle, d'un vieux médecin ordinaire de Louis XIV, Ce médecin se nommait Lafosse ; c'était un homme d'honneur et incapable d'inventer cette histoire. Il disait donc que Louis XIV, ayant su que les officiers de sa chambre témoignaient par des dédains offensants combien ils étaient blessés de manger à la table du contrôleur de la bouche avec Molière, valet de chambre du roi, parce qu'il jouait la comédie, cet homme célèbre s'abstenait de manger à cette table. Louis XIV, voulant faire cesser des outrages qui ne devaient pas s'adresser à l'un des plus grands génies de son siècle, dit un matin à Molière à l'heure de son petit lever :

« — On dit que vous faites maigre chère ici, Molière, et que les officiers de ma chambre ne vous trouvent pas fait pour manger avec eux; vous avez peut-être faim? moi-même, je m'éveille avec un très bon appétit; mettez-vous à cette table, et qu'on me serve mon *en cas de nuit* (tous les services de prévoyance s'appelaient des *en cas*).

« Alors, le roi coupant sa volaille, et ayant ordonné à Molière de s'asseoir, lui sert une aile, en prend en même temps une pour lui, et ordonne que l'on introduise les entrées familières, qui se composaient des personnes les plus marquantes et les plus favorisées de la cour.

«—Vous me voyez, leur dit le roi, occupé à faire manger Molière, que mes valets de chambre ne trouvent pas assez bonne compagnie pour eux. » Dès ce moment, Molière n'eut plus besoin de se présenter à cette table de service; toute la cour s'empressa de lui faire des invitations. »

« Cette anecdote, a écrit monsieur Barrière, éditeur des Mémoires de madame Campan, est peut-être une de celles qui honorent le plus le caractère et la vie de Louis XIV. On est touché de voir ce roi superbe, accueillant, dans le comédien Molière, l'immortel auteur du *Misanthrope* et du *Tartufe*. Voilà par quel trait un prince qui a de la grandeur sait venger le génie de la sottise, et le récompense de ses travaux. »

On se rappelle les fêtes magnifiques que Louis XIV, dans son palais de Versailles, donna à la reine sa mère et à Marie-Thérèse, son épouse; ces fêtes étaient désignées sous le nom de *Plaisirs de l'île enchantée*. En effet, les jardins de Versailles présentaient l'aspect le plus merveilleux que l'imagination eût pu demander dans l'exigence de ses plus beaux rêves. Ces longues allées interrompues de larges pièces d'eau, ces bosquets entremêlés de cascades, ces groupes de statues soudainement placés à l'entrée des carrefours de verdure, tout cela éblouissait comme un conte fantastique des *Mille et une Nuits*.

« Ces fêtes offrirent, pendant sept jours, tout ce que la magnificence et le bon goût du prince, le génie et les talents de ceux qui le servaient, pouvaient enfanter de plus merveilleux et de plus varié.

« L'Italien Vigarani, un des plus ingénieux décorateurs et des plus surprenants machinistes de son temps ; le célèbre Lully, qui annonça, dans cette fête, les charmes de la mélodie ; le président de Périgny, chargé des vers consacrés aux éloges des reines ; Benserade, si connu par son talent de lier la louange du personnage dramatique avec celle de l'acteur ; Molière, enfin, qui fit les honneurs de la seconde journée par sa *Princesse d'Élide*, et ceux de la sixième, par un essai des trois premiers actes du *Tartufe* : tout cela rendit cette fête une des plus éclatantes de l'Europe. Louis XIV n'avait donné à Molière que très peu de temps pour le spectacle qu'il lui demandait : aussi ce poète eut-il recours aux ouvrages d'un autre pour y puiser une idée ; et c'est d'Augustin Moreto, auteur espagnol, qu'il emprunta la fable de la *Princesse d'Élide* ; ce fut même de sa part une galanterie assez fine de présenter à deux reines, espagnoles de naissance, l'imitation d'un des meilleurs ouvrages du théâtre de leur nation. »

Pressé par le temps, Molière ne put écrire en vers que le premier acte et la première scène du second ; ce qui faisait dire à Marigny, le fameux chansonnier de la Fronde, « qu'il semblait que la comédie n'avait eu le temps que de prendre un de ses brodequins, et qu'elle était venue donner des marques de son obéissance, un pied chaussé et l'autre nu. »

Le fameux comte de Grammont, dont le comte Hamilton a écrit les mémoires, a fourni à Molière l'idée du *Mariage forcé*. Pendant son séjour à la cour d'Angleterre, le comte de Grammont avait aimé mademoiselle Hamilton : leurs amours avaient été connus de tout le monde; malgré cela de Grammont, sans doute désenamouré, avait pris sans rien dire la route de France; mais les deux frères de la demoiselle ayant appris à temps ce départ furtif, le joignirent à Douvres, dans le dessein de lui en demander raison : du plus loin qu'ils l'aperçurent, ils lui crièrent :

— Comte de Grammont, comte de Grammont, n'avez-vous rien oublié à Londres?

— Pardonnez-moi, répondit le comte qui devinait leur intention; j'ai oublié d'épouser votre sœur, et j'y retourne avec vous, pour finir cette affaire.

Le Mariage forcé fut représenté pour la première fois au Louvre, le 24 janvier 1664, et au théâtre du Palais-Royal, le 15 décembre de la même année; cette comédie fut accompagnée au Louvre d'un ballet du même titre, dans lequel les plus grands seigneurs figurèrent, ainsi que Louis XIV, qui y dansa dans un rôle d'Égyptien.

Le 15 février 1665, parut *le Festin de Pierre;* cette pièce, par l'étrangeté de son sujet et de sa composition, fut en butte à de plates et pitoyables critiques. Un sieur de Rochemont publia à ce propos une brochure qui portait le titre d'*Observations sur le Festin de Pierre.* On y lit que Molière est vraiment diabolique, que diabolique est son cerveau, et que c'est un diable incarné. L'auteur finit en menaçant du déluge, de la peste et de la famine, si la sagesse de Louis XIV ne met un frein à l'impiété de Molière.

Tirto de Molina, auteur espagnol, est le premier qui a traité ce sujet, sous le titre de *El Combibado de Piedra*.

De Villers, comédien de l'hôtel de Bourgogne, a fait une comédie sur le même sujet, en 1659. Les Italiens la représentèrent aussi à leur manière ; Dorimond l'écrivit en vers en 1661, sous le titre du *Fils criminel*. Ce Dorimond, auteur et acteur, avait une femme qui se mêlait de faire des vers, et qui, par allusion à ce *Fils criminel*, lui adressa le huitain suivant :

> Encore que je sois ta femme,
> Et que tu me doives ta foi,
> Je ne te donne point le blâme
> D'avoir fait cet enfant sans moi.
> Toutefois ne me crois pas buse,
> Je connais le sacré vallon ;
> Et si tu vas trop voir ta Muse,
> J'irai caresser Apollon.

Rosimond fit une comédie d'après le même plan pour la troupe du Marais, où il jouait les rôles de second ordre. Enfin, Thomas Corneille, dans le courant de 1677, a traduit en vers la pièce de Molière, après y avoir fait quelques changements et supprimé la scène du pauvre qui demande l'aumône à don Juan ; c'est sous cette nouvelle forme qu'on la joue encore au Théâtre-Français.

Thomas Corneille dit qu'en travaillant à cette pièce, il ne fit que céder aux instances de quelques personnes qui avaient tout pouvoir sur lui. Le genre d'instances employées pour décider Thomas Corneille à se livrer à ce travail se trouve consigné dans une certaine quittance signée de mademoiselle Molière, conçue en ces termes :

« Je soussignée, confesse avoir reçu de la troupe, en deux paiements, la somme de deux mille deux cents livres, tant pour moi que pour M. Corneille ; de laquelle somme je suis créancière avec ladite troupe, et elle est demeurée d'accord sur l'achat de la pièce du *Festin de Pierre* qui m'appartenait, et que j'ai fait mettre en vers par ledit Corneille. »

« C'est une question souvent agitée dans les conversations : savoir si Molière a maltraité les médecins par humeur ou par ressentiment. Voici la solution de ce problème : il logeait chez un médecin dont la femme, qui était extrêmement avare, dit plusieurs fois à la Molière qu'elle voulait augmenter le loyer de la portion de la maison qu'elle occupait ; celle-ci, qui croyait encore trop honorer la femme du médecin de loger chez elle, ne daigna seulement pas l'écouter, de sorte que son appartement fut loué à la du Parc, et on donna congé à Molière. C'en fut assez pour former de la dissension entre ces trois femmes. La du Parc, pour se mettre bien avec sa nouvelle hôtesse, lui donna un billet de comédie : celle-ci s'en servit avec joie, parce qu'il ne lui en coûtait rien pour voir le spectacle ; elle n'y fut pas plus tôt que la Molière envoya deux gardes pour la faire sortir de l'amphithéâtre, et se donna le plaisir d'aller lui dire elle-même que, puisqu'elle la chassait de sa maison, elle pouvait bien à son tour la faire sortir d'un lieu où elle était la maîtresse. La femme du médecin, plus avare que susceptible de honte, aima mieux se retirer que de payer sa place.

Un traitement si offensant causa de la rumeur : les maris prirent parti trop vivement, de sorte que Molière, qui était très facile à entraîner par les personnes qui le touchaient, irrité contre le médecin, pour se venger de lui, fit en cinq jours de temps la comédie l'*Amour médecin*, dont il fit un divertissement pour le roi, le 15 septembre 1665, et qu'il représenta à Paris le 22 du même mois. Cette pièce ne relevait pas le mérite de son auteur; Molière le sentit lui-même, puisqu'en la faisant imprimer, il prévient son lecteur sur le peu de temps qu'il avait employé à la faire, et sur le peu de plaisir qu'elle peut faire à la lecture.

« Depuis ce temps-là, Molière n'a pas épargné les médecins dans toutes les occasions qu'il a pu amener, bonnes ou mauvaises. »

Cette anecdote peut être vraie; mais la conséquence qu'en tire Grimarest est absurde. Suivant lui, Molière n'aurait exercé sa verve comique contre *Messieurs de la faculté* que pour se venger d'un seul; et pourquoi? Parce que la femme du médecin, son propriétaire, aurait voulu tirer une somme plus forte de l'appartement qu'il occupait. N'est-il pas plus naturel de croire que Molière, en attaquant si vertement le *docte corps*, ait eu l'unique but de découvrir le charlatanisme et l'ignorance de quelques médecins de cette époque.

Je trouve, dans les *Anecdotes dramatiques*, les remarques suivantes sur l'*Amour médecin*; elles viennent à l'appui de mon opinion, et elles renferment quelques noms propres qui permettront au lecteur d'en apprécier toute la probabilité.

« Pour rendre ses plaisanteries plus agréables, dans le jeu de cette pièce, qui fut d'abord représentée devant le roi, l'auteur y joua les premiers médecins de la cour, avec des masques qui ressemblaient aux personnages qu'il avait en vue. Ces médecins étaient MM. de Fouguerais, Esprit, Guenaut et d'Aquin. Comme Molière voulait déguiser leurs noms, il pria son ami Boileau de leur en faire de convenables. Boileau en composa en effet qui étaient tirés du grec, et qui désignaient le caractère de chacun de ces messieurs. Il donna à M. de Fouguerais le nom de *Desfonandrès*, qui signifie *tueur d'hommes;* à M. Esprit, qui bredouillait, celui de *Bahis*, qui signifie *jappant, aboyant.* *Macraton* fut le nom qu'il donna à M. Guenaut, parce qu'il parlait lentement; et enfin celui de *Tomès*, qui signifie un *saigneur*, à M. d'Aquin, qui ordonnait souvent la saignée. »

Après cette lecture, tout commentaire ne pourrait être qu'un inutile verbiage.

Molière définissait un médecin :

« Un homme que l'on paie pour conter des fariboles dans la chambre d'un malade, jusqu'à ce que la nature l'ait guéri ou que les remèdes l'aient tué. »

M. de Mauvilain étant à Versailles, au dîner du roi, sa majesté dit à Molière :

« — Voilà donc votre médecin? que vous fait-il?

« — Sire, répondit Molière, nous raisonnons ensemble. Il m'ordonne des remèdes, je ne les fais point, et je guéris. »

Ce fut pour M. de Mauvilain que Molière fit le troisième placet qui se trouve en tête du *Tartufe*. Il y supplie d'une façon fort comique Louis XIV de lui accorder un canonicat de la chapelle royale de Versailles pour le fils de ce médecin.

Le théâtre du Palais-Royal avait besoin de quelques acteurs

pour la tragédie que Molière y avait introduite ; en effet, la troupe était plus capable d'exciter le rire que les émotions de larmes ou de la terreur. Molière ne se dissimulait pas que ces nouveaux engagements étaient de première nécessité : aussi recherchait-il tous les moyens d'augmenter le personnel de sa troupe ; une occasion qui se présenta bientôt vint combler tous ses désirs.

Grimarest se montre dans la narration anecdotique d'une simplicité inimitable : aussi, toutes les fois que le cas se présente, est-ce avec plaisir que je le cite.

« Un organiste de Troyes, nommé Raisin, fortement occupé du désir de gagner de l'argent, fit faire une épinette à trois claviers, longue à peu près de trois pieds, et large de deux et demi, avec un corps dont la capacité était le double plus grande que celle des épinettes ordinaires. Raisin avait quatre enfants, tous jolis, deux garçons et deux filles ; il leur avait appris à jouer de l'épinette : quand il eut perfectionné son idée, il quitte son orgue et vient à Paris avec sa femme, ses enfants, et l'épinette ; il obtint une permission de faire voir, à la foire Saint-Germain, le petit spectacle qu'il avait préparé. Son affiche, qui promettait un prodige de mécanique et d'obéissance dans une épinette, lui attira du monde les premières fois suffisamment pour que tout le public fût averti que jamais on n'avait vu une chose aussi étonnante que l'épinette du Troyen. On va la voir en foule ; tout le monde l'admire ; tout le monde en est surpris, et peu de personnes pouvaient deviner l'artifice de cet instrument. D'abord le petit Raisin l'aîné, et sa petite sœur Babet, se mettaient chacun à son clavier, et jouaient ensemble une pièce, que le troisième clavier répétait seul d'un bout à l'autre, les deux enfants ayant les bras levés ; ensuite le père les faisait retirer, et, prenant une clef avec laquelle il montait cet instrument, par le moyen d'une roue qui faisait un vacarme terrible dans le corps de la machine, comme s'il y avait eu une multiplicité de roues possible et nécessaire pour exécuter ce qu'il lui fallait jouer. Il la changeait même souvent de place pour ôter tout soupçon.

« Hé ! épinette, disait-il à cet instrument, quand tout était préparé, jouez-moi telle courante. »

« Aussitôt l'obéissante épinette jouait cette pièce entière. Quelquefois Raisin l'interrompait, en lui disant : « Arrêtez-vous, épinette. » S'il lui disait de poursuivre la pièce, elle la poursuivait ; d'en jouer une autre, elle la jouait ; de se taire, elle se taisait.

«Tout Paris était occupé de ce petit prodige ; les esprits faibles croyaient Raisin sorcier, les plus présomptueux ne pouvaient le deviner. Cependant la foire valut plus de vingt mille livres à Raisin. Le bruit de cette épinette alla jusqu'au roi ; sa majesté voulut la voir, et en admira l'invention : elle la fit passer dans l'appartement de la reine pour lui donner un spectacle nouveau ; mais sa majesté en fut tout d'un coup effrayée ; de sorte que le roi ordonna, sur-le-champ, que l'on ouvrît le corps de l'épinette, d'où l'on vit sortir un petit enfant de cinq ans, qui fut, dans le moment, caressé de toute la cour. Il était temps que le pauvre enfant sortît de sa prison, où il était si mal à l'aise, depuis cinq ou six heures, que l'épinette en avait contracté une mauvaise odeur.

« Quoique le secret de Raisin fût découvert, il ne laissa pas de former le dessein de tirer encore parti de son épinette à la foire suivante. Dans le temps il fait afficher, et il annonce le même spectacle que l'année précédente; mais il promet de découvrir son secret, et d'accompagner son épinette d'un petit divertissement.

« Cette foire fut aussi heureuse que la première pour Raisin. Il commençait son spectacle par sa machine; ensuite de quoi les trois enfants dansaient une sarabande; ce qui était suivi d'une comédie que ces trois petites personnes, et quelques autres dont Raisin avait formé une troupe, représentaient tant bien que mal. Ils avaient deux petites pièces qu'ils faisaient rouler, *Tricassin rival*, et *l'Andouille de Troyes*. Cette troupe prit le nom de *Comédiens de M. le Dauphin*, et elle se donna en spectacle avec succès pendant du temps. »

Tandis que cette nouvelle troupe obtenait à Paris quelques succès par la nouveauté de son spectacle, il se passait à Villejuif un petit drame d'intérieur, dont le dénoûment, tout déplorable qu'il fût pour le principal personnage, devait pourtant avoir un résultat heureux. Un orphelin était dépouillé par un oncle et une tante, ses tuteurs, aidés des conseils d'un certain Margane, avocat, dont le plus grand mérite consistait à faire de méchants vers. Cet orphelin s'appelait Baron. Ayant perdu ses parents de bonne heure, il avait été confié à la garde de cet oncle et de cette tante qui ne s'étaient chargés de l'élever que dans le but de dilapider le peu de fortune dont il avait hérité. Le père et la mère du jeune Baron, anciens marchands à Issoudun, avaient abandonné leur négoce pour se faire tous deux acteurs, et tous deux ils fournirent une carrière assez brillante dans le théâtre.

« La mère de Baron était une si belle femme que, lorsqu'elle se présentait pour paraître à la toilette de la reine-mère, Sa Majesté disait aux dames qui étaient présentes : « Mesdames, voici la Baron; » et elles prenaient la fuite. Le père de Baron mourut d'un accident très singulier : il faisait le rôle de *don Diègue* dans le *Cid*, son épée lui était tombée des mains, comme la circonstance l'exige dans la scène qu'il avait faite avec le *comte de Gormas*, et en la repoussant du pied avec indignation, il en trouva malheureusement la pointe, dont il eut le petit doigt piqué. On traita, le soir, cette blessure comme une bagatelle; mais quand il vit, deux jours après, que la grangrène faisait tout apprêter pour lui couper la jambe, il ne le voulut pas souffrir :

« Non, non, dit-il; un roi de théâtre, comme moi, se ferait huer avec une jambe de bois.

« Il aima mieux attendre doucement la mort, qui l'emporta le lendemain. »

Quant à la mère de Baron, elle mourut d'une manière non moins extraordinaire. Elle avait pour amant un officier qui était criblé de dettes; depuis plusieurs mois, il existait de la brouille entre eux; notre galant, sur le point de rejoindre son régiment, et peut-être dans l'intention de satisfaire quelques créanciers récalcitrants, se rendit au théâtre où se trouvait la Baron et parvint, à force de belles protestations, à se réconcilier avec elle. La pauvre femme, qui avait le cœur tendre, crut sur parole l'ingrat repentant; ce dernier lui ayant demandé la clef de son appartement pour aller l'attendre chez elle jusqu'à la fin du spectacle, la Baron la lui donna sans défiance : mais quelle ne fut pas son étonnement lorsqu'en rentrant chez elle, elle s'aperçut que ses bijoux et ses meubles de prix étaient disparus. L'émotion qu'elle en ressentit fut tellement forte, qu'elle en mourut quelques jours après.

Le jeune orphelin, livré à la cupidité de parents intéressés, fut soumis bientôt à un genre de vie qui était loin de lui convenir; l'oncle, homme illettré s'il en fût, n'avait qu'une seule ambition au cœur, celle de se défaire le plus tôt possible de son petit neveu. La tante, qui pouvait être rangée, sans blasphème pour le beau sexe, dans la famille des chats, tantôt caressante et mielleuse, tantôt criarde et méchante, selon que son intérêt l'exigeait, ne le cédait en rien à son digne époux en fait de rapacité. Le jeune Baron se trouvait en butte au flux et au reflux de sa mauvaise humeur; enfin oncle et tante avaient juste assez de bonté dans le caractère pour n'être pas envoyés à tous les diables.

Chaque jour, notre petit bonhomme se voyait exposé aux réprimandes continuelles et aux mauvais traitements de ses tuteurs; sa position n'aurait pas été longtemps tenable, s'il n'avait eu seulement que le faible héritage paternel; mais il aimait de passion la lecture, et surtout celle des livres qui traitaient du théâtre; toutes les fois qu'il pouvait surprendre la surveillance de ses tuteurs, il se plongeait avec délice dans sa lecture, et il oubliait bientôt oncle et tante, ces deux croquemitaines de son esprit.

Son oncle, le voyant un jour très attentif à une lecture, s'approcha de lui, et saisissant brusquement le livre qu'il tenait à la main :

« — Quel est ce livre? le *Cid!* cela fait pitié, vraiment! Et qu'en faites-vous?

« — Je lis... ces vers sont si beaux!

« — Taisez-vous, petit sot... son éminence monseigneur de Richelieu n'a-t-il pas fait décider par l'Académie que cet ouvrage ne valait rien! Vous lisez! vous déclamez! car je vous ai fort bien entendu... Dites-moi à quoi cela vous servira?

« — En ce moment, je l'ignore, répondit le jeune Baron, atterré par la présence et l'accent grondeur de son oncle; mais peut-être que, par la suite, cela ne me sera pas tout à fait inutile.

« — Vous êtes un fou, répliqua l'ancien archer du cardinal-ministre, et vous ne ferez jamais rien. »

« Puis il se retira en haussant les épaules, et le jeune Baron continua sa lecture et ses exercices de déclamation. Il était alors dans sa dixième année. »

L'avocat Margane venait se joindre à l'oncle et à la tante pour torturer le pauvre enfant; grand donneur de conseils, l'avocat-poète « demanda un jour à l'oncle et à la tante de Baron ce qu'ils voulaient faire de leur pupille.

« — Nous ne le savons point, dirent-ils; son inclination ne paraît pas encore, cependant il récite continuellement des vers.

« — He bien! répondit l'avocat, que ne le mettez-vous dans cette petite troupe de monsieur le Dauphin, qui a tant de succès?

« Ces parents saisirent ce conseil, plus par envie de se défaire de l'enfant, pour dissiper plus aisément le reste de son bien, que dans la vue de faire valoir le talent qu'il avait apporté en naissant. Ils l'engagèrent donc pour cinq ans dans la troupe de la Raisin (car son mari était mort alors). »

La première fois que le petit Baron parut sur le théâtre de la Raisin, à la foire Saint-Germain, il se présenta avec tant d'aisance, il joua avec une verve si aimable que, de tous les côtés de la salle, s'élevèrent d'unanimes applaudissements. Doué d'une figure charmante, d'une taille aisée et bien prise, d'un son de voix doux et persuasif, il éclipsa en quelques jours le succès de la fameuse épinette. La Raisin, au comble de la joie, choyait son nouvel acteur, et le jeune Baron, peu habitué à être fêté, se trouvait le plus heureux enfant du monde. Tout allait pour le mieux : la Raisin avait gagné, pendant la durée de cette foire, vingt mille écus. De Paris, où la fortune lui avait prodigué ses plus belles faveurs, la Raisin partit pour Rouen dans le dessein d'exploiter cette ville; mais, par malheur, un gentilhomme de la maison du prince Monaco, nommé Olivier, qui l'aimait à la fureur, s'avisa de la suivre; et la Raisin, femme faible, au lieu de s'occuper de sa troupe, mangea en tête-à-tête amoureux la vendange parisienne; bientôt après, réduite au plus grand dénûment, elle prit le parti de revenir à Paris, « avec ses petits comédiens et son Olivier, » dit Grimarest.

Voilà donc la Raisin de retour à Paris, sa troupe pourvue d'une bonne cargaison de pièces à sa taille; sans aucun doute, les bons bourgeois mettent déjà de côté quelques menues monnaies pour aller les applaudir; tout est prêt, les rôles sont distribués et sus depuis longtemps, on peut poser les affiches et allumer les chandelles. Mais une seule chose manque à la Raisin, sans crédit et sans espèces sonnantes; la moindre des choses, en vérité : — une salle de spectacle! Dans cette perplexité, la Raisin, après bien des projets sans résultat, alla trouver Molière et lui demanda avec instances de lui prêter son théâtre pour trois jours seulement; « ce temps, lui dit-elle, me suffira pour mettre ma troupe en état. » Molière y consentit.

La Raisin ne s'était pas trompée : ces trois représentations lui mirent beaucoup d'argent en caisse. Le public était accouru de nouveau pour voir le petit Baron. Les acteurs du théâtre du Marais et de l'hôtel de Bourgogne, désirant savoir jusqu'à quel point l'enfant-comédien méritait l'admiration engouée qu'il excitait, s'étaient rendus au théâtre de la Raisin, et l'enthousiasme général avait été bientôt partagé par eux.

Séduit par toutes les louanges qu'il entendait prodiguer au petit Baron, Molière se fit porter, tout malade qu'il était, au Palais-Royal; il suivit avec recueillement, et avec un plaisir mêlé de surprise, toutes les nuances déliées du jeune comédien; et après le spectacle il l'emmena souper chez lui. De ce moment, Molière traita Baron comme son fils.

Comme il était en très mauvais état, Molière envoya chercher son tailleur pour le faire habiller; il recommanda au tailleur de ne rien épargner pour la confection d'un habillement complet et de le lui apporter dès le lendemain matin. Le tailleur fut exact. Baron, qui avait couché chez Molière, fut tout étonné et tout joyeux de se voir si bien ajusté. Le tailleur lui dit qu'il devait descendre dans l'appartement de Molière pour le remercier.

— C'est bien mon intention, répondit le petit homme, qui ne se lassait pas d'admirer ses beaux habits neufs, mais je ne crois pas qu'il soit encore levé.

Le tailleur l'ayant assuré du contraire, il descendit et fit un compliment de reconnaissance à Molière, qui en fut très satisfait, et qui ne se contenta pas de l'avoir si bien métamorphosé, mais lui donna encore six louis d'or, avec ordre de les dépenser à ses plaisirs. Tout cela était un rêve pour un enfant de douze ans, qui avait été si longtemps entre les mains de gens durs et dont l'égoïsme outré avait été pour lui un tourment continuel.

Molière s'applaudit d'être en état de faire du bien à un jeune homme qui paraissait avoir toutes les qualités nécessaires pour profiter du soin qu'il voulait prendre de lui. Il avait deviné, dans le jeu plein de hardiesse et de nature de l'enfant, la haute réputation qui devait plus tard le placer au premier rang des comédiens achevés.

Molière lui demanda de lui dire ce qu'il désirait sincèrement, ce qu'il souhaitait le plus alors.

— D'être avec vous le reste de mes jours, lui répondit Baron, pour vous marquer ma vive reconnaissance de toutes les bontés que vous avez pour moi.

— Eh bien! lui dit Molière, c'est une chose faite; le roi vient de m'accorder un ordre pour vous retirer de la troupe où vous êtes.

Molière, qui s'était levé dès quatre heures du matin, avait été à Saint-Germain supplier sa majesté de lui accorder cette grâce, et l'ordre lui avait été expédié sur-le-champ.

Aussitôt que la Raisin apprit son malheur, elle courut toute furieuse chez Molière, pénétra jusque dans sa chambre, deux pistolets à la main, et lui dit que, s'il ne lui rendait pas son acteur, elle allait lui casser la tête. Molière, sans s'émouvoir de ces menaces, appela son domestique et lui dit, avec beaucoup de sang-froid, de reconduire cette femme. La contenance assurée de Molière la fit passer subitement de la colère la plus violente à la douleur et aux supplications. Les pistolets lui tombèrent des mains. Elle se jeta aux pieds de Molière, et le conjura, les larmes aux yeux, de satisfaire à sa demande, lui exposant la misère où elle allait être réduite, s'il retenait le jeune Baron.

— Comment voulez-vous que je fasse? lui dit-il; le roi veut que je le retire de votre troupe : voilà son ordre.

La Raisin, voyant qu'il n'y avait plus d'espérance, pria Molière de lui accorder du moins que le petit Baron jouât encore trois jours dans sa troupe.

— Non-seulement trois, répondit Molière, mais huit ; à condition, toutefois, qu'il n'ira point chez vous, et que je le ferai accompagner par un homme qui le ramènera dès que la pièce sera finie.

Molière, en agissant ainsi, voulait ôter à la Raisin les moyens de monter la tête à son préjudice à cet enfant qu'il regardait déjà comme son élève ; il savait combien elle était rusée et audacieuse, et il craignait avec raison que les beaux projets d'avenir qu'il avait formés n'échouassent contre la rouerie de cette femme : aussi, les huit jours écoulés, Molière prit possession définitive du jeune Baron, malgré les supplications et les larmes de la Raisin, qui, n'osant lutter contre un ordre du roi, se dédommagea en exerçant sa bile contre lui.

Comme nature tourmentée et méditative, la vie de Molière est un des plus beaux types qu'on puisse rencontrer ; d'un caractère bouillant et irascible, toutes les passions aiguës trouvèrent un écho dans son cœur ; la souffrance fut assidue auprès de lui ; elle le suivait partout, heurtant toutes ses affections. Il se roidissait quelquefois contre elle ; il arrêtait un instant, sous le poids d'une volonté ferme, les battements de ses passions ; mais cette force toute nerveuse s'évanouissait bientôt, et alors Molière, épuisé, le cœur malade, la tête brûlante, se laissait aller à cette funeste mélancolie qui apporte toujours, remorqués à sa suite, pour les âmes vigoureuses, le découragement et le doute ; pour les âmes faibles, l'irréligion et le suicide.

Dans les tourments d'un intérieur orageux, Molière écrivait

ses plus belles pages sous l'inspiration du moment; chaque sentiment qu'il dépeignait était là, devant lui, posant avec toutes ses difformités; les passions, pour être bien dépeintes, exigent de l'analyste un cœur ulcéré; l'homme dont la vie n'a été que joies et espérances n'en peut saisir toutes les nuances: la souffrance éprouvée est l'ombre de la narration morale.

Molière se rattachait à la moindre idée consolante; il avait pour domestique une vieille femme nommée Laforest, qui lui avait voué un attachement sérieux; d'une nature impressionnable et bonne, Laforest possédait un de ces gros bons sens si communs aux classes populaires. Molière se renfermait quelquefois avec elle, et lui lisait les pièces qu'il avait composées dans le but d'exciter la bonne humeur publique; Laforest écoutait son maître avec une attention approbative, qu'elle interrompait souvent par une explosion de rires inextinguibles.

Boileau, dans sa correspondance, a immortalisé la bonne Laforest.

« On dit que Malherbe consultait sur ses vers jusqu'à l'oreille de sa servante, et je me souviens que Molière m'a montré aussi plusieurs fois une vieille servante qu'il avait chez lui, et à qui il lisait, disait-il, quelquefois ses comédies; et il m'assurait que, lorsque des endroits de plaisanterie ne l'avaient pas frappée, il les corrigeait, parce qu'il avait plusieurs fois éprouvé, sur son théâtre, que ces endroits ne réussissaient point. »

« Un jour, Molière, pour éprouver le goût de cette servante, lui lut quelques scènes d'une pièce de Brécourt. Laforest ne prit pas le change, et, après avoir ouï quelques mots, elle soutint que son maître n'avait pas fait cet ouvrage. »

Dévouée, prévenante, la bonne femme se pliait à toutes les

exigences de son service avec une soumission aveugle. Jamais elle n'opposait le moindre mouvement d'impatience aux paroles brusques que quelquefois Molière lui adressait. Toujours calme et inoffensive, elle l'écoutait sans mot dire, mais non sans émotion, qu'une larme silencieuse venait souvent trahir.

Il n'était pas exempt de ces petitesses qui sont le lot habituel de notre pauvre espèce humaine. Le trait suivant le prouve.

Molière avait un domestique nommé Provençal, garçon assez épais, espèce de valet de chambre, et dont la principale occupation était de l'habiller. » Un matin qu'il le chaussait, à Chambord, a écrit Grimarest, il mit un de ses bas à l'envers.

« — Provençal, dit gravement Molière, ce bas est à l'envers. »

« Aussitôt, le valet le prend par le haut, et, en dépouillant la jambe de son maître, met ce bas à l'endroit ; mais comptant ce changement pour rien, il enfonce son bras dedans, le retourne pour chercher l'endroit, et, l'envers revenu dessus, il rechausse Molière.

« — Provençal, lui dit-il encore froidement, ce bas est à l'envers. »

« Le stupide domestique, qui le vit avec surprise, reprend le bas et fait le même exercice que la première fois, et, s'imaginant avoir réparé son peu d'intelligence et avoir donné sûrement à ce bas le sens où il devait être, il chausse son maître avec confiance; mais ce maudit envers se trouvant toujours dessus, la patience échappa à Molière.

« — Oh! parbleu! c'en est trop, dit-il en lui donnant un coup de pied qui le fit tomber à la renverse; ce maraud-là me chaussera éternellement à l'envers. Ce ne sera jamais qu'un sot, quelque métier qu'il fasse.

« — Vous êtes philosophe! vous êtes plutôt le diable! » lui répondit ce pauvre garçon, qui fut plus de vingt-quatre heures à comprendre comment ce malheureux bas se trouvait toujours à l'envers. »

L'anecdote est, de toutes les parties d'un portrait, celle qui rend la ressemblance plus parfaite; elle est, pour ainsi dire, l'antichambre de l'histoire, le palais sur les murs duquel sont inscrites les grandes actions; j'ai anecdotisé la vie intérieure de Molière, et l'homme s'y est dessiné tout entier; lorsque j'ai abordé sa vie extérieure, je me suis efforcé de rester dans les limites d'un narrateur vraisemblable.

Molière se rendait un matin à Auteuil; sur la route, un pauvre vieillard s'avance vers la portière de sa voiture, et, le chapeau à la main, il lui demande d'avoir pitié de sa misère. Molière jette une aumône dans le chapeau du suppliant, et se renfonce dans le fond de la voiture qui n'a pas cessé de rouler; mais, tout à coup, il entend la même voix qui crie au cocher d'arrêter; il met la tête à la portière, au même instant le pauvre vieillard arrive tout essoufflé.

— Mon bon Monsieur, vous vous êtes trompé; vous venez de me donner une pièce d'or, et sans aucun doute telle n'était pas votre intention : aussi je vous la rapporte.

Et, en disant ces paroles, il veut lui remettre la pièce d'or.

— Non, non, répond Molière tout ému, gardez-la, brave homme, et acceptez cette seconde pour l'amour du bien.

Et, se dérobant aux remercîments du pauvre honnête homme, il fait signe au cocher de partir au galop, et le philosophe de s'écrier :

« Où diable la vertu va-t-elle se nicher! »

Cette exclamation échappée à Molière porte avec elle un haut enseignement, et prouve une étude profonde du cœur humain : en effet, la mendicité, cette lèpre de l'indigence, n'est-elle pas la plus grande ennemie de la vertu ?

Au mois d'août 1665, la troupe du palais royal prit le titre de *Troupe du Roi*, et Louis XIV, qui voulait la fixer tout à fait à son service, lui accorda une pension de 7,000 livres.

Racine, dont Molière avait suivi les premiers pas dans la carrière théâtrale, venait d'achever la tragédie d'*Alexandre*. Corneille, après l'avoir lue, avait dit au jeune auteur « que cette pièce lui faisait voir en lui de grands talents pour la poésie, mais que ces talents n'étaient pas pour le tragique. » Malgré l'opinion de Corneille, les amis de Racine lui assuraient que sa tragédie obtiendrait un grand succès. Il fut bientôt persuadé, et il la donna à la troupe de Molière pour être jouée ; mais la pièce tomba : Racine, tout honteux de cette chute, alla se plaindre à ceux qui lui avaient conseillé de la faire représenter.

— Votre pièce est excellente, lui répondirent-ils ; mais vous la donnez à une troupe qui n'entend que le comique : faites-la jouer à l'hôtel de Bourgogne, vous verrez quel succès elle aura.

Racine se laissa de nouveau tenter. *Alexandre* passa donc du Palais-Royal, où il avait été sifflé, à l'hôtel de Bourgogne, où l'accueil le plus flatteur devait se préparer pour lui. Les amis de Racine ne s'étaient pas trompés ; cette fois le transfuge fut reçu avec applaudissements.

Ce changement inattendu de fortune donna lieu à une anecdote assez plaisante.

« Un bel esprit se trouvant à un sermon auprès d'un abbé, celui-ci faisait des contorsions épouvantables et des grimaces de désespéré, en répétant sans cesse ces mots :

« O Racine, Racine ! »

« Après le sermon, le bel esprit, curieux de savoir ce qui agitait si fort cet ecclésiastique, prit la liberté de le lui demander avec l'air de l'intérêt :

« — Eh ! quoi, monsieur, lui dit l'abbé, vous ne savez pas ce qui arriva à Racine au sujet de la tragédie d'*Alexandre*; il la donna d'abord à la troupe de Molière, et elle n'eut pas de succès ; mais, l'ayant fait jouer ensuite à l'hôtel de Bourgogne par d'excellents acteurs, elle enleva tous les suffrages. Voilà, monsieur, une partie de ce qui m'arrive à moi-même. C'est moi qui ai composé le sermon que vous venez d'entendre; c'est, au dire des connaisseurs, un discours parfait; je l'ai donné à débiter à ce bourreau, voyez quel effet cela produit dans sa bouche ! Mais je ferai comme Racine, je lui ôterai mon sermon, et je le ferai prêcher par quelqu'un qui s'en acquittera mieux que lui. »

Mademoiselle du Parc, une des meilleures actrices du Palais-Royal, qui jouait le principal rôle dans cette tragédie, suivant sans doute les conseils de Racine, quitta alors cette troupe pour passer dans celle de l'hôtel de Bourgogne ; Molière ne cacha pas le déplaisir que ce départ lui occasionait, et, de cette époque, l'amitié qui l'attachait à Racine fit place à un refroidissement qui dura toujours, quoique l'un et l'autre se rendissent mutuellement justice sur leurs ouvrages.

La troupe de Molière avait déjà perdu, depuis deux ans, deux de ses acteurs favoris : Brécourt, qui était passé, en 1664, à l'hôtel de Bourgogne, et du Parc-Gros-René, le diseur de bons mots, mort la même année. Madeleine Bejart disait qu'elle ne se consolerait jamais de la perte de deux de ses meilleurs amis, Gros-René et le cardinal Richelieu.

Gros-René avait été regretté par Molière, qui, de concert avec ses camarades, avait fait fermer le théâtre le jour de sa mort.

Ce fut donc avec regret que Molière vit la demoiselle du Parc quitter la troupe ; cependant il fallait bien s'en consoler, et au surplus il lui restait encore quelques acteurs capables de tenir tête aux plus renommés des autres troupes rivales.

Parmi ces comédiens bien-aimés et fidèles à sa fortune, Molière comptait encore La Thorillière, qui, de gentilhomme et capitaine de cavalerie, s'était fait comédien, et qui remplissait avec talent les rôles de roi et de paysan ; et le bon Hubert, si comique dans les rôles de femme ridicule.

La troupe de l'hôtel de Bourgogne se faisait de jour en jour plus redoutable ; elle s'était attaché, pour le genre comique, un certain acteur nommé Poisson. Protégé par le duc de Créqui, Poisson l'avait quitté, sans considérer les avantages que ce seigneur aurait pu lui faire, pour aller jouer la comédie en province. Revenu Paris, il était entré à l'hôtel de Bourgogne; d'un talent supérieur pour les rôles comiques, d'un esprit pétillant de saillies, Poisson avait imaginé et adopté le personnage de Crispin, qu'il jouait avec une verve entraînante. Dans son costume de Crispin, il portait des bottines, parce qu'au dire de quelques auteurs, il avait les jambes extrêmement menues ; ne serait-il pas plus raisonnable de penser que, s'il paraissait ainsi sur la scène, il fallait l'attribuer à la saleté des rues de Paris, dont à peine la moitié était pavée au xviie siècle, ce qui obligeait les piétons, et surtout les domestiques, de se mettre en bottines pour faire des courses. Quoi qu'il en soit, la tradition des bottines a été conservée.

Il joua, en 1665, le rôle du *marquis ridicule*, dans *la Mère coquette* ou *les Amants brouillés*, de Quinault, et, sans doute, ce rôle lui valut le présent d'un habit de la part du duc de Créqui. La demande qu'il lui adressa en vers est des plus comiques. La voici :

> *Les Amants brouillés,* de Quinault,
> Vont, dans peu de jours, faire rage.
> J'y joue un marquis, et je gage
> D'y faire rire comme il faut.
> C'est un marquis de conséquence,
> Obligé de faire dépense
> Pour soutenir sa qualité.
> Mais, s'il manque un peu d'industrie,
>   Il faut, de nécessité,
> Que j'aille, malgré sa fierté,
> L'habiller à la friperie.
> Vous, des ducs le plus magnifique,
> Et le plus généreux aussi,
>
> Je voudrais bien pouvoir ici
> Faire votre panégyrique.
> Je n'irai point chercher vos illustres ayeux,
> Qu'on place, dans l'histoire, au rang des demi-dieux ;
> Je trouve assez en vous de quoi me satisfaire :
> Toutes vos actions passent, sans contredit...
>   Ma foi ! je ne sais comment faire
>   Pour vous demander un habit.

Plus l'hôtel de Bourgogne prenait de forces, plus Molière se livrait assidûment à l'étude. Il donna, pendant l'été de 1666, l'admirable comédie du *Misanthrope*.

Peu habitué au genre sérieux, le parterre accueillit cette pièce assez froidement. La satire mordante répandue contre les marquis lui attirait les criailleries désobligeantes de ces messieurs.

« Je n'ai pourtant pu faire mieux, et sûrement je ne ferai pas mieux, » disait Molière à tout le monde.

De Visé crut se faire un mérite auprès de Molière de défendre le *Misanthrope*. Il fit une longue lettre, qu'il donna au libraire Ribou, pour mettre à la tête de cette pièce. Molière, l'ayant appris, en fut fort irrité. Il envoya chercher son libraire, le gronda de ce qu'il avait imprimé cette rapsodie sans son autorisation, et il défendit d'en vendre aucun exemplaire. Il brûla tout ce qui en restait ; mais elle fut réimprimée après sa mort.

« M. de Visé, qui aimait fort à voir la Molière, rapporte Grimarest, vint souper chez elle le même jour. Molière le traita cavalièrement sur le sujet de sa lettre, en lui donnant de bonnes raisons pour souhaiter qu'il ne se fût point avisé de défendre sa pièce. »

On raconte un trait singulier arrivé à la première représentation. Après la lecture du sonnet d'Oronte, le parterre applaudit. Alceste démontre, dans la suite de la scène, que les pensées et les vers de ce sonnet étaient

> De ces colifichets dont le bon sens murmure.

Le public, confus d'avoir pris le change, s'indisposa contre la pièce.

« Les ennemis de Molière voulurent persuader au duc de Montausier, fameux par sa vertu sauvage, que c'était lui que Molière jouait dans le *Misanthrope*. Le duc de Montausier alla voir la pièce et dit en sortant :

« — Je n'ai garde de vouloir du mal à Molière ; il faut que l'original soit bon, puisque la copie est si belle. »

« Et comme on insistait pour l'irriter, il ajouta :

« — Je voudrais bien ressembler au *Misanthrope!* c'est un honnête homme. »

« Il y a dans cette comédie un trait que Molière, habile à saisir le ridicule partout où il se trouvait, copia d'après nature, et ce fut Boileau qui le lui fournit. Molière voulait détourner Boileau de l'acharnement qu'il faisait paraître dans ses satires contre Chapelain ; il lui disait que Chapelain était en grande considération dans le monde ; qu'il était particulièrement aimé de M. Colbert, et que ses railleries outrées pourraient lui attirer la disgrâce de ce ministre et du roi même. Ces réflexions trop sérieuses ayant mis le poète satirique de mauvaise humeur :

« — Oh ! le roi et M. Colbert feront ce qu'il leur plaira, dit-il brusquement ; mais, à moins que le roi ne m'ordonne expressément de trouver bons les vers de Chapelain, je soutiendrai toujours qu'un homme, après avoir fait la *Pucelle,* mérite d'être pendu. »

« Molière se mit à rire de cette saillie, et l'employa ensuite fort à propos dans la dernière scène du second acte de son *Misanthrope.* »

Lorsque Molière donna son *Misanthrope*, il était brouillé avec Racine. Un flatteur, après la première représentation, se rendit le lendemain chez ce dernier, et lui dit, croyant lui faire plaisir :

— La pièce est tombée ; rien n'est si froid ; vous pouvez m'en croire, j'y étais.

— Vous y étiez, reprit Racine, et moi je n'y étais pas ; cependant je n'en croirai rien, parce qu'il est impossible que Molière ait fait une mauvaise pièce. Retournez-y, et examinez-la mieux.

Les faux dévots, alarmés de la comédie de *Tartufe*, dont les trois premiers actes avaient été joués le 12 mai 1664, à la sixième journée des *Plaisirs de l'Ile enchantée*, inondèrent Paris de libelles contre Molière. Ils eurent même l'audace d'en publier un rempli de principes sceptiques, mais dont le titre n'est point parvenu jusqu'à nous, en faisant courir le bruit qu'il était de l'auteur du *Tartufe*. C'est à cette occasion que Molière fait dire au *Misanthrope* :

> Et, non content encore du tort que l'on me fait,
> Il court parmi le monde un livre abominable,
> Et de qui la lecture est même condamnable ;
> Un livre à mériter la dernière rigueur,
> Dont le fourbe a le front de me faire l'auteur.

Le *Misanthrope* est, de toutes les pièces de Molière, celle qui a eu le plus de retentissement dans le monde lettré.

« Frédéric, roi de Prusse, voyait jouer le *Cercle*, ou *la Soirée à la mode*, petite pièce de Poinsinet, jouée en 1764 ; les beaux esprits français qui l'entouraient souriaient à tous les traits fins, à toutes les épigrammes dont cette pièce est remplie. Le roi, surpris de n'éprouver pas la même sensation, leur en demanda la cause.

« — Sire, lui répondirent-ils, il faudrait, pour bien sentir toutes les finesses de cette pièce, que votre majesté connût Paris comme nous.

« — Oui, dit le prince, oh! je vous comprends ; mais je n'ai pas besoin de me transporter à Paris pour goûter toutes les beautés du *Misanthrope*. »

Connaissez-vous beaucoup d'auteurs à qui pareil mot pourrait être appliqué ?

Toutes les fois que Boileau rencontrait Molière, il ne manquait jamais de lui parler du *Misanthrope* en des termes très flatteurs. Un jour que notre satirique s'évertuait de plus belle sur le mérite de cette comédie, Molière lui répondit en lui serrant la main :

— Vous verrez bien autre chose, Boileau.

Le *Misanthrope* n'était pas une pièce à attirer la foule. L'accueil froid avec lequel il avait été reçu en était la preuve. Malgré tout le mérite de cette comédie, les recettes peu lucratives qu'elle fournissait exigeaient promptement une autre pièce. Peu de temps après, Molière associa au *Misanthrope* le *Médecin malgré lui*; cette petite boutade contre les médecins récompensa la troupe, pécuniairement parlant, du peu de succès du *Misanthrope*. Le parterre, qui n'avait pas compris, au premier abord, tout ce que le chef-d'œuvre de Molière renfermait de fine critique, accueillit avec un fou rire la nouvelle façon de faire des médecins, employée envers *Lucas*; l'argent reprit donc le chemin de la caisse, que les représentations du *Misanthrope* paraissaient lui avoir fait oublier. Les chefs-d'œuvre littéraires sont rarement compris par le siècle qui les produit.

M. Roze, de l'Académie française, se trouvait un jour dans une société où se rendait habituellement Molière. La conversation étant tombée sur la représentation du *Médecin malgré lui*, M. Roze dit que le couplet que *Sganarelle* chante au commencement de la sixième scène du premier acte était traduit d'un auteur latin.

— Jugez-en, disait-il :

>Qu'ils sont doux,
>Bouteille jolie,
>Qu'ils sont doux,
>Vos petits gloux gloux !
>Mais mon sort ferait bien des jaloux,
>Si vous étiez toujours remplie.
>Ah! bouteille, ma mie,
>Pourquoi vous videz-vous?

— Tels sont les vers de Molière. Maintenant, voici la composition originale.

Et, sur-le-champ, il se mit à réciter les vers latins suivants :

>Quàm dulces,
>Amphora amœna !
>Quàm dulces,
>Sunt tuæ voces !
>Dùm fundis merum in calices.
>Utinàm semper esses plena !
>Ah! ah! cara mea lagena,
>Vacua cur jaces?

On annonça Molière. Ses amis n'eurent rien de plus pressé que de lui rapporter ce que M. Roze avait dit. Molière en fut d'abord piqué; mais M. Roze avoua alors ingénument qu'il avait voulu faire une plaisanterie, et que ces vers latins dont il avait accusé Molière de n'être que le traducteur, étaient bien d'origine française, et que c'était lui qui avait latinisé la chanson bachique de Sganarelle.

Au mois de décembre de la même année, parurent les deux premiers actes de *Mélicerte*, petite pastorale que Molière ne jugea pas à propos d'achever. Le sujet en est tiré de l'histoire de *Timarète* et de *Sésostris*, du *roman de Cyrus*. Elle fit partie de la fête du *Ballet des muses*, de la composition de Benserade, ballet exécuté et dansé par le roi, à son château de Saint-Germain-en-Laye.

« Molière traita ce sujet dans le dessein de faire valoir à la cour les grâces naissantes du jeune Baron, pour qui il avait composé sa pièce, et d'intéresser en même temps Louis XIV, en lui rappelant le souvenir de ses amours avec mademoiselle de Mancini. Il est facile de voir, en lisant l'épisode de *Sésostris*, que mademoiselle de Scudéry avait peint sous le voile léger de cette allégorie, les premières amours de Louis XIV. »

Le Sicilien ou *l'Amour peintre* suivit de près *Mélicerte*. Ces deux petites pièces sans importance servaient, pour ainsi dire, de temps de repos au génie de Molière.

Enfin, le 5 août **1667**, parut *le Tartufe*. On ne peut s'imaginer les difficultés sans nombre suscitées pour empêcher cette représentation. Le sujet était délicat et froissait beaucoup de susceptibilités dévotes. Les hypocrites craignirent de se voir démasquer, et prirent le ciel à témoin de l'impiété révoltante de l'auteur. Cependant, la comédie de Molière avait ses partisans.

17

« J'avais autrefois, dit Ménage (le Varron du xvii⁰ siècle, comme l'appelle Bayle), entendu lire à Molière trois actes de son *Tartufe*, chez M. de Montmor, où se trouvaient aussi M. Chapelain, M. l'abbé de Marolles et quelques autres personnes. Je dis à M. le premier président de Lamoignon, lorsqu'il empêcha qu'on le jouât, que c'était une pièce dont la morale était excellente, et qui n'avait rien qui ne pût être utile au public. »

Les anecdotes suivantes sont l'historique complet du *Tartufe*.

Sur la fin de l'été de 1662, Louis XIV se rendait dans la Lorraine. Accoutumé à ne faire qu'un repas le soir, les jours de jeûne, il allait se mettre à table, lorsqu'il conseilla à M. l'évêque de***, qui avait été son précepteur, d'aller en faire autant. L'évêque fit observer à Sa Majesté qu'il ne faisait qu'une collation légère un jour de jeûne. Cette réponse ayant excité le rire d'un gentilhomme de service, aussitôt le départ de l'évêque, le roi en voulut savoir le motif. Le rieur répondit que Sa Majesté pouvait se tranquilliser sur le compte du prélat, et lui fit un détail exact de son dîner, dont il avait été témoin. A chaque mets exquis que le conteur faisait passer sur la table de l'évêque, Louis XIV s'écriait : *Le pauvre homme!* et, chaque fois, il assaisonnait ce mot d'un ton de voix différent, qui le rendait extrêmement plaisant. Molière, qui, en sa qualité de valet de chambre, avait fait le voyage, fut témoin de cette scène, dont il sut si bien tirer parti dans son *Tartufe*.

Molière travaillait à sa comédie de *l'Imposteur*. Se trouvant chez le nonce du pape avec deux ecclésiastiques dont l'air mortifié et hypocrite rendait assez bien l'idée qu'il avait alors dans la tête, on vint présenter à son excellence des truffes à acheter. Un de ces dévots, qui savait un peu l'italien, à ce mot de truffes, sembla, pour les considérer, sortir tout à coup du dévot silence qu'il gardait; et, choisissant saintement les plus belles, il s'écriait d'un air riant : *Tartufoli, signor Nuntio ! tartufoli !* Molière, qui ne laissait jamais rien échapper, baptisa sur l'heure son *Imposteur* du nom de *Tartufe*.

« Molière ayant lu sa comédie du *Tartufe* à Ninon de l'Enclos, celle-ci admira l'ouvrage et lui fit le récit d'une aventure pareille à celle du héros de sa pièce, mais avec des couleurs si fortes et des jours si bien ménagés, que Molière, en la quittant, dit avec une modestie aussi rare aujourd'hui que les talents, que, si sa pièce n'avait point été faite, il n'aurait jamais osé la mettre sur la scène, après avoir entendu le récit de Ninon. L'aventure particulière dont mademoiselle de l'Enclos fit le récit à Molière est ainsi racontée par M. de Voltaire, dans la vie de cette fille célèbre.

« Lorsque M. de Gourville, qui fut nommé, vingt-quatre heures, pour succéder à Colbert, et que nous avons vu mourir l'un des hommes de France le plus considéré; lors, dis-je, que M. de Gourville, craignant d'être pendu en personne, comme il le fut en effigie, s'enfuit de France en 1661, il laissa deux cassettes pleines d'argent, l'une à mademoiselle de l'Enclos, l'autre à un faux dévot. A son retour, il trouva chez Ninon la cassette en fort bon état; il y avait même plus d'argent qu'il n'en avait laissé, parce que les espèces avaient augmenté depuis ce temps-là; il prétendit qu'au moins le surplus appartenait de droit à la dépositaire; elle ne lui répondit qu'en le menaçant de faire jeter la cassette par les fenêtres. Le dévot s'y prit d'une autre façon : il dit qu'il avait employé son dépôt en œuvres pies, et qu'il avait préféré le salut de l'âme de Gourville à un argent qui sûrement l'aurait damné. »

Lorsque Molière donna son *Tartufe*, on lui demanda de quel droit il s'avisait de faire des sermons.

— Pourquoi sera-t-il permis au père Maimbourg de faire des comédies en chaire, et qu'il ne me sera pas permis de faire des sermons sur le théâtre ?

Les faux dévots étaient parvenus à répandre l'alarme. A la seconde représentation, la pièce fut défendue. Elle avait été annoncée, les chandelles étaient allumées ; Molière, au moment où la pièce allait commencer, reçut l'ordre de passer outre. Alors, s'avançant vers la rampe, il dit aux nombreux spectateurs que *Tartufe* avait attirés :

« Messieurs, nous comptions aujourd'hui avoir l'honneur de vous donner *le Tartufe* ; mais M. le président ne veut pas qu'on le joue. »

Plusieurs auteurs se sont récriés contre l'inconvenance de cette plaisanterie, et ont prétendu que Molière respectait trop les bienséances, qu'il se respectait trop lui-même pour se permettre publiquement un quolibet si offensant. « Le premier président Lamoignon, dit un d'entre eux, l'ami de Racine et de Boileau, l'Ariste du *Lutrin*, ne pouvait être comparé en aucune manière au *Tartufe* ; il était d'une piété sincère que nul ne révoquait en doute. » Cependant, selon moi, l'avis au public, tout mordant qu'il paraît, n'en est pas moins bien naturel. La plaisanterie ne s'attaquait pas exclusivement au premier président, mais bien à tous les membres du parlement, qui avaient eu la faiblesse de se laisser arracher l'ordre de défense. Louis XIV était alors au camp de Lille. Molière chargea La Grange et La

Thorillière de porter sur-le-champ au roi un placet pour obtenir la permission de jouer *Tartufe*, ce qui lui fut accordé.

Quelques jours après que cette comédie eut été défendue, on représenta devant la cour *Scaramouche hermite*, pièce très licencieuse dans laquelle un hermite, vêtu en moine, monte la nuit par une échelle à la fenêtre d'une femme mariée, et y reparaît de temps en temps en disant :

— *Questo per mortificar la carne.*

Cette pièce fut représentée à la cour, et le roi, en sortant, dit au grand Condé :

— Je voudrais bien savoir pourquoi les gens qui se scandalisent si fort de la pièce de Molière ne disent rien de celle de Scaramouche ?

A quoi le prince répondit :

— La raison de cela, sire, c'est que la comédie de Scaramouche joue le ciel et la religion, dont ces messieurs ne se soucient point; mais celle de Molière les joue eux-mêmes, et c'est ce qu'ils ne peuvent souffrir.

Au nombre des détracteurs du *Tartufe*, le père Bourdaloue fut un des plus ardents. Dans son sermon du septième dimanche de Pâques, il s'exprime ainsi :

« Comme la vraie et la fausse religion ont je ne sais combien d'actions qui leur sont communes; comme les dehors de l'une et de l'autre sont presque tous semblables, il est non-seulement aisé que la même raillerie qui attaque l'une intéresse l'autre, et que les traits dont on peint celle-ci intéressent celle-là ; et voilà ce qui est arrivé, lorsque les esprits profanes ont entrepris de censurer l'hypocrisie, en faisant concevoir d'injustes soupçons sur la vraie piété, par de malignes interprétations de la fausse. Voilà ce qu'ils ont prétendu, en exposant sur le théâtre et à la risée publique un hypocrite imaginaire, et tournant, dans sa personne, les choses les plus saintes en ridicule, en lui faisant blâmer les scandales du siècle d'une manière extravagante ; le représentant consciencieux jusqu'à la délicatesse et au scrupule sur des points moins importants, pendant qu'il se portait d'ailleurs aux crimes les plus énormes ; le montrant sous un visage de pénitent, qui ne servait qu'à couvrir ses infamies, et lui donnant, selon leurs caprices, un caractère de piété le plus austère, mais, dans le fond, le plus mercenaire et le plus lâche. »

La Bruyère, dans son chapitre *de la Mode*, en traçant le caractère des faux dévots, a eu le dessein de faire la critique du *Tartufe*.

« Onuphre, dit-il, ne dit point : *Ma haire et ma discipline*; au contraire ; il passerait pour ce qu'il est : pour un hypocrite. Il veut passer pour ce qu'il n'est pas : pour un homme dévot. S'il se trouve bien d'un homme opulent à qui il a su imposer, il ne cajole point sa femme ; il est encore plus éloigné d'employer, pour la flatter, le jargon de la dévotion. Ce n'est pas par habitude qu'il parle, mais avec dessein, et selon qu'il lui est utile, et jamais quand il ne servirait qu'à le rendre très ridicule. Il ne pense point à profiter de toute la succession de son ami. Il ne s'insinue jamais dans une famille où se trouve à la fois une fille à pourvoir et un fils à établir : il y a là des droits trop forts et trop inviolables. »

Molière voulait que l'esprit dans lequel il écrivait ses pièces fût suivi à la lettre :

« A la première représentation du *Tartufe*, comme cette pièce promettait beaucoup, la Molière voulut y briller par l'ajustement. Elle se fit faire un habit magnifique, sans en rien dire à son mari, et, du temps à l'avance, elle était occupée du plaisir de le mettre. Molière alla dans sa loge une demi-heure avant qu'on commençât la pièce.

« — Comment donc, mademoiselle, dit-il en la voyant si parée, que voulez-vous dire avec cet ajustement? Ne savez-vous pas que vous êtes incommodée dans la pièce? et vous voilà éveillée et ornée comme si vous alliez à une fête! Déshabillez-vous vite, et prenez un habit convenable à la situation où vous devez être. »

« Peu s'en fallut que la Molière ne voulût point jouer, tant elle était désolée de ne pouvoir faire parade d'un habit qui lui tenait plus à cœur que la pièce. »

« Un jour qu'on représentait *Tartufe*, Champmêlé, qui n'était point encore alors dans la troupe, fut voir Molière dans sa loge, qui était proche du théâtre. Comme ils en étaient aux compliments, Molière s'écria :

« — Ah! chien! ah! bourreau! et se frappait la tête comme un possédé.

« Champmêlé crut qu'il tombait de quelque mal, et il était fort embarrassé. Mais Molière, qui s'aperçut de son étonnement, lui dit :

« — Ne soyez pas surpris de mon emportement. Je viens d'entendre un acteur déclamer faussement et pitoyablement quatre vers de ma pièce, et je ne saurais voir maltraiter mes enfants de cette force-là sans souffrir comme un damné. »

Il est impossible de bien comprendre, au premier abord, la révolution qu'opéra dans les idées cette comédie.

Saint-Évremont écrivait à un ami :

« Je viens de lire *le Tartufe*; c'est le chef-d'œuvre de Molière. Je ne sais pas comment on a pu en empêcher si longtemps la représentation. Si je me sauve, je lui devrai mon salut. La dévotion est si raisonnable dans la bouche de Cléante, qu'elle me fait renoncer à toute ma philosophie ; et les faux dévots sont si bien dépeints, que la honte de leur peinture les fera renoncer à l'hypocrisie. Sainte pitié ! que vous allez apporter de bien au monde ! »

Quel éloge ! Qu'on se rappelle que Saint-Évremont se faisait une vertu de ne rien croire.

La première comédie que Piron vit à Paris fut *le Tartufe*. Son admiration allait jusqu'à l'extase. A la fin de la pièce, ses transports de joie augmentant encore, ses voisins lui en demandèrent la raison :

— Ah ! messieurs, s'écria-t-il, si cet ouvrage n'était pas fait, il ne se ferait jamais.

Personne ne contestera à l'auteur de *la Métromanie* sa compétence en fait de critique.

Après *le Misanthrope*, *le Tartufe* était la plus belle page que Molière pouvait joindre à son admirable étude du cœur humain.

Dans *le Misanthrope*, peinture aux couleurs si parfaites, Molière s'est montré sublime et inimitable. En effet, il faisait poser devant lui une des plus grandes anomalies de l'espèce humaine : cette maladie des affections, qui naît au cœur de l'homme, et contre laquelle l'amitié même perd ses plus pures persuasions.

« La misanthropie, disait Platon, vient de ce qu'un homme, après avoir ajouté foi à un autre homme, sans aucun examen, et, après l'avoir toujours pris pour un homme vrai, solide et fidèle, trouve enfin qu'il est faux, infidèle et trompeur ; et, après plusieurs épreuves semblables, voyant qu'il a été trompé par ceux qu'il croyait ses meilleurs amis, et las enfin d'être si longtemps la dupe, il hait tous les hommes également, et finit par se persuader qu'il n'y a rien d'honnête dans aucun d'eux. »

Platon connaissait le cœur humain. L'Alceste de Molière est un peu l'enfant de Platon.

Lorsqu'on étudie *le Misanthrope,* on est tout étonné de découvrir à chaque pas des rapports intimes avec la vie privée de l'auteur. *Le Misanthrope* est donc un tableau d'après nature, dans lequel Molière se montre avec ses faiblesses et ses vertus.

« Si donc on venait nous offrir le portrait d'un homme plein de probité, mais inégal, impétueux, colère, dont l'humeur irritable n'épargne aucun vice, dont le goût délicat n'épargne aucun ridicule ; qui, malgré cette rudesse de caractère, s'abandonne aux caprices d'une coquette dont il est la victime et le jouet ; si, dans le même moment, cet homme était recherché par une prude et chéri d'une personne douce et facile, s'il se trouvait enfin qu'il eût pour ami *l'ami de tout le monde*, pour ennemis les mauvais poètes, et pour rivaux une foule de jeunes seigneurs tout brillants de jeunesse et de fatuité ; si un tel homme nous était présenté, nous dirions aussitôt : c'est *Alceste*, ou plutôt c'est Molière lui-même, car nous venons de faire son histoire ; et, pour peu que ses habitudes, sa société, ses passions, nous fussent connues, nous retrouverions aussitôt mademoiselle Molière sous les traits de *Célimène*, mesdemoiselles du Parc et de Bric sous ceux d'*Arsinoé* et d'*Eliante* ; *Acaste* et *Clitandre* s'offriraient à nous avec la grâce et la tournure des comtes de Guiche et de Lauzun ; nous saisirions dans *Oronte* les ridicules que le siècle avait signalés dans le duc de Saint-Aignan ; enfin le caractère de *Philinte* nous rappellerait cet aimable Chapelle, ami trop léger, qui, sans souci des choses de la vie, savait prendre le temps comme il vient, et les hommes comme ils sont. »

L'opinon avancée ici par M. Aimé Martin, dans ses savantes annotations, se trouve ratifiée par plusieurs écrivains.

Rousseau s'exprime ainsi : « Molière a mis dans la bouche d'*Alceste* un si grand nombre de maximes, que plusieurs personnes ont cru qu'il s'était voulu peindre lui-même. Cela parut dans le dépit qu'eut le parterre à la première représentation, de n'avoir pas été sur le sonnet de l'avis du *Misanthrope;* car on vit bien que c'était celui de l'auteur. »

Je lis dans la *Vie de Molière*, en 1764 :

« Molière s'est peint lui-même dans *le Misanthrope*, vertueux, mais peu aimé, à cause de son manque de complaisance pour les faiblesses des autres; il a également représenté Chapelle, sous le nom de *Philinte*, qui, étant d'une humeur plus liante, voit les défauts de chacun sans s'irriter. »

« On reconnut dans *le Misanthrope* plusieurs personnes de la cour. *Oronte* était le duc de Saint-Aignan, qui avait eu des paroles avec un autre seigneur pour des vers de sa façon, que l'autre ne louait pas assez. »

Madame de Sévigné nous apprend dans ses spirituelles *Bavardineries* que ce duc apprenait au roi les règles de la versification.

« Le comte de Guiche, rapporte l'auteur des *Amours des Gaules*, avait les yeux noirs, le nez bien fait, la bouche un peu grande, la forme du visage ronde, le teint admirable, le front grand et la taille belle. Il avait de l'esprit, il était moqueur, léger, présomptueux, brave, étourdi et sans amitié. »

Le comte de Guiche était l'amant aimé de mademoiselle Molière.

« Le duc de Lauzun, rapporte Saint-Simon dans ses Mémoires, était un petit homme blondasse, bien fait dans sa taille, de physionomie haute, pleine d'esprit, qui imposait. Sans lettres, sans aucun ornement ni agrément dans l'esprit; méchant et malin par nature, encore plus par la jalousie et par l'ambition; extrêmement brave et aussi extrêmement hardi; courtisan également insolent, moqueur et bas; redouté de tous à la cour, et plein de traits cruels et pleins de sel, qui n'épargnaient personne. »

Relisez *le Misanthrope*, et, dans les portraits que Molière a tracés d'*Acaste* et de *Clitandre*, vous reconnaîtrez traits pour traits les deux favoris de Louis XIV.

La preuve ressort d'elle-même dans ces quelques lignes échappées à la plume hargneuse de De Visé.

« Il n'épargne que l'auguste personne du roi, et il ne s'aperçoit pas que cet incomparable monarque est toujours accompagné des gens qu'il veut rendre ridicules; que c'est avec eux qu'il se divertit; que c'est avec eux qu'il s'entretient; que c'est avec eux qu'il donne de la terreur à ses ennemis..... N'est-ce donc pas nuire à la gloire de l'État, que de railler toute la noblesse, et de rendre méprisables, non-seulement à tous les Français, mais encore à tous les étrangers, des noms éclatants pour lesquels on devrait avoir du respect. »

Le dénoûment de *Tartufe* fut trouvé indigne de Molière. « On sent, dit Voltaire, combien il est forcé, et combien les louanges du roi, quoique mal amenées, étaient nécessaires pour soutenir Molière contre ses ennemis. »

Les réflexions suivantes, empruntées au judicieux annotateur des OEuvres de Molière, sont un victorieux plaidoyer en faveur du *Tartufe*.

» Deux sortes de morale, disons mieux, deux sortes de religion, partageaient la France au moment où Louis XIV, héritier de Mazarin, devint maître du trône. De ces deux religions, l'une demandait au jeune prince l'accomplissement de ses devoirs ; l'autre, plus insinuante et plus douce, se contentait de quelques actes apparents de piété, ou même de quelques superstitions secrètes. De quel côté allait pencher le roi? et que n'avait-on pas à craindre de ses passions et de son ignorance ! Élevé par Mazarin dans l'habitude des pratiques extérieures de religion et dans l'oubli complet de ses devoirs, c'est-à-dire de la piété véritable, rien ne pouvait le défendre des piéges des hypocrites que l'instinct d'une grande âme, l'amour de la gloire et les leçons de l'expérience. Ces leçons tardives, un poète, un philosophe, un sage, Molière, conçut le dessein d'en hâter les effets. Seul, il avait compris la grandeur du péril, seul il entreprit d'éclairer et la France et le roi. Les deux morales personnifiées dans *Tartufe* et dans *Cléante* remplirent cet objet. Le tableau était si vigoureux, qu'il ne laissait aucun refuge au mensonge, aucune incertitude aux honnêtes gens. Mais la plus haute leçon fut réservée pour la fin. C'est là que Molière rassemble ses forces, et, par un trait hardi de son génie, paraît environné de la majesté royale, avertissant ainsi le siècle que si le poète a pu arracher le masque des hypocrites, le roi seul a le pouvoir de les punir. »

Lorsqu'on analyse la puissance du génie de Molière, on se demande comment l'auteur du *Misanthrope* a eu la hardiesse de traduire sur la scène l'hypocrisie qui avait déjà pris pied à la cour, et qui menaçait de descendre dans la bourgeoisie et de l'entourer de ses envahissements pernicieux. Cette question, toute difficile à résoudre qu'elle se présente, peut cependant s'expliquer. L'honnête homme s'était senti assez de force et de volonté pour provoquer la lutte et la soutenir, la tête haute et la démarche assurée. Le philosophe avait compris l'humanité, faible et prompte à s'égarer. Dès lors, il était entré dans la lice; il avait attendu son ennemi, et, à son approche, il lui avait fouetté le visage impitoyablement, mais avec loyauté, de sa parole souple et mordante. Jusque-là, avec la méditation en aide, l'esprit pouvait satisfaire aux exigences analytiques. Mais comment Louis XIV consentait-il à abriter, sous l'égide de son bon vouloir royal, les gigantesques hardiesses du comédien-philosophe? Cela jette l'esprit dans des étonnements qui produisent sur la pensée le même effet que la lumière soudaine et éclatante du soleil sur les yeux inutiles de l'aveugle, mais dont le voile épais qui les couvrait jusqu'alors est tombé sous la main habile de la science.

Sans Molière et ses leçons énergiques, Louis XIV n'aurait peut-être jamais été que la misérable copie de l'imbécille Louis XIII, que le misérable *héritier* du misérable Mazarin! Le développement moral de ce roi orgueilleux, mais magnanime, est peut-être l'ouvrage de Molière. C'est un chef-d'œuvre que les écrivains ont tous oublié de compter dans les chefs-d'œuvre du comédien-philosophe.

Jamais éducation ne fut commencée sous de si heureux auspices que celle du jeune Baron; toujours dans la société de Molière, il étudiait avec ardeur, et chaque jour de nouveaux progrès venaient le récompenser de son assiduité à apprendre. Molière voyait avec joie la bonne volonté de l'enfant; il ne le perdait pas un seul instant de vue; il parvenait ainsi, pour quelques instants, à oublier l'intérieur que le mariage lui avait rendu si orageux; cependant cette courte satisfaction devait avoir bientôt un terme. Mademoiselle Molière voyait avec déplaisir tous les soins dont son mari se plaisait à entourer le petit Baron; toutes les fois que l'occasion s'en présentait, elle ne manquait jamais de s'en plaindre; l'enfant, espiégle s'il en fût, ne tenait aucun compte des réprimandes de mademoiselle Molière; certain de l'affection du mari, se voyant caressé de toute la cour, il s'embarrassait fort peu de lui plaire ou non. Un jour que mademoiselle Molière se livrait contre lui à sa mauvaise humeur, l'enfant se prit à rire : alors celle-ci s'emporta jusqu'à lui donner un soufflet; le jeune Baron ne crut pas mieux se venger de cet indigne traitement qu'en quittant la maison de Molière; il alla chercher un refuge chez la Raisin. Lorsque Molière apprit la fuite de son petit protégé, il employa tous les moyens pour le faire revenir, mais ce fut inutilement; la Raisin avait su profiter de l'avantage que lui offrait le hasard, pour ramener dans sa troupe le jeune transfuge. Molière préparait alors *la Pastorale de Mélicerte,* où le jeune Baron devait jouer le rôle de *Myrtil.*

— Est-il possible, disait Molière à sa femme, que vous ayez l'imprudence de frapper un enfant aussi sensible que vous connaissez celui-là, et encore dans un temps où il est chargé d'un rôle de six cents vers dans la pièce que nous devons représenter immédiatement devant le roi.

Le jeune Baron consentit cependant à jouer son rôle. « En

effet, il eut la hardiesse de demander au roi, à Saint-Germain, la permission de se retirer, et, incapable de réflexions, il se remit dans la troupe de la Raisin, qui l'avait excité à tenir ferme dans son ressentiment. »

La Raisin, qui ne faisait pas de brillantes affaires, résolut alors de faire une nouvelle excursion dans la province avec le petit Baron ; sa troupe se mit en route et récolta, grâce à ce jeune acteur, quelques milliers d'écus ; mais une fatalité semblait s'être attachée à la fortune de la pauvre Raisin. Un mois à peine écoulé, cette femme rencontre à Rouen une troupe qui s'y était installée depuis quelques jours; elle voulut lui faire concurrence. Mais le jeune Baron, qui avait assisté à une des représentations de la troupe rivale, reconnaissant la supériorité de ses acteurs et de ses pièces sur les acteurs et les pièces de la Raisin, prit incontinent le parti de s'y faire recevoir, et abandonna sans plus de cérémonie celle de la Raisin.

Il se trouvait en ce moment dans cette troupe une demoiselle de Beauval, actrice de talent ; la vie de cette demoiselle renferme des circonstances d'un romanesque surprenant.

Née en Hollande, mademoiselle Beauval avait été exposée sur le seuil d'une église, recueillie par une blanchisseuse, et enrôlée par elle, à l'âge de dix ans, dans une troupe de comédiens ambulants, sous le nom de la *petite Bourguignon*. Beauval, alors moucheur de chandelles, en devint amoureux et lui proposa de l'épouser ; le directeur de la troupe ne voulut pas consentir à ce mariage ; et comme celui-ci connaissait le caractère décidé de son actrice, il obtint de l'archevêque de Lyon un ordre portant défense à tous les curés de marier la *petite Bourguignon* avec le moucheur Beauval.

La *petite Bourguignon* ne se découragea point; un dimanche matin, elle fit cacher son amant sous la chaire où le curé prêchait, et à la fin du prône, elle se leva, prit à témoin les assistants et déclara qu'elle choisissait Beauval pour légitime époux; celui-ci parut et fit la même déclaration. Après cet éclat, le sacrement était devenu obligatoire, d'autant plus qu'ils menaçaient de s'en passer. Beauval, depuis ce jour, de moucheur de chandelles, devint comédien.

Malgré ses succès de province, Baron se surprenait souvent à regretter le temps heureux qu'il avait passé chez Molière. L'élève aurait désiré revenir prendre de nouveau la place qu'il occupait jadis dans le cabinet d'étude du maître. La vie de province lui pesait.

— Oh! disait-il à qui voulait l'entendre, si Molière voulait encore de moi! Mais je suis indigne de nouvelles bontés.

Molière regrettait aussi le jeune Baron. Depuis le départ précipité de celui-ci, son cœur, qui avait tant besoin d'affection, ne rencontrait plus que bien rarement ces saintes et bonnes expansions qui, si elles ne sont pas le bonheur complet, désassombrissent toujours nos pensées. Ayant appris l'envie que le jeune Baron manifestait, il lui écrivit sur-le-champ une lettre fort touchante, et il lui envoya en même temps un nouvel ordre du roi, pour rentrer dans la troupe du Palais-Royal.

« Molière avait souffert de l'absence de Baron. L'éducation de ce jeune homme l'amusait dans ses moments de relâche. Les chagrins de famille augmentaient tous les jours chez lui. Il ne pouvait pas toujours travailler, ni être avec ses amis pour s'en distraire. D'ailleurs, il n'aimait pas le nombre ni la gêne; il n'avait rien pour s'amuser ni s'étourdir sur ses déplaisirs. Sa plus douloureuse réflexion était qu'étant parvenu à se former la réputation, on eût à lui reprocher que son ménage n'en fût pas mieux conduit et plus paisible. Ainsi, il regardait le retour de Baron comme un amusement familier, avec lequel il pourrait, avec plus de satisfaction, mener une vie tranquille, conforme à sa santé et à ses principes, débarrassé de cet attirail étranger de famille et d'amis mêmes, qui nous dérobent le plus souvent, par leur présence importune, les moments les plus agréables de notre vie.

« Baron ne fut pas moins vif que Molière sur les sentiments du retour. Il part aussitôt qu'il eut reçu la lettre, et Molière, occupé du plaisir de revoir son jeune acteur quelques moments plus tôt, fut l'attendre à la porte Saint-Victor, le jour qu'il devait arriver ; mais il ne le reconnut point. Le grand air de la campagne et la course l'avaient tellement défiguré et harassé, qu'il le laissa passer sans le reconnaître, et il revint chez lui, tout triste, après avoir bien attendu. Il fut agréablement surpris d'y trouver Baron, qui ne put mettre en œuvre un beau compliment qu'il avait composé en chemin. La joie de revoir son bienfaiteur lui ôta la parole.

« Molière demanda à Baron s'il avait de l'argent. Il lui répondit qu'il n'en avait que ce qui était resté répandu dans sa poche, parce qu'il avait oublié sa bourse sous le chevet de son lit, à la dernière couchée ; qu'il s'en était aperçu à quelques postes, mais que l'empressement de le revoir ne lui avait pas permis de retourner sur ses pas pour chercher son argent. Molière fut ravi que Baron revînt touché et reconnaissant. Il l'envoya à la comédie, avec ordre de s'envelopper tellement dans son manteau, que personne ne pût le reconnaître, parce qu'il n'était pas habillé, quoique fort proprement, à la fantaisie de ses spectacles. Molière n'oublia rien pour le remettre dans son lustre; il reprit la même attention qu'il avait eue pour lui dans les commencements, et l'on ne peut s'imaginer avec quel soin il s'appliquait à le former dans les mœurs comme dans sa profession. »

« Quelque temps après le retour de Baron, on joua une pièce intitulée *Don Quixote*; on l'avait prise dans le moment que *Don Quixote* installe *Sancho Pança* dans son gouvernement. Molière faisait *Sancho*; et comme il devait paraître sur le théâtre, monté sur un âne, il se mit dans la coulisse pour être prêt à entrer dans le moment que la scène le demanderait. Mais l'âne, qui ne savait pas son rôle par cœur, n'observa point ce moment; et dès qu'il fut dans la coulisse, il voulut entrer, quelques efforts que Molière employât pour qu'il n'en fît rien. *Sancho* tirait le licou de toute sa force, l'âne n'obéissait point; il voulait absolument paraître. Molière appelait : « Baron, Laforest, à moi ! ce maudit âne veut entrer. » Laforest était dans la coulisse opposée, d'où elle ne pouvait passer par dessus le théâtre pour arrêter l'âne, et elle riait de tout son cœur de voir son maître renversé sur le derrière de cet animal, tant il mettait de force à tirer son licou pour le retenir. Enfin, destitué de tout secours, et désespérant de pouvoir vaincre l'opiniâtreté de son âne, il prit le parti de se tenir aux ailes du théâtre, et de laisser glisser l'animal entre ses jambes pour aller faire telle scène qu'il jugerait à propos. »

Cette pièce, dont l'auteur est resté inconnu, avait été arrangée pour la scène du Palais-Royal par Madeleine Bejart. Quoique détestable, Molière l'avait conservée forcément dans le répertoire de son théâtre, et Madeleine, malgré le peu de succès de son *Don Quixote,* avait le soin de la faire reprendre à de courts intervalles. Le livre de Cervantes est un de ceux qui ont été le plus exploités au théâtre, et cependant, de tous les *Don Quichotte* représentés, aucun n'a fourni une carrière honorable. Ils sont tous tombés sous les sifflets du parterre.

Toutes les tracasseries dont mademoiselle Molière semblait se plaire à entourer son mari avaient irrité celui-ci au point de lui faire négliger sa santé. A la suite d'une légère indisposition, que les moindres soins auraient calmée, il se déclara chez lui une irritation de poitrine, suivie d'une toux opiniâtre, et, depuis cette époque, le mal avait tellement empiré, qu'un régime sévère était devenu d'une nécessité absolue.

Sa petite maison d'Auteuil, où il passait tous les moments que les affaires de sa troupe lui laissaient libres, devint le théâtre d'une aventure tragi-comique, dont Chapelle fut le héros.

« M. Chapelle fit partie avec MM. Jonsac, Nantouillet, Lully et Quinault pour aller se réjouir à Auteuil avec leur ami.

« — Nous venons souper avec vous, dirent-ils à Molière.

« — J'en aurais, dit-il, plus de plaisir, si je pouvais vous tenir compagnie; mais ma santé ne me le permettant pas, je laisse à M. Chapelle le soin de vous régaler du mieux qu'il pourra.

« Ils aimaient trop Molière pour le contraindre; mais ils lui demandèrent du moins Baron.

« — Messieurs, leur répondit Molière, je vous vois en humeur de vous divertir toute la nuit; le moyen que cet enfant puisse tenir : il en serait incommodé; je vous prie de le laisser.

« — Oh! parbleu! dit M. Lully, la fête ne serait pas bonne sans lui, et vous nous le donnerez.

Il fallut l'abandonner, et Molière prit son lait devant eux et s'en alla coucher.

« Les convives se mirent à table; les commencements du repas furent froids : c'est l'ordinaire entre gens qui savent se ménager le plaisir, et ces messieurs excellaient dans cette étude; mais le vin eut bientôt réveillé Chapelle, et le tourna du côté de la mauvaise humeur.

« — Parbleu, dit-il, je suis un grand fou de venir m'enivrer ici tous les jours pour faire honneur à Molière; je suis las de ce train-là, et ce qui me fâche, c'est qu'il croit que j'y suis obligé.

« La troupe, presque toute ivre, approuva les plaintes de Chapelle. On continua de boire et insensiblement on changea de discours. A force de raisonner sur les choses qui font ordinairement la matière de semblables repas entre gens de cette espèce, on tomba sur la morale vers les trois heures du matin.

« — Que notre vie est peu de chose, dit Chapelle, qu'elle est remplie de traverses ! Nous sommes à l'affût pendant trente ou quarante années pour jouir d'un moment de plaisir, que nous ne trouvons jamais ! Notre jeunesse est harcelée par de maudits parents, qui veulent que nous nous mettions un fatras de fariboles dans la tête. Je me soucie, morbleu bien, ajouta-t-il, que la terre tourne, ou le soleil; que ce fou de Descartes ait raison ou cet extravagant d'Aristote. J'avais pourtant un enragé de précepteur qui me rabattait toujours de ces fadaises-là, qui me faisait toujours retomber sur son Épicure; encore passe pour ce philosophe-là, c'était celui qui avait le plus raison. Nous ne sommes pas débarrassés de ces fous-là, qu'on nous étourdit d'un établissement. Toutes ces femmes, dit-il encore, en haussant la voix, sont des animaux qui sont ennemis jurés de notre repos. Oui, morbleu, chagrins, injustices, malheurs de tous côtés dans cette vie-ci !

« — Tu as, parbleu, raison, mon cher ami, répondit Jonsac en l'embrassant ; sans ce plaisir-ci, que ferions-nous ? La vie est un pauvre partage, quittons-la ; de peur que l'on sépare d'aussi bons amis que nous le sommes, allons nous noyer de compagnie : la rivière est à notre portée.

« — Cela est vrai, dit Nantouillet ; nous ne pouvons jamais mieux prendre notre temps pour mourir bons amis et dans la joie, et notre mort fera du bruit.

« Ainsi ce glorieux dessein fut approuvé tout d'une voix. Les ivrognes se lèvent, et vont gaîment à la rivière. Baron courut avertir du monde et éveiller Molière qui fut effrayé de cet extravagant projet, parce qu'il connaissait le vin de ses amis. Pendant qu'il se levait, la troupe avait gagné la rivière, et ils s'étaient déjà mis dans un petit bateau pour prendre le large, afin de se noyer en plus grande eau. Des domestiques et des gens du lieu furent promptement à ces débauchés, qui étaient déjà dans l'eau, et les repêchèrent. Indignés du secours qu'on venait de leur donner, ils mirent l'épée à la main, courent sur leurs ennemis, les poursuivent jusque dans Auteuil, et les voulaient tuer : ces pauvres gens se sauvent la plupart chez Molière, qui, voyant ce vacarme, dit à ces furieux :

« — Qu'est-donc, messieurs ? que ces coquins-là vous ont-ils donc fait ?

« — Comment, ventrebleu, dit Jonsac qui était le plus opiniâtré à se noyer, ces malheureux nous empêcheront de nous noyer. Écoute, mon cher Molière, tu as de l'esprit; vois si nous avons tort : fatigués des peines de ce monde-ci, nous avons fait dessein de passer dans l'autre pour être mieux; la rivière nous a paru le plus court chemin pour nous y rendre, ces marauds nous l'ont bouché, pouvons-nous faire autrement que de les punir?

« — Comment, vous avez raison, répondit Molière. Sortez d'ici, coquins; que je ne vous assomme! dit-il à ces pauvres gens, paraissant en colère. Je vous trouve bien hardis de vous opposer à de si belles actions.

« Ils se retirèrent marqués de quelques coups d'épée.

« — Comment, poursuivit Molière, messieurs les débauchés, que vous ai-je fait pour former un si beau projet sans m'en faire part! Quoi! vous vouliez vous noyer sans moi; je vous croyais plus de mes amis.

« — Il a parbleu raison! dit Chapelle, voilà une injustice que nous lui faisions; viens donc te noyer avec nous.

« — Oh! doucement, répondit Molière, ce n'est point ici une affaire à entreprendre mal à propos; c'est la dernière action de notre vie, il n'en faut pas manquer le mérite. On serait assez malin pour lui donner un mauvais tour, si nous nous noyions à l'heure qu'il est; on dirait à coup sûr que nous l'aurions fait la nuit, comme des désespérés ou comme des gens ivres. Saisissons le moment qui nous fasse le plus d'honneur, et qui réponde à notre conduite. Demain, sur les huit à neuf heures du matin, bien à jeun et devant tout le monde, nous irons nous jeter, la tête devant, dans la rivière.

« — J'approuve fort ces raisons, dit Nantouillet, et il n'y a pas le plus petit mot à dire.

« — Morbleu! j'enrage, dit Lully; Molière a toujours cent fois plus d'esprit que nous. Voilà qui est fait, remettons la partie à demain, et allons nous coucher, car je m'endors.

« Sans la présence d'esprit de Molière, il serait infailliblement arrivé du malheur, tant ces messieurs étaient ivres et animés contre ceux qui les avaient empêchés de se noyer. »

On a élevé à tort des doutes sur ce fameux souper. La narration de Grimarest est écrite d'après les Mémoires de Baron, et Baron avait été l'un des convives. Le fait peut avoir été brodé, mais le fond repose sur une donnée certaine : Louis Racine disait qu'il en avait souvent entendu parler à son père.

Chapelle affectionnait beaucoup la retraite de Molière. Tout porte à croire que la cave de la maison d'Auteuil possédait quelques bouteilles d'un vin choisi. Mais s'il avait un faible pour le jus de la treille, il n'en avait pas un moins grand pour la controverse. Il avait l'habitude de retourner à Paris en compagnie de Molière, et bien rarement le chemin s'achevait en bonne intelligence.

« En revenant d'Auteuil, un jour, dans le bateau de Molière, ils ne furent pas longtemps sans faire naître une dispute. Ils prirent un sujet grave, pour se faire valoir devant un minime, qu'ils trouvèrent dans le bateau, et qui s'y était mis pour gagner les Bons-Hommes.

« — J'en fais juge le bon père, dit Molière, si le système de Descartes n'est pas cent fois mieux imaginé que tous ce que M. de Gassendi nous a ajusté au théâtre pour nous faire passer les rêveries d'Épicure. Passe pour sa morale, mais le reste ne vaut pas la peine que l'on y fasse attention. N'est-il pas vrai, mon père? ajouta Molière au minime.

« Le religieux répondit par un *hom! hom!* qui faisait entendre aux philosophes qu'il était connaisseur dans cette matière. Mais il eut la prudence de ne point se mêler à une conversation aussi échauffée, surtout avec des gens qui ne paraissaient pas ménager leur adversaire.

« — Oh! parbleu! mon père, dit Chapelle, qui se crut affaibli par l'apparente approbation du minime, il faut que Molière convienne que Descartes n'a formé son système que comme un mécanicien, qui imagine une belle machine sans faire attention à l'exécution. Le système de ce philosophe est contraire à une infinité de phénomènes de la nature, que le bonhomme n'avait pas prévus.

« Le minime sembla se ranger du côté de Chapelle, par un second *hom! hom!* Molière, outré de ce qu'il triomphait, redouble ses efforts avec une chaleur de philosophe, pour détruire Gassendi par de si bonnes raisons que le religieux fut obligé de s'y rendre par un troisième *hom! hom!* obligeant, qui semblait décider la question en sa faveur. Chapelle s'échauffe, et criant du haut de la tête pour convertir son juge, il ébranla son équité par la force de son raisonnement.

« — Je conviens que c'est l'homme du monde qui a le mieux rêvé, ajouta Chapelle. Mais, morbleu! il a pillé ses rêveries partout; et cela n'est pas bien. N'est-il pas vrai, mon père? dit-il au minime.

« Le moine, qui convenait de tout obligeamment, donna aussitôt un signe d'approbation, sans proférer une seule parole. Molière, sans songer qu'il était au lait, saisit avec fureur le moment de rétorquer les arguments de Chapelle.

« Les deux philosophes en étaient aux convulsions, quand ils arrivèrent devant les Bons-Hommes. Le religieux les pria qu'on le mît à terre. Il les remercia gracieusement, applaudit fort à leur profond savoir, sans intéresser son mérite ; mais, avant de sortir du bateau, il alla prendre, sous les pieds du batelier, sa besace, qu'il y avait mise en entrant : c'était un frère lai. Les deux philosophes n'avaient point vu son enseigne, et honteux d'avoir perdu le fruit de leur dispute devant un homme qui n'y connaissait rien, ils se regardèrent l'un l'autre sans se rien dire. »

Molière dut se souvenir alors de la fable du *Renard et du Corbeau*, du bon Lafontaine, et

. . . . . Honteux et confus,
Jurer, mais un peu tard,
Qu'on ne l'y prendrait plus.

Louis XIV, qui avait compris toute la portée d'un esprit comme celui de Molière, ne laissait échapper aucune occasion de lui prouver la haute estime qu'il ressentait pour la magnificence de son talent.

« Les mousquetaires, les gardes du corps, les gendarmes et les chevau-légers entraient à la comédie sans payer, et le parterre en était toujours rempli ; de sorte que les comédiens pressèrent Molière d'obtenir de sa majesté un ordre pour qu'aucune personne de sa maison n'entrât à la comédie sans payer. Le roi le lui accorda; mais ces messieurs ne touvèrent pas bon que les comédiens leur fissent imposer une loi si dure, et ils prirent pour un affront qu'ils eussent eu la hardiesse de lui demander. Les plus mutins s'ameutèrent, et ils résolurent de forcer l'entrée. Ils furent en troupe à la comédie. Ils attaquent brusquement les gens qui gardaient les portes. Le portier se défendit pendant quelque temps, mais enfin, étant obligé de céder au nombre, il leur jeta son épée, se persuadant qu'étant désarmé, ils ne le tueraient pas. Le pauvre homme se trompa; ces furieux, outrés de la résistance qu'il avait faite, le percèrent de cent coups d'épée, et chacun d'eux, en entrant, lui donnait le sien. Ils cherchaient toute la troupe pour lui faire éprouver le même traitement qu'aux gens qui avaient voulu soutenir la porte. Mais Bejart, qui était habillé en vieillard pour la pièce qu'on allait jouer, se présenta sur le théâtre.

« — Eh! messieurs, leur dit-il, épargnez du moins un pauvre vieillard de soixante-quinze ans, qui n'a plus que quelques jours à vivre.

« Le compliment de ce jeune comédien, qui avait profité de son habillement pour parler à ces mutins, calma leur fureur. Molière leur parla aussi très vivement sur l'ordre du roi, de sorte que, réfléchissant sur la faute qu'ils venaient de faire, ils se retirèrent. Le bruit et les cris avaient causé une alarme terrible dans la troupe, les femmes se croyaient être mortes; chacune cherchait à se sauver, surtout Hubert et sa femme, qui avaient fait un trou dans le mur du Palais-Royal. Le mari voulut passer le premier; mais parce que le trou n'était pas assez ouvert, il ne passa que la tête et les épaules; jamais le reste ne put suivre. On avait beau le tirer de dedans le Palais-Royal, rien n'avançait, et il criait comme un forcené par le mal qu'on lui faisait, et dans la peur qu'il avait que quelque gentilhomme ne lui donnât un coup d'épée dans le derrière. Mais le tumulte s'étant apaisé, il en fut quitte pour la peur, et l'on agrandit le trou pour le retirer de la torture où il était.

« Quand tout ce vacarme fut passé, la troupe tient conseil, pour prendre une résolution dans une occasion si périlleuse.

« — Vous ne m'avez pas donné de repos, dit Molière à l'assemblée, que je n'aie importuné le roi pour avoir l'ordre qui nous a mis tous à deux doigts de notre perte; il est question présentement de voir ce que nous avons à faire.

« Hubert voulait qu'on laissât toujours entrer la maison du roi; tant il appréhendait une seconde rumeur. Plusieurs autres, qui ne craignaient pas moins que lui, furent de même avis. Mais Molière, qui était ferme dans ses résolutions, leur dit que, puisque le roi avait daigné leur accorder cet ordre, il fallait en pousser l'exécution jusques au bout, si sa majesté le jugeait à propos. Et je vais dans ce moment, leur dit-il, pour l'en informer.

« Ce dessein ne plut nullement à Hubert, qui tremblait encore.

« Quand le roi fut instruit de ce désordre, sa majesté ordonna aux commandants des corps qui l'avaient fait de les faire mettre sous les armes le lendemain, pour connaître et faire punir les plus coupables, et pour leur réitérer ses défenses d'entrer à la comédie sans payer.

« Molière, qui aimait fort la harangue, leur dit que ce n'était point pour eux ni pour les autres personnes qui composaient la maison du roi qu'il avait demandé à sa majesté un ordre pour les empêcher d'entrer à la comédie; que la troupe serait toujours ravie de les recevoir quand ils voudraient les honorer de leur présence; mais qu'il y avait un nombre infini de malheureux qui tous les jours, abusant de leur nom et de la bandoulière de messieurs les gardes du corps, venaient remplir le parterre, et ôter impunément à la troupe le gain qu'elle devait faire; qu'il ne croyait pas que les gentilshommes qui avaient l'honneur de servir le roi dussent favoriser ces misérables contre les comédiens de sa majesté; que d'entrer à la comédie sans payer n'était point une prérogative que des personnes de leur caractère dussent si fort ambitionner, jusqu'à répandre du sang pour se la conserver; qu'il fallait laisser ce petit avantage aux auteurs et aux personnes qui, n'ayant pas le moyen de dépenser quinze sous, ne voyaient le spectacle que par charité, s'il m'est permis, dit-il, de parler de la sorte.

« Ce discours fit tout l'effet que Molière s'était promis, et, depuis ce temps-là, la maison du roi n'est point entrée à la comédie sans payer. »

Un pauvre acteur de province, nommé Mondorge, réduit à la plus extrême misère, se rendit à Auteuil, et s'adressa à Baron, pour qu'il priât Molière de lui venir en aide :

— Je suis un de ses anciens camarades de province, lui dit-il; à ce titre, peut-être aura-t-il pitié de moi.

Baron, tout ému du dénûment de cet homme, monta à la chambre de Molière, et lui raconta la visite qu'il venait de recevoir.

— Je le connais, dit Molière; il a été mon camarade en Languedoc; c'est un honnête homme; que pensez-vous qu'il faille lui donner?

— Quatre pistoles, répondit Baron après avoir hésité quelques instants.

— Eh bien, répliqua Molière, je vais les lui donner pour moi;

mais vous y ajouterez en votre nom ces vingt autres que voilà.

Mondorge parut. Molière, après l'avoir embrassé, chercha tous les moyens de le consoler, et joignit au présent qu'il lui faisait un magnifique habit de théâtre, presque tout neuf, et qui lui avait coûté 2,500 livres.

Molière savait l'art si difficile de donner.

Parmi les travaux de l'analyse, il s'en rencontre quelques-uns privilégiés et pour lesquels on consacre ses plus belles heures d'étude. L'esprit rassemble alors, dans une méditation profonde, toutes les ressources du jugement. Il pèse chaque pensée avec la même précision, avec la même justesse, que l'usurier des pièces d'or; et cette occupation, aride pour l'indifférent, devient pour lui une volupté inénarrable. Ces travaux sont rares, il est vrai; mais lorsque l'écrivain peut en compter un dans sa vie laborieuse, sa tête rejette loin d'elle les soucis inappréciés de l'étude; l'esprit revêt sa plus belle parure; l'imagination reploie ses ailes dans le recueillement, et la plume, fidèle et toujours prête, écrit sous la dictée du raisonnement.

Les comédies de Molière, passées au creuset de l'analyse, tiennent une première place parmi les travaux privilégiés. Jamais œuvre, en effet, n'a été conçue avec tant d'amour et de résignation; jamais étude du cœur humain n'a été comprise avec tant de profondeur, de finesse et d'énergie. Mais l'analyse exige impérieusement, pour que l'étude qu'elle donne soit fructueuse et complète, un esprit constant et qui ne lâche pas facilement la bride à l'imagination. J'ai donc pensé que les comédies de Molière, réunies en faisceau et racontées sans lacune, offriraient un ensemble plus parfait, et duquel découleraient plus librement les hautes leçons de morale et de philosophie que le génie y a profusionnées. Ce travail de sévères appréciations, je le ferai le plus rapide et le plus court possible. Je crois nécessaire de prévenir le lecteur que le sérieux de mon annonce pourrait avoir effrayé, que mon intention n'est pas d'oublier la partie anecdotique : les pièces de Molière renfermant toujours une foule de portraits, les caricatures ne manqueront pas.

Les premières pièces de Molière avaient d'abord étonné. Mais la facture toute nouvelle, l'entrain verveux de ses comédies, excita bientôt cet enthousiasme effectif qui accompagne partout le génie. Molière, en écrivain habile, avait sondé le terrein : il s'était aperçu qu'il était inégalement bon, et que, pour que les semences qu'il voulait y confier pussent venir à bien, il fallait user de préparations longues et raisonnées. Aussi, ses travaux sont progressifs. Son premier but est d'amuser : il donne *l'Étourdi*. Cette pièce eut un succès de rire. Dès lors, les regards du public se portèrent sur notre auteur : la carrière qu'il voulait parcourir lui était donc ouverte. *Le Dépit amoureux* suivit de près *l'Étourdi*. Il y avait déjà progrès. Quoique manquant souvent d'intérêt, cette comédie renferme une peinture exquise de l'amour, cette passion aux nuances si déliées.

Au mois de novembre 1659, paraissent *les Précieuses ridicules*. De ce moment, une lutte acharnée, incessante, s'engage entre l'écrivain et son siècle. A chaque trait de sa plume, un ridicule, un travers, un vice, est dévoilé : il le montre de la main, l'appelle par son nom, le démasque courageusement, et ne fait trêve à ses railleries que quand son ennemi est couché à terre, suppliant ou mort. Il n'avait été jusque-là que poète, il se pose tout à coup en philosophe.

Les pièces qui précédèrent le *Misanthrope* et *Tartufe* furent une suite de progrès et de triomphes. La vie artistique de Molière, malgré les déboires et les soucis sans fin qui lui ont fait la route si pénible, est une des plus glorieusement belles qu'un écrivain ambitieux puisse désirer.

Le 13 janvier 1668, eut lieu la première représentation d'*Amphitryon*.

« Euripide et Archippus, dit Voltaire, avaient traité ce sujet de tragi-comédie chez les Grecs. C'est une des pièces de Plaute qui a eu le plus de succès : on la jouait encore à Rome cinq cents ans après lui ; et, ce qui peut paraître singulier, c'est qu'on la jouait toujours dans les fêtes consacrées à Jupiter. Il n'y a que ceux qui ne savent point combien les hommes agissent peu conséquemment qui puissent être surpris qu'on se moquât publiquement au théâtre des mêmes dieux qu'on adorait dans les temples. »

Avant Molière, un poète italien, Ludovico Dolce, avait imité *l'Amphitryon* de Plaute, dans une comédie intitulée : *Il Merito*. Dryden a aussi traité le même sujet, et il a beaucoup profité de *l'Amphitryon* de Molière. Madame de Montaigne parle d'une autre pièce jouée à Vienne, sous le même titre, et dont elle nous a conservé l'idée. « Cette farce, dit-elle, commence par Jupiter, qui tombe amoureux d'Alcmène, en lorgnant cette belle à travers une ouverture de nuage. Mais le plus plaisant est l'usage que fait ce dieu de sa métamorphose. Au lieu de courir chez sa maîtresse avec les transports d'un amant, il fait appeler le tailleur du prince, et lui filoute un habit galonné ; il escroque à son banquier un sac d'argent, à un juif, une bague, etc., et toute l'action roule sur le chagrin que tous ces gens-là causent au véritable Amphitryon pour les dettes contractées par le dieu.

Madame Dacier avait composé une dissertation pour prouver que l'*Amphitryon* de Plaute est fort au-dessus du moderne; mais, ayant entendu dire que Molière voulait faire une comédie des *Femmes savantes*, elle supprima sa dissertation. Perrault soutenait, de son côté, tout le contraire.

Alors, Bayle écrivait :

« Molière a pris beaucoup de choses de Plaute ; mais il leur donne un autre tour, et, s'il n'y avait qu'à comparer ces deux pièces l'une avec l'autre pour décider la supériorité ou l'infériorité des anciens, je crois que M. Perrault gagnerait bientôt sa cause. Il y a des finesses et des tours dans *l'Amphitryon* de Molière, qui n'existent pas dans *l'Amphitryon* latin. Combien de choses n'a-t-il pas fallu retrancher de la comédie de Plaute, qui n'eussent pas réussi sur le théâtre français? Combien d'ornements et de traits d'une nouvelle invention n'a-t-il pas fallu que Molière ait insérés dans son ouvrage, pour le mettre en état d'être applaudi comme il l'a été? Par la seule comparaison des prologues, on peut connaître que l'avantage est du côté de l'auteur moderne. »

— J'étais hier à la comédie, disait une jeune dame; je vis jouer *l'Amphitryon* de Molière. Ah! que cette pièce me fit plaisir!

— Je le crois bien, lui dit une femme aussi vertueuse que spirituelle. Cette comédie est sans doute divertissante; c'est dommage qu'elle apprenne à pécher.

Rotrou avait déjà traité le sujet d'*Amphitryon*, sous le titre : *Les Sosies*. Molière lui a fait souvent des emprunts ; mais on est tout disposé à les oublier devant le costume brillant dont il les a ajustés.

Parmi les livres qui tenaient une place réservée dans la bibliothèque de Molière, on comptait *les Facétieuses Nuits de Straparole*. L'idée si comique du dialogue de *Sosie* avec la lanterne a été prise par lui dans la cinquième fable du troisième livre de ce petit ouvrage. Il est impossible de s'imaginer l'effet que ce dialogue produisit. Il fut accepté avec des acclamations de joie. C'est qu'en effet ce monologue, le plus long qui existe au théâtre, est pris dans la nature. L'anecdote suivante, que je transcris de *l'Art de la Comédie*, prouve que le dialogue de la lanterne n'est pas une rêverie de poète.

« Le baron de C*** ayant été chargé de présenter au roi la feuille des états de sa province, imagina de placer le portrait du roi dans son cabinet, et là, quatre fois par jour, il faisait son entrée, répétait sa harangue, et, passant ensuite du côté du tableau, il s'adressait une réponse gracieuse, qu'il accompagnait toujours de quelques marques de faveur. On le surprit un jour, comme il se gratifiait du cordon rouge. »

Les réflexions que M. Aimé Martin a placées à la fin de son commentaire sur *Amphitryon* trouvent ici leur place, et servent de corollaire à ce que j'ai déjà écrit sur cette comédie.

« On a tenté de diminuer le mérite de Molière, en considérant cette pièce comme une simple imitation de Plaute. Mais, lors même que Molière n'aurait été qu'imitateur, chose que nous sommes loin d'accorder, ce ne serait point une raison de déprécier son ouvrage. Jamais les vrais connaisseurs n'ont considéré comme une preuve d'impuissance cette adoption des idées étrangères; mais il faut embellir ce qu'on imite. Sans cette condition, on se moque de l'imitateur; car imiter, ce n'est pas copier, c'est surpasser, c'est au moins égaler celui à qui on emprunte. C'est ainsi que toutes les beautés de Virgile ont leur modèle dans les ouvrages d'Homère ; c'est ainsi que Télémaque, entièrement puisé chez les anciens, est cependant resté un livre original ; c'est ainsi, enfin, que *l'Amphitryon* de Plaute est devenu l'ouvrage de Molière. »

D'après les registres de la Comédie-Française, la pièce de *l'Avare* fut représentée le 9 septembre 1668. Elle fut alors jouée neuf fois, et onze à la reprise, deux mois après. On se figurait encore qu'il était nécessaire, pour être bonne, qu'une comédie fût écrite en vers ; cinq actes en prose effrayaient. *L'Avare* eut donc contre lui, dans ses débuts, les nombreux ennemis de la prose, qui avaient déjà nui aux succès du *Festin de Pierre*. Cependant, cette antipathie n'eut pas de durée ; à la reprise, les représentations de *l'Avare* furent suivies, et le mérite de la pièce fit passer sur la forme.

« Il y a dans *l'Avare,* dit Voltaire, quelques idées prises dans Plaute, et embellies par Molière. Plaute avait imaginé le premier de faire en même temps voler la cassette de l'avare et séduire sa fille. C'est de lui qu'est toute l'invention de la scène du jeune homme qui vient avouer le rapt, et que l'avare prend pour le voleur. Mais on ose dire que Plaute n'a point profité de cette situation ; il ne l'a inventée que pour la marquer. Que l'on en juge par ce seul trait : l'amant de la fille ne paraît que dans cette scène ; il vient sans être annoncé ni préparé, et la fille elle-même n'y paraît point du tout. Tout le reste de la pièce est de Molière, caractères, critiques, plaisanteries ; il n'a imité que quelques lignes, comme cet endroit où l'avare, parlant, peut-être mal à propos, aux spectateurs, dit :

« — Mon voleur n'est-il point parmi vous ? Ils me regardent tous, et se mettent à rire. » (*Quid est quod ridetis ? Novi omnes, scio fures hìc esse complures.*)

« Et cet autre endroit encore où, ayant examiné les mains du valet qu'il soupçonne, il demande à voir la troisième. (*Ostende tertiam.*)

« Ces comparaisons de Plaute avec Molière sont toutes à l'avantage du dernier. »

« M. Riccoboni, dans ses remarques sur les comédies de Molière, a prétendu que la première scène du second acte de *l'Avare* est tirée de *Dottor Bacchettone* ou *le Docteur dévot*; mais, après des recherches exactes, il a été démontré que la pièce italienne est postérieure aux ouvrages de Molière. Avec une plus grande connaissance de notre ancien théâtre, M. Riccoboni aurait vu que *la Belle plaideuse*, mauvaise comédie de Bois-Robert, avait fourni à notre poète le canevas de ces scènes où un fils emprunte de l'argent d'un usurier, et cet usurier se trouve être son père ; où le père veut donner, comme argent comptant, des objets de nulle valeur. Il est étonnant que M. Riccoboni, qui a cherché des ressemblances entre les comédies italiennes et celles de Molière, n'ait pas fait mention d'une pièce de l'Arioste, intitulée *gli Suppositi*, où se trouve le commencement de la sixième scène du second acte de *l'Avare*. »

Plusieurs critiques se sont récriés contre la longueur de certains aparte de *l'Avare*. Ont-ils eu raison ? ont-ils eu tort ?

On raconte qu'un jour Lafontaine, Boileau et Molière discutaient sur les *aparte*. Lafontaine en blâmait l'usage. Pendant qu'il s'échauffait à prouver leur invraisemblance, Boileau disait tout haut :

« — L'extravagant homme que ce Lafontaine! en est-il un plus fou, un plus sot! etc. »

Lafontaine, préoccupé, continuait sans rien entendre. Enfin, tout le monde éclata de rire, et l'orateur apprit, non sans surprise, comment Boileau venait de lui faire perdre sa cause.

« L'avarice, disait Théophraste, est un mépris de l'honneur, dans la vue d'un vil intérêt. » La pièce de Molière est là tout entière.

Boileau s'était fait le prôneur de *l'Avare*; il se rendait à chaque représentation, et ne manquait jamais d'applaudir le nouveau chef-d'œuvre.

Racine, qui était alors brouillé avec Molière, ayant dit un jour à Boileau, pour lui faire un reproche :

— Je vous ai vu à la pièce de Molière, et vous riiez tout seul sur le théâtre.

— Je vous estime trop, lui répondit Boileau, pour croire que vous n'y avez pas ri, du moins intérieurement.

Dans toutes les pièces de Molière, l'illusion scénique est conservée dans ses moindres détails. L'auteur du *Misanthrope* voulait que chaque incident fût lié par une concordance parfaite; il voulait que l'acteur fût le personnage complet de son rôle. Souvent aussi, jusque sur la scène, il donnait essor à son caractère irascible, et ses pièces recélaient jusqu'à ses sentiments les plus cachés.

Molière conserva toujours de l'éloignement pour Bejart, et les paroles d'*Harpagon* ne sont que l'expression des sentiments de l'auteur. Peu de temps avant la représentation de *l'Avare*, Bejart était devenu boiteux, des suites d'une blessure qu'il reçut en séparant deux de ses amis qui se battaient sur la place du

Palais-Royal. Comme Bejart faisait beaucoup de plaisir, on boita aussitôt dans tous les théâtres de province, non-seulement dans le rôle de *La Flèche,* où cela devenait nécessaire, mais indifféremment dans tous les rôles que Bejart remplissait à Paris. »

Molière était sujet à un mal de poitrine qui l'assujétissait à un grand régime, et avait dégénéré en une toux habituelle. C'est à quoi *Frosine* fait allusion, dans le second acte de *l'Avare,* en disant à *Harpagon,* dont Molière jouait le rôle :

« — Ce n'est rien ; votre fluxion ne vous sied pas mal, et vous avez grâce à tousser. »

« L'année 1668, a écrit M. Aimé Martin, fut une des plus glorieuses du règne de Louis-le-Grand par la conquête de la Franche-Comté, en un seul mois d'hiver ; par le traité d'Aix-la-Chapelle, du 2 mai, qui lui conserva ses conquêtes des Pays-Bas, et par le coup d'autorité qui fit disparaître des registres du parlement tout ce qui s'y était passé depuis 1647 jusqu'en 1652. Ami des arts ainsi que de la gloire, ce prince toujours galant et toujours magnifique voulut réparer par une fête d'été les plaisirs dont son absence avait privé la cour pendant le carnaval. C'est dans cette fête que la comédie de *Georges Dandin* fut représentée pour la première fois, le 18 juillet 1668, avec des intermèdes dont les paroles se ressentent un peu de la précipitation avec laquelle Molière se prêta aux ordres du roi. Le sujet de *Georges Dandin* a été fourni à Molière par deux contes de Boccace, dans lesquels deux maris, trompés par les ruses de leurs femmes, loin de pouvoir prouver les plaintes qu'ils ont sujet d'en faire, sont encore honnis par les voisins ou les parents qu'ils ont envoyé chercher. »

Voici l'étymologie du mot *Dandin*, suivant Nicot :

« *Dandin* est dit de celui qui baye çà et là par sottise et badaudise, sans avoir contenance arrestée : *ineptus, insipidus*; et *dandiner*, user de telle badaudise, *ineptire*. »

Étienne Pasquier le fait dériver de *din, dan*, parce que la marche d'un dandin imite le mouvement des cloches. M. Aimé Martin croit que Rabelais est le premier qui ait fait un nom propre de ce mot si expressif de notre vieille langue.

« Au moment où Molière allait mettre sa pièce au théâtre, un de ses amis lui fit entendre qu'il y avait dans le monde un homme qui pourrait bien se reconnaître dans le personnage de *Dandin*, et qui, par ses amis et par sa famille, était en état de nuire au succès de la pièce.

« — Je sais, répondit Molière, un moyen sûr de me concilier cet homme. J'irai lui lire ma pièce.

« En effet, le même soir, Molière l'aborde au spectacle, et lui demande une de ses heures perdues, pour lui faire une lecture. L'homme en question se trouva si honoré de cette preuve de confiance, que, toute affaire cessante, il donna parole pour le lendemain.

« — Molière, disait-il à tout le monde, me lit ce soir une comédie; voulez-vous en être?

« Le soir, Molière trouva une nombreuse assemblée, et son homme, qui la présidait. La pièce fut trouvée excellente.

« Lorsque, plus tard, elle fut représentée, elle n'eut pas de plus zélé partisan que ce pauvre mari, qui ne s'était pas reconnu. »

Georges Dandin est une des pièces de Molière qui se prêtent le moins à la critique. On y trouve à chaque pas de la franche gaîté, un comique parfait. Mais toutes ces scènes, assez légèrement agencées, ne forment peut-être pas une pièce bien conduite.

« C'est l'unique fois que Molière ait représenté sur la scène une femme mariée manquant à ses devoirs, et l'on peut remarquer comme une chose singulière que le sujet n'excita de scandale ni à la cour de Louis XIV, où la pièce fit partie d'une fête célèbre, ni à la ville, où elle fut jouée avec le plus grand succès, ni parmi les précieuses, qui s'étaient soulevées contre l'*École des femmes*. »

Le 15 novembre 1669, le théâtre du Palais-Royal retentissait de mille applaudissements adressés à *monsieur de Pourceaugnac*, lequel avait été accueilli deux mois auparavant avec le même empressement par la cour, qui se trouvait à Chambord.

Grimarest dit que « cette comédie fut faite à l'occasion d'un gentilhomme limousin, qui, un jour de spectacle, eut une querelle, sur le théâtre, avec les comédiens. Molière, pour se venger de ce campagnard, le mit sur la scène avec tous ses ridicules. »

Robinet appuie cette anecdote dans une lettre en vers, du 23 novembre :

>Tout est dans ce sujet follet
>De comédie et de ballet,
>Digne de son rare génie,
>Qu'il tourne, certes ! et qu'il manie
>Comme il lui plaît incessamment
>Avec un nouvel agrément,
>Comme il tourne aussi sa personne,
>Ce qui pas moins ne nous étonne,

> Selon les sujets comme il veut.
> Il joue autant bien qu'il se peut
> Ce marquis de nouvelle fonte,
> Dont, par hasard, à ce qu'on conte,
> L'original est à Paris.
> En colère autant que surpris
> De s'y voir dépeint de la sorte,
> Il jure, il tempête, il s'emporte,
> Et veut faire ajourner l'auteur
> En réparation d'honneur,
> Tant pour lui que pour sa famille,
> Laquelle en Pourceaugnacs fourmille...

« *Pourceaugnac* est une farce; mais il y a, dans toutes les farces de Molière, des scènes dignes de la haute comédie. Un homme supérieur, quand il badine, ne peut s'empêcher de badiner avec esprit. Lully, qui n'avait point encore le privilége de l'Opéra, fit la musique du ballet de *Pourceaugnac*; il y dansa, il y chanta, il y joua du violon. Tous les grands talents étaient employés aux divertissements du roi, et tout ce qui avait rapport aux beaux arts était honorable. »

Voltaire savait être juste lorsqu'il le voulait.

Lully ayant eu le malheur de déplaire au roi, résolut de recouvrer ses bonnes grâces. Un jour que Louis XIV devait assister à une représentation de *Pourceaugnac*, Lully pria Molière de lui confier le rôle du gentilhomme limousin. Dans les premières scènes de cette pièce bouffonne, Lully déploya une verve entraînante; cependant le roi, qui l'avait reconnu, ne se déridait pas. A la fin de la pièce, lorsque les apothicaires, armés de leurs seringues, poursuivent M. de Pourceaugnac, Lully, après avoir longtemps couru sur le théâtre pour les éviter, s'élance dans l'orchestre, et vient tomber au milieu d'un clavecin, qu'il met en pièces. La gravité du roi ne put tenir contre cette folie, et il pardonna à Lully en faveur de la nouveauté.

Lorsqu'on reprochait à Molière d'avoir donné cette pièce, il répondait qu'il était comédien aussi bien qu'auteur, et qu'il fallait qu'il consultât l'intérêt des ses acteurs aussi bien que sa propre gloire. C'était aussi la réponse que le célèbre Shakspeare, chez les Anglais, pouvait faire à la plupart de ses critiques.

« Le roi, qui ne veut que des choses extraordinaires dans tout ce qu'il entreprend, s'est proposé de donner à la cour un divertissement qui fût composé de tous ceux que le théâtre peut fournir ; et, pour embrasser cette vaste idée et enchaîner ensemble tant de choses diverses, sa majesté a choisi pour sujet deux princes rivaux, qui, dans le champêtre séjour de la vallée de Tempé, où l'on doit célébrer la fête des jeux Pythiens, régalent à l'envi une jeune princesse et sa mère de toutes les galanteries dont ils se peuvent aviser. »

Tel est l'avant-propos dont Molière fait précéder *les Amants magnifiques*. Le sujet de cette comédie fut donc donné par Louis XIV, qui y représenta, dans le premier intermède, *Neptune*, et, dans le troisième, *Apollon*.

Les Amants magnifiques, écrits à la hâte et pour une commande royale, durent nécessairement se ressentir de la rapidité avec laquelle ils avaient été exécutés, et de l'action peu incidentée du sujet. La comédie disparaissait devant les intermèdes, où l'orgueilleux Louis XIV, singeant Alexandre-le-Grand, paraissait sur le théâtre sous la défroque d'un dieu de la Fable.

Aucun historien ne nous a confié si le grand roi était bon comédien.

Molière fit entrer, dans *les Amants magnifiques*, deux nouveaux personnages : un astrologue et un fou de cour.

« Le monde n'était point alors désabusé de l'astrologie judiciaire. On y croyait d'autant plus qu'on connaissait moins la véritable astronomie. Il est rapporté dans Vittorio Siri qu'on n'avait pas manqué, à la naissance de Louis XIV, de faire tenir un astrologue dans un cabinet voisin de celui où la reine accouchait. C'est dans les cours que cette superstition règne davantage, parce que c'est là qu'on a plus d'inquiétude sur l'avenir. Les fous y étaient aussi à la mode. Chaque prince et chaque grand seigneur avait son fou, et les hommes n'ont quitté ce reste de barbarie qu'à mesure qu'ils ont plus connu les plaisirs de la société et ceux que donnent les beaux-arts. »

MADEMOISELLE, petite-fille de Henri IV, dut alors se reconnaître dans le caractère d'*Ériphile*. Elle avait au cœur une passion pareille à celle de la princesse des *Amants magnifiques* : elle aimait Lauzun ; mais cette passion devait avoir une fin moins heureuse. En effet, trois mois après la représentation des *Amants magnifiques*, Louis XIV ordonnait à Mademoiselle de renoncer à son amant, qui fut enfermé à Pignerol.

Molière, en écrivant la comédie des *Amants magnifiques*, n'ignorait pas la faiblesse de l'intrigue, et que, malgré tout son talent, elle ne pouvait ajouter une palme de plus à sa double couronne de poète et de comédien. Aussi, ne voulut-il pas la faire imprimer. Il ne la considérait que comme un accessoire aux intermèdes et au jeu des machines. Louis XIV avait commandé ; la pensée de l'auteur devait rechercher un refuge dans elle-même, et la plume, sa fidèle interprète, devait se soumettre à la fantaisie royale.

« Un écrivain supérieur est quelquefois obligé de descendre à ces sortes d'ouvrages, qui ont pour objet de faire valoir d'autres talents que les siens, en amenant des danses, des chants et des spectacles. On ferait peut-être mieux de ne pas lui demander ce que tout le monde peut faire, et ce qui ne peut compromettre que lui. Mais, en ce genre comme dans tout autre, il n'est pas rare d'employer les grands hommes aux petites choses, et les petits hommes aux grandes. On envoyait Villars faire la paix avec Cavalier, et Tallard combattre Eugène et Marlborough. Ainsi, le génie est forcé de sacrifier sa gloire pour obtenir la protection, et si Molière n'eût pas arrangé des ballets pour la cour, peut-être que *le Tartufe* n'eût pas trouvé un protecteur dans Louis XIV. »

Ces réflexions, avancées par l'un des plus judicieux admirateurs de Molière, renferment une grande vérité historique. Louis XIV s'y trouve dépeint sous des couleurs naturelles. Jamais roi, en effet, ne fut plus despotiquement orgueilleux que le fils de Marie de Médicis. S'il aimait à s'entourer d'hommes que le génie avait faits grands; s'il tendait quelquefois la main au poète malheureux, qu'on ne croie pas que ces tendresses manifestes partaient du cœur royal. Non! jamais Louis XIV, surnommé le Grand, ne fut poussé vers une action largement belle que par un de ces amours-propres effrénés qui rapportent tout à eux, et qui, aux yeux du vulgaire, sont pris trop souvent pour de la grandeur d'âme.

Le XVII siècle fut réellement grand. Les courtisans ont trouvé l'épithète à leur convenance, et ils en ont dépouillé le siècle pour en orner le nom du roi. Heureusement que l'histoire remet chaque chose à sa place, et qu'elle ne reconnaît jamais et flétrit toujours de semblables usurpations.

« Benserade avait attaqué Molière, qui résolut de s'en venger, quoique son agresseur fût protégé par un seigneur du plus haut rang. Le poète comique s'avisa donc de faire des vers dans le goût de ceux de Benserade, à la louange du roi, qui représentait Neptune dans une fête, et qu'il plaça à la fin du prologue des *Amants magnifiques*. Il ne s'en déclara point l'auteur; mais il eut la prudence de le dire à sa majesté. Toute la cour trouva ces vers très beaux, et, tout d'une voix, les donna à Benserade, qui ne fit point de façons d'en recevoir les compliments, sans néanmoins se livrer avec trop d'imprudence. Le grand seigneur qui le protégeait était ravi de le voir triompher, et il en tirait vanité comme s'il avait été lui-même l'auteur de ces vers. Mais quand Molière eut bien préparé sa vengeance, il déclara publiquement qu'il les avait faits, ce qui piqua également et Benserade et son protecteur. »

> Tout petit prince a des ambassadeurs;
> Tout marquis veut avoir des pages.

Le bon Lafontaine possédait à fond l'art des faiblesses humaines. La vanité, ce vice de tout le monde, trouve toujours un petit coin de notre individu où se fourrer. On a beau se précautionner contre les indiscrétions naturelles, le bout de l'oreille finit toujours par passer. Molière comprenait, lui aussi, et mieux que personne, les imperfections innées de l'espèce bipède, et lorsqu'il voulait mettre au jour un vice ou un ridicule, il en connaissait l'endroit sensible. *Le Bourgeois gentilhomme* est une preuve de cette haute intelligence qui place Molière au-dessus de tous les auteurs comiques. Avant de se faire applaudir à Paris, *le Bourgeois gentilhomme* fit ses premiers pas à Chambord. Il y fut d'abord mal reçu.

« Louis XIV, écrit Grimarest, n'en dit pas un mot à son souper, et ce silence, qui fut pris pour une improbation, donna carrière à toutes les décisions précipitées du mauvais goût.

« — Molière n'y est plus, disait le duc de *** ; assurément, il nous prend pour des grues de croire nous divertir avec de telles pauvretés. Que veut-il dire avec son *Halaba babachou?* ajoutait M. le duc de ***. Le pauvre homme extravague ; il est épuisé. Si quelque autre auteur ne prend le théâtre, il va tomber. Cet homme-là donne dans la farce italienne.

« Il se passa cinq jours avant qu'on représentât cette pièce pour la seconde fois, et, pendant ces cinq jours, Molière n'osa se montrer ; il envoyait seulement Baron à la découverte ; mais celui-ci lui rapportait toujours de mauvaises nouvelles : toute la cour était révoltée. Mais quel fut le triomphe de Molière, lorsqu'après la seconde représentation, le roi, qui n'avait point encore porté son jugement, eut la bonté de lui dire :

« — Je ne vous ai point parlé de votre pièce à la première représentation, parce que j'ai appréhendé d'être séduit par la manière dont elle avait été représentée ; mais, en vérité, Molière, vous n'avez rien fait qui m'ait tant diverti, et votre pièce est excellente ! »

« Le roi avait à peine achevé ces paroles, que Molière se vit accablé des louanges des courtisans, qui tous, d'une voix, répétaient ce qu'ils venaient d'entendre.

« — Cet homme-là est inimitable, disait le même duc de *** ;

il y a une *vis comica* dans tout ce qu'il fait, que les anciens n'ont pas aussi heureusement rencontrée que lui. »

« C'est ainsi que le jugement du roi redressa celui de ses courtisans.

« La pièce fut plus heureuse à Paris qu'à la cour. Dès la première représentation, rien ne manqua à son succès : chaque bourgeois croyait y reconnaître son voisin, peint au naturel, et l'on ne se lassait pas d'aller voir ce portrait.

« Quelques personnes prétendent que Molière peignit le caractère du *Bourgeois gentilhomme* d'après un chapelier nommé *Gandoin*, qui était atteint du même ridicule ; mais cette anecdote est au moins douteuse, puisqu'il est prouvé que Molière ne connut jamais ce personnage. »

Les trois premiers actes du *Bourgeois gentilhomme* abondent en détails piquants, et peuvent être hardiment comparés à ce que Molière a composé de plus parfait. Quant aux deux derniers, quoique d'une grande iuvraisemblance et tombant dans la charge, ils sont écrits avec une verve si bouffonne, que la critique oublie, dans les bonnes expansions du rire, jusqu'à la pensée de se montrer sévère. Molière, même dans les farces les plus outrées, savait si bien ménager ses ressources, que telle situation qui, chez un autre auteur, aurait excité le dégoût, devenait, sous sa plume, sinon toujours délicatement amenée, du moins conçue avec tant de franchise et de gaîté, que ses ennemis les plus consciencieux trouvaient bien rarement son côté vulnérable.

Est-il rien de plus comique que la scène de *M. Jourdain* et du *Maître de philosophie?* « La sotte chose qu'un vieillard abécédaire ! a dit Montaigne. On peut continuer en tout temps l'étude, non pas l'écolage. » M. Jourdain se trouve tout entier le vieillard abécédaire du naïf et profond auteur des *Essais*; il est ignorant, il veut apprendre, et tout pour son esprit est étonnement et admiration. Il ne sacrifie pas cependant tout son temps à l'étude. S'il désire acquérir de la science, il veut aussi acquérir de la grâce et de l'aisance : aussi maître d'armes et maître de danse disputent-ils notre bon bourgeois au maître de philosophie et au maître de chant. M. Jourdain voudrait ressembler à un gentilhomme, et, s'il consentait à *avoir le fouet devant tout le monde pour savoir ce qu'on apprend au collège,* à combien d'épreuves ne se serait-il pas voué pour être salué d'un : *Mon gentilhomme!*

La crédulité de M. Jourdain a paru d'une invraisemblance impardonnable. « Cependant on trouve dans les annales de la Normandie un exemple de vanité encore plus singulier : l'abbé de Saint-Martin, qui employa une partie de sa fortune à orner la ville de Caen de plusieurs monuments utiles, et, entre autres, de fort belles fontaines, porta la crédulité aussi loin que *M. Jourdain,* puisqu'il s'imagina que le roi de Siam, ayant lu ses ouvrages, l'avait élevé à la dignité de mandarin, et qu'il fut reçu avec des cérémonies plus singulières que celles du *Bourgeois gentilhomme.* Le bon abbé resta toute sa vie persuadé qu'il était mandarin de Siam et marquis de Miskou, à la Nouvelle-France, et il ne manquait jamais de joindre tous ses titres à sa signature. Cette grande réception se fit à Caen, en 1686, c'est-à-dire seize ans après la première représentation du *Bourgeois gentilhomme.*

Malgré cela, *le Bourgeois gentilhomme* n'en fut pas moins regardé comme une des bonnes comédies de Molière. La musique de la cérémonie avait été confiée à Lully; caché sous le pseudonyme de Chiaccherone, il s'était chargé, à Chambord, du rôle du *Muphti,* dont il s'acquitta avec une bouffonnerie charmante.

Cette complaisance pour les amusements du roi devait, quelques années plus tard, lui être imputée à mal.

Lully ayant traité d'une charge de secrétaire du roi, se rendit auprès de la compagnie pour se faire recevoir ; mais ces messieurs lui répondirent unanimement qu'ils ne voulaient pas de farceur parmi eux. Il eut beau leur dire qu'il n'était monté que trois ou quatre fois sur le théâtre, et cela devant le roi, ils furent sourds. Tout dépité, Lully alla s'en plaindre à M. de Louvois.

— Les secrétaires du roi ont raison, lui dit M. de Louvois.

— Quoi ! monsieur, répondit Lully, si le roi vous ordonnait, tout ministre que vous êtes, de danser devant lui, vous le refuseriez ?

M. de Louvois, trouvant l'argument sans réplique, lui fit expédier dès le lendemain un ordre qui le fit recevoir.

« A l'époque du *Bourgeois gentilhomme*, dit l'auteur anonyme de la vie de Molière (1724), un ambassadeur turc était à la cour de France. Le roi, qui aimait à briller, lui donna audience avec un habit superbe, chargé de pierreries. Cet envoyé, sortant des appartements, témoigna de l'admiration pour la bonne mine et l'air majestueux du roi, sans dire un seul mot de la richesse des pierreries. Un courtisan, voulant savoir ce qu'il en pensait, s'avisa de le mettre sur ce chapitre, et eut pour réponse qu'il n'y avait rien là de fort admirable pour un homme qui avait vu le Levant, et que, lorsque le grand-seigneur sortait, son cheval était plus richement orné que l'habit qu'il venait de voir. Colbert, qui entendit cette réponse, recommanda à Molière celui qui l'avait faite ; et comme Molière travaillait alors au *Bourgeois gentilhomme*, et qu'il savait que l'excellence turque viendrait à la comédie, il imagina le spectacle ridicule qui sert de dénoûment à la pièce. Je tiens ce fait d'une personne encore vivante, qui était alors à la cour. Quant à l'exécution, il est à remaquer que Lully, qui était aussi excellent grimacier qu'excellent musicien, voulut chanter lui-même le rôle du *Muphti*, en quoi personne n'a été capable de l'égaler. L'ambassadeur, qu'on voulait mortifier par cette extravagante peinture des cérémonies de sa nation, en fit une critique fort modérée. Il trouva à redire qu'on donnât la bastonnade sur le dos au lieu de la donner sur la plante des pieds, comme c'est l'usage. Molière répondit qu'il n'avait pas prétendu représenter au juste les cérémonies turques, mais en imaginer une qui fût risible; et nous devons avouer qu'il a réussi. »

Mademoiselle Beauval, actrice depuis peu de la troupe du Palais-Royal, devait jouer le rôle de *Nicole*.

Cette actrice riait toujours. Ce tic nuisait beaucoup à la vérité de son jeu. Le roi, qui ne pouvait lui pardonner ce défaut, dit à Molière qu'il fallait donner ce rôle à une autre. Molière représenta au roi que, la pièce devant être représentée dans quelques jours, il était impossible qu'une autre personne pût apprendre ce rôle dans un temps si court; et, comme il tenait à conserver mademoiselle de Beauval, dont le talent était indispensable à sa troupe, il s'appliqua à donner à *Nicole* toutes les moindres façons de parler de mademoiselle Beauval, si bien que le malheureux tic de celle-ci devait nécessairement faire partie du rôle; de sorte que mademoiselle Beauval joua le rôle de *Nicole* d'une façon si divertissante qu'après la pièce, le roi dit à Molière :

— Je reçois votre actrice.

Molière n'était pas un homme à reculer devant un sacrifice

de temps et de peine pour apporter quelques améliorations dans le personnel de sa troupe.

« Le spectacle de l'opéra, connu en France sous le ministère du cardinal Mazarin, était tombé par sa mort. Il commençait à se relever. Perrin, introducteur des ambassadeurs chez Monsieur, frère de Louis XIV; Cambert, intendant de la musique de la reine-mère, et le marquis de Sourdéac, homme de goût, qui avait du génie pour les machines, avaient obtenu, en 1669, le privilége de l'opéra, mais ils ne donnèrent rien au public jusqu'en 1671. On ne croyait point alors que les Français pussent soutenir trois heures de musique, et qu'une tragédie toute chantée pût réussir. On pensait que le comble de la perfection est une tragédie déclamée avec des chants et des danses dans les intermèdes. On ne songeait pas que, si une tragédie est belle et intéressante, les entr'actes de musique doivent en devenir froids, et que, si les intermèdes sont brillants, l'oreille a peine à revenir tout d'un coup du charme de la musique à la simple déclamation. Un ballet peut délasser dans les entr'actes d'une pièce ennuyeuse; mais une bonne pièce n'en a pas besoin. Ce ne fut que quelques années après que Lully et Quinault nous apprirent qu'on pouvait chanter une tragédie, comme on faisait en Italie, et qu'on pouvait même la rendre intéressante, perfection que l'Italie ne connaissait pas.

« Depuis la mort du cardinal Mazarin, on n'avait donc donné que des pièces à machines, avec des divertissements en musique, telles qu'*Andromède* et *la Toison d'or*. On voulut donner au roi et à la cour, pour l'hiver de 1670, un divertissement dans ce goût, et y ajouter des danses. Molière fut chargé du sujet de la

Fable le plus ingénieux et le plus galant, et qui était alors en vogue par le roman trop allongé que Lafontaine venait de donner en 1669.

« Il ne put faire que le premier acte, la première scène du second, et la première du troisième. Le temps pressait. Pierre Corneille se chargea du reste de la pièce ; il voulut bien s'assujétir au plan d'un autre, et ce génie mâle, que l'âge rendait sec et sévère, s'amollit pour plaire à Louis XIV. L'auteur de *Cinna* fit, à l'âge de soixante-sept ans, cette déclaration de Psyché à l'Amour, qui passe encore pour un des morceaux les plus tendres et les plus naturels qui soient au théâtre.

« Toutes les paroles qui se chantent sont de Quinault ; Lully composa les airs. Il ne manquait à cette société de grands hommes que le seul Racine, afin que tout ce qu'il y eut jamais de plus excellent au théâtre se fût réuni pour servir un roi qui méritait d'être servi par de tels hommes.

« *Psyché* n'est pas une excellente pièce, et les derniers actes en sont très languissants ; mais la beauté du sujet, dont elle fut embellie, et la dépense royale qu'on fit pour ce spectacle, firent pardonner ses défauts. »

A part quelques expressions tant soit peu courtisanesques, ce commentaire historique de la pièce de *Psyché* ne laisse rien à désirer ; tant par l'exactitude des faits que par la vérité du jugement. Je m'empresse d'autant plus à rendre cette justice à l'auteur de *la Pucelle*, que la bonne foi narrative n'est pas chez lui un défaut d'habitude. Quoi qu'on en puisse dire, je n'ai jamais eu grande confiance dans le jugement de M. Arouet de Voltaire, et je ne connais pas d'écrivain qui fasse l'Aristarque à meilleur marché et avec plus d'insolence.

Psyché était jouée par mademoiselle Molière, et Baron paraissait sons les traits de l'*Amour*. Dans ce rôle, mademoiselle Molière apportait tant de grâces, elle était si séduisamment belle, que Baron représenta l'*Amour* dans la perfection. Il paraît aussi que mademoiselle Molière fut admirable de naïveté et d'expression ; les tendres soupirs s'échappaient de son cœur sans efforts, et renfermaient des notes si persuasives, que Baron, beau jeune homme, bien digne de représenter l'Amour, y répondait par des soupirs plus tendres et plus expressifs encore. Molière, de la coulisse, voyait l'illusion faire place à la réalité et l'Amour redevenir Baron, et mademoiselle Molière oublier qu'elle était sa femme. En effet, le jeune Baron avait trouvé mademoiselle Molière si enivrante dans le rôle de *Psyché*, qu'il s'était senti naître au cœur, malgré lui, des sentiments affectueux pour elle, et mademoiselle Molière avait si bien remarqué les formes élégamment belles du jeune Baron, que l'Amour eut peu de chose à faire pour la persuader. La chronique prétend que, de cette époque, mademoiselle Molière ne s'emporta plus jusqu'à donner des soufflets à l'élève de son mari. Je raconte ce fait sans le garantir, et pour ce qu'il vaut. On sait quel degré de confiance mérite une chronique scandaleuse.

La scène de la déclaration, que Corneille écrivit à soixante-sept ans, est un chef-d'œuvre de grâce, de naïveté et de sentiment. On est tout étonné qu'un vieillard ait pu trouver dans son cœur assez de fraîcheur, assez de douceur d'expressions, pour rendre d'une manière aussi pure les transports de l'amour. Cela prouve combien est vraie la pensée du poète :

. . . . . Au cœur on n'a jamais de rides.

La peinture que fait l'Amour de la jalousie est surtout d'une naïveté ravissante. Seulement, Corneille a emprunté la pensée de ses vers à un vieux poète français, Théophile, l'auteur de *Pyrame et Thisbé*, tragédie jouée en 1617.

De même que Thisbé ne peut comprendre la jalousie de Pyrame, Psyché se plaint de la jalousie de l'Amour. Pyrame répond à Thisbé :

>Mais je me sens jaloux de tout ce qui te touche,
>De l'air, qui si souvent entre et sort par ta bouche ;
>Je crois qu'à ton sujet le soleil fait le jour
>Avecque des flambeaux et d'envie et d'amour.
>Les fleurs que, sous tes pas, tous les chemins produisent,
>Dans l'honneur qu'elles ont de te plaire me nuisent.
>Si je pouvais complaire à mon jaloux dessein,
>J'empêcherais tes yeux de regarder ton sein ;
>Ton ombre suit ton corps de trop près, ce me semble,
>Car tous deux seulement devons aller ensemble.
>Bref, un si rare objet m'est si doux et si cher,
>Que ta main seulement me nuit à te toucher.

L'Amour répond à Psyché :

>Je le suis, ma Psyché, de toute la nature :
>Les rayons du soleil vous baisent trop souvent ;
>Vos cheveux souffrent trop les caresses du vent :
>>Dès qu'il les flatte, j'en murmure.
>>L'air même que vous respirez,
>Avec trop de plaisir passe par votre bouche ;
>>Votre habit de trop près vous touche,

Et, sitôt que vous respirez,
Je ne sais quoi, qui m'effarouche,
Craint, parmi vos soupirs, des soupirs égarés.

Je n'ai pu m'empêcher de me laisser aller au plaisir de mettre en regard ces deux peintures inimitables. Maintenant, s'il fallait faire un choix, mon embarras serait grand, car elles sont toutes deux, à mon avis, d'une même délicatesse d'expression, d'une même simplicité de sentiment, qui suspendent le jugement dans une muette admiration.

Le 24 mai 1671, *les Fourberies de Scapin* furent représentées au Palais-Royal. Molière avait réuni dans cette pièce toutes les situations les plus bouffonnes. *Le Phormion*, de Térence, lui avait fourni le sujet, et, prenant un peu à gauche, un peu à droite, dans les auteurs contemporains, il était parvenu à former un tout des plus comiques et des plus réjouissants. Il ne s'était pas fait scrupule de prendre deux scènes du *Pédant joué*, de Cyrano de Bergerac, et de les insérer dans sa nouvelle pièce. Lorsqu'on lui reprochait cet emprunt, il répondait :

— Les deux scènes sont assez bonnes ; cela m'appartenait de droit. Il est permis de reprendre son bien partout où on le trouve.

« Molière, disait l'auteur de *la Guerre comique*, ou *la Défense de l'École des femmes*, lit tous les livres satiriques. Il pille dans l'italien, il pille dans l'espagnol. Il n'y a point de bouquin qui ne se sauve de ses mains ; mais le bon usage qu'il fait de ces choses le rend encore plus louable. »

« Pour réussir, disait l'auteur de *Zélinde*, il faut prendre la manière de Molière : lire tous les livres satiriques ; prendre dans l'espagnol, dans l'italien, et lire tous les vieux bouquins. Il faut avouer que c'est un galant homme, et qu'il est louable de savoir se servir de tout ce qu'il lit de bon. »

Pour comprendre tout ce que renferment d'acerbe et de méchant ces deux citations, il suffit de savoir que les auteurs de *la Guerre comique* et de *Zélinde* étaient les ennemis jurés de Molière. Ces coups d'épingle n'empêchaient pas l'acteur comique de poursuivre sa voie, et de butiner toutes les fois que l'occasion s'en présentait.

Boileau a écrit, dans son *Art poétique* :

> C'est par là que Molière, illustrant ses écrits,
> Peut-être, de son art, eût remporté le prix,
> Si, moins ami du peuple, en ses doctes peintures,
> Il n'eût pas fait souvent grimacer ses figures,
> Quitté pour le bouffon l'agréable et le fin,
> Et, sans honte, à Térence allié Tabarin.
> Dans le sac ridicule où Scapin s'enveloppe,
> Je ne reconnais pas l'auteur du Misanthrope.

Boileau est injuste. *Les Fourberies de Scapin* sont une farce ; mais cette farce n'est pas indigne de la plume de Molière. Est-il possible de s'imaginer un caractère plus spirituellement coquin que celui de Scapin ? Les deux premiers actes surtout sont écrits avec une verve inimaginable. Aussi, on ne comprend pas comment Boileau a pu écrire ce vers :

> Peut-être, de son art, eût remporté le prix.

Ce *peut-être* fait tache, sans contredit, dans le jugement du célèbre satirique. « Qui aura donc ce prix, si Molière ne l'a pas ? » Bravo ! Voltaire ; cette exclamation est noble, elle vaut *presque* une réhabilitation.

« Le roi s'étant proposé de donner un divertissement à Madame, à son arrivée à la cour, choisit les deux plus beaux endroits des ballets qui avaient été représentés devant lui depuis plusieurs années, et ordonna à Molière de composer une comédie qui enchaînât tous ces morceaux différents de musique et de danse. Molière composa pour cette fête *la Comtesse d'Escarbagnas*, comédie en prose, et une pastorale. Ce divertissement parut à Saint-Germain-en-Laye, au mois de décembre 1671, sous le titre de *Ballet des Ballets*. Ces deux pièces composaient sept actes, qui étaient précédés d'un prologue, et qui étaient suivis d'un intermède. *La Comtesse d'Escarbagnas* ne parut sur le théâtre du Palais-Royal qu'en un acte, au mois de juillet 1672, telle qu'on la joue encore aujourd'hui, et telle qu'elle a été imprimée. Il y a apparence qu'elle a été divisée d'abord en plusieurs actes.

« La pastorale, dont il n'existe rien, précédait sans doute la vingt-unième scène ; car c'est là que tout le monde est assemblé pour voir le divertissement que la comtesse doit recevoir du vicomte. Cette pastorale était sans doute divisée en plusieurs actes. La liste des acteurs, où mademoiselle Molière est nommée deux fois, nous apprend que cette actrice y paraissait tantôt sous la figure d'une bergère, et tantôt sous les habits d'un berger. »

La Comtesse d'Escarbagnas n'est, à proprement parler, que l'esquisse d'un grand tableau. Les mœurs de la province, que Molière a mises en jeu dans cette pièce, y sont dépeintes d'une manière fort incomplète ; cependant, le peu de ridicules qu'il en fait ressortir sont racontés avec cette finesse d'esprit, avec cette vérité de critique, que Molière apportait toujours dans ses moindres travaux. Tous ces caractères, quoique chargés, sont pris dans la nature, et cette comédie, tout exagérée qu'elle se montre, n'en demeure pas moins une création fort originale. Il n'est pas une ville de province qui ne possède *une Comtesse d'Escarbagnas.*

Madame de Villarceaux, dont le mari était l'amant aimé de Ninon de l'Enclos, avait un jour beaucoup de monde chez elle. On demanda à voir son fils. Il parut, accompagné de son précepteur. On loua son esprit. La mère, voulant donner une valeur réelle à ces éloges, pria le précepteur d'interroger son élève sur les dernières choses qu'il avait apprises.

—Allons, monsieur le marquis, dit le grave pédagogue : *Quem habuit successorem Belus, rex Assyriorum ?*

— *Ninum,* répondit le jeune marquis.

Madame de Villarceaux, frappée de la ressemblance de ce nom avec celui de Ninon, ne put se contenir.

— Voilà, dit-elle, de belles instructions à donner à mon fils, que de l'entretenir des folies de son père.

Le précepteur eut beau protester qu'il n'y entendait pas malice, rien ne fut capable d'apaiser madame de Villarceaux.

Molière paraît avoir emprunté à cette anecdote dans la dix-neuvième scène de *la Comtesse d'Escarbagnas.*

Les Femmes savantes suivirent de près *la Comtesse d'Escarbagnas,* et, dans cette comédie, Molière donna de nouvelles preuves de cette puissance de génie qui lui était propre, et dont il se servait avec tant d'adresse et de bonheur. *Les Femmes savantes*, jouées sur le théâtre du Palais-Royal, le 11 mars 1672, furent cependant accueillies froidement à la première représentation. Elles mettaient en relief un nouveau ridicule, et les gens ridicules n'aiment pas qu'on les joue. Aussi la cabale réunit-elle toutes ses forces pour en empêcher le succès. Le roi n'avait pas dit ce qu'il en pensait : aussi les mêmes désagréments que Molière avait éprouvés au *Bourgeois gentilhomme* se renouvelèrent.

— Le dénoûment est sec et sans intérêt, disait l'un.

— Il ne convient qu'à des gens de lecture, disait l'autre.

— Que m'importe, disait le marquis ***, de voir le ridicule d'un pédant? Est-ce un caractère à m'occuper? Que Molière en prenne à la cour, s'il veut me faire plaisir.

— Où a-t-il été déterrer ces sottes femmes? répondait le comte ***. Il n'y a pas un mot pour rire à tout cela pour l'homme de cour et pour le peuple.

Mais, à la seconde représentation, qui eut lieu à Saint-Cloud, Louis XIV ayant dit à Molière qu'il trouvait sa pièce excellente, les courtisans changèrent tout à coup de langage, et firent chorus de louanges.

« *Les Précieuses*, représentées treize ans avant *les Femmes savantes*, dit Boileau, avaient montré le ridicule du jargon des ruelles et des romans; mais l'envie de se distinguer n'était pas éteinte, et, puisqu'on ne pouvait plus y parvenir par le *langage précieux*, on entra dans une nouvelle carrière, qui n'était pas moins périlleuse. On se piqua de purisme et de correction, comme on s'était piqué de recherche et d'afféterie. Les travaux de Vaugelas et de Ménage avaient mis à la mode les discussions grammaticales, et la grammaire devint le sujet des belles conversations. On y joignit le goût des sonnets et des madrigaux, et enfin celui de la science et de la philosophie. Descartes avait alors beaucoup de vogue : on venait de le substituer à Aristote dans toutes les écoles, et, cette grande dispute pénétrant dans les salons, il n'était pas rare d'entendre les sociétés les plus frivoles parler des *tourbillons* et de *l'horreur du vide*. Alors, toutes les femmes se livrèrent aux spéculations de la physique et de l'astronomie, et le soin même de leur beauté parut quelque temps céder à cette nouvelle passion. »

« Tous ceux qui sont au fait de l'histoire littéraire de ce temps-là, a écrit Voltaire, savent que Ménage y est joué sous le nom de *Vadius*, et que *Trissotin* est le fameux abbé Cotin, si connu par les satires de Despréaux. Ces deux hommes étaient, pour leur malheur, ennemis de Molière. Ils avaient voulu persuader au duc de Montausier que *le Misanthrope* était fait contre lui. Quelque temps après, ils avaient eu, chez Mademoiselle, fille de Gaston de France, la scène que Molière a si bien rendue dans *les Femmes savantes*.

« Le malheureux Cotin écrivait également contre Ménage, contre Molière et contre Despréaux. Les satires de Despréaux l'avaient déjà couvert de honte, mais Molière l'accabla. *Trissotin* était appelé, aux premières représentations, *Tricotin*. L'acteur (La Thorillière) qui le représentait avait affecté, autant qu'il avait pu, de ressembler à l'original, par la voix et par les gestes. Enfin, pour comble de ridicule, les vers de *Trissotin*, sacrifiés sur le théâtre à la risée publique, étaient de l'abbé Cotin même. »

Molière, pour rendre encore le portrait plus frappant, avait fait acheter un des habits du malencontreux abbé.

Ménage disait, à propos de cette scène :

« On dit que *les Femmes savantes*, de Molière, sont mesdames de ***, et l'on me veut faire accroire que je suis le savant qui parle d'un ton doux. Ce sont choses cependant que Molière désavoue. »

L'effet que produisirent *les Femmes savantes* sur Cotin et sur ses admirateurs fut prodigieux. Bayle s'est plu à en conserver le souvenir dans sa *Réponse aux Questions d'un Provincial*. Ce passage est curieux.

« Cotin, qui n'avait été que trop exposé au mépris public par les satires de M. Despréaux, tomba entre les mains de Molière, qui acheva de ruiner sa réputation, en l'immolant, sur le théâtre, à la risée de tout le monde. Je vous nommerais, si cela était nécessaire, deux ou trois personnes de poids, qui, à leur retour de Paris, après les premières représentations des *Femmes savantes*, racontèrent en province qu'il fut consterné de ce coup; qu'il n'osait plus se montrer; que ses amis l'abandonnèrent; qu'ils se firent une honte de convenir qu'ils eussent eu avec lui quelques liaisons, et, qu'à l'exemple des courtisans, qui tournent le dos à un favori disgracié, ils firent semblant de ne pas connaître cet ancien ministre d'Apollon et des neuf Sœurs, déclaré indigne de sa charge et livré au bras séculier des satiriques. Je veux croire que c'étaient des hyperboles; mais on n'a pas vu, depuis ce temps-là, qu'il ait donné nul signe de vie, et il y a toute apparence de croire que le temps de sa mort serait inconnu, si la réception de M. l'abbé Dangeau, son successeur à l'Académie française, ne l'avait notifié. Cette réception fut cause que M. de Visé, qui l'a décrite avec beaucoup d'étendue, dit, en passant, que M. l'abbé Cotin était mort au mois de janvier 1682. Il ne joignit à cela aucun mot d'éloge, et vous savez que ce n'est pas sa coutume. Les extraits qu'il donna amplement de la harangue de M. l'abbé Dangeau nous font juger qu'on s'arrêta peu sur le mérite du prédécesseur, et qu'il semblait qu'on marchait sur la braise en cet endroit-là. Rien n'est plus contre l'usage que cette conduite. La réponse du directeur de l'Académie, si nous en jugeons par les extraits, fut entièrement muette par rapport au pauvre défunt. Autre inobservation de l'usage. Je suis sûr que vous voudriez que M. Despréaux ait succédé à Cotin ; l'embarras qu'il aurait senti en composant sa harangue aurait produit une scène fort curieuse ! Mais que direz-vous du sieur Richelet, qui a publié que l'on enterra Cotin à Saint-Merri, en 1673 ? Il lui ôte huit ou neuf années de vie ; et ils demeuraient l'un et l'autre dans Paris. M. Baillet le croyait encore vivant en 1684. Voilà une grande marque d'abandon et d'obscurité. Quelle révolution dans la fortune d'un homme de lettres ! Il avait été loué par des écrivains illustres ; il était de l'Académie française depuis quinze ans ; il s'était signalé à l'hôtel du Luxembourg et à l'hôtel de Rohan ; il y exerçait la charge de bel-esprit juré, et comme en titre d'office, et personne n'ignore que les nymphes qui y présidaient n'étaient pas dupes. Ses *OEuvres galantes* avaient eu un si prompt débit, et il n'y avait pas fort longtemps qu'il avait fallu que la deuxième édition suivît de près la première ! Et voilà que, tout d'un coup, il devient la risée publique, et qu'il ne se peut jamais relever de cette funeste chute. »

La comédie des *Femmes savantes* peut être placée à côté du

Misanthrope et du *Tartufe*. Ainsi que ces deux chefs-d'œuvre, elle renferme une parfaite connaissance du cœur humain, jointe à une haute critique morale. Dans *les Femmes savantes*, rien ne manque ; l'intrigue se déroule sans efforts, et le dénoûment, sagement amené, est un des plus parfaits qui soient au théâtre.

Enfin, au commencement de l'année 1673, parut *le Malade imaginaire*.

« Les comédies-ballets composées par Molière (à l'exception des *Fâcheux*, la première de toutes) avaient été demandées par Louis XIV lui-même, et représentées d'abord devant lui, sur le théâtre de la cour. Il paraît que, cette fois, Molière ne reçut pas d'ordre du roi, et que ce fut de son propre mouvement qu'il fit *le Malade imaginaire*. On peut même douter que le projet de cette comédie ait été fait, comme il est dit en tête du prologue, pour délasser le roi de ses nobles travaux. Mais, au moins, Molière, voulant célébrer le retour de ce prince, accommoda sa pièce à la circonstance, en y attachant ce même prologue, où sont chantés les exploits de la glorieuse campagne de Hollande. *Le Malade imaginaire* fut représenté, pour la première fois, le 10 février 1673, sur le théâtre du Palais-Royal, et il ne fut joué devant le roi que le 19 juillet 1674, dans la troisième journée d'une fête donnée à Versailles, au retour de la conquête de la Franche-Comté. Molière alors n'existait plus. La mort de ce grand homme se lie à l'histoire de cette excellente comédie ; elle est comme un triste épisode de ce dernier acte de sa vie dramatique et théâtrale, et ce souvenir douloureux vient se mêler involontairement au compte qu'il faut rendre d'un chef-d'œuvre de gaîté comique. »

Le début du *Malade imaginaire* est une des plus belles conceptions de l'art comique. Je ne connais au théâtre que celui du *Misanthrope* qui puisse lui être comparé. Quelle admirable exposition ! Point de préambule : la scène s'ouvre ; Argan est seul, et cependant à peine a-t-il prononcé quelques mots, que le spectateur comprend tout l'esprit de la comédie.

« L'action s'y présente d'elle-même, a dit Boileau, et le monologue d'Argan, quelque long qu'il soit, ne le paraît point, parce qu'il est de la meilleure plaisanterie. Son impatience, ces cris d'un homme robuste et sain, *quoiqu'on le laisse mourir seul*, à ce qu'il dit, annoncent de la façon la plus heureuse, la plus simple et la plus gaie, le caractère singulier que Molière se propose de peindre. »

Dans les détails si plaisants du compte de M. Fleurant, il se trouve un article qui cache, sous son enveloppe comique, une pensée pleine d'amertume et de découragement :

« Plus, dudit jour, le soir, un julep hépatique, soporatif et somnifère, composé pour faire dormir monsieur : trente-cinq sols. »

« — Je ne me plains pas de celui-là, car il me fit bien dormir. »

Pauvre Molière ! En lisant cette phrase : *car il me fit bien dormir*, on se sent le cœur serré, et les yeux se remplissent involontairement de larmes. C'est que toutes les souffrances que le mari d'Armande Bejart eut à éprouver vous apparaissent tout à coup, hideuses et toujours prêtes à ce cri de détresse parti d'un cœur fatigué d'une lutte incessante : *car il me fit bien dormir !* Si le sommeil n'est pas le bonheur, il est l'oubli des peines : celui qui souffre et qui *peut* dormir doit donc s'estimer presque heureux.

« Dans le temps que Molière composait *le Malade imaginaire*, il cherchait un nom pour un lévrier de la Faculté, qu'il voulait mettre sur le théâtre. Il trouva un garçon apothicaire, armé d'une seringue, à qui il demanda quel but il voulait coucher en joue. Celui-ci lui apprit qu'il allait seringuer de la beauté à une comédienne.

« — Comment vous nommez-vous? reprit Molière. »

« Le postillon d'Hippocrate lui répondit qu'il s'appelait Fleurant. Molière l'embrassa, en lui disant :

« — Je cherchais un nom pour un personnage tel que vous. Que vous me soulagez en m'apprenant le vôtre !

« Le clystériseur qu'il mit sur le théâtre, dans *le Malade imaginaire*, s'appelle *Fleurant*. Comme on sut l'histoire, tous les petits-maîtres, à l'envi, allèrent voir l'original du *Fleurant* de la comédie. Il fit force connaissances. La publicité que Molière lui donna, et la science qu'il possédait, lui firent faire une fortune rapide, dès qu'il devint maître apothicaire. En le ridiculisant, Molière lui ouvrit la voie des richesses. »

Cette anecdote est fort peu croyable, et les auteurs des *Anecdotes dramatiques*, en lui donnant une place dans leur spirituel recueil, ont eu, sans doute, moins l'intention de rapporter un fait véridique que d'enregistrer une plaisanterie de plus. En effet, cette anecdote s'écarte tout à fait de la dignité du caractère de Molière; il est impossible qu'il se soit oublié à ce point. Cependant tous les commentateurs l'ont adoptée; mais seulement les versions sont différentes. Celle des auteurs des *Anecdotes dramatiques* m'a paru plus drôlement racontée, et, vaille que vaille, je m'en suis emparé, en prévenant toutefois le lecteur de lui accorder une confiance fort mesurée.

« La première fois que cette comédie fut jouée, l'honnête homme (*Béralde*) répondait à l'apothicaire :

« — Allez, monsieur, on voit bien que vous avez coutume de ne parler qu'à des culs.

« Tous les auditeurs s'en indignèrent. Au lieu qu'on fut ravi d'entendre, à la seconde représentation :

« — Allez, monsieur, on voit bien que vous n'avez pas accoutumé de parler à des visages.

« C'est dire la même chose, remarque Boursault, mais la dire plus finement. »

Cette expression, qui paraît avoir choqué, aurait été applaudie sur l'ancien théâtre ; mais Molière avait rendu ses spectateurs difficiles sur les règles de la décence. Quelquefois la licence de notre ancienne langue ajoutait à l'énergie de la pensée. Montaigne a dit :

« Après tout, nous avons beau monter sur des échasses, encore faut-il marcher de nos jambes, et au trosne du monde le plus élevé, ne sommes-nous assis que sur notre cul. »

Voltaire s'est prudemment récrié contre les expressions employées par Molière, telles que *carogne*, *cocu*, *fils de putain*. Il nous a paru d'une bouffonnerie sans exemple que le *pudibond* auteur de *la Pucelle* et des *Contes* se scandalisât à si bon marché.

Maintenant, l'anecdote suivante répondra aux écrivains qui ont prétendu que l'*Argan* du *Malade imaginaire* était d'une nature trop exceptionnelle, et que de semblables animaux ne se rencontraient que bien rarement.

Dans le courant de 1817, un procès fort curieux s'était jugé à Londres. Un riche célibataire avait fait, pendant vingt-cinq ans, une telle consommation de drogues, que le nombre seul des pilules qu'il avait prises dans le cours d'une année avait atteint le modeste chiffre de cinquante et un mille. Le compte fourni par l'apothicaire s'élevait à la somme de huit cents livres sterling (20,000 francs). Le malade n'avait rien trouvé à dire, ni sur la qualité ni sur la quantité des médicaments; mais, comme l'*Argan* de Molière, il voulait que *l'on vécût avec les malades*, et il prétendait que le prix réclamé par son *Fleurant* n'était pas raisonnable. Les juges, indécis, firent appeler deux médecins pour juger le cas. Ceux-ci ayant interrogé le patient sur le régime qu'on lui faisait suivre, voici sa réponse :

— Tous les jours, à deux heures et demie du matin, je prends deux cuillerées et demie de jalap, avec une certaine quantité d'élixir. Je dors ensuite parfaitement jusqu'à sept heures. Alors, on m'apporte une nouvelle dose de jalap et d'élixir. A neuf heures, j'avale quatorze petites et onze grosses pilules pour me fortifier l'estomac et m'éguiser l'appétit. A déjeûner, je bois un verre de lait pur. A onze heures, je prends une composition d'acide et d'alcali; plus tard, le *bolus*. A neuf heures du soir, je finis par avaler une autre composition anodine, et je vais me coucher.

La gravité des juges ne put tenir contre l'historique de ce plaisant régime, et le compte de l'apothicaire fut réduit de moitié.

Le latin macaronique qui compose la réception du docteur avait été fourni à Molière par Boileau, à un souper chez madame de la Sablière, auquel la spirituelle et belle Ninon, Lafontaine, Boileau, et plusieurs autres personnes de distinction se trouvaient invités.

Molière avait d'abord hésité à se rendre à l'invitation de madame de la Sablière. Le régime austère qu'il suivait était pour lui un empêchement majeur. Cependant, Boileau étant venu lui rappeler sa promesse, Molière ne crut pas devoir se dispenser de la tenir.

Quoique depuis quelque temps réconcilié avec sa femme, il avait été obligé, pour écarter tous nouveaux sujets de brouille, d'apporter quelques légers changements dans le régime qu'il lui avait été ordonné de suivre. Ce souper chez madame de la Sablière contribua encore à ruiner sa faible santé. Quoique sans s'être livré au moindre excès, la diversité des mets lui irrita la poitrine, qu'il avait déjà si malade, et, depuis cette époque, le mal ne fit qu'empirer.

Toutes les fois que Boileau voyait Molière, il ne manquait jamais de lui adresser des reproches sur l'imprudente activité qu'il apportait à représenter les principaux rôles de ses pièces. Un jour, entre autres, qu'il était venu lui rendre visite, ayant été témoin d'un de ces accès violents de toux, qui, sur les derniers temps de sa vie, étaient devenus presque habituels, le satirique lui dit, avec sa voix la plus amicale et la plus persuasive :

— Mon pauvre M. Molière, vous voilà dans un pitoyable état. La contention continuelle de votre esprit, l'agitation de vos poumons, sur votre théâtre, tout devrait vous déterminer à renoncer à la représentation. N'y a-t-il que vous dans la troupe qui puisse exécuter les premiers rôles? Contentez-vous de composer, et laissez l'action théâtrale à quelqu'un de vos camarades; cela vous fera plus d'honneur dans le public, qui regardera vos acteurs comme vos gagistes ; et vos acteurs, d'ailleurs, qui ne sont pas des plus souples avec vous, sentiront mieux votre supériorité.

— Ah ! monsieur, répondit Molière, que me dites-vous là ? Il y va de mon honneur de ne point quitter.

— Plaisant honneur ! s'écria le satirique, qui consiste à se noircir tous les jours le visage pour se faire une moustache de Sganarelle, et à dévouer son dos à toutes les bastonnades de la comédie. Voilà un beau point d'honneur pour un philosophe comme vous !

Alors Boileau se levait de mauvaise humeur, et, prenant son chapeau et sa canne, se disposait à sortir ; mais Molière lui tendait la main, tout en lui souriant, et, devant ce sourire, la mauvaise humeur du satirique s'évanouissait ; il serrait la main du poète-comédien, et la paix, troublée pour quelques instants, revenait plus calme que jamais.

Les trois premières représentations du *Malade imaginaire* avaient épuisé Molière ; le mal augmentait d'une manière effrayante ; et le jour où devait être représentée cette comédie pour la quatrième fois, vaincu par la douleur, Molière dut céder aux tortures intolérables qu'éprouvait sa poitrine épuisée. — Il comprit alors sa position désespérée.

— Tant que ma vie a été mêlée également de douleur et de plaisir, dit-il à Baron, je me suis cru heureux. Mais aujourd'hui, que je suis accablé de peines sans pouvoir compter sur aucun moment de satisfaction et de douceur, je vois qu'il me faut quitter la partie. Je ne puis tenir contre les douleurs et les déplaisirs qui ne m'accordent pas un instant de relâche. Mon Dieu ! ajouta-t-il, après quelques secondes de réflexion, qu'un homme souffre avant de mourir ! Ah ! je sens bien que je finis.....

La tristesse de cette confidence arracha des larmes à Baron, qui le sermonna amicalement, afin de le détourner de jouer le soir le rôle d'*Argan*, dont il s'était chargé. Armande Bejart se joignit à Baron pour lui faire entendre qu'il périrait à la tâche.

— Comment voulez-vous que je fasse? leur répondit-il; il y a cinquante pauvres diables qui n'ont que leur journée pour vivre. Que feront-ils, si je ne joue pas? Je me reprocherais d'avoir négligé de leur donner du pain un seul jour, le pouvant faire absolument.

Sur sa demande, Baron ayant fait avertir Lagrange, qui jouait, dans le *Malade imaginaire,* le rôle de *Cléante,* celui-ci accourut, suivi de tous ses camarades.

— Soyez prêts à quatre heures précises pour jouer la comédie, leur dit Molière ; sans cela, je ne puis m'y trouver, et vous rendriez l'argent.

A quatre heures précises, tout était prêt pour la représentation. Molière fut exact. Il représenta le *Malade imaginaire,* malgré une toux opiniâtre et des déchirements affreux. Mais, arrivé à la cerémonie, sur laquelle Charpentier avait composé de la musique, au moment où le président de la Faculté de médecine adresse cette question au bachelier récipiendiaire :

> Juras gardare statuta
> Per Facultatem præscripta,
> Cum sensu et jugeamento?

Argan répondit d'une voix brisée par la douleur :

> Juro!

Il lui prit alors une convulsion aiguë, qui n'échappa pas aux spectateurs, quoique Molière eût essayé de la dissimuler par un rire forcé.

A la fin de la pièce, que Molière voulut qu'on continuât, il s'enveloppa de sa robe de chambre, et monta dans la loge de Baron. Son visage était contracté par la souffrance, et ses jambes pouvaient le soutenir à peine.

— Vous me paraissez plus accablé que tout à l'heure, s'écria Baron, effrayé de l'affaissement funeste qui se faisait remarquer en lui.

— Cela est vrai, repartit Molière ; j'ai un froid qui me tue.

Baron lui ayant pris les mains dans les siennes, et les trouvant glacées, il les lui fourra dans son manchon pour les réchauffer. Ensuite, il appela ses porteurs, l'emmena promptement, et suivit, à pied, à côté de la chaise, de peur qu'il ne lui arrivât quelque accident.

« Une fois rendu chez lui, raconte Grimarest, Baron voulut lui faire prendre un bouillon : la Molière en avait toujours provision, car elle avait un soin extrême de sa personne.

« — Eh ! non, dit Molière, les bouillons de ma femme sont de vraie eau-forte : vous savez tous les ingrédients dont elle les compose. Donnez-moi plutôt un petit morceau de fromage de parmesan.

« Laforest lui en apporta ; il en mangea avec un peu de pain, après quoi il se fit mettre au lit. Il n'y eut pas été un moment, qu'il envoya demander à Armande un oreiller rempli d'une drogue qu'elle lui avait promis pour dormir.

« — Tout ce qui n'entre point dans le corps, dit-il, je l'éprouve volontiers ; mais les remèdes qu'il faut prendre me font peur : un rien suffirait pour m'ôter ce qui me reste de vie. »

En achevant ces paroles, sa toux redoubla, et cette quinte

ébranla si fortement ses poumons, qu'il se rompit une veine dans la poitrine, et que le sang lui sortit en abondance par les narines et la bouche. L'alarme se répandit aussitôt dans la maison.

Le vendredi, 17 février 1673, dans une chambre située rue Richelieu, et donnant vue sur le Palais-Cardinal, un homme agonisait. En ce moment, le marteau de l'antique pendule qui ornait cette chambre sonnait dix heures. Plusieurs personnes, tout en pleurs, entouraient le lit du mourant. Deux sœurs de charité, à genoux au pied du lit, priaient Dieu de leur prière la plus fervente. Ces deux saintes filles, reçues avec empressement dans cet intérieur, avaient employé tout ce que leur pure mission recelait de soins assidus et abnégants ; saintes femmes, anges de la terre, à qui il ne manquait que deux ailes pour en faire des anges du ciel, qui, quoique toutes faibles et toutes souffrantes, ne semblaient ressentir de faiblesses et de souffrances que pour l'homme aux prises avec la mort, elles qui n'avaient jamais opposé aux duretés et aux exigences de la maladie qu'un même sourire, qu'une même parole de consolation et d'amour. Elles savent si bien que la douleur se calme devant les soins de la charité ! En effet, il n'est pas de larmes, il n'existe pas de douleurs dont la femme ne sache le secret, et qu'elle ne puisse calmer pour quelques instants. Que serait la vie, sans cette vertu consolatrice ? Qu'auprès d'un mourant une femme prie et pleure, cette prière et ces pleurs ébranlent le malade, le font descendre en lui-même, arrêtent, pour ainsi dire, l'agonie, et la sublime pensée de Dieu, pénétrant sa pensée humaine, le force, en ce moment suprême, à apostasier sa vie d'erreurs. Que d'âmes égarées la sœur de charité n'a-t-elle pas ramenées pieusement dans la voie divine!

Le vendredi 17 février 1673, à dix heures du soir, dans une maison de la rue Richelieu, un homme venait de mourir.

Dans ses derniers moments il avait demandé un prêtre; son domestique s'était rendu aussitôt à l'église Saint-Eustache, afin de réclamer les secours de la religion. Deux ecclésiastiques, qui se trouvaient de service, ne voulurent pas se rendre auprès du malade, et le domestique fut obligé d'aller en réveiller un plus charitable. Mais, lorsqu'il revint auprès de son maître, celui-ci n'avait plus besoin de consolation : la mort avait devancé le prêtre. — Dix heures sonnaient, et Molière était âgé de cinquante-un ans un mois et deux jours.

Les deux ecclésiastiques qui oublièrent leur mission de miséricorde jusqu'au point de refuser les secours de la religion à un mourant doivent être marqués au front de l'épithète de misérables, par la plume de l'écrivain. Ces deux hommes s'appelaient Lenfant et Lechat. Quant au bon prêtre qui n'avait pas craint d'interrompre son sommeil pour consoler le mourant, il se nommait Paysan. Un des plus spirituels écrivains de notre époque a dit que, dans la différence de ces trois noms, se cache quelque chose de bizarre qui mérite d'être mentionné.

Les camarades de Molière avaient résolu de lui faire un convoi magnifique; mais le curé de Saint-Eustache, M. Merlin, s'y opposa. Harlay de Champvalon, archevêque de Paris, tué plus tard par ses débauches, « voulut que celui dont la carrière entière n'avait été qu'une bonne œuvre, dont la mort avait été celle d'un bon chrétien, demeurât sans sépulture. »

A la mort de cet archevêque, personne ne se présenta pour

se charger de l'oraison funèbre, « à cause de deux petites bagatelles qui rendaient cet ouvrage difficile : la vie et la mort, » écrivait madame de Sévigné. Il est à remarquer que les hommes qui affichent le rigorisme valent, généralement parlant, beaucoup moins que les autres. — La société, tout insouciante qu'elle paraît, ne laisse jamais passer une injustice sans se venger.

Chapelle, indigné de cette persécution posthume, la flétrit dans ces vers :

> Puisqu'à Paris on dénie
> La terre, après le trépas,
> A ceux qui, pendant leur vie,
> Ont joué la comédie,
> Pourquoi ne jette-t-on pas
> Les bigots à la voirie?
> Ils sont dans le même cas.

— Eh quoi! s'écria mademoiselle Molière à la nouvelle de l'arrêt de l'archevêque, on refusera la sépulture à celui qui, dans la Grèce, eût mérité des autels!

Elle se rendit à Versailles, accompagnée du curé d'Auteuil, se jeta aux pieds du roi, et se plaignit de l'injure qu'on faisait à la mémoire de son mari.

« — Si mon mari est criminel, sire, ses crimes ont été autorisés par votre majesté même. »

Louis XIV, froissé par ces paroles hardies, les congédia assez brusquement, en disant à mademoiselle Molière que cette affaire dépendait exclusivement de l'archevêque de Paris. Cependant Louis XIV ordonna à Harlay de Champvalon de ne pas s'opposer plus longtemps à l'inhumation de Molière. L'archevêque fut contraint de céder; mais il fit défense au curé de Saint-Eustache de recevoir le corps dans son église. Deux ecclésiastiques seulement l'accompagnèrent jusqu'au cimetière.

« La populace, dit Voltaire, qui ne connaissait, dans Molière, que le comédien, et qui ignorait qu'il avait été un excellent auteur, un philosophe, un grand homme dans son genre, s'attroupa en foule à la porte de sa maison, le jour de son convoi. Sa veuve fut obligée de jeter de l'argent par les fenêtres, et ces misérables, qui auraient, sans savoir pourquoi, troublé l'enterrement, accompagnèrent son corps avec respect. »

Le corps fut conduit, le 21 février au soir, au cimetière de Saint-Joseph, rue Montmartre. Tous ses amis suivirent le convoi, portant chacun un flambeau. — Cette procession marchait silencieuse et tête nue. — Comme le convoi traversait la rue Montmartre, un passant demanda à une femme quel était celui que l'on portait en terre.

— Eh! c'est ce Molière, répondit-elle.

Une autre femme, qui était à sa fenêtre, et qui l'entendit, s'écria :

— Comment, malheureuse! Il est bien monsieur pour toi!

Arrivé devant le cimetière, le cortége funèbre fut contraint de s'arrêter : les portes du lieu de repos étaient fermées. On fut obligé d'en envoyer chercher les clefs. En ce moment, La Thorillière aperçut ces méchants vers, qui se trouvaient placardés sur le mur.

>Il est passé, ce Molière,
>   Du théâtre à la bière ;
>Le pauvre homme a fait un faux bond ;
>Et ce tant renommé bouffon

N'a jamais su si bien faire
Le malade imaginaire,
Qu'il a fait le mort tout de bon.

Ausitôt que les portes furent ouvertes, le service s'acheva au milieu du plus profond recueillement. Aucune parole amie ne s'éleva à la louange du mort. — Les regrets étaient trop vifs pour être traduits. Le cœur n'a pas toujours à sa disposition des mots prêts, afin de rendre la douleur qu'il éprouve : les larmes sont alors son plus fidèle interprète. Les amis de Molière ne trouvèrent de forces que pour pleurer. De tout temps, de semblables oraisons funèbres furent rares.

Si Molière avait été sur le point de ne pas obtenir un tombeau, les épitaphes ne lui manquèrent point. Paris en fut infesté.

Un certain abbé ayant offert à M. le prince de Condé l'épitaphe suivante :

Ci-gît qui parut, sur la scène,
Le singe de la vie humaine,
Qui n'aura jamais son égal.
Mais, voulant de la mort, ainsi que de la vie,
Être l'imitateur, dans une comédie,
Pour trop bien réussir, il réussit très mal ;
Car la mort, en étant ravie,
Trouva si belle la copie,
Qu'elle en fit un original.

Le prince lui répondit brusquement en lui tournant le dos :

— Plût à Dieu, monsieur, que Molière me présentât la vôtre!

Parmi le grand nombre de ces pièces louangeuses ou satiriques, deux seulement méritent d'être conservées; l'une est due à la plume facile et aimante de Lafontaine, et l'autre au père Bouhours :

ÉPITAPHE DE MOLIÈRE

PAR

LAFONTAINE.

Sous ce tombeau gisent Plaute et Térence,
Et cependant le seul Molière y gît;
Il les faisait revivre en son esprit,
Par leur bel art réjouissant la France.
Ils sont partis, et j'ai peu d'espérance
De les revoir; malgré tous nos efforts,
Pour un long temps, selon toute apparence,
Plaute et Térence et Molière sont morts.

VERS DU P. BOUHOURS

SUR MOLIÈRE.

Ornement du théâtre, incomparable acteur,
    Charmant poète, illustre auteur,
    C'est toi dont les plaisanteries
Ont guéri du marquis l'esprit extravagant;
    C'est toi qui, par tes momeries,
As réprimé l'orgueil du bourgeois arrogant.
    Ta Muse, en jouant l'hypocrite,

A redressé les faux dévots ;
La précieuse, à tes bons mots,
A reconnu son faux mérite ;
L'homme ennemi du genre humain,
Le campagnard, qui tout admire,
N'ont pas lu tes écrits en vain :
Tous deux se sont instruits en ne pensant qu'à rire.
Enfin, tu réformas et la ville et la cour ;
Mais quelle en fut la récompense !
Les Français rougiront un jour
De leur peu de reconnaissance,
Il leur fallait un comédien
Qui mît à les polir sa gloire et son étude ;
Mais Molière, à ta gloire, il ne manque rien,
Si, parmi les défauts que tu peignis si bien,
Tu les avais repris de leur ingratitude.

Les médecins, que Molière avait joués avec tant d'esprit dans *le Malade imaginaire*, ne manquèrent pas d'exploiter sa mort à leur profit. Quelques-uns poussèrent même l'impudence jusqu'à prétendre qu'elle était d'un juste châtiment et d'un terrible exemple.

« Le docteur Maloin, dit Grimm, dans sa *Correspondance*, vrai médecin de la tête aux pieds, nous remontra, un jour, pour nous guérir de notre incrédulité, que les véritables grands hommes avaient toujours respecté les médecins et leur science.

« — Témoin Molière, s'écria l'un de nous.

« — Voyez aussi, reprit le docteur, comme il est mort !

Molière ne fut pas de l'Académie française à cause de sa profession ; la docte assemblée se serait crue déshonorée si un comédien eût pu prendre place au milieu de ses membres. Elle reconnaissait le mérite de Molière; mais son admission lui eût paru une mésalliance monstrueuse. Cependant, on prétend que, sur les derniers temps de la vie de Molière, l'Académie avait consenti à faire quelques légères concessions; tous les obstacles à la réception de Molière étaient levés à la condition expresse qu'il ne jouerait plus que dans le haut comique; ce que Molière paraît avoir accepté. Mais l'Académie française devait être punie par là où elle avait péché : elle s'était refusée à nommer un comédien : le poète meurt, et elle perd l'éclat que sa gloire aurait appelé sur elle. L'injustice commise par les contemporains du poète-comédien trouva plus tard une éclatante réparation. L'Académie française, en 1778, décida unanimement que, quoique Molière n'eût pas été un de ses membres, son buste serait placé dans la salle des assemblées, et que l'épitaphe suivante serait inscrite au bas :

Rien ne manque à sa gloire, il manquait à la nôtre.

Un homme sans titres de noblesse pour abriter son audace, sans richesses pour se rendre impunissable, se fait l'ennemi déclaré des vices de son siècle; cet homme possédait en lui cette puissance, cette volonté inébranlable qui n'appartiennent qu'aux hommes de génie; pas un vice, pas un abus, pas même un ridicule, fût-il grand ou petit, s'appelât-il marquis ou bourgeois, ne trouvait grâce devant lui. Méprisé de la cour, haï de la ville, il est applaudi et fêté par la cour et par la ville; et la raison morale de cet enthousiasme universel, c'est que la parole de cet homme atteignait toujours le but, sans égard pour les révérences des courtisans, sans pitié ni merci pour les grandes renommées.

Il disait de la cour :

« Les gens de qualité savent tout sans avoir jamais rien appris. »

Il disait des gens de robe :

« Ils ont contracté au barreau certaines habitudes de déclamation qui font qu'on dirait qu'ils chantent, et qu'on prendrait pour musique toutes leurs paroles. »

Il disait de la médecine :

« Il suffit d'avoir l'habit pour faire un bon médecin. »

Gens de cour, gens de robe, médecins, enfin tout homme qui tenait une place élevée dans son siècle, était en butte, sans exception aucune, à ses plaisanteries et à ses sarcasmes, et là où la plaisanterie ou le sarcasme de cet homme avait passé, il y avait aussitôt stigmate.

Molière était un intrépide batailleur, comme Bayard, sans peur et sans reproche. Abrité sous les ailes du génie, il défiait la haine et la calomnie ; et lorsque la haine et la calomnie hurlaient et se convulsionnaient autour de lui, le front calme et la pensée rayonnante, le philosophe écrivait ces chefs-d'œuvre dont la France s'honore.

Un certain M. Simonnin s'est amusé sérieusement à corriger les fautes d'élocution et de style qui se trouvent dans les comédies de Molière. — N'est-il pas ridicule de voir au XIXe siècle des écrivassiers prétendre éplucher, la grammaire à la main, les chefs-d'œuvre de l'auteur du *Misanthrope* et du *Tartufe*. — Cette incartade outrecuidante rappelle ces quatre messieurs de l'Académie, qui s'étaient évertués, mais vainement, à compléter les quelques vers inachevés de l'*Énéide*, de Virgile, ce qui leur valut cette épigramme : Quatre cruches n'ont pu remplir un vers.

Les notes que M. Simonnin a placées à la fin de chaque pièce de Molière prouvent combien la critique se fait hargneuse et suffisante lorsqu'elle est dominée par un esprit étroit.

En 1824, c'est-à-dire cent-cinquante ans après la mort de Molière, un soi-disant commentateur ose écrire les notes suivantes :

Une âme bien située, mauvaise locution.

Son amitié pour vous se fait paroître. Une amitié paraît et ne se fait pas paraître.

Être pis qu'un démon : c'est pire qu'il fallait dire.

Rapaiser, n'est plus français et peut-être ne l'a jamais été pour dire *apaiser*.

Dès qu'on voit qu'on nous mêle : la grammaire condamne l'emploi du pronom personnel *on*, dans la même phrase, pour deux sujets différents.

Aux corrections indigestes et malapprises de M. J. Simonnin Molière lui-même répond :

Je sais que vous parlez, monsieur, le mieux du monde ;
De beaux raisonnements vous abondez toujours ;
Mais vous perdez le temps et tous vos beaux discours.

Vouloir éplucher Molière ! Oh ! monsieur Simonnin.

. . . . Qu'il ne vous en déplaise,
Votre conduite, en tout, est tout à fait mauvaise.

Sans aucun doute, M. Simonnin, le puriste, doit être membre, entre autres académies, de cette académie des *Femmes savantes* dont les préceptes sont ainsi posés par Armande :

> Nous serons, par nos lois, les juges des ouvrages ;
> Par nos lois, prose et vers, tout nous sera soumis ;
> Nul n'aura de l'esprit, hors nous et nos amis.
> Nous chercherons partout à trouver à redire,
> Et ne verrons que nous qui sachent bien écrire.

Enfin, pour plus ample édification des admirateurs du génie de Molière, je les renvoie à l'édition de M. J. Simonnin ; Paris, Mame et Delaunay, éditeurs, rue Guénégaud, 25, — 1824.

L'Histoire du théâtre en France, pour être complète, n'a pas besoin de prendre l'acteur au berceau et de le suivre, jour par jour, servilement, dans les diverses pérégrinations de sa vie. — Quelquefois cependant, il apparaît devant elle des natures largement accentuées dont l'analyse seule, laborieusement étudiée, peut lui en faire comprendre toute la puissance et tout l'avenir ; alors l'histoire, la pensée en contemplation, recherche avidement les moindres détails qui composent ces natures splendides, en étudie l'organisation et appelle sur elles le grand jour de l'intelligence.

Lorsqu'une anecdote, sous le charme d'une douce causerie, se présente à elle, l'histoire la recueille avec soin, mais elle ne montre cet empressement religieux que pour les natures d'élite.

Écrire la vie d'un homme et en suivre le cours depuis sa source jusqu'à sa fin n'offre qu'aridité et monotonie.

La palette du bibliographe n'est pas ordinairement riche en couleurs ; elle ne peut briller que par l'exactitude des tons qu'elle fournit ; cependant, mais bien rarement, le bibliographe, renfermé systématiquement entre une date et un fait comme une phrase entre deux parenthèses, incidente sa narration et parvient à se faire lire presque couramment. Il est indispensable, pour échapper à la monotonie de la bibliographie, que le sujet ne soit pas ingrat.

L'écrivain le plus aristocratique, sans crainte de gâter son style, peut se faire le bibliographe d'hommes comme Molière.

Les anecdotes que j'ai rapportées sur Molière, extraites d'auteurs compétents en matière théâtrale, groupées autour des grandes œuvres de l'auteur-philosophe, loin d'en obscurcir les rayonnements, leur communiquent un éclat plus vif. Après le discours chaleureux de la tribune viennent les doux épanchements du foyer. — La pensée ne peut toujours s'étendre dans toute son envergure; elle s'assoupit et les méditations du cerveau en travail perdent de leur activité. — L'anecdote est la confidence que l'esprit fait au cœur, lorsque la pensée se repose dans l'intimité de la famille.

Depuis le commencement du règne de Louis XIV jusqu'à la mort de Molière, c'est-à-dire pendant quarante et un ans, un grand nombre d'acteurs s'étaient fait connaître à Paris, soit au théâtre de l'hôtel de Bourgogne, soit au théâtre du Marais. Mondori, Floridor, Dorimont, Laroque, Montfleury, de Villiers, Beauchâteau, Hauteroche, Poisson, Champmeslé, étaient des comédiens de mérite et fort goûtés alors du public. Mesdemoiselles Beauchâteau, d'Ennebaut, des Œillets, Champmeslé, savaient le secret des applaudissements. Je ne prétends pas donner l'historique des succès de ces différents acteurs; je me contenterai de relater ce qui me paraîtra le plus curieux dans leur vie d'artiste; bien d'autres noms se sont présentés à ma mémoire; mais je n'ai pas cru devoir, vu leur peu de valeur artistique, leur faire l'honneur de les rappeler au lecteur. J'ai déjà parlé des acteurs Mondori, Floridor, je ne reviendrai donc plus sur eux.

Dorimont avait succédé à Mondori. « Cet acteur, dit Chappuzeau, était bien fait et très capable dans sa profession, qui parlait bien et de bonne grâce, et dont l'on était fort satisfait. » On ignore la date de sa mort. Tout ce qu'on sait, c'est qu'en 1640 Floridor le remplaça dans ses fonctions d'orateur.

En 1643, époque où Floridor quitta le théâtre du Marais pour celui de l'hôtel de Bourgogne, Laroque hérita de l'emploi d'orateur de la troupe.

« On peut dire sans fâcher personne, ajoute Chappuzeau, dans sa *Lettre sur les Orateurs des Théâtres de Paris*, qu'il a soutenu le théâtre du Marais jusqu'à la fin par sa bonne conduite et par sa bravoure, ayant donné de belles marques de l'une et de l'autre dans des temps difficiles, où la troupe a couru de grands dangers. Comme il est connu du roi, qui lui a fait des grâces particulières, et que ses bonnes qualités lui ont acquis de l'estime à la cour et à la ville, il s'est servi avec joie de ces avantages pour le bien commun du corps qui lui abandonnait la conduite des affaires ; et comme il est généreux, l'intérêt public l'a toujours emporté sur son intérêt particulier. Avant les défenses étroites du roi, à toutes sortes de personnes, d'entrer à la comédie sans payer, il arrivait souvent de grandes querelles aux portes, et jusque dans le parterre ; et, en quelques endroits, il y a eu des portiers tués et de ceux aussi qui excitaient le tumulte. Laroque, pour apaiser ces désordres et maintenir les comédiens et les auditeurs dans le repos, s'est exposé à divers périls et attiré de très méchantes affaires sans en craindre le succès, montrant toujours autant d'adresse et d'esprit qu'il a toujours fait paraître de cœur pour l'assoupissement de ces tumultes. »

Mais, si Laroque soutenait le théâtre du Marais par *sa bonne conduite* et *sa bravoure*, comme comédien, il était d'un talent, sinon médiocre, du moins fort ordinaire.

L'emploi d'orateur était autrefois un des plus recherchés et des plus difficiles à remplir. Jusqu'à la fin du dix-septième siècle, chaque théâtre avait son orateur en titre : cet emploi consistait à annoncer au public les pièces qu'on devait représenter, et à le haranguer lorsque l'occasion se présentait. — Molière fut un des plus illustres orateurs de son temps ; nul mieux que lui ne savait trouver la phrase qui devait plaire au parterre ; aussi accomplissait-il ses fonctions d'orateur avec prédilection et une sorte d'orgueil.

Le nom de de Villiers serait aujourd'hui inconnu, si Molière n'avait pris la peine de ridiculiser le jeu de cet acteur dans *l'Impromptu de Versailles* : en effet, de Villiers n'était rien moins qu'un bon comédien.

Au mois de décembre 1667, le calomniateur de Molière, Montfleury, meurt pendant le cours des représentations d'*Andromaque*. Cet acteur, selon le dire de la chronique, avait fait de si grands efforts pour représenter les fureurs d'Oreste, qu'il se rompit une veine du cou, accident qui fut cause de sa mort. Cette assertion est démentie par mademoiselle Desmares, la petite-fille de Montfleury.

« A l'égard de Montfleury père, il est faux que le rôle d'*Oreste* ait été la cause de sa mort, par une veine qui s'était cassée. Ma grand'mère m'a conté cette mort plus d'une fois ; mais les particularités paraîtraient des fables si on les exposait au jour. Il est seulement certain que, Montfleury étant chez un marchand de galons, un inconnu, qui s'y trouva, l'avertit de songer à lui, parce qu'il était bien malade. Montfleury ne fit pas grande attention aux discours d'un homme qu'il regardait comme un fou ; mais, de retour chez lui, ayant appris que la même personne était venue dire à ses domestiques que leur maître était en grand danger, il se sentit ému, frappé, alla le soir jouer *Oreste*, et revint avec la fièvre, et mourut en peu de jours. »

Dans une lettre du 23 du même mois, mademoiselle Desmares ajoute :

« Je ne puis vous en donner d'autre preuve que de l'avoir entendu dire à sa fille, madame d'Ennebaut, ma grand'-mère. Elle m'a dit aussi que, comme son père était à la mort, plusieurs de ses camarades, les médecins et le confesseur étant dans la chambre, le même homme revint, et dit à Montfleury, qui le reconnut : Allons, monsieur, cela ne sera rien ; que l'on me donne du vin et un verre. » Les médecins avaient condamné le malade et soutinrent à sa femme que c'était un charlatan ; le confesseur dit que c'était un sorcier. Le malade criait en vain qu'on donnât à cet homme ce qu'il demandait. On fut sur le point de l'arrêter : c'était sur les neuf heures du soir. Il s'en alla, et étant sur le pas de la porte, il dit : « J'en suis fâché ; j'aurais tiré ce pauvre Montfleury d'affaire ; mais il ne passera pas la nuit. » Ce qui arriva. »

Guéret, auteur du *Parnasse réformé*, a adopté la première version ; ce qui tend à prouver qu'elle avait eu du crédit dans le temps. Guéret s'exprime ainsi :

« Montfleury s'étant roulé au pied de la montagne : « Je crois, dit-il, d'un ton à faire trembler tout le Parnasse, que l'on parle ici de comédie. » Et alors ayant découvert Tristan : « Ah ! poursuivit-il en lui adressant la parole, je trouve admirable que vous vous emportiez si fort contre les plaisanteries du théâtre ; vous voudriez, je pense, qu'on ne jouât jamais qu'une *Marianne*, et qu'il mourût toutes les semaines un Mondori à votre service. Plût à Dieu qu'on n'eût jamais fait de tragédies ! je serais encore en état de paraître sur le théâtre de l'hôtel..... Qui voudra donc savoir de quoi je suis mort ? qu'il ne demande pas si c'est de la fièvre, de l'hydropisie ou de la goutte ; mais qu'il sache que c'est d'*Andromaque*. Nous sommes bien fous de nous mettre si avant dans le cœur des passions qui n'ont été qu'au bout de la plume de messieurs les poètes. Il vaudrait bien mieux bouffonner toujours, et crever d'orgueil et d'esprit pour satisfaire les auteurs. Mais, ce qui me fait plus de dépit, c'est qu'*Andromaque* va devenir plus célèbre par la circonstance de ma mort, et que désormais il n'y aura plus de poète qui ne veuille avoir l'honneur de crever un comédien. »

Il paraît que Montfleury fut généralement regretté : Saint-Evremont écrivait à M. de Lyonne, en 1669 :

« Vous avez raison de dire que cette pièce (*Andromaque*) est déchue par la mort de Montfleury ; car elle avait besoin de grands comédiens pour remplir par l'action ce qui lui manque.

Attila, au contraire, a dû gagner quelque chose à la mort de cet acteur. Un grand comédien eût trop poussé un rôle assez plein de lui-même, et eût fait faire trop d'impression à sa férocité sur les âmes tendres. »

L'acteur Poisson, dont j'ai déjà parlé, joignait à un talent de premier ordre comme acteur comique un esprit caustique et d'à-propos. J'ai cru ne pas m'écarter de mon sujet en insérant ici deux particularités de sa vie, qui prouvent l'homme qui sait son monde.

Colbert accordait à Poisson une protection particulière; il avait bien voulu être le parrain de l'un des enfants de cet acteur, ce qui lui avait donné entrée chez ce ministre, auquel il portait quelquefois des vers à sa louange. Après plusieurs tentatives inutiles auprès de Colbert pour obtenir de lui un emploi pour le filleul du ministre, Poisson se présenta un jour à l'hôtel Colbert, salua son protecteur et lui dit qu'il désirerait prendre la liberté de lui présenter quelques vers. Le ministre, rassasié d'hommages semblables, lui coupa la parole, et le pria fortement de ne lui rien lire.

— Vous n'êtes faits, vous autres, ajouta-t-il, que pour nous incommoder de la fumée de vos encens.

— Monseigneur, lui dit Poisson, je vous assure que celui-ci ne vous fera pas mal à la tête; il n'y a rien qui approche de la louange.

Toute la compagnie, impatiente de voir les vers de Poisson, pria M. Colbert de les lui laisser lire, et il y consentit à condition qu'il ne s'y trouverait point de louanges. Poisson commença ainsi :

> Ce grand ministre de la paix,
> Colbert, que la France révère,
> Dont le nom ne mourra jamais.....

— Poisson, dit Colbert, vous ne tenez point votre parole; ainsi, finissez, je ne veux point de louanges.

— Monseigneur, répliqua le comédien, je vous jure que voilà tout ce qu'il y en a dans cette pièce.

— N'importe, reprit le ministre, n'en lisez pas davantage.

Cependant, la compagnie redoubla tellement ses instances, qu'il permit à Poisson d'achever. Ce qu'il fit en recommençant les trois premiers vers :

> Ce grand ministre de la paix,
> Colbert, que la France révère,
> Dont le nom ne mourra jamais,
> Eh bien! tenez, c'est mon compère.
>
> Fier d'un honneur si peu commun,
> Est-on surpris que je m'étonne
> Que, sur deux mille emplois qu'il donne,
> Mon fils n'en puisse obtenir un?

Son placet fut trouvé agréable et bien tourné. Colbert lui accorda sur-le-champ ce qu'il demandait.

Le spirituel *Crispin* faisait à la veuve de Bellerose, on ne sait pour quelle raison, une pension de 1,000 livres. Comme il voyait, disait-il, que cette somme revenait tous les ans le mettre aux abois, il eut l'heureuse idée d'aller frapper à la porte du palais de Versailles, et d'y chanter misère. La plainte rimée parut plaisante à Louis XIV, qui, de ce jour, lui accorda 400 livres de pension. Qu'on juge si les vers de *Crispin* étaient bien payés.

AU ROI.

A ceux qui se mêlent d'écrire,
On dit que vous donnez de quoi ;
Cependant je m'en mêle, Sire,
Et vous ne pensez pas à moi.
Me ferez-vous passer pour buse?
Souvent, les enfants de ma Muse,
Par d'heureux cas fortuits, vous ont désennuyé.
Ah! Sire, que votre suffrage,
De ma veine tremblante eût enflé le courage,
Si vous ne m'eussiez oublié !

Vous divertir est une chose
Qui me doit rendre assez content :
Plût à Dieu que la Bellerose
Prît cela pour argent comptant !
Mais, mille francs, ce mot m'assomme,
Sire, c'est la fâcheuse somme
Que, d'année en année, elle tire de moi.
J'en ai le cœur gros, l'âme triste :
Jugez si j'ai besoin d'être mis sur la liste ;
Je vous en fais juge, grand roi.

Oui, Sire, donner tous les ans
Mille francs à la Bellerose,
C'est trop pour moi : j'ai six enfants.
Grand roi, donnez-en quelque chose.
Je ne sais pas comment ma main
Mit mon nom sur ce parchemin.
Je ne pourrai jamais plus chèrement écrire ;
Mille livres par an ! j'avais perdu l'esprit.

Ah! n'était que mes vers vous ont diverti, Sire,
Je souhaiterais bien n'avoir jamais écrit.

  Quand je mis la main à la plume
  Pour griffonner ces maudits traits,
  Le Bellerose avait un rhume
  Qu'elle avait fait venir exprès.
  Qui l'aurait cru? Sire, je *signe*,
  Sur la bonne foi de sa *mine*,
Qui, dans sept ou huit jours, promettait son trépas;
  C'était ma flatteuse espérance;
Mais, Sire, elle et le rhume étaient d'intelligence :
  La traîtresse n'en mourut pas.

  Oui, Sire, j'en fus affronté;
  Ses douleurs n'étaient pas mortelles :
  Elle est en parfaite santé,
  J'en ai de trop sûres nouvelles :
De trois mois en trois mois, je vois un paysan,
  Qui me croit quelque partisan,
M'apporter un reçu de l'argent que je donne;
Et notre hôtel étant de si peu de rapport,
  C'est bien, Sire, Dieu me pardonne!
De trois mois en trois mois, lui souhaiter la mort.

  Le moyen de ne pas pécher
  Dans une si fâcheuse affaire!
  Vous seul pouvez m'en empêcher;
  Dieu vous oblige de le faire.
  Pourtant, Sire, je ne vais pas
  Jusqu'à souhaiter son trépas;

Ce serait trop; à Dieu ne plaise!
Mais, lorsque la mort la prendra,
Qu'on dise ce que l'on voudra,
Je crois que j'en serai fort aise.

Pourtant, si vous vouliez, grand roi,
Comme elle n'est pas ma parente,
Que sa vie ou sa mort me fût indifférente,
Vous n'auriez qu'à payer pour moi.
Je n'attendrais plus d'heure en heure
Celle où j'aspire qu'elle meure;
Vous changerez mon tristre sort;
Oui, triste, je le puis bien dire,
Car, si je n'espère en vous, Sire,
Je n'espèrerai qu'en la mort.

Lafleur (Juvenon de) avait été cuisinier. Mais il paraît que la gloire de Vatel ne lui parut pas digne d'envie, et qu'il prit le parti de quitter la casserolle pour l'épée du guerrier, de changer le tablier blanc contre le manteau royal. Il entra comme acteur à l'hôtel de Bourgogne.

A la mort de Montfleury, le transfuge de la cuisine joua les rôles de rois et de paysans. Une chose assez bizarre, c'est qu'alors ces deux emplois étaient toujours remplis par le même acteur. Cet usage, consacré par la tradition, s'est conservé pendant plus de cent ans. Si Lafleur n'avait pas porté avec dignité le sceptre culinaire, il n'en fut pas de même de celui de la royauté. Quelques historiens prétendent qu'il fut le premier acteur qui ait eu de ce qu'on appelle des *entrailles*, et qu'il surpassait de beaucoup Floridor, pour l'exquise sensibilité qu'il savait mettre dans tous ses rôles.

Si Lafleur fut le premier acteur qui eût montré des *entrailles*, mademoiselle des OEillets est, sans contredit, la première actrice vraiment tragique que le théâtre puisse compter. En effet, mademoiselle du Parc, qui, au dire de Molière, était la seule actrice, de toute la troupe du Palais-Royal, capable d'exprimer avec aisance les passions tragiques, ne tenait pas pour cela une place fort élevée dans la hiérarchie théâtrale, en fait de tragédie. Je suis loin pourtant de prétendre que mademoiselle des OEillets fût une actrice parfaite; mais du moins ses défauts se trouvaient rachetés par de grandes qualités; et, comparée à des actrices telles que les demoiselles Beauchâteau, Floridor et de Villiers, mademoiselle des OEillets sera toujours regardée comme possédant un talent supérieur.

Mademoiselle des OEillets avait débuté en 1658; et elle se fit remarquer, dès ses premiers débuts, par un jeu franc et naturel. Les premiers rôles tragiques qu'elle aborda furent pour elle autant de succès. Elle n'était ni grande ni jolie; cependant elle plaisait généralement. Aussi, le 25 octobre 1670 fut-il un jour de deuil pour ses camarades et pour le public. A neuf heures du soir, à la suite d'une maladie assez longue, mademoiselle des OEillets venait de rendre le dernier soupir.

Raymond Poisson adressa, quelques jours après, la lettre suivante à un de ses amis :

« J'ai, sur la foi des médecins, été près de vous régaler, à Chambord, de la convalescence de mademoiselle des OEillets; et puisque vous en êtes de retour, je vous dirai seulement qu'elle eût été bien aise de satisfaire à la passion qu'elle avait de vous voir encore.

Mais malheureusement elle vient de mourir,
Baralis et Brayer allaient la secourir ;
Ils tenaient le coup sûr ; leurs remèdes, leurs veilles,
Et ce qu'ils en disaient promettaient des merveilles.
Ce que, depuis trois jours, ils avaient projeté
　　　Nous assurait de sa santé.
　　Tous deux, en la voyant sans fièvre,
Dirent qu'elle prendrait huit jours le lait de chèvre,
Et que celui de vache après l'allait guérir ;
Surtout qu'il ne fallait lui donner que mi-tiède ;
Je pense que c'était un excellent remède,
Mais malheureusement elle vient de mourir.

« Cette perte est grande ; la des OEillets était une des merveilles du théâtre ; quoiqu'elle ne fût ni belle ni jeune, elle en était un des principaux ornements.

　　　Et justement on dira d'elle
　　　Qu'elle n'était pas belle au jour
　　　Comme elle était à la chandelle.
　　　Mais, sans avoir donné d'amour
　　　Et sans être jeune et belle,
　　　Elle charmait toute la cour.

« Je m'étendrais, monsieur, un peu plus sérieusement sur toutes les belles qualités qu'elle possédait ; mais il n'appartient qu'à l'illustre Floridor de faire le panégyrique funèbre de cette grande actrice ; et son épitaphe regarde les auteurs qui lui sont obligés d'une partie de leur gloire. »

Pendant l'année 1669, un acteur (Champmeslé) se faisait applaudir au théâtre du Marais. Nouvellement arrivé de province, cet acteur était venu offrir ses services à ce théâtre, qui s'était aussitôt empressé de les accepter. Mais, au moment de signer l'engagement, une petite difficulté s'était élevée. Champmeslé avait une femme, et il prétendait, en époux fidèle, ne pas se séparer de la moitié dont le mariage l'avait doté.

— Mais votre femme joue méchamment, lui objectait-on.

— Elle s'appelle mademoiselle Champmeslé; ce nom vaut toujours quelque chose, répondait-il dans sa dignité maritale. Au reste, les talents que vous lui contestez aujourd'hui, elle les acquerra.

Les acteurs du théâtre du Marais, qui, à ce qu'il paraît, attachaient quelque prix au talent de Champmeslé, furent obligés d'en passer par ce que voulut le mari. Mademoiselle Champmeslé fut donc comprise dans la troupe du Marais. Laroque, l'orateur du théâtre, fut le seul de tous ses camarades qui se rangea du côté du mari pour la nomination de la femme. Il avait deviné que, dans cette actrice alors pleine de défauts, se cachait une nature qui ne demandait qu'un peu d'étude pour devenir brillante; — fleur endormie sous les gouttes de rosée, et qui devait s'épanouir au premier rayon du soleil. — Il s'appliqua donc à perfectionner le jeu et la tenue de la nouvelle débutante. Mademoiselle Champmeslé, élève docile, fit bientôt de grands progrès; et, au bout de six mois, elle fut en état de remplir les premiers rôles. Voilà donc l'élève passé maître; la pauvre femme, d'abord refusée, devenue l'actrice courue et fêtée. Alors, soit qu'elle se ressouvînt de la réception peu courtoise des acteurs du Marais, soit qu'elle fût poussée par un esprit d'ingratitude, elle résolut d'abandonner la scène qui avait vu ses premiers succès; et, à la rentrée de Pâques 1690, elle se fit recevoir, avec son mari, à l'hôtel de Bourgogne. Mais, si mademoiselle Champmeslé fut ingrate envers ses camarades du Marais, elle paya en cette occasion à son mari sa dette conjugale, en imposant le talent de celui-ci à l'hôtel de Bourgogne, qui voulait faire la contre-partie de la troupe du Marais, en refusant de recevoir Champmeslé.

Mademoiselle Champmeslé débuta par le rôle d'*Hermione*, d'*Andromaque*. La manière franche dont elle aborda ce rôle difficile lui mérita d'unanimes suffrages.

Mademoiselle des OEillets assistait à cette représentation. Le rôle d'*Hermione* avait été une des plus brillantes créations de cette actrice.

— Il n'y a plus de des OEillets! disait-elle en sortant de la comédie.

Malgré le triomphe éclatant qu'obtenait chaque soir mademoiselle Champmeslé, Racine refusait toujours d'assister à ses débuts, tant il craignait, disait-il, de voir défigurer son ouvrage. Cependant, ses amis l'ayant sollicité avec beaucoup d'instance, il se décida de se rendre à l'hôtel de Bourgogne. La mauvaise opinion qu'il avait conçue contre la nouvelle actrice parut alors se confirmer; pendant les deux premiers actes, le jeu de mademoiselle Champmeslé avait été d'une grande médiocrité.

— Voyez votre actrice! disait Racine à ses amis. Est-il possible de jouer plus faiblement? Osez-vous la comparer à la des OEillets?

Mais, dès que mademoiselle Champmeslé parut dans le troisième acte, son jeu devint si puissant, et cette puissance s'accrut tellement encore dans le quatrième et le cinquième acte, que Racine pleurait de joie d'entendre ses vers dits par un interprète de si grand mérite, et qu'il mêla ses applaudissements aux cris d'enthousiasme de la salle. Ce fut à compter de cette représentation que le poète s'attacha au char de la tragédienne.

Louis XIV disait d'*Andromaque* qu'il aurait fallu que la des OEillets jouât dans cette pièce les deux premiers actes, et la Champmeslé les trois autres. En effet, mademoiselle Champmeslé n'avait pas cette dignité calme qui faisait une des bases du talent de mademoiselle des OEillets; mais, lorsqu'il fallait peindre l'enthousiasme des passions, elle disait le vers avec une énergie qui enlevait tous les applaudissements.

Toutes les fois qu'on parlait devant Louis Racine de l'amour que son père avait éprouvé pour mademoiselle Champmeslé, il ne manquait jamais de jeter les hauts cris, et de nier que la chose eût existé. L'auteur du poème de *la Religion* s'emportait alors quelquefois jusqu'à contester la réputation dont avait joui cette excellente actrice. Ce qui prouve que tout paraît bon à l'homme, lorsqu'il s'agit de défendre ou de contester un fait qui lui tient à cœur. Le passage que je vais citer des mémoires de Louis Racine, sur la vie de son père, quoique renfermant de grandes erreurs, donnera au lecteur une idée de la façon cavalière avec laquelle il parle souvent de faits dont l'authenticité est au moins fort douteuse.

« Cette femme n'est pas née actrice; la nature ne lui avait donné que la beauté, la voix et la mémoire. Du reste, elle avait si peu d'esprit, qu'il fallait lui faire entendre les vers qu'elle avait à dire, et lui en donner le ton. Tout le monde sait le talent que mon père avait pour la déclamation, dont il donna le vrai goût aux comédiens capables de le prendre. Ceux qui s'imaginent que la déclamation qu'il avait introduite sur le théâtre était enflée et chantante sont, je crois, dans l'erreur. Ils en jugent par la Duthé, élève de la Champmeslé, et ne font pas attention que la Champmeslé, quand elle eut perdu son maître, ne fut plus la même ; et que, venue sur l'âge, elle poussait de grands éclats de voix qui donnèrent un faux goût aux comédiens. Lorsque Baron, après vingt ans de retraite (vingt-neuf ans, Racine se trompe), eut la faiblesse de remonter sur le théâtre, il ne jouait plus avec la même vivacité qu'autrefois, au rapport de ceux qui l'avaient vu dans sa jeunesse; c'était le vieux Baron; cependant, il répétait encore tous les mêmes tons que mon père lui avait appris. Comme il avait formé Baron, il avait formé la Champmeslé ; mais avec beaucoup plus de peine. Il lui faisait d'abord comprendre les vers qu'elle avait à dire, lui montrait les gestes, et lui dictait les tons, que même il notait. L'écolière, fidèle à ses leçons, quoique actrice par art, sur le théâtre paraissait inspirée par la nature; et comme, par cette raison, elle jouait beaucoup mieux dans les pièces de son maître que dans les autres, on disait qu'elles étaient faites pour elle, et on en concluait l'amour de l'auteur pour l'actrice. »

Heureusement, pour la réputation de mademoiselle Champmeslé, que l'opinion de Louis Racine est généralement appréciée pour ce qu'elle vaut. On serait tenté, après la lecture de ce passage de ses mémoires, de douter non-seulement de sa sincérité, mais encore de l'accuser d'un rigorisme dans lequel un peu d'hypocrisie pourrait bien tenir une petite place.

Lafontaine adressa à mademoiselle Champmeslé le conte de *Belphégor*. Il était un de ses amis les plus dévoués;

De ceux qui sont amants plus qu'à demi.

Il écrivait souvent à cette charmante actrice, quand il quittait momentanément Paris pour aller voir sa femme à Château-Thierry. Cette correspondance a été perdue. C'est une perte qu'on doit d'autant plus regretter, que le hasard a voulu qu'une de ces lettres se soit conservée, et, à juger des autres par la sauvée, les perdues devaient contenir des détails curieux sur mademoiselle de Champmeslé, dits avec cet esprit de causerie que le bonhomme possédait si charmant et si naïf.

— 1698.

« Comme vous êtes la meilleure amie du monde aussi bien que la plus agréable, et que vous prenez beaucoup de part à ce qui regarde vos amis, il est à propos de vous mander ce que font ceux qui ne vous ont pas suivie. Ils boivent, depuis le matin jusqu'au soir, de l'eau, du vin, de la limonade, etc....., rafraîchissements légers à qui est privé de vous voir. La chaleur et votre abscence nous jettent tous en d'insupportables langueurs. Quant à vous, mademoiselle, je n'ai pas besoin que l'on me mande ce que vous faites, je le vois d'ici. Vous plaisez depuis le matin jusqu'au soir, et accumulez cœurs sur cœurs. Tout sera bientôt au roi de France et à mademoiselle de Champmeslé. Mais que font vos courtisans? car pour ceux du roi, je ne m'en mets pas autrement en peine. Charmez-vous l'ennui, le malheur au jeu, et toutes les autres disgrâces de M. de Fare? Et M. de Tonnerre rapporte-t-il toujours au logis quelque petit gain? Il ne saurait plus en faire de grands après l'acquisition de vos bonnes grâces. Tout le reste n'est qu'un surcroît de peu d'importance ; et quiconque vous a gagnée ne se doit que médiocrement réjouir de toutes les autres fortunes. Mandez-moi s'il n'a point entièrement oublié le plus fidèle de tous ses serviteurs, et si vous croyez qu'à son retour il continuera à m'honorer de ses niches et de ses brocards. »

Voici ce qu'écrivait madame de Sévigné de mademoiselle Champmeslé, qu'elle désignait communément sous le nom plaisant de sa *belle-fille*, parce que celle-ci avait été la maîtresse du marquis de Sévigné, qui la quitta pour Ninon.

— 15 janvier 1672.

« La pièce de Racine *(Bajazet)* m'a paru belle; nous y avons été. Ma belle-fille m'a paru la plus miraculeusement bonne comédienne que j'aie jamais vue. Elle surpasse la des OEillets de cent mille piques; et moi, qu'on croit assez bonne pour le théâtre, je ne suis pas digne d'allumer les chandelles quand elle paraît. Elle est laide de près, et je ne m'étonne pas que mon fils ait été suffoqué par sa présence; mais, quand elle dit des vers, elle est adorable. »

— 9 mars.

« A propos de comédie, voilà *Bajazet*; si je pouvais vous envoyer la Champmeslé, vous trouveriez la pièce bonne; mais, sans elle, elle perd la moitié de son prix. »

— 16 mars.

« Je suis au désespoir que vous ayez eu *Bajazet* par d'autres que par moi. C'est ce chien de Barbin qui me hait, parce que je ne fais pas des *princesses de Clèves* et *de Montpensier*. Vous en avez jugé très juste et très bien, et vous aurez vu que je suis de votre avis. Je voulais vous envoyer la Champmeslé pour réchauffer la pièce. »

— 1ᵉʳ avril.

« La Champmeslé est quelque chose de si extraordinaire, que, en votre vie, vous n'avez rien vu de pareil ; c'est la comédienne que l'on cherche et non pas la comédie. J'ai vu *Ariane* pour la Champmeslé seule. Cette comédie est fade ; les comédiens sont maudits ; mais quand la Champmeslé arrive, on entend un murmure, tout le monde est ravi, et l'on pleure de son désespoir. »

Aujourd'hui, il serait puéril d'élever des doutes sur le sentiment qu'éprouvait le *tendre* Racine pour mademoiselle Champmeslé. Racine passait pour l'un des beaux hommes de son temps ; et tous les auteurs contemporains ont dépeint mademoiselle Champmeslé comme une beauté fort séduisante.

« Bientôt ils s'aimèrent, dit Lemazurier, se le dirent, et s'arrangèrent ensemble avec cette facilité que permettaient le célibat de l'un et la profession de l'autre. Leur passion réciproque fut regardée comme une chose constante dans le monde, et se trouve attestée, non-seulement par une tradition uniforme, mais encore par le témoignage de madame de Sévigné, de Boileau, de Valencourt, etc. »

Mais est-il quelque chose de moins de durée que l'amour ?

> De tous les sentiments, il est le plus menteur ;
> Nul n'est à l'abri de ses armes.
> S'il embellit la vie, il n'est point de bonheur
> Qu'il ne change bientôt en larmes.

Racine et mademoiselle Champmeslé ne restèrent pas toujours en bonne intelligence. Le cœur de l'aimable actrice s'était laissé séduire par le séduisant comte de Clermont-Tonnerre, et par quelques autres, ajoute la chronique scandaleuse. Ce fut alors que notre poète rompit avec cette actrice. Dès que cette rupture fut connue, on fit courir le quatrain suivant:

> A la plus tendre amour elle fut destinée,
>   Qui prit longtemps Racine dans son cœur;
>   Mais, par un insigne malheur,
> Le Tonnerre est venu qui l'a déracinée.

Racine, trompé par mademoiselle Champmeslé, s'en était vengé par un bon mot au mari. Boileau aussitôt le travestit en épigramme :

> De six amants contents et non jaloux,
> Qui tour à tour servaient madame Claude,
> Le moins volage était Jean, son époux.
> Un jour, pourtant, d'humeur un peu trop chaude,
> Serrait de près sa servante aux yeux doux,
> Lorsqu'un des six lui dit : Que faites-vous?
> Le jeu n'est pas sûr avec cette ribaude.
> Ah! voulez-vous, Jean, Jean, nous gâter tous?

Boileau ne disait cette épigramme qu'à ses meilleurs amis; il ne la fit pas imprimer de son vivant. Elle parut, pour la première fois, dans le deuxième volume de ses œuvres, publiées à Paris, en 1747, chez David l'aîné et Durand. Voici ce qu'en dit Jean-Baptiste Rousseau, dans une lettre adressée à Brossette :

« Je connaissais et je savais par cœur la petite épigramme de

M. Despréaux, que vous avez eu la bonté de m'envoyer. On prétend que c'est un bon mot de M. Racine au comédien Champmeslé, dans le temps qu'il fréquentait la maison de celui-ci. M. Despréaux ne l'a point donnée au public, pour ne point donner prise aux censeurs trop scrupuleux : *Parce que*, me disait-il, *un ouvrage sévère peut bien plaire aux libertins ; mais un ouvrage trop libre ne plaira jamais aux personnes sévères.* C'est une maxime excellente, qu'il m'a apprise trop tard, et que je me repens fort de n'avoir pas toujours pratiquée. »

Mademoiselle d'Ennebaut, fille de Montfleury, fut la première actrice qui joua les rôles travestis. Son jeu, plein de grâce et de naturel, la plaça bientôt au rang des bonnes comédiennes du théâtre de l'hôtel de Bourgogne, où elle était entrée en 1662, après avoir parcouru quelque temps la province avec son mari. D'Ennebaut n'avait pour toute fortune qu'un petit emploi en Bretagne, et Montfleury s'était d'abord refusé à marier si mesquinement sa fille : mais il paraît que mademoiselle Montfleury aimait d'Ennebaut, et que son père se décida à donner son consentement, crainte de pire.

Je parlerai encore de deux actrices : mesdemoiselles Marotte Beaupré, nièce de mademoiselle Beaupré, l'une des premières actrices qui aient monté sur le théâtre, et Catherine des Urlis. Ces deux demoiselles ne jouirent pas des *grandes* faveurs du public. Toutes deux actrices du Marais jusqu'en 1669, elles se prirent, un jour, de querelle pour un rôle. Mademoiselle Beaupré résolut de se mesurer avec mademoiselle des Urlis l'épée à la main. Le défi fut accepté, et, le théâtre leur ayant paru l'endroit le plus convenable pour deux comédiennes qui voulaient se couper la gorge, Sauval rapporte qu'elles se battirent à la fin de la petite pièce; mais il ne dit rien de l'issue de ce combat singulier.

Mademoiselle Beaupré quitta le Marais pour le Palais-Royal; elle y fut chargée des troisièmes rôles tragiques et des caractères dans la comédie. Suivant le gazetier Robinet, elle était

> Extrêmement jolie
> Et pucelle au par-dessus.

Cette qualité en valait bien une autre, et surtout au XVII siècle. Quant à mademoiselle des Urlis, il est probable qu'elle suivit mademoiselle Beaupré au Palais-Royal; mais on ne sait rien de positif à son égard.

Après Molière, trois hommes occupaient vivement le public. Tous les trois, et chacun dans un genre différent, s'étaient acquis une réputation vaste et méritée : Quinault, Lully et Racine.

Selon Furetière, le fils d'un boulanger; selon Bayle, l'ancien domestique de Mondori; selon du Tillet et Brossette, l'élève de Tristan l'Hermite, Philippe Quinault, enfin, le *prince de nos poètes lyriques*, était un auteur spirituel et du caractère le plus social. Doué d'un talent souple et facile, il fut le premier qui s'occupa avec succès des poèmes lyriques; car les essais informes de Perrin ne peuvent être comptés que pour bien peu de chose. Cependant, il ne fut pas à l'abri des traits satiriques de l'irascible Boileau.

Voltaire, dans son épître sur *la Calomnie*, s'est attaché à réhabiliter la mémoire de Quinault :

> O dur Boileau, dont la muse sévère
> Au doux Quinault envia l'art de plaire !
> Qu'arrive-t-il ? Lorsque ses vers charmants,
> Par Jeliote embellis sur la scène,
> De leurs douceurs enivrent tous les sens !
> Chacun maudit ta satire inhumaine.
> N'entends-tu pas nos applaudissements
> Venger Quinault quatre fois par semaine !

Au reste, Boileau, sans doute honteux de l'amertume de ses critiques, écrivait dans la préface de ses œuvres :

« Je n'ai point prétendu qu'il n'y ait beaucoup d'esprit dans les ouvrages de M. Quinault. Dans le temps que j'écrivais contre lui, nous étions tous les deux fort jeunes ; et il n'avait pas fait alors beaucoup d'ouvrages qui lui ont, dans la suite, acquis une juste réputation. »

Auteur de plusieurs tragédies et comédies, Quinault ne s'éleva pas, dans ces deux genres, au-dessus d'un talent médiocre ; mais ses opéras le placent à côté des écrivains dont l'imagination créatrice trace de nouvelles routes dans le domaine de l'art.

Avant Lully, la musique, déjà si effervescente en Italie, s'était montrée, en France, avare de ses plus riches mélodies. Attaché au service de mademoiselle de Montpensier, nommé, quelque temps après, par la protection de Louis XIV, chef d'un orchestre de violons, qu'on qualifia de *petits violons*, par opposition à la société des vingt-quatre, la plus célèbre alors de toute l'Europe, Lully se livra avec passion à l'étude de la musique. Il fit bientôt une révolution dans les anciennes méthodes. D'un esprit inventif, il donna une puissance plus resplendissante à l'orchestration, en y introduisant des fugues admirables. Ce fut lui qui, le premier, fit entrer dans les concerts les timbales et les tambours.

Lully composait presque tous ses opéras lorsque la débauche avait exalté son cerveau; son violon, alors, s'animait sous ses doigts, prenait une voix tantôt douce, tantôt grave, et faisait entendre des chants d'une harmonie exquise; il avait l'habitude de former lui-même ses musiciens et ses acteurs; dès qu'il avait achevé un opéra, il distribuait les rôles, les faisait étudier devant lui, et malheur au chanteur ou au musicien maladroit; la moindre fausse note irritait Lully à un tel point, que bien souvent les épaules du bousilleur en supportaient les fâcheuses conséquences.

Lié d'intimité avec Quinault, il composa la musique des opéras de cet auteur; sans compter que tous les divertissements des pièces de Molière sont de lui, excepté cependant celui de *l'Avare,* dont Molière avait chargé Charpentier. C'est donc à Lully que l'on doit les premières partitions d'opéra; car on ne peut appeler de ce nom les essais informes qui avaient été produits avant cet habile compositeur; malgré l'opinion de Boileau, qui prétendait que Lully avait énervé la musique.

Quinault et Lully furent deux talents nés l'un pour l'autre. En effet, si les compositions musicales de Lully exhalaient un parfum d'amour et de volupté, les compositions poétiques de Quinault, fraîches et délicieuses, étaient écrites pour être traduites avec amour et volupté.

Mais la vie laborieuse et débauchée de Lully devait le perdre. Un jour d'opéra, à une répétition générale, dans le feu de l'exécution, il se frappa le bout du pied en battant la mesure avec sa canne; cette légère blessure ayant été négligée, fit de tels progrès qu'elle gagna la jambe.

On sait quelle fut la mort de Lully. Travailleur déterminé et débauché plus déterminé encore, il passait sa vie à écrire ou à boire. Lorsque l'excès de travail et l'excès de débauches, l'un poussant l'autre, l'eurent mis à l'extrémité, et que, abandonné par les médecins, il attendait tout en rechignant qu'il prît fantaisie à son âme de laisser reposer son corps, le chevalier de Lorraine le vint visiter, et, le voyant en si piteux état, se mit à lui faire l'éloge de la tendre amitié qu'il avait toujours eue pour sa personne et pour ses talents.

— Oh! oui, vraiment, lui dit la femme de Lully, vous êtes fort de ses amis; c'est vous qui l'avez enivré le dernier, et qui êtes cause de sa mort.

Lully prit aussitôt la parole :

— Tais-toi, tais-toi, lui dit-il, ma chère femme; monsieur le chevalier m'a enivré le dernier, et, si j'en réchappe, ce sera lui qui m'enivrera le premier.

Dans les premiers mois de 1687, Lully expire à l'âge de 54 ans, un an avant Quinault. Ces deux auteurs qui, pendant leur vie, avaient travaillé presque toujours guidés ensemble par la même inspiration, meurent tous deux avec les mêmes pensées de repentir de leur vie passée : Lully se fit mettre sur la cendre, la corde au cou, fit amende honorable, et chanta, les larmes aux yeux : *Il faut mourir, pécheur.* Si Lully s'était senti des remords pour avoir composé de la musique d'opéra, Quinault se repentit d'en avoir écrit les poèmes, et, pour expiation, fit un poème sur l'extinction de la religion réformée dans le royaume, qui commence ainsi :

> Je n'ai que trop chanté les jeux et les amours :
> Sur un ton plus sublime il faut me faire entendre.
> Je vous dis adieu, Muse tendre,
> Je vous dis adieu pour toujours !

Senecé a tracé le portrait de Lully dans une lettre qu'il est censé écrire des Champs-Élysées, peu de temps après la mort de ce musicien. Voici ce portrait :

« Sur une espèce de brancard, composé grossièrement de plusieurs branches de lauriers, parut, porté par douze satires, un petit homme d'assez mauvaise mine, et d'un extérieur fort négligé. De petits yeux bordés de rouge, qu'on voyait à peine, et qui avaient peine à voir, brillaient en lui d'un feu sombre qui marquait tout ensemble beaucoup d'esprit et de malignité. Un caractère de plaisanterie était répandu sur son visage, et certain air d'inquiétude régnait dans toute sa personne. Enfin, la figure entière respirait la bizarrerie; et quand nous n'aurions pas été suffisamment instruits de ce qu'il était, sur la foi de sa physionomie, nous l'aurions pris sans peine pour un musicien. »

Le théâtre de l'Opéra, sous la direction de Lully, prit de grands développements ; jamais, avant lui, la musique n'avait excité cet enthousiasme qui, produit par l'harmonie des chants, arrache des larmes de pitié ou d'attendrissement. Le nom de Lully restera donc toujours dans les fastes de l'Opéra, brillant comme un météore et impérissable comme la gloire. —

Louis XIV avait si bien su apprécier l'influence heureuse que l'Opéra pouvait apporter dans les progrès des beaux-arts, qu'après la première représentation d'*Isis*, opéra de Quinault et de Lully, il rendit dans son conseil une ordonnance qui portait qu'un gentilhomme pouvait chanter à l'Opéra, sans pour cela déroger à sa qualité de *gentilhomme.*

A la mort de Molière, Racine avait déjà fait jouer *les Frères ennemis*, *Alexandre*, *Andromaque*, *les Plaideurs*, *Britannicus*, *Bérénice*, et *Bajazet*. A la représentation des pièces de Racine, se rattachent divers faits et anecdotes que le lecteur me saurait, sans aucun doute, mauvais gré de passer sous silence. Mais, auparavant, je crois que quelques mots sur la *manière* d'écrire de Racine ne seront pas déplacés.

Dès le XVIIe siècle, plusieurs écrivains ont voulu établir un parallèle entre Corneille et Racine, comme si ces deux génies pouvaient être comparés et appréciés sous le même point de vue; Racine est et restera, sans contredit, le plus tendre et le plus chaste de nos poètes dramatiques; mais, placés à côté de Corneille, ses vers, tout colorés et chatoyants qu'ils se montrent, perdent, dramatiquement parlant, de leur force et de leur verdeur; tandis que ceux de Corneille, ce génie à *rebrousse poil*, sont splendides, et jettent des éclairs. Si la poésie du premier s'écoule limpide et toujours pure comme l'eau d'un beau fleuve; celle du second se précipite heurtée et écumante comme l'eau d'un torrent.

« Le style de Racine, dit M. Sainte-Beuve, se présente, dès l'abord, sous une teinte assez uniforme d'élégance et de poésie; rien ne s'y rattache particulièrement. Le procédé en est d'ordinaire analytique et abstrait; chaque personnage principal, au lieu de répandre sa passion au dehors en ne faisant qu'un avec elle, regarde le plus souvent cette passion au dedans de lui-même, et la raconte par ses paroles telle qu'il la voit au sein de ce monde intérieur, au sein de ce *moi*, comme disent les philosophes : de là, une manière générale d'exposition et de récit qui suppose toujours, dans chaque héros ou chaque héroïne, un certain loisir pour s'examiner préalablement; de là encore tout un ordre d'images délicates, et un tendre coloris de demi-jour, emprunté à une savante métaphysique du cœur; mais peu ou point de réalité, et aucun de ces détails qui nous ramènent à l'aspect humain de cette vie. La poésie de Racine élude les détails, les dédaigne, et quand elle voudrait y atteindre, elle semble impuissante à les saisir. »

Lorsqu'*Andromaque* fut jouée, Racine apprit que le maréchal de Créqui et le duc d'Olone en disaient du mal. Dans un moment de mauvaise humeur assez légitime, il fit l'épigramme suivante, qu'il s'adressa à lui-même. Pour en bien comprendre le sens, il est indispensable de savoir que le maréchal de Créqui n'avait pas la réputation d'aimer trop les femmes, et que le duc d'Olone n'avait pas lieu de se plaindre d'être trop aimé de la sienne :

> La vraisemblance est choquée en ta pièce,
> Si l'on en croit et d'Olone et Créqui :
> Créqui dit que Pyrrhus aime trop sa maîtresse ;
> D'Olone, qu'Andromaque aime trop son mari.

Andromaque donna naissance à la parodie, cette folle enfant de la critique. Subligny fut le père de ce genre plaisant qui froissa, depuis, tant d'amours-propres. J'ai déjà dit que *la Folle Querelle*, pièce attribuée à Molière par Racine, fut la cause du froid que ces deux auteurs conservèrent dans toutes leurs relations.

« Un grave magistrat, n'ayant jamais été à la comédie, s'y laissa entraîner par l'assurance qu'on lui donna qu'il serait très content de la tragédie d'*Andromaque*. Il fut très attentif au spectacle, qui finit par *les Plaideurs*. En sortant, il trouva l'auteur, et, croyant lui devoir un compliment, il lui dit :

« — Je suis très satisfait, monsieur, de votre *Andromaque* : c'est une jolie pièce ; je suis seulement étonné qu'elle finisse si gaîment. J'avais d'abord eu quelque envie de pleurer, mais la vue des petits chiens m'a fait rire. »

La spirituelle comédie des *Plaideurs*, qui fut représentée quelques mois après *Andromaque*, prouva toute la souplesse du talent de Racine. Cette pièce à tiroirs fut acceptée avec applaudissements. Boileau s'en fit le prôneur, et Molière, quoique brouillé avec Racine, disait hautement que *les Plaideurs* étaient un chef-d'œuvre de critique et de bouffonnerie.

Britannicus fut joué en 1669. Cette pièce tomba à la huitième représentation. Racine fut très sensible à cette chute. Je ne partage pas l'opinion de Boileau, qui disait, à propos de cette tragédie, que Racine n'avait jamais fait de vers plus sentencieux ; que le dénoûment était trop puéril ; que *Junie*, voyant son amant mort, se fait tout à coup religieuse, comme si le couvent des Vestales était un couvent d'Ursulines, au lieu qu'il fallait des formalités infinies pour recevoir une vestale. Il disait encore que *Britannicus* était trop petit devant *Néron*.

A ces vers, que *Narcisse* dit à *Néron* dans cette tragédie :

> Pour toute ambition, pour vertu singulière,
> Il excelle à conduire un char dans la carrière,
> A disputer un prix indigne de ses mains,
> A se donner lui-même en spectacle aux Romains,
> A venir prodiguer sa voix sur le théâtre,
> A réciter les chants qu'il veut qu'on idolâtre.

On dit que Louis XIV crut voir une application à sa conduite, et cessa, à compter de cette époque, de danser dans les ballets, où il figurait souvent. Le *grand* roi, qui avait un faible pour la danse, fut donc réduit, pour satisfaire l'appétit de ses désirs zéphyriques, de faire des entrechats devant l'orgueilleuse Montespan, et, plus tard, devant la très dévote et très adroite Maintenon.

Le sujet de *Bérénice* avait été donné à Racine par Henriette d'Angleterre, la romanesque belle-sœur de Louis XIII : « Si je m'y étais trouvé, disait Boileau, je l'aurais bien empêché de donner sa parole. »

Outre la parodie qu'en firent les Italiens, parodie qui causa un vif chagrin à Racine, on connaît le mot critique de Chapelle. Les amis de Racine vantaient l'art avec lequel il avait traité un sujet aussi simple; Chapelle gardait le silence:

« — Avouez-moi, en ami, votre sentiment, lui demande Racine ; que pensez-vous de *Bérénice ?*

« — Ce que j'en pense, répondit Chapelle?

> Manon pleure, Manon crie,
> Manon veut qu'on la marie.

« Les personnages de cette tragédie ont, sous des habits turcs, des sentiments français, disait Corneille à Segrais, le jour de la première représentation de *Bajazet;* je ne le dis qu'à vous, ajoutait-il tout bas ; d'autres croiraient que la jalousie me ferait parler. » Cette critique est d'une grande vérité.

Corneille se rappelait la préface un peu vive que l'auteur de *Britannicus* avait composée contre ses critiques, et dans laquelle il avait exhalé sa mauvaise humeur contre l'auteur du *Cid.*

La manie des parallèles de Corneille et de Racine, qui s'était emparée de tous les beaux esprits, donna l'idée à Boileau de cette nouvelle épigramme :

> J'approuve que, chez vous, messieurs, on examine
> Qui, du pompeux Corneille ou du tendre Racine,
> Excita dans Paris plus d'applaudissements.
>   Mais je voudrais qu'on cherchât, tout d'un temps
>   (La question n'est pas moins belle),
> Qui, du fade Boyer ou du sec La Chapelle,
>   Excita plus de sifflements.

A côté de ces trois grandes renommées, Racine, Lully et Quinault, contre lesquels l'oubli perd sa puissance, plusieurs écrivains cherchaient à s'élever à leur niveau ; quelques-uns d'entre eux ont fait preuve de mérite ; il serait injuste de garder le silence à leur égard. A la tête de ces écrivains, le frère du grand Corneille se fait remarquer ; Thomas Corneille, dont Boileau disait avec trop de sévérité :

« C'est un homme emporté de l'enthousiasme d'autrui, et qui n'a jamais pu rien faire de raisonnable : vous diriez qu'il ne s'est étudié qu'à copier les défauts de son frère. »

Le satirique disait aussi à propos d'*Ariane :* « Ah ! pauvre Thomas, tes vers, comparés avec ceux de ton frère aîné, font bien voir que tu n'es qu'un cadet de Normandie. »

Cette exclamation, dépouillée de sa causticité, marque bien la ligne qui sépare les deux Corneille.

Après l'auteur d'*Ariane*, je citerai :

Benserade, pour qui Senecé composa ces vers :

> Ce bel-esprit eut trois talents divers,
> Qui trouveront l'avenir peu crédule :
> De plaisanter les grands il ne fit point scrupule,
> Sans qu'ils le prissent de travers ;
> Il fut vieux et galant sans être ridicule,
> Et s'enrichit à composer des vers.

Boursault, l'auteur du *Mercure galant*, comédie que M. de La Reynie, lieutenant-général de police, avait trouvée d'un esprit très pétillant. Il se contenta, pour apaiser de Visé, qui prétendait que, dans cette pièce, l'auteur tournait en ridicule son journal (*le Mercure*), d'ordonner qu'on ne l'appellerait plus que la *Comédie sans titre*.

Et Campistron, l'élève de Racine, dont la poésie ne fut que l'ombre de celle du rival de Corneille.

Tout le monde se souvient de l'épigramme de Racine contre la *Judith* de l'abbé Boyer, qui, grâce à mademoiselle Champmeslé, occupa la scène pendant tout le carême de 1695 :

> A sa *Judith*, Boyer, par aventure,
> Était assis près d'un riche caissier.
> Bien aise était ; car le bon financier
> S'attendrissait et pleurait sans mesure.

— « Bon gré vous sais! lui dit le vieux rimeur ;
Le beau vous touche, et ne seriez d'humeur
A vous saisir pour une baliverne. »
Lors, le richard, en larmoyant, lui dit :
— « Je pleure, hélas! de ce pauvre *Holopherne*,
Si méchamment mis à mort par *Judith*. »

Le nom de Pradon rappelle une épitaphe assez plaisante, qui fut faite pendant la vie de cet écrivain; s'il eût été plus modeste, cet auteur aurait été estimé, même de son vivant.

Ci-gît le poète Pradon,
Qui, durant quarante ans, d'une ardeur sans pareille,
Fit, à la barbe d'Apollon,
Le même métier que Corneille.

La Femme Juge et Partie, qui avait balancé le succès du *Tartufe*, a acquis à Montfleury une réputation d'écrivain d'esprit. Quant à ses autres pièces, si on en excepte deux ou trois, presque toutes sont écrites avec une licence d'expressions impardonnable, ce qui lui valut les vers de l'*Art poétique*, que Boileau écrivit a son intention :

Mais pour un faux plaisant, à grossière équivoque,
Qui, pour me divertir, n'a que la saleté,
Qu'il s'en aille, s'il veut, sur des traiteaux monté,
Amusant le Pont-Neuf de ses sornettes fades,
Aux laquais assemblés jouer les mascarades.

Longepierre fut un des écrivains de la fin du siècle de Louis XIV. Admirateur des anciens, il ne s'était livré à la poésie que par les conseils de son père. Jamais obéissance filiale ne fut plus mal placée. Traducteur infidèle, il fut attaqué par Rousseau dans l'épigramme suivante :

> Longepierre, le translateur,
> De l'antiquité zélateur,
> Ressemble à ces premiers fidèles
> Qui combattaient jusqu'au trépas,
> Pour des vérités immortelles
> Qu'eux-mêmes ne comprenaient pas.

« Qui ne se plaît point aux comédies de Regnard, dit Voltaire, n'est point digne d'admirer Molière. » En effet, Regnard est l'auteur qui se soit approché le plus de Molière.

Vingt-trois ans après la mort du prince de la comédie, Regnard donna *le Joueur*, pièce que l'auteur du *Misanthrope* n'aurait pas désavouée. La vie dramatique de Regnard est une des plus belles et des plus remplies des dernières années du règne de Louis XIV ; émule de Molière, personne n'a porté plus loin le genre de l'imitation. On aime encore à relire *le Distrait*, *les Menechmes*, *le Légataire* et *les Folies amoureuses* ; ces comédies renferment des détails d'une gaîté charmante. Regnard savait bien conduire une intrigue, et les caractères et les portraits qu'il a tracés, pris dans la nature, sont la plupart d'une grande vérité ; cependant on pourrait lui reprocher d'en avoir trop grossi les traits, et d'avoir négligé la versification ; mais, malgré les défauts qui les déparent, ils plaisent par la légèreté et par la vivacité du dialogue.

Regnard fit plusieurs pièces en collaboration avec Dufresny ; mais ces pièces sont sans importance littéraire, si l'on excepte la petite comédie de *Attendez-moi sous l'orme*, jouée en 1694, et que quelques biographes ont attribuée à Regnard seul.

Il paraît que Dufresny revendiquait le fond de la pièce du *Joueur*, qu'il prétendait que Regnard lui avait pris. Ce fait se trouve consigné dans plusieurs ouvrages sur le théâtre; mais je crois qu'il est au moins fort douteux. Suivant la même version, Dufresny, pour se consoler du prétendu larcin de Regnard, résolut de faire un autre *joueur* (*le Chevalier joueur*) en prose. Cette contestation fit naître l'épigramme suivante, du poète Gacon :

> Un jour, Regnard et de Rivière,
> En cherchant un sujet que l'on n'eût point traité,
> Touvèrent qu'un *joueur* ferait un caractère
> Qui plairait par sa nouveauté,
> Regnard le fit en vers, et de Rivière en prose :
> Ainsi, pour dire au vrai la chose,
> Chacun vola son compagnon.
> Mais quiconque aujourd'hui voit l'un et l'autre ouvrage
> Dit que Regnard a l'avantage
> D'avoir été le bon larron.

La vie privée de Regnard contient des particularités fort curieuses. Fils d'un riche épicier de Paris, dès son enfance, la passion des voyages s'était fait remarquer en lui. Aussitôt qu'il put suivre sa volonté, il partit pour l'Italie. A son retour, s'étant embarqué à Gênes, sur un bâtiment qui faisait voile pour Marseille, ce bâtiment fut pris par deux corsaires algériens, et le jeune Regnard fut emmené à Alger avec tout l'équipage capturé.

Il fut vendu quinze cents livres. Son maître le mena à Constantinople, où il resta longtemps esclave. Mais sa position ne tarda pas à s'améliorer. Il possédait quelques petits talents de cuisine qu'il sut si bien mettre à profit, que son maître en fit son cuisinier. L'esclave parvint bientôt à s'y faire aimer du maître, un peu pour sa bonne mine et ses manières prévenantes, beaucoup pour ses capacités culinaires. Plût à Dieu que la bonne mine de l'esclave n'eût captivé que le maître ; mais il gagna aussi le cœur des femmes favorites. Regnard était jeune, il écouta leur passion, fut découvert et livré à la justice. Les lois mahométanes venaient de lui laisser le choix d'être brûlé vif ou de prendre le turban, lorsque le consul de France, qui avait reçu, depuis quelques mois, l'argent pour le racheter, l'ayant appris, s'en servit pour l'arracher au supplice et à l'esclavage : devenu libre, Regnard revint en France avec ses chaînes, qu'il conserva toujours comme souvenir de cet épisode de sa vie aventurière.

Le 26 avril 1681, il part de nouveau pour visiter la Flandre et la Hollande, d'où il passe en Danemark et ensuite en Suède ; de Suède, il se rend en Laponie, et pénètre jusqu'à la mer glaciale ; de retour à Stockholm, il repart le 3 octobre 1683 pour la Pologne et l'Allemagne ; enfin, lassé de ses voyages, Regnard se retire dans une terre proche de Dourdan, où il meurt en 1709, à l'âge de 62 ans.

Avant de finir cette liste d'auteurs dramatiques, je parlerai encore de deux noms : Brueys et Palaprat, ces collaborateurs inséparables qui ont donné au théâtre plusieurs pièces charmantes, à la tête desquelles se place *le Grondeur*, comédie qui égale la plupart des petites pièces de Molière, pour l'intrigue, l'enjoûment et la bonne plaisanterie.

Brueys et Palaprat, nés tous deux en Provence, étaient liés, depuis leur enfance, d'une amitié à toute épreuve.

On faisait un jour l'éloge du *Grondeur* dans une compagnie. L'abbé de Brueys prit la parole, et dit :

Lé *Grondeur*, c'est une bonne pièce. Lé premier acte est excellent, il est tout dé moi ; lé second, coussi, coussi, Palaprat y a travaillé ; pour lé troisième, il ne vaut pas lé diable, jé l'avais abandonné à cé barbouilleur.

Palaprat, qui était présent, répondit sur le même ton :

— Cé couquin ! il mé dépouille tout lé jour dé cette façon ? et mon chien dé tendre pour lui m'empêche dé mé fâcher.

« Il est rare de voir deux auteurs courir la même carrière, partager les mêmes lauriers, se les disputer quelquefois, et rester amis. Une pareille société ressemble beaucoup à celle de deux jolies femmes que des vues sur le même amant ou quelque préférence choquante pour l'une des deux peut rompre d'une minute à l'autre. C'est toutefois ce qui n'est pas arrivé à Brueys et à Palaprat : ils ont composé ensemble un grand nombre de pièces plus ou moins applaudies, et leur séparation n'a pas même été volontaire. Ces deux hommes sympathisaient presqu'en tout : même tour de génie, même façon de voir les choses, de les sentir, de les rendre, à quelque différence près. »

Palaprat, attaché à M. de Vendôme, le suivit en Italie ; et Brueys se retira à Montpellier, où il mourut en 1723.

Brueys disait que Baron et mademoiselle Champmeslé avaient fait passer plus de mauvaises pièces que tous les faux monnayeurs du royaume.

Palaprat avait été rendre ses comptes à Dieu deux ans avant son ami Brueys.

Il s'est peint lui-même dans cette épitaphe :

> J'ai vécu l'homme le moins fin
> Qui fut dans la machine ronde,
> Et je suis mort la dupe, enfin,
> De la dupe de tout le monde.

A la mort de Molière, la troupe du Palais-Royal, qui avait suspendu ses représentations pendant six jours, ne tarda pas à n'être plus en nombre. A la rentrée de Pâques, les représentations du *Malade imaginaire*, pièce que la faveur publique continuait à protéger, furent suspendues : quatre acteurs du Palais-Royal, et qui occupaient les principaux rôles de cette pièce, Baron, La Thorillière, Beauval et sa femme, passèrent à l'hôtel de Bourgogne; cette émigration porta le dernier coup à mademoiselle Molière; et, pour comble d'infortune, la salle du Palais-Royal fut accordée à Lully, ce célèbre musicien, pour l'exploitation des tragédies lyriques dont il avait obtenu le privilége.

Mademoiselle Molière fut donc obligée de chercher un gîte ailleurs; Louis XIV lui permit alors de s'installer dans la salle d'opéra que le marquis de Sourdéac avait fait construire rue Mazarine, et ordonna aussi qu'il n'y aurait plus que deux troupes françaises dans Paris. Les premiers gentilshommes de la chambre, selon Chappuzeau, eurent ordre de ménager les choses dans l'équité, et de faire en sorte qu'une partie de la troupe du Palais-Royal, s'étant unie de son chef à l'hôtel de Bourgogne, l'autre fût jointe au Marais, de l'aveu du roi.

Voici l'extrait de la déclaration royale :

« Il est permis, oüy sur ce le procureur du roy, et suivant les ordres de sa majesté, à la troupe des comédiens du roy, qui estoit cy devant au Palais-Royal, de s'establir et de continuer à donner au public des comédies et autres divertissements honnestes dans le jeu de paulme, situé dans la rue de Seïne, au faux-bourg Saint-Germain, ayant issuë dans ladite rue et dans celle des Fossez de Nesle, vis-à-vis la rue de Guénégaud; et à cette fin d'y faire transporter les loges, théâtres, décorations et autres ouvrages estans dans la salle dudit Palais-Royal, appartenant à ladite troupe; comme aussi de faire afficher aux coins des ruës et carrefours de cette ville et faux-bourgs, pour servir d'avertissement des jours et sujets des représentations. »

Et plus bas on lit :

« Défenses sont pareillement faites à la troupe des comédiens du quartier du Marais de continuer à donner au public des comédies, soit dans ledit quartier ou autre de cette ville et faux-bourgs de Paris. »

Cet état de choses dura jusqu'au 21 octobre 1680 ; à cette époque, le théâtre de l'hôtel de Bourgogne vint s'y fondre par un nouvel ordre royal, et Louis XIV fixa, par une déclaration, le nombre des acteurs; partagea les profits selon les talents, dispensa les uns du service, donna aux autres des pensions, et régla toute l'économie de la nouvelle société, qui fut gratifiée d'une pension de 12,000 livres.

Le voisinage du collége Mazarin et du nouveau théâtre jeta bientôt la zizanie entre les habitants des deux hôtels ; ceux du collége Mazarin, moins patients et appuyés par les locataires des maisons voisines, s'adressèrent au roi pour qu'il lui plût de les débarrasser des turbulents nouveaux-venus ; après bien des démarches et des supplications, Louis XIV accéda enfin à leur démarche, et ordonna aux comédiens d'abandonner le théâtre de la rue Mazarine, et de chercher un lieu plus convenable à leurs représentations : ils firent alors l'acquisition du jeu de paume de l'Étoile, situé dans la rue des Fossés-des-Prés, et de deux autres maisons à côté, où l'architecte François d'Orbay leur fit bâtir un nouvel hôtel.

L'ouverture de ce théâtre eut lieu après la rentrée de Pâques, le 18 avril 1689.

A la réunion de 1680, plusieurs acteurs de l'ancienne troupe de Molière étaient morts ou retirés du théâtre; parmi ces derniers, et un des meilleurs, du Croisy, tourmenté par la goutte, avait été chercher un refuge à Conflans-Sainte-Honorine, bourg près de Paris, où il avait acheté une petite maison. — « Il s'y fit distinguer, au dire des frères Parfait, par les vertus d'un honnête homme, et s'attira particulièrement l'affection de son curé, qui le regardait comme un de ses plus estimables paroissiens. Il y mourut en 1695. Le curé fut si fort touché de cette perte, qu'il n'eut pas le courage de célébrer lui-même la cérémonie funèbre, et pria un ecclésiastique de remplir pour lui ce ministère. »

A la fin de 1684, Brécourt se rompit une veine par les efforts qu'il fit en représentant à la cour le principal personnage de sa comédie de *Timon*. On lit dans les manuscrits de Tralage que cet acteur n'avait que trois petits défauts : « il aimait avec excès le vin, le jeu et les femmes. »

L'année 1692 voit mourir Lagrange, un des acteurs que Molière affectionnait le plus, et qu'il honorait du nom d'ami. Lagrange avait épousé Marie Ragueneau, actrice fort médiocre du même théâtre.

Mademoiselle Molière, dont la réputation ne fut pas irréprochable, sans respect pour le nom illustre qu'elle portait, consentit à le changer contre celui d'un comédien alors fort obscur, Guérin d'Estriché. Ce mariage attira à mademoiselle Molière l'épigramme suivante, qui, malgré sa trivialité, était méritée :

> Les grâces et les ris règnent sur son visage ;
> Elle a l'air tout charmant et l'esprit tout de feu.
> Elle avait un mari d'esprit qu'elle aimait peu ;
> Elle en prend un de chair qu'elle aime davantage.

Cette actrice, dont la carrière dramatique fut un triomphe continuel, se retira du théâtre le 14 octobre 1694, après avoir obtenu la pension de 1,000 livres, et mourut le 3 novembre 1700. Pendant ce temps, Guérin avait acquis du talent, son jeu s'était épuré, il fut même remarqué parmi les meilleurs acteurs, dans les récits, une des parties les plus difficiles du rôle tragique.

Jacques Raisin et Jean-Baptiste Siret Raisin, les deux frères, se distinguèrent dans la comédie ; Jacques Raisin l'aîné, l'ancien petit bonhomme de la fameuse épinette, plus tard l'acteur de la troupe du Dauphin, était venu débuter à Paris en 1684, dans les troisièmes rôles tragiques et les amoureux, emplois qu'il remplit jusqu'au 31 octobre 1694 : à cette époque, il sollicita un ordre de retraite qu'il obtint avec la pension ordinaire de 1,000 livres, et mourut d'une pleurésie en 1698.

Suivant le témoignage de quelques contemporains, Jacques Raisin *« jouait de très bon sens, mais il n'avait pas tous les talents requis pour faire un grand comédien. »*

Jean-Baptiste Siret Raisin, le cadet, reçu et conservé à la

réunion, déploya une si grande perfection scénique et un tact si supérieur à tous les acteurs qui l'avaient précédé, qu'il mérita le nom du *petit Molière*.

Raisin le cadet était un comédien excellent : il avait un talent qui savait se plier à tous les emplois. « Dans les rôles à manteau, il avait un air sévère et maussade ; dans les valets, la physionomie hardie et maligne ; dans les petits maîtres, un air tendre, galant et libertin ; enfin, c'était un vrai protée, non-seulement dans chaque rôle, mais dans chaque situation de ses rôles. »

Il joignait, à ces brillantes qualités du comédien, un esprit vif et piquant ; le trait suivant le prouve : à la représentation d'*Esope à la ville*, comédie de Boursault, jouée en 1690, Raisin avait été chargé de jouer *Esope* ; à la troisième fable qu'il débitait, un murmure peu équivoque s'éleva dans le parterre, Raisin interrompt alors son rôle, s'avance aux bords de la rampe, et s'adressant au public :

« Permettez-moi, messieurs, dit-il, d'oser avoir l'honneur de vous représenter que cette comédie-ci est dans un genre singulier, et tout à fait neuf. L'auteur, en risquant de mettre Ésope au théâtre, aurait cru manquer à l'essence de son caractère, s'il ne l'eût pas fait parler par apologues, le plus souvent qu'il le pouvait. Si la répétition des fables vous fatigue et vous ennuie, il est inutile que nous continuions la représentation de cette pièce : donnez-nous vos ordres, messieurs, pour la cesser en ce moment ; car j'ai l'honneur de vous prévenir que, dans le courant de la pièce, j'ai onze ou douze fables à vous débiter encore. »

Comme bien vous pensez, Raisin fut applaudi ; le parterre lui cria de continuer, et le succès de la pièce, d'abord gravement compromis, fut, grâce à la présence d'esprit de Raisin, emporté d'assaut.

Raisin mourut en 1693, dans un temps où le vin manqua, et où le pain devint très cher ; ce qui donna occasion à cette épigramme :

> Quel astre pervers et malin,
> Par une maudite influence,
> Empêche désormais qu'en France
> On puisse recueillir du vin !
> C'est avec raison que l'on crie
> Contre la rigueur du destin,
> Qui nous ôte jusqu'au Raisin
> De notre pauvre comédie.

Le nom de La Thorillière restera à jamais célèbre dans les fastes du théâtre ; trois acteurs de ce nom furent tour à tour applaudis sur la scène française ; le premier, dont j'ai déjà parlé, comédien d'un grand mérite, se fit applaudir jusqu'en 1679, année où il mourut du chagrin que lui causa le mariage de sa fille Thérèse Lenoir avec Dancourt, qui l'avait enlevée ; il était passé à l'hôtel de Bourgogne après la mort de Molière pour remplacer Lafleur.

Pierre Lenoir de La Thorillière fut le second ; élevé par Molière, il parut à l'âge de quinze ans, eu 1671, dans *Psyché*, par le rôle de *l'Amour*; cette même année, il alla visiter la province, et ne revint à Paris qu'en 1684, où il obtint un ordre de début, et fut reçu le 14 juin de la même année.

Lemazurier a écrit sur cet acteur :

« La Thorillière était d'une taille médiocre, mais bien prise; il avait le visage ouvert et gracieux, de beaux yeux, le regard agréable, vif et expressif, la voix pleine et sonore, son jeu était rempli d'action et d'un badinage toujours aimable et gai, sans être jamais trivial; un mouvement, une attitude, un geste, un sourire, un léger coup d'œil, tout parlait en lui : il savait animer tout, sans s'écarter de l'esprit de son rôle, ni sortir de son vrai caractère. »

A la mort de Raisin, le cadet, La Thorillière, qui jusqu'alors avait joué les seconds rôles de tragédie et les amoureux comiques qui n'étaient pas dans les convenances de son talent, remplaça cet excellent comédien, et soutint les charges de la succession avec honneur et dignité.

Il paraît que, dans sa jeunesse, La Thorillière avait eu du penchant pour la charge; mais l'expérience de la scène le corrigea bientôt de ce défaut.

Je parlerai plus longuement de ce comédien dans la seconde partie de cet ouvrage.

Quant au troisième La Thorillière, il appartient tout entier au siècle de Louis XV.

Mademoiselle Champmeslé poursuivait toujours le cours de ses succès; Racine l'avait élevée à la hauteur de son admirable poésie; tous les rôles qu'elle remplissait prenaient une nouvelle force dans l'éclat de son jeu; cependant sa diction chantée et quelquefois ampoulée devait nuire à l'expression des sentiments qu'elle voulait peindre; car, à cette époque, un acteur devait donner à sa voix certaines inflexions graduées qui, dites en mesure, formaient une espèce de chant tantôt vif, tantôt lent, selon que la pensée de l'écrivain demandait ou de l'énergie ou de la douceur.

Mademoiselle Champmeslé possédait cette qualité de l'époque au suprême degré, sans cependant pour cela perdre en rien de sa voix passionnée. Dans les scènes qui exigeaient de la puissance, elle semblait acquérir une nouvelle force; alors, d'après une tradition, si l'on eût ouvert la loge du fond de la salle, on eût entendu l'actrice jusque dans le café Procope.

« Le récit des comédiens dans le tragique, dit l'auteur des *Entretiens galants*, est une *espèce de chant*, et vous m'avouerez bien que la Champmeslé ne vous plairait pas tant, si elle avait une voix moins agréable; mais elle sait la conduire avec beaucoup d'art, et elle y donne à propos des inflexions si naturelles qu'il semble qu'elle a véritablement dans le cœur une passion qui n'est que dans sa bouche. »

Mademoiselle Champmeslé possédait le talent si rare des larmes; cette ligne est le plus grand éloge qu'on puisse adresser à cette actrice, quand on pense aux moyens peu naturels que la déclamation employait alors pour peindre les sentiments du cœur et de l'âme.

Le 15 mai 1698, mademoiselle Champmeslé, âgée de cinquante-cinq ans, reçut la mort comme une chrétienne, avec recueillement et résignation. Louis Racine assure, dans sa correspondance, qu'elle avait déclaré qu'elle trouvait très glorieux pour elle de mourir comédienne. — Le curé de Saint-Sulpice s'était rendu à Auteuil pour la faire renoncer aux vanités de ce monde; mademoiselle Champmeslé n'eut pas le courage de soutenir sa résolution; elle renonça au théâtre, et consentit à se confesser. La mort est si forte de notre faiblesse, et possède de si mystérieuses révélations !

Le nom de mademoiselle Champmeslé se mêle à tous les applaudissements qu'excitèrent les pièces de Racine. Aussi, après le nom de cette actrice, qui avait su traduire avec tant d'éclat tous les sentiments échappés du cœur du poète, l'analyse historique et anecdotique des dernières pièces du répertoire de Racine se présente-t-elle comme le corollaire de la vie passionnée de mademoiselle Champmeslé.

Mithridate avait été représenté quelque temps après l'émigration de Baron à l'hôtel de Bourgogne. *Pulchérie*, tragédie de Corneille, venait de tomber, lorsque Racine donna *Mithridate*; les amis de ce dernier avaient exploité cet échec du grand tragique tout à son avantage. Aussi, lorsque *Mithridate* parut, il fut placé en parallèle avec *Pulchérie*: on n'eut pas de honte de mettre en action le coup de pied de l'âne de la fable.

« J'ai ouï raconter par madame de Lafayette, dit l'abbé de Saint-Pierre, que, dans une conversation, Racine soutint qu'un bon poète pouvait faire excuser les plus grands crimes, et même inspirer de la compassion pour les criminels. Il ajouta qu'il ne fallait que de la fécondité, de la délicatesse, de la justesse d'esprit, pour diminuer tellement l'horreur des crimes de Médée ou de Phèdre, qu'on les rendrait aimables aux spectateurs, au point de leur inspirer de la pitié pour les malheurs. Comme les assistants lui nièrent que cela fût possible, et qu'on voulut même le tourner en ridicule sur une opinion si extraordinaire, le dépit qu'il en eut le fit résoudre à entreprendre la tragédie de *Phèdre*, où il réussit si bien à faire plaindre ses malheurs, que le spectateur a plus de pitié de la criminelle belle-mère que du vertueux Hippolyte. »

Pradon, de malheureuse mémoire, avait composé une tragédie sur *Phèdre*, à l'instigation de madame Deshoulières, de madame la duchesse de Bouillon, et du duc de Nevers, son frère, qui s'étaient laissé prévenir contre Racine; tout fut arrangé pour que la pièce de Pradon fût jouée en même temps que celle de Racine; on lui prépara d'avance un succès des plus brillants : le jour fixé, madame Deshoulières et ses partisans firent retenir toutes les premières loges des deux théâtres pour cette représentation et les cinq suivantes; et, afin d'empêcher les personnes attachées au parti de Racine de se récrier contre la cabale qui lui était opposée, ils laissèrent vides toutes les premières loges du théâtre de l'hôtel de Bourgogne. « Cette ruse, prétend Boileau, leur coûta plus de quinze mille livres. »

Ce fut alors que madame Deshoulières composa ce fameux sonnet qui alluma une espèce de polémique entre Racine et le duc de Nevers, qui eût pu devenir fâcheuse, sans l'intervention de Louis XIV.

Dans un fauteuil doré, Phèdre, tremblant et blême,
Dit des vers, où d'abord personne n'entend rien;
Sa nourrice lui fait un sermon fort chrétien,
Contre l'affreux dessein d'attenter sur soi-même.

Hippolyte la hait presque autant qu'elle l'aime;
Rien ne change son cœur, ni son chaste maintien;
La nourrice l'accuse; elle s'en punit bien.
Thésée a pour son fils une rigueur extrême.

Une grosse Aricie, au teint rouge, aux crins blonds,
N'est là que pour montrer deux énormes tétons,
Que, malgré sa froideur, Hippolyte idolâtre.

Il meurt enfin traîné par ses coursiers ingrats,
Et Phèdre, après avoir pris de la mort-aux-rats,
Vient, en se confessant, mourir sur le théâtre.

Athalie et *Esther* ferment la vie dramatique de Racine ; dans ces deux pièces, l'historien de Port-Royal a profusionné tous les trésors de la poésie. Lorsque la tragédie d'*Esther* fut représentée à Saint-Cyr, d'après les ordres de madame de Maintenon, elle eut un succès prodigieux ; mais, lorsqu'elle parut imprimée, le public ne l'accueillit que froidement ; ce qui donna lieu à ce mot de M. de La Feuillade : « Esther est une requête civile contre l'approbation publique. »

Athalie n'eut pas les honneurs d'une représentation publique; elle ne fut jouée que dans les appartements de Versailles, devant Louis XIV, par les demoiselles de Saint-Cyr, pour qui elle avait été faite ; la scrupuleuse madame de Maintenon n'avait pas même voulu permettre qu'elle fût représentée à Saint-Cyr ; elle s'était laissée ébranler par les remontrances qui lui arrivèrent de toutes parts ; et non-seulement elle proscrivit l'*Athalie* de Racine, mais elle supprima encore les spectacles dans cette maison royale. Malgré toutes les sourdes menées des ennemis de Racine, Louis XIV n'en conserva pas moins pour cette pièce une haute estime.

Athalie était alors regardée comme une mauvaise pièce. On se rappelle l'épigramme attribuée à Fontenelle, et qui finissait par ce trait pitoyable :

> Pour avoir fait pis qu'*Esther*,
> Comment diable a-t-il pu faire ?

Boileau fut le seul que la prévention générale ne fit point changer d'avis.

— Je m'y connais bien, disait-il, on y reviendra ; *Athalie* est un chef-d'œuvre.

En 1702, Louis XIV voulut voir jouer cette tragédie à Versailles : la distribution des rôles, qui a été conservée, est assez remarquable. Madame la duchesse de Bourgogne y joua le rôle de *Josabeth* : ceux d'*Abner*, d'*Athalie*, de *Joas* et de *Zacharie*, furent remplis par le duc d'Orléans, madame la présidente de Chailly, le comte d'Espar et M. de Champeron. Baron fut chargé du rôle de *Joad*, et le comte d'Ayen et la comtesse d'Ayen, nièce de madame de maintenon, acceptèrent aussi deux rôles. *Athalie*, ainsi montée, parut trois fois à la cour ; elle ne devait cependant obtenir la célébrité qu'elle méritait que lors des représentations publiques qu'en donnèrent les comédiens en 1716. Je parlerai plus tard de cette révolution qui s'opéra dans le goût du public. Mais Racine ne devait pas jouir de son triomphe : il mourut dix-sept ans trop tôt.

Depuis son apparition sur le théâtre jusqu'à sa première retraite, arrivée en 1691, Baron est le seul de tous les acteurs dont les succès ne se ralentirent pas : jamais la moindre faiblesse dans son jeu, toujours la même expression vraie et communicative : aussi sa vie dramatique s'écoule-t-elle brillante et sans secousses ; aussi tous les écrivains n'ont-ils qu'une seule voix sur le talent souple et délié de cet acteur.

« Baron n'entrait jamais sur la scène qu'après s'être mis dans l'esprit et le mouvement de son rôle. Il y avait telle pièce où, au fond du théâtre, et derrière les coulisses, il se battait, pour ainsi dire, les flancs pour se passionner. Il apostrophait, avec rigueur et impérieusement, tout ce qui se trouvait sous sa main de valets et même de camarades, de l'un et l'autre sexe, jusqu'à ne point ménager ses termes, et il appelait cela *respecter le public.* Il ne se montrait en effet à lui qu'avec je ne sais quelle altération de ses traits, et avec ces expressions muettes qui étaient comme l'ébauche du caractère de ses différents personnages. »

Au mois d'octobre 1691, seize ans après la mort de Molière, Baron se retire du théâtre avec une pension de 3,000 livres. Comédien consommé, il était parvenu, par l'étude, à parcourir victorieusement la carrière théâtrale dans toute son étendue et dans toutes ses péripéties.

La comédie avait confié à l'élève de Molière ses inspirations les plus intimes ; la tragédie avait appris au *Roscius* moderne les élans les plus chaleureux de la passion.

Homme d'intelligence et d'aptitude, Baron possédait en lui cette persévérance du travail qui ne laisse aucune pensée en friche.

Bientôt le comédien ne se contenta plus de son rôle d'interprète : au masque de la comédie, au costume tragique, il voulut associer la plume de l'écrivain. Il essaya, et ses essais, sans être des œuvres de maître, prirent une place honorable dans les annales littéraires.

Je donnerai ici la liste des pièces de théâtre de Baron, en faisant sur chacune d'elles les réflexions que je croirai nécessaires.

Le Rendez-vous des Tuileries, ou *le Coquet trompé*, comédie en trois actes et en prose, avec un prologue; première représentation, le 3 mars 1685 : elle fut jouée dix fois.

Les Enlèvements, comédie en un acte et en prose; première représentation, le 6 juillet 1685. Elle en eut huit.

L'Homme à bonnes fortunes, comédie en cinq actes et en prose; première représentation, le jeudi 30 janvier 1686. Elle obtint un succès complet; elle fut donnée vingt-trois fois de suite. — Subligny passait pour être le véritable auteur de cette pièce; on prétendit aussi qu'elle appartenait à un M. d'Alègre, auquel Baron aurait donné 500 écus pour la faire passer sous son nom. Ces deux suppositions ne sont pas vraisemblables; il est plus probable que Baron traça, d'après lui-même, le caractère de son *Marquis de Moncadé*.

Il est certain qu'il avait eu des aventures galantes dont sa vanité pouvait être satisfaite. On raconte même qu'une nuit qu'il était au lit avec une duchesse, dans une chambre décorée des portraits des aïeux de cette dame, celle-ci s'écria en le considérant :

— Que diraient mes ancêtres, s'ils me voyaient dans les bras d'un homme comme vous.

— Eh! parbleu, répliqua vivement Baron, ils diraient que vous êtes une catin !

La Coquette, ou *la Fausse prude*, comédie en cinq actes et en prose; première représention le 18 décembre 1686; elle fut jouée vingt-cinq fois. On a cru que Baron n'était que le père adoptif de cette pièce, et que Subligny l'avait composée.

Le Jaloux, comédie en cinq actes et en vers; première représention le 17 décembre 1687; elle eut quatorze représentations ; mais, ayant été reprise en 1710, elle ne put se soutenir malgré les corrections de l'auteur.

Les Fontanges maltraitées, ou *les Vapeurs*, comédie en un acte et en prose, jouée le 13 mai 1689 ; seize représentations ; elle n'a pas été imprimée.

La Répétition, comédie en un acte et en prose ; elle fut donnée, sans être annoncée ni affichée, le 10 juillet 1689 ; elle eut onze représentations ; elle ne fut également pas imprimée.

Le Débauché, comédie en cinq actes et en prose ; première représentation le 6 décembre 1689 ; elle en eut onze. Cette pièce ne se trouve pas dans les *œuvres de Baron*, ce qui pourrait faire croire avec quelque raison que ce comédien n'en était que le prête-nom.

L'Andrienne, comédie en cinq actes et en vers, imitée de Térence ; représentée le 16 novembre 1703, avec le plus grand succès.

« Cette comédie, dit Lemazurier, attribuée au père Delarue, jésuite, est le premier modèle du genre noble ou larmoyant, pour lequel La Chaussée et consorts ont si longtemps combattu. Dans la préface de cette pièce, Baron se défend assez mal contre ceux qui ne voulaient pas qu'il en fût le véritable auteur. Il se compara modestement à Térence, qui, dit-il, s'est trouvé dans le même cas. Sans décider la question, on peut dire qu'il y avait plus d'affinité avec le père Delarue et Térence qu'entre le comédien français et l'auteur latin. »

Le libraire Flahault, qui avait été comédien, venait d'acheter à Boissy sa satyre de *l'Elève de Terpsichore*. L'ayant communiquée à Baron pour lui en dire ce qu'il en pensait, Baron fut fort peu agréablement surpris de trouver son théâtre dans la table des livres qui peuvent servir à former un méchant poète; peu de jours après, il envoya à Boissy un exemplaire de *l'Andrienne*, en le priant d'examiner si l'auteur d'une telle comédie méritait consciencieusement d'être traité d'une manière si injurieuse, et il finissait son épître en prodiguant des éloges à *l'Élève de Terpsichore* : Boissy avait l'âme charitable, il retrancha aussitôt, du catalogue des méchants livres, le théâtre de Baron.

Les Adelphes, ou *l'École des pères*, comédie en cinq actes et en vers, imitée de Térence, ainsi que la précédente, et jouée le 3 janvier 1705 ; elle n'eut les honneurs que de sept représentations ; on l'attribue aussi au père Delarue.

Quelques jours avant que Baron fît représenter cette comédie, M. de Roquelaure lui dit :

— Baron, quand veux-tu me montrer ta pièce nouvelle? Tu sais que je m'y connais ; j'en ai fait fête à trois femmes d'esprit qui doivent dîner chez moi. Viens dîner avec nous. Apporte *les Adelphes*, et tu nous en feras la lecture. Je suis curieux de voir si tu es moins ennuyeux que Térence.

Baron accepta la proposition, et se rendit à l'hôtel de Roquelaure, où il trouva deux comtesses et une marquise qui lui témoignèrent une vive impatience d'entendre sa nouvelle pièce. Cependant, quelque envie qu'elles parussent en avoir, elles ne laissèrent pas de se donner tout le temps de dîner à leur aise. Après un repas fort long, ces dames demandèrent des cartes.

— Comment, des cartes? s'écria M. de Roquelaure. Vous n'y pensez pas, mesdames; vous oubliez que notre maître Baron se prépare à nous lire sa comédie nouvelle.

— Non, non, monsieur, lui répondit la marquise ; nous ne l'oublions pas. Tandis que nous jouerons, M. Baron nous lira sa pièce, et nous aurons deux plaisirs pour un.

A ces mots, Baron se leva brusquement et gagna la porte en pestant tout haut contre les joueuses. Les convives de M. de Roquelaure furent donc forcées de se contenter d'un seul plaisir.

Comme on a pu le voir, on a refusé à Baron, même de son vivant, l'honneur d'avoir écrit les quelques pièces passables qui se trouvent dans son répertoire. Il ne faut pas juger, par ce refus, que Baron était un écrivain sans verve et sans talent ; on peut même douter que les pièces désignées comme le prix de l'argent de l'acteur ne soient pas de lui. Il est très probable que Baron s'est aidé des conseils de quelques écrivains dramatiques de cette époque ; mais cela n'est pas suffisant pour enlever au penseur toutes les idées bonnes que son imagination en travail a pu lui suggérer. L'abbé d'Allainval, qui, peu de temps après la mort de Baron, publia une *lettre à Mylord... sur Baron et mademoiselle Lecouvreur*, et qui s'était caché sous le nom de Georges Wink, s'était déchaîné contre les défauts de l'acteur, et n'avait pas oublié de déchirer, le plus qu'il lui avait été possible, la réputation d'auteur, contestée si souvent et si durement depuis à Baron.

L'abbé d'Allainval avait le défaut de lâcher trop la bride à sa mauvaise humeur. Du reste, écrivain spirituel, l'auteur de *l'Ecole des bourgeois* ne fit preuve, dans sa brochure, d'impartialité ni de bon goût.

Suivant lui, la tragédie de *Géta* fut sur le point de passer dans l'héritage littéraire de Baron. Péchantré, qui en était l'auteur, l'apporta afin que l'acteur lui donnât son avis. Baron, après lui en avoir dit tout le mal qu'il put imaginer, lui en offrit vingt pistoles. Péchantré, aussi simple que peu fortuné, accepta l'offre; mais Champmeslé, qui avait soupçonné quelque nouveau tour de passe-passe de la part de son camarade, et qui connaissait cette pièce, la trouvant digne de la représentation, offrit à Péchantré de lui prêter les vingt pistoles avancées déjà par Baron, ce que l'auteur de *Géta* avait accepté.

Il faut avouer que la narration de l'abbé d'Allainval ne mérite pas une grande croyance.

A la retraite de Baron, les comédiens se trouvèrent fort en peine pour le remplacer; trois compétiteurs se présentaient; les comédiens résolurent de faire des essais : les trois présomptueux qui osaient remplacer Baron étaient Saint-Georges du Rocher, fameux acteur de province; Rosidor et Beaubourg. Après les débuts, ce dernier fut jugé sinon égal à Baron, du moins le plus supportable des trois compétiteurs; et le 17 décembre 1691 il fut reçu après la représentation de *Nicomède*.

On a reproché à Beaubourg l'exagération de son jeu; mais cet acteur rachetait ce défaut par beaucoup d'âme. Associé de talent avec mademoiselle Duclos, qui avait succédé à mademoiselle Champmeslé après l'avoir doublée pendant deux ans dans les rôles tragiques, Baubourg fit supporter la retraite capricieuse du capricieux Baron.

Mademoiselle Marie-Anne de Châteauneuf, dite Duclos, avait d'abord paru à l'Opéra. Le peu de succès qu'elle obtint lui donna l'idée de solliciter un ordre de début au Théâtre-Français; le 27 octobre 1693, elle joua le rôle de *Justine*, de *Géta*, et le 28 du même mois, celui d'*Ariane*. Son jeu plut tellement que, chose jusqu'alors inconnue dans les fastes du théâtre, elle fut reçue le même jour de ses débuts.

Mademoiselle Duclos ne fit pas oublier mademoiselle Champmeslé ; mais elle parvint à une réputation égale à celle de cette excellente comédienne. Jamais, avant mademoiselle Duclos, un rôle n'avait été rendu avec plus de verdeur et de force ; malheureusement, elle n'avait pas dans la voix ces notes étouffées et douloureuses qui provoquent l'émotion et les larmes ; mais, dans le personnage qu'elle représentait, fallait-il des accents déchirants et terribles, alors le visage de mademoiselle Duclos s'illuminait, sa voix devenait éclatante et superbe, et le spectateur épouvanté éprouvait ce resserrement de poitrine qui suit toujours une impression de terreur.

Après avoir rempli pendant quelque temps, avec un grand succès, les rôles de basse-taille à l'Opéra de Rouen, Sallé, fils d'un avocat de Troyes, obtint un ordre de début, et parut le 24 août 1698 dans *Manlius* et *le Deuil*. Il avait été assez goûté ; mais comme il s'était engagé avant ses débuts dans une troupe de comédiens français qu'Auguste, roi de Pologne, et l'électeur de Saxe, réunissaient pour Varsovie, il fut obligé de partir pour la Pologne, où il fit un séjour de près de trois années ; revenu à Paris, à Pâques 1701, il débuta pour la deuxième fois, au mois d'août suivant, d'une manière si brillante que tout Paris courut le voir, malgré la chaleur la plus excessive. Sallé jouait tous les emplois avec supériorité ; il avait la voix d'une très grande étendue et fort belle : aussi, lorsqu'il chantait dans les pièces à divertissements, les dilettanti de cette époque quittaient souvent l'Opéra pour aller l'entendre au Théâtre-Français. Que de désappointements et de chagrins Sallé ne causa-t-il pas à Thévenard, le chanteur à la mode du commencement du XVIII° siècle!

« En 1704, rapporte Lemazurier, Sallé joua le rôle de *Saül* dans la tragédie de ce nom, dont l'abbé Nadac était l'auteur : celui de la *Pythonisse* était rempli par mademoiselle Desmares. Dans la scène où elle évoque l'ombre de Samuël, l'altération des traits de Sallé et sa terreur furent si frappantes qu'elles effrayèrent l'actrice elle-même, et produisirent un coup de théâtre très remarquable et qui a fait tradition. »

Sallé meurt à Paris au mois de mars 1706, à trente-cinq ans, et Ponteuil le remplace dans l'emploi des rois.

Au commencement de 1702, Champmeslé est réuni à sa femme; il meurt en sortant des Cordeliers, d'où il venait de faire dire deux messes de *requiem*, l'une pour sa mère, l'autre pour sa femme; ayant donné une pièce de trente sols au sacristain pour prix des deux messes, ce dernier voulut lui en rendre dix, Champmeslé lui dit : « La troisième sera pour moi, je vais l'entendre. »

Au sortir de l'église, il alla s'asseoir sur un banc placé devant *l'Alliance*, cabaret proche de la comédie, où il causa quelque temps avec plusieurs camarades. Se retournant tout à coup vers l'un d'eux :

— Nous dînerons ensemble aujourd'hui.

Et, en disant ces mots, il tomba à la renverse, et lorsqu'on essaya de le relever, il n'était plus.

Après la mort de Champmeslé, Le Grand se proposa pour remplir l'emploi de cet acteur. Appuyé de la faveur du grand-dauphin, qui l'avait fait venir de Pologne, il fut reçu le 21 mars 1702. Le Grand avait la voix belle et sonore, mais la taille peu majestueuse et une figure commune, à laquelle le parterre eut beaucoup de peine à s'accoutumer. Certain jour qu'il jouait un rôle tragique, il fut fort mal reçu ; Le Grand, qui avait déployé dans son jeu toutes les ressources de son talent, piqué de cette injustice, harangua le public et finit par dire :

— Messieurs, il vous est plus aisé de vous accoutumer à ma figure qu'à moi d'en changer.

Le Grand conserva, jusqu'à la mort du grand-dauphin, une vive reconnaissance pour les bontés que ce dernier avait eues pour lui. Quelques jours après ses débuts, il lui adressa les vers suivants :

> Ma taille, par malheur, n'est ni haute ni belle ;
> Mes rivaux sont ravis qu'on me la trouve telle.
> Mais, grand prince, après tout ce n'est pas là le fait :
> Recevoir le meilleur est, dit-on, votre envie ;
> Et je ne serais pas parti de Varsovie,
> Si vous aviez parlé de prendre le mieux fait.

De tous les comédiens du siècle de Louis XIV, Dancourt fut, sinon le meilleur, du moins un des plus heureux. Il jouait avec supériorité les rôles de jaloux et de financier. On disait de Dancourt qu'il jouait noblement dans la comédie et bourgeoisement dans la tragédie. Malgré les défauts qui déparaient souvent son jeu, il n'est pas moins vrai que Dancourt fut regardé de son temps comme d'une grande utilité pour ses camarades de la Comédie-Française.

Non-seulement Dancourt jouait presque tous les emplois ; mais il s'était livré à la fabrication des pièces de théâtre. Il écrivait avec facilité, et dans ses pièces on rencontre des traits d'esprit, des saillies telles que, de nos jours, certains de nos vaudevillistes seraient fort heureux de pouvoir s'en dire les inventeurs.

« Ce que Regnard était à l'égard de Molière dans la haute comédie, le comédien Dancourt l'était dans la farce. »

Piron avait raison.

Du temps même de cet acteur, on avait fait courir un bruit peu flatteur pour sa réputation d'écrivain : on l'accusait de dépouiller les jeunes gens qui s'adressaient à lui pour être joués ; il se faisait laisser les manuscrits, prétendait-on, les copiait, et, huit jours après, il les rendait en disant au débutant littéraire que sa pièce n'était pas jouable; puis, une année écoulée, il faisait paraître cette même pièce, dont il avait eu la précaution de déguiser le fond de l'intrigue par quelques légers détails. Si le fait est vrai, et que Dancourt soit le père de cette rapine éhontée, depuis, l'enfant n'a fait que prospérer. En effet, de nos jours, cette manière d'agir est des plus ordinaires, et s'appelle du savoir-faire.

« Dancourt était d'une moyenne grandeur, et avait la taille bien prise, avant que l'âge lui eût donné de l'embonpoint : il avait les cheveux et les sourcils bruns, de beaux yeux, le visage agréable et la physionomie noble et spirituelle. Son principal talent pour le théâtre était les rôles de haut comique, à manteau et raisonnés. A l'égard du tragique, il y était froid et monotone : aussi jouait-il le moins qu'il pouvait dans ce dernier genre. »

Il avait fait ses études sous le père de la Rue, et ce dernier l'avait destiné pour l'église; mais Dancourt n'avait pas de goût pour la retraite : la vie de plaisir et de liberté lui paraissait préférable. Il avait donc refusé les saintes offres que lui avait faites le jésuite.

D'un esprit vif et piquant, il ne laissait jamais échapper une occasion de mettre à propos cet heureux don de la nature.

Le père de la Rue sermonnait quelquefois Dancourt sur sa profession de comédien ; un jour que le jésuite s'était montré d'une intolérance injuste :

— Ma foi, mon père, lui dit Dancourt avec mauvaise humeur, je ne vois point que vous deviez tant blâmer l'état que j'ai pris : je suis comédien du roi, vous êtes comédien du pape ; il n'y a pas tant de différence de votre état au mien.

Dancourt avait eu, de son mariage avec Thérèse Lenoir de La Thorillière, deux filles qui, toutes deux, suivirent la même carrière que leur père. L'aînée, Manon Dancourt, était montée sur le théâtre en 1693 : elle venait d'entrer dans sa onzième année ; la plus jeune, Mimi Dancourt, parut en 1699 : elle n'était âgée que de neuf ans. Ces deux jeunes artistes furent assez goûtées, surtout la plus jeune, dont le jeu pétillait de grâce et de naturel.

Le 30 janvier 1699, la troupe des comédiens du roi représentait *Iphigénie* pour les débuts de la nièce de mademoiselle Champmeslé dans les rôles tragiques, Charlotte-Antoinette Desmares. Jusqu'à la mort de mademoiselle Champmeslé, mademoiselle Desmares avait été guidée par les conseils de sa tante ; mais, lorsque celle-ci fut prise de la maladie dont elle succomba, l'élève fut obligée de marcher sans maître, essai dont elle se retira avec honneur. Fille de Nicolas Desmares, acteur du Théâtre-Français, qui jouait avec assez de talent les rôles de paysans, mademoiselle Desmares fit preuve d'un talent si remarquable, que le public se porta en foule à ses représentations, et avec la même avidité qu'il avait montrée auparavant à celles de mademoiselle Champmeslé. Mademoiselle Desmares se posa donc la rivale de mademoiselle Duclos; le manteau de reine, le modeste costume de soubrette semblaient tous deux être faits pour elle; sa voix savait être fière ou espiègle selon que ses rôles l'exigeaient; Corneille, Molière et Racine trouvèrent en elle une savante interprète. Les passions se peignaient sur son visage dans tous leurs moindres détails, et tantôt folle et spirituelle comme *Dorine*, tantôt grave et superbe comme *Hermione*, elle surpassait quelquefois les meilleures actrices qui l'avaient précédée, et égalait souvent celles qui brillaient de son temps. Les chroniques théâtrales ont conservé le souvenir d'un des plus beaux succès de mademoiselle Desmares. Ce fut au mois de juin 1704, à la reprise de *Psyché*. Jamais la rivale de *Vénus* ne s'était montrée sous des traits plus séduisants; jamais l'inimitable scène de la déclaration n'avait été dite avec tant de candeur et de naïveté; jamais aussi la salle du Théâtre-Français n'avait retenti de plus d'enthousiastes applaudissements.

Parmi le grand nombre d'acteurs de mérite qui occupaient alors la Comédie-Française, à côté de Baron, de Beaubourg, etc., se trouve le fils d'un riche notaire de Paris. Malgré les remontrances de sa famille, Nicolas-Étienne Le Franc, dit Ponteuil, de retour de la Pologne, où il était allé pour jouer la comédie, débuta au Théâtre-Français par le rôle d'*OEdipe*, en 1701, et fut reçu en 1703. Je ne m'amuserai pas à répéter ici les versions ridicules de certains auteurs relativement à ce qui détermina sa vocation; mais, un fait constant, c'est que, dès ses premières années, Ponteuil ne s'occupait que de marionnettes.

« Mon témoignage peut être cru, dit Beauchamps, car ayant été son camarade de collége, j'ai souvent assisté à ses farces. Je n'en oublierai jamais une qui pensa nous être funeste. Dans une pièce de sa façon, Polichinelle ayant reçu par la malle des nouvelles de Flandre, s'asseyait dessus pour parler au courrier; comme c'était un tour qu'on jouait à Polichinelle, et qu'au lieu de lettres il avait de l'artifice dans la malle, le feu qu'on y mit prit aux décorations de carton et de papier, brûla les meubles du jeune comédien, et la fumée pensa nous étouffer. »

Lorsque Ponteuil fut admis au Théâtre-Français, la déclamation était dans toute sa vogue. Mademoiselle Duclos avait introduit une certaine manière de dire les vers que le public avait adoptée, hors de laquelle il n'y avait pas de salut; Baron y avait bien apporté quelques légères modifications, mais sa retraite précipitée avait détruit le peu de bien que sa diction franche et pure avait produit. Malgré l'engouement que les lamentations mélodieuses de mademoiselle Duclos avaient excité, Ponteuil, qui comprenait combien cette méthode était fausse, fit tête aux obstacles, et sortit avec honneur de la lutte qu'il avait été forcé de soutenir contre l'entêtement anti-artistique de quelques-uns de ses camarades. Baron avait indiqué la voie, Ponteuil la suivit avec courage et persévérance.

L'abbé Perrin avait obtenu en 1669 un privilége pour l'établissement d'une *Académie d'opéra en musique et en vers français;* mais les soins et les dépenses que nécessitait un établissement d'une si grande importance le forcèrent à s'associer, pour la musique, avec Lambert, intendant de la musique de la reine-mère et organiste de Saint-Honoré; pour les machines, avec le marquis de Sourdéac, et pour subvenir aux frais nécessaires, avec le sieur Champeron. Aussitôt que les trois associés furent d'accord, ils firent venir du Languedoc les plus célèbres musiciens, et, dès que le théâtre bâti par eux rue Mazarine fut prêt, ils commencèrent à donner des représentations d'opéra. La foule se porta à ce nouveau théâtre; le marquis de Sourdéac voyait avec peine que les bénéfices étaient partagés, et, sous prétexte des avances qu'il avait faites, il s'empara du théâtre après avoir congédié l'abbé Perrin. Pendant que ces choses se passaient au nouveau théâtre, un homme travaillait en silence à profiter de la division qui s'était mise entre ces associés; cet homme, habile musicien, avait pris une certaine influence sur l'esprit de madame de Montespan; et par le crédit de cette maîtresse de Louis XIV, il obtint que l'abbé Perrin lui céderait son privilége moyennant une somme d'argent. Enfin, Jean-Baptiste Lully se vit bientôt maître des destinées de l'opéra. Le musicien Lambert, forcé de se retirer par ce changement, passa en Angleterre, où il mourut en 1677, surintendant de la musique de Charles II. Alors Lully s'associa avec Vigarani, l'un des machinistes les plus renommés, et transporta son théâtre au jeu de paume du Bel-Air, au mois de novembre 1672.

A cette même époque, sur la sollicitation de Lully, le roi rendit une ordonnance portant défense aux autres comédiens de se servir dans leurs représentations de plus de deux voix et de six violons. Cette défense fut cause de la brouille de Molière avec Lully, et que l'auteur du *Misanthrope* s'attacha Charpentier pour lui composer la musique de ses divertissements, musique dont Lully avait toujours été chargé auparavant.

En **1681**, les demoiselles Fontaine et Subligny débutèrent dans le ballet du *Triomphe de l'Amour* ; elles ont été les premières femmes qui aient dansé sur le théâtre de l'Opéra ; avant elles, cet emploi était rempli par des hommes déguisés en femmes, à la manière italienne.

Les costumes étaient de fantaisie et n'avaient aucun rapport avec ceux des personnages représentés; les dieux, les rois, les bergers, figuraient ornés de guirlandes de rose, et pour comble d'extravagance, les paniers étaient une partie essentielle de la parure de l'Opéra.

L'Académie royale de musique était encore à ses premiers pas, que déjà de grands talents surgissaient tout à coup ; je veux parler d'abord de mademoiselle Le Rochois, reçue pour la beauté de sa voix, en 1678. Cette comédienne parfaite était d'une taille petite et d'une beauté fort médiocre.

« Lorsque mademoiselle Le Rochois jouait le rôle d'*Armide*, elle paraissait dans le premier acte entre les deux plus belles actrices et de la plus riche taille qu'on ait vues sur le théâtre, les demoiselles Moreau et Desmâtins, qui lui servaient de confidentes. Mais dans le moment que mademoiselle Le Rochois ouvrait les bras et qu'elle levait la tête d'un air majestueux en chantant:

> Je ne triomphe pas du plus vaillant de tous ;
> L'indomptable Renaud échappe à mon courroux,

ses deux confidentes étaient, pour ainsi dire, éclipsées : on ne voyait plus qu'elle sur le théâtre, et elle paraissait seule le remplir. »

Vous avez reçu des cieux
Tout ce qui peut rendre aimable :
Une voix incomparable
Et mille dons précieux.
Mais, dans un plaisir extrême,
C'est un tourment sans égal
De trouver, quand on vous aime,
Tout Paris pour son rival.

Ces vers flatteurs de l'abbé de Chaulieu, adressés à mademoiselle Le Rochois, n'étaient pas de l'exagération de poète.

Thévenard et Dumeni occupaient les principaux rôles avec mademoiselle Le Rochois. Thévenard la basse-taille, et Dumeni la haute-contre, étaient tous deux chanteurs habiles; ils contribuèrent beaucoup aux progrès de l'opéra.

A côté de mademoiselle Le Rochois, une actrice plus célèbre encore par ses aventures scandaleuses que par ses talents se faisait applaudir par les *dilettanti* du xviie siècle.

Mademoiselle Maupin avait débuté à l'Opéra dans *Cadmus*, et le rôle de *Pallas*, qu'elle représentait avec un entrain plein de dignité, lui avait acquis les faveurs du public. Douée par la nature d'une voix fort convenable, cette actrice, qui, au rapport de la chronique, ne connaissait pas une note de musique, suppléait à l'étude par une mémoire surprenante.

Fille d'un sieur d'Aubigny, secrétaire du comte d'Armagnac, elle avait épousé, fort jeune, un nommé Maupin, de Saint-Germain-en-Laye. Ayant obtenu pour son mari une place en province, mademoiselle Maupin profita de son absence pour prendre un amant; mademoiselle Maupin, qui n'avait de femme que l'enveloppe, aimait ardemment l'exercice des armes : aussi, associant ce goût peu féminin à l'appétit des sens, elle choisit un maître d'armes pour suppléant à son mari. Ce maître d'armes s'appelait Séranne.

Oubliant donc ses promesses de fidélité conjugale, mademoiselle Maupin part pour Marseille avec sa nouvelle acquisition charnelle : à Marseille, la misère ne tarde pas à visiter nos aventuriers, qui, de faim lasse, se font chanteurs par nécessité, et s'enrôlent en cette qualité au théâtre de cette ville.

Mademoiselle Maupin ne reste pas longtemps à Marseille : une affaire scandaleuse l'oblige de déguerpir. Elle avait séduit une jeune fille, et l'avait enlevée d'un couvent après y avoir mis le feu. Condamnée à être brûlée vive, elle ne parvint à éviter l'*auto-da-fé* qu'en prenant la fuite. Plus tard, la jeune fille ayant été retrouvée, mademoiselle Maupin ne subit pas sa condamnation.

Cette femme avait des goûts dépravés, elle était vicieuse à l'instar des habitants de l'antique Sodome ; elle brûlait pour son sexe d'un amour criminel.

Habillée en homme, elle parcourt la province, et chaque jour de sa vie est marqué par une aventure plus ou moins scandaleuse.

Fatiguée de sa vie nomade, elle revient à Paris, sollicite son entrée à l'Opéra et obtient un ordre de début en qualité de chanteuse. Alors mademoiselle Le Rochois remplissait l'emploi des premiers rôles.

Dès ses débuts, mademoiselle Maupin reçoit un accueil empressé; jamais cependant la réputation de mademoiselle Le Rochois n'eut à souffrir de la vogue momentanée de notre aventurière.

Mademoiselle Maupin était extrêmement jolie, elle avait de

beaux cheveux, le nez aquilin, une bouche vermeille, des dents admirables, et une gorge parfaitement belle.

Mademoiselle Le Rochois, brune de peau et d'une figure sans distinction, possédait une taille médiocre, seulement ses yeux bien fendus étaient remplis d'expression.

Mademoiselle Maupin l'emportait donc en beauté corporelle sur mademoiselle Le Rochois; mais le talent de mademoiselle Maupin ne pouvait être comparé à celui de mademoiselle Le Rochois. Cette dernière, toujours puissante, toujours égale, captivait, par l'harmonie et l'onction de son jeu, l'esprit et le cœur, tandis que mademoiselle Maupin, le plus ordinairement, n'éblouissait que les yeux et les sens. Succès de jolie femme ne dure pas toujours.

Mademoiselle Maupin, que ses excentricités avaient déjà rendue fameuse avant son entrée à l'Opéra, devint donc l'objet de la curiosité publique; toujours prête à mettre l'épée à la main, elle eut pendant son séjour à l'Opéra vingt querelles plus ou moins sanglantes; éhontée comme une fille de joie, elle montrait assez de pudeur pour ne pas effaroucher la police; elle décolletait assez ses beautés pour se mettre bien en cour.

Au contraire, mademoiselle Le Rochois, tendre amie, d'une probité exemplaire, dévouée à ses camarades, cherchait à s'attirer l'estime de tous par des mœurs irréprochables.

« Dumeni, acteur de l'Opéra, ayant insulté mademoiselle Maupin, racontent les auteurs des anecdotes dramatiques, elle l'attendit un soir dans la place des Victoires, vêtue en homme, voulut l'obliger de mettre l'épée à la main; et, sur son refus, lui donna une volée de coups de bâton, lui prit sa tabatière et sa montre. Le lendemain, Dumeni raconta à l'Opéra son aventure, qui avait fait beaucoup de bruit; mais il la raconta avec d'autres circonstances, et se vanta d'avoir été attaqué la veille par trois voleurs dont il s'était défendu vigoureusement, mais qui lui avaient pris sa montre et sa tabatière; lorsqu'il eut fini de raconter ses bravades, mademoiselle Maupin, qui était du nombre de ses auditeurs, lui dit :

— « Tu en as menti; tu n'es qu'un lâche et un poltron : car c'est moi seule qui ai fait le coup; et voilà ta montre et ta tabatière que je te rends pour preuve de ce que je dis. »

Thévenard, aussi acteur de l'Opéra, fut également obligé de lui demander pardon, pour éviter à ses épaules une correction de bois vert. On prétend même que cet acteur, effrayé des menaces de mademoiselle Maupin, eut la précaution de se cacher pendant plusieurs semaines dans le Palais-Royal.

Mademoiselle Maupin quitte l'Opéra et devient la maîtresse de l'électeur de Bavière; mais, congédiée assez cavalièrement quelque temps après par l'inconstant électeur, la coureuse d'aventures rentre de nouveau à Paris, reparaît au théâtre et se raccommode avec le comte d'Albert, qui avait été autrefois son amant.

Mademoiselle **Maupin** aimait le comte d'Albert avec passion; lorsque le comte était au camp du maréchal de Villars, elle lui adressa les vers suivants, sous l'inspiration de Benserade; ces vers charmants auraient fait envie à l'amoureux Ovide :

> Voudrais-tu, cher amant, parmi le bruit des armes,
> Entendre le récit de mes vives alarmes;
> Et quand Mars, dans ton sein, allume ses fureurs,
> Tes yeux daigneront-ils voir une amante en pleurs?

Quel trouble, quel effroi de tout mon cœur s'empare!
Il court un bruit confus qu'un combat se prépare;
Que Bade vainement songe à se retrancher;
Qu'au milieu de ses forts Villars va le chercher.
Bruit cruel! chaque mot m'épouvante et me glace!
Le Ciel me ferait-il pressentir ma disgrâce?
Ah! je sais que pour toi la gloire a trop d'appas;
Que l'honneur aux périls précipite tes pas.
Pour un guerrier, tes yeux ont reçu trop de charmes;
Pour un amant, ton cœur aime trop les alarmes.
Le Ciel devait du moins te rendre, en te formant,
Ou moins vaillant guerrier, ou moins aimable amant
De mon sexe timide ignorant la faiblesse,
Je suis faite aux périls ainsi qu'à la tendresse.
Que ne m'est-il permis de voler après toi?
Si je suivais tes pas, je n'aurais nul effroi :
J'irais braver la mort et serais toujours prête
De m'exposer aux coups qui menacent ta tête;
Ta jeunesse, tes traits, ce teint vif, ces appas,
Ces cheveux qu'Apollon ne désavouerait pas,
Dans l'empire amoureux inévitables charmes,
Pour toi, dans les combats, sont d'inutiles armes.
Un homicide plomb, avec impunité,
Frappe sans respecter l'âge ni la beauté.
Adonis, comme toi, fut autrefois aimable;
Pour toi je crains, hélas! son destin déplorable.
Vénus entre ses bras lui vit perdre le jour ;
Je n'ai point ses attraits, mais j'ai tout son amour.
O mère des plaisirs, favorable déesse!
Toi que suivent toujours les Ris et la Jeunesse,
Je t'implore aujourd'hui. Si d'une tendre voix

J'ai quelquefois chanté la douceur de tes loix ;
Si j'ai vanté ton fils, ses traits et son empire,
Et porté dans les cœurs les flammes qu'elle inspire,
Vole, descends des cieux ; sers-toi de ces regards
Qui savent, quand tu veux, désarmer le dieu Mars.
Obtiens qu'à mon amour il ne soit pas funeste.
Mais, que dis-je, insensée? et quel espoir me reste?
En voyant cet objet de mes vœux les plus doux,
Tu serais ma rivale, et Mars serait jaloux.
Parmi tant de frayeurs, c'est toi seul que j'implore ;
Cher amant, souviens-toi que mon âme t'adore,
Que tu dois de mes pleurs faire cesser le cours ;
Qu'en exposant ta vie, il y va de mes jours.

Benserade écrivit ces vers, mademoiselle Maupin les signa. La chronique ne dit pas si Benserade composa cette lettre amoureuse pour l'amour seulement de la poésie ; mademoiselle Maupin était au moins aussi tendre que jolie, et les poètes passent rarement tout leur temps occupés par les rêves de l'esprit et du cœur ; le corps est bien pour quelque chose dans les soupirs que leur muse exhale.

Il est à présumer que le comte d'Albert, en recevant l'expression de la tendresse de mademoiselle Maupin, enjolivée par Benserade de vers aussi aimables, eût préféré de la part de sa maîtresse un peu moins de rimes et plus de raison. En amour, les absents ont souvent tort. Aussi le poète pouvait dire à l'homme de guerre, comme *don Carlos* à *Hernani* :

Partageons, voulez-vous? j'ai vu dans sa belle âme
Tant d'amour, de bonté, de tendres sentiments,
Que madame, à coup sûr, en a pour deux amants.

Mademoiselle Maupin ressentait pour le comte d'Albert une affection profonde; mais, du camp du maréchal de Villars à Paris, la distance se faisant grande, elle savait l'art de varier ses amours, en y glissant quelques légers intermèdes.

Dégoûtée ou plutôt rassasiée de ses amants, mademoiselle Maupin rappelle son mari de la province; et celui-ci, en homme complaisant et soumis, revient prendre le bât marital. Enfin, en 1705, c'est-à-dire à l'âge de 42 ans (4 ans après la mort de M. Maupin), elle forme le dessein d'abandonner le théâtre et de se convertir.

Sur les dernières années de Louis XIV, les conversions étaient à la mode; lorsque les débauches avaient usé le corps, on renonçait hautement et saintement au vice, à ses pompes et à ses œuvres. Mademoiselle Maupin, sentant ses appétits charnels diminuer, se fait dévote et se retire du monde, à l'exemple du diable du proverbe.

En résumé, des femmes comme mademoiselle Maupin font mépriser la profession théâtrale et méritent d'être flétries; tandis que des comédiennes comme mademoiselle Le Rochois font respecter le théâtre en même temps qu'elles en sont le plus bel ornement.

Sur la même scène, se faisait admirer un autre talent aussi grand que celui de mademoiselle Le Rochois, mais d'un genre tout différent : Pécourt, le danseur privilégié; Pécourt, qui avait été nommé directeur des ballets de l'Opéra, possédait à un haut degré le génie de la composition chorégraphique. Chacun des pas qu'il inventait, plein de grâce et de laisser-aller, était traduit par lui sur la scène avec une élégance et une souplesse admirables.

Pécourt était bel homme, et cette qualité, jointe à son talent, lui donna l'occasion maintes fois d'aller sur les brisées amoureuses des séducteurs de Versailles.

Le comte de C... n'avait jamais pu parvenir à se faire aimer de Ninon de l'Enclos; Ninon lui préférait Pécourt. Un jour, ce danseur avait un habit qui ressemblait assez à un nouvel uniforme que Louis XIV venait d'adopter. Le comte, le rencontrant dans les appartements de Ninon, lui demanda ironiquement sous quel drapeau il allait porter ses services, et à quel corps il était attaché. « Monseigneur, répondit Pécourt, je commande un corps où vous servez depuis longtemps. »

Autrefois, lorsqu'un acteur avait obtenu un ordre de début, on exigeait souvent que son talent se pliât à tous les emplois de la scène. Il n'était donc pas rare, après avoir assisté à une représentation d'une tragédie ou d'une comédie, de voir l'acteur chargé du principal rôle chanter, voire même danser, dans les intermèdes. Cette exigence fut conservée presque jusqu'à la fin du xviii° sièle; mais cette réunion de talents si différents était difficile à rencontrer; l'acteur courait le risque, dans la même soirée, d'entendre troubler les applaudissements prodigués à son jeu tragique ou comique par les sifflets excités par sa danse. La carrière théâtrale à cette époque ne paraissait entourée que de difficultés et d'humiliations; tandis qu'aujourd'hui, large et comprise, elle s'est placée, à l'aide de l'étude et de la civilisation, sur la même ligne où se trouvent les professions artistiques les plus estimées.

Lorsque, plus tard, la raison vint prouver qu'il était impossible à un comédien de révêtir le maillot d'un danseur, après s'être montré sous le manteau tragique, plusieurs acteurs n'en continuèrent pas moins de jouer comme par le passé. Dans les provinces surtout, soit par amour-propre, soit faute de sujets, les troupes conservèrent encore fort longtemps ce mode d'agir. Bien des fois, cela donnait lieu à des aventures fort plaisantes; grand nombre d'anecdotes ont été relatées à ce propos; j'en choisis une au hasard : la scène se passe à Paris.

Un acteur avait la manie de vouloir remplir tous les emplois; dominé par un amour-propre excessif, il s'était persuadé que le talent qu'il possédait pouvait facilement se plier aux nombreuses exigences des différents rôles. Mais malheureusement le public n'était pas de son avis, et journellement notre présomptueux était accueilli d'une façon fort peu flatteuse. Un soir que le parterre, plus mal disposé que de coutume, déchaînait contre lui toute sa mauvaise humeur, il s'avisa de vouloir le haranguer :

— Je ne sais, messieurs, dit-il, par où j'ai eu le malheur de vous déplaire ; je fais tout ce que je peux, et je me prête à tout de la meilleure volonté du monde, sans pouvoir parvenir à vous contenter : je joue dans le tragique et dans la comédie.

— Tant pis, lui répondirent plusieurs voix du parterre.

— Je joue des premiers, des seconds et des troisièmes rôles.

— Tant pis !

— Je chante dans l'opéra bouffon.

— Tant pis !

— Je danse même dans les ballets.

— Tant pis !

Le pauvre acteur était aux abois ; le malencontreux *tant pis*, d'abord prononcé par quelques voix, s'était élevé de tous les coins de la salle. Fixant alors le public avec un air d'attendrissement.

— Ingrat parterre, ajouta-t-il, tu me forceras à m'en aller!
— Tant mieux!

Et chaque raison qu'il alléguait était toujours ripostée d'un *tant pis* ou d'un *tant mieux*. A la fin, hors de lui et ne sachant plus que dire, il s'oublia jusqu'à envoyer tout bonnement le parterre se faire f.....

— Tant mieux, répondit encore un autre plaisant.

Cependant l'acteur, se tournant tout de suite par réflexion, dit fort poliment :

— Mesdames, ce n'est pas pour vous que je parle, au moins.

— Tant pis! répond une voix flûtée qui partait du fond d'une loge.

Toute cette scène semi-burlesque, semi-scandaleuse, avait été interrompue maintes fois par les risées du parterre. Malgré cela, l'acteur ainsi berné ne lâchait pas prise, ce qui fit qu'elle dura près d'un quart-d'heure. Le lendemain, cet évènement fut la nouvelle du jour, et il n'était question, dans toutes les conversations, que de cette touchante apostrophe d'*ingrat parterre*. L'épithète devint à la mode, si bien que, pendant longtemps, on ne demandait plus à la porte du théâtre un billet de parterre, mais l'on disait : Donnez-moi un *ingrat*.

Pendant les dernières années du règne de Louis XIV, l'opéra-comique acquit une extension extraordinaire; il s'était dépouillé de ce ton de grosse plaisanterie qui le confondait au nombre des *farces*. Plus tard, Lesage, d'Orneval et Fuzelier lui firent prendre une allure fine et spirituelle ; Lesage surtout, qui peut être appelé le père de ce genre aimable, si l'on ne range, dans l'acception d'opéra-comique, que les pièces où la verve de l'esprit ne se laisse pas aller à des équivoques grossières. Je ne partage pas cette opinion. Je crois plutôt que l'opéra-comique est enfant des *spectacles de la foire*. A la vérité, dans l'histoire des spectacles forains, ce genre se rencontre rarement; mais, cependant, en analysant chaque pièce qui le compose, beaucoup se font remarquer par quelques traits où la décence n'est pas sacrifiée à la saillie. Il faut donc redescendre au xiie siècle pour pouvoir comprendre la marche progressive du genre de spectacle que beaucoup d'écrivains ont attribué avec tort à Lesage. Mon intention avait été d'abord de parler des *spectacles de la foire* dans mon Étude sur les premiers temps du théâtre; mais, après mûre réflexion, ayant reconnu que ces spectacles se rattachent intimement à l'opéra-comique, et l'opéra-comique n'ayant acquis quelque importance dans l'histoire dramatique qu'à la fin du siècle de Louis XIV, j'ai cru devoir retarder ce que j'avais à en dire.

Sauval, dans ses *Antiquités de la ville de Paris*, donne des détails sur l'origine et les spectacles des foires de Saint-Germain et de Saint-Laurent. Ces détails, quoique arides, m'on paru d'un intérêt précieux; j'ai préféré transcrire en entier ce que cet auteur en a écrit, convaincu que le lecteur me saura gré de n'avoir pas sacrifié la naïveté du style de l'ancien historien à un replâtrage toujours de mauvais goût. En écrivant l'histoire, on est sujet à se tromper. Aussi, l'homme qui se consacre à ce travail, lorsque la chronique a conservé un fait dans le langage de l'époque, devrait toujours hésiter à en altérer la couleur. La citation est indispensable dans un livre de recherches: s'en abstenir, c'est faire preuve d'un amour-propre mal placé, et frustrer en même temps le lecteur ; c'est souvent remplacer un bouquet d'immortelles par un bouquet de fleurs éphémères. C'est donc Sauval qui parle. (L'auteur des *Antiquités de Paris* écrivait au commencement du xviii° siècle.)

FOIRE SAINT-GERMAIN.

« A Paris, autrefois, il y avait deux foires de Saint-Germain ; à présent, il n'y en a plus qu'une. Tout ce que je sais de la première est que, dans le xii° siècle, on l'ouvrait quinze jours après Pâques, et qu'elle durait dix-huit jours. L'abbé et les religieux en étaient propriétaires ; pour des raisons qui ne sont pas venues à ma connaissance, ils en donnèrent la moitié à Louis XII, à la charge qu'elle demeurerait toujours unie au domaine ; et, quant à l'autre moitié, bien auparavant ils en avaient fait déjà transport à Philippe-le-Hardi, durant son voyage d'outre-mer, à condition que le roi se chargerait pour eux d'une rente de quarante livres, qu'ils devaient à l'Université. Depuis cet échange, il ne se trouve aucune trace de l'ancienne foire de Saint-Germain.

« L'autre foire de Saint-Germain, qui est celle d'aujourd'hui, dure depuis près de deux cents ans. Elle fut érigée par Louis XI, en 1482, et donnée à l'abbé et aux religieux de Saint-Germain, avec franchise, huit jours durant, d'aides, de péage et autres impôts, à la réserve de ceux de vin et du pied fourché, que la chambre des comptes voulut réserver au roi, lorsqu'elle enregistra ses lettres. D'abord elle commença le premier jour d'octobre, et dura huit jours ; mais comme la foire de Saint-Denis s'ouvrait presque en même temps que finissait celle-ci, les religieux de Saint-Denis s'opposèrent à son établissement. On n'eut égard à leurs remontrances qu'en 1484, et pour lors, à leur requête, le parlement la transféra au 3 février, et la chambre des vacations au 12 novembre.

En 1485, Charles VIII la remit au 3 février; depuis, en 1491, il la divisa en deux, et permit aux religieux de Saint-Germain de l'ouvrir le lendemain de Saint-Mathias et de Saint-Martin; mais que, chaque fois, elle ne durerait que quatre jours.

En 1562, à la fin de janvier, le parlement, à cause des troubles, la remit au lendemain de *Quasimodo*, permettant néanmoins aux marchands qui avaient fait venir des draps et autres marchandises de les vendre et de les exposer à Paris depuis le 3 jusqu'au 11 février. Quelques années après cela, c'est-à-dire en 1568, à la sollicitation du cardinal de Bourbon, abbé de Saint-Germain, par arrêt du conseil privé, donné le dernier janvier, elle fut remise au 26 mars. En 1595, elle commença le lundi 6 février, veille du mardi-gras; maintenant, et depuis plusieurs années, on l'ouvre le 3 février. Pendant la ligue, on ne l'a point presque tenue. En récompense, Henri IV, en 1595, la fit durer trois semaines. Jamais elle n'en avait duré qu'une. En 1630, elle fut continuée six semaines tout entières.

« De nos jours, elle a commencé à durer deux mois. Souvent même, nous l'avons vue tenir la semaine de la Passion pour de l'argent que les marchands donnaient autrefois à l'abbé et au bailli; depuis, plusieurs fois, on l'a portée jusque-là. Depuis quelque temps, le roi dispose seul de sa durée, et la prolonge tant qu'il lui plaît; et tant qu'elle dure, il en continue la franchise, sans exiger ni même prétendre de l'argent de qui que ce soit.

« Le lieu où on la tient aujourd'hui fait partie de celui où elle se tenait au commencement ; et là était l'hôtel de Navarre, maison de plaisance des rois de Navarre, comtes d'Évreux, descendus de Philippe-le-Hardi ; car c'est sur ses ruines qu'elle fut établie. Jamais on ne l'a tenue ailleurs, qu'en 1589, qui fut aux halles, à cause des troubles, par ordre du duc d'Aumale, gouverneur de Paris, et du prévôt des marchands. Pendant plusieurs années, elle s'étendit dans un grand champ et un grand pré du voisinage, où l'on vendait du vin, des chevaux et des bêtes à pieds fourchés. Présentement il ne s'en vend plus à cette foire, et le pré, aussi bien que le champ, ont été couverts de rues et de maisons particulières. Cette foire est entre les rues Guisarde, du Four, des Boucheries, des Quatre-Vents, de Tournon et des Aveugles.

« Ce sont deux halles longues de cent trente pas, larges de cent, composées de vingt-deux travées, et couvertes d'une charpente fort exhaussée, où les gens du métier admirent quantité de traits de leur art : aussi est-elle très célèbre autant pour sa grandeur que pour sa magnificence ; car c'est peut-être le plus grand couvert qui soit au monde. Neuf rues tirées à la ligne la partagent en vingt-quatre îles, et sont bordées de tant de loges que le nombre en est surprenant. Deçà et delà, on a répandu des cours et des puits pour remédier aux accidents du feu. On apprend des anciens plans de Paris que tout était isolé autrefois ; présentement, d'un côté, à l'un des bouts, elle tient à des maisons particulières. Autour du reste règne une grande place vide, où l'on entre par trois grandes rues, savoir : celle des Quatre-Vents, celle des Boucheries, et celle que l'on nomme la rue du Four ; et de là, dans la foire, par sept autres grandes portes où ses principales rues viennent aboutir. Dans les rues les plus éloignées, les marchands en gros de draps, de serges et autres choses à peu près semblables, vendent leurs marchandises durant les huit premiers jours de la foire. Dans celles qui y tiennent, sont épars çà et là ceux qui vendent en détail des verres, de la fayence, de la porcelaine et autres menues marchandises. Mais les principales sont pleines d'orfèvres, de merciers-bijoutiers, de lingères et de peintres ou marchands de tableaux.

« Mais ce qui est de particulier à cette foire ici, et de merveilleux tout ensemble, est qu'elle est aussi fréquentée la nuit que le jour ; de sorte que, tous les jours, elle change de face deux fois si différentes, qu'il semble que ce soit deux foires et non pas la même. De jour, on dirait qu'elle n'est ouverte que pour le peuple, qui y vient en foule, et la nuit pour les personnes de qualité, pour les grandes dames ; et tous viennent là pour jouer et se divertir ; de sorte que ce lieu est moins une foire qu'un palais enchanté, où tout le beau monde se trouve assemblé comme à un rendez-vous.

« Tant que l'abbé de Saint-Germain a été régulier, lui et ses religieux conjointement ont été seigneurs et propriétaires de cette foire, et l'ont bâtie, rebâtie et entretenue de grosses et menues réparations à frais communs. Dans le siècle passé, elle échut à l'abbé, lorsqu'en exécution du concordat, les biens de l'abbaye furent partagés entre les religieux et lui. Le cardinal de Briçonnet, qui, depuis, en fut abbé, la mit en l'état que nous la voyons présentement ; il en nomma le concierge, et comme à Paris on ne laisse pas de place inutile, dans le temps que la foire ne tient pas, le concierge en loue les rues à des selliers qui y mettent leurs carrosses à couvert depuis Pâques jusqu'au 22 janvier. Avec le temps, quantité de particuliers ont acheté, du cardinal Briçonnet et de ses successeurs, abbés commendataires, toutes les loges ; de sorte que, depuis fort longtemps, il ne resta plus à l'Abbé que la seigneurie, six deniers de cens, et trois livres de rente sur chaque loge, les lots et ventes, et autres charges de peu de conséquence que ses devanciers se sont réservés. »

FOIRE SAINT-LAURENT.

« L'origine de cette foire est inconnue ; tout ce que l'on sait, est que le nom lui vient de l'église Saint-Laurent, et que la veille de Saint-Laurent on l'a toujours ouverte, depuis trois ou quatre siècles. Anciennement, elle se tenait entre Paris et le Bourget, dans une campagne de trente-six arpents, nommée le Champ-Saint-Laurent. Avec le temps, on l'a rapprochée de l'église et du faubourg, entre la fausse porte de Saint-Laurent et la fausse porte de Saint-Martin. En cet endroit-là, nous l'avons vue couvrir entièrement d'échoppes faites à la hâte, d'établis découverts, et de parcs jonchés de paille, tout une grande rue fort longue et fort large, bordée de maisons. Dans ces deux, Saint-Lazare, de toute ancienneté, a joui des droits appartenant aux propriétaires des foires ; et quand le chapitre de Notre-Dame et celui de Sainte-Opportune ont voulu les troubler, aussi bien que les Abbés de Saint-Denis et de Saint-Malgloire, en qualité de hauts-justiciers, de seigneurs et de voyers, ç'a toujours été vainement ; toujours Saint-Lazare a obtenu contre eux des sentences et des arrêts. Dès l'an 1369, les religieux de Saint-Denis ayant voulu l'entreprendre, eurent sujet de s'en repentir ; et de même les autres en 1528, 1532, 1551, 1557 et d'autres temps.

« En 1426, Henri VI, roi d'Angleterre, usurpateur de la France, confirma à Saint-Lazare la possession de la justice de cette foire, et, en cas d'opposition, il renvoya au prévôt de Paris. En 1616, le trésor permit au voyer de ce prieuré d'exiger cinq sous par toise de chaque boutique et établi assis sur le pavé. Huit ans après, il ne lui en fut adjugé que deux, et encore l'obligea-t-on, la veille de l'ouverture de la foire, de donner des alignements nécessaires pour conserver la voirie, et rendre le chemin public libre au passage des charrois et des gens de pied et de cheval.

« Quoiqu'en 1656 le duc de Mortemart, alors gouverneur de Paris, eût proposé de transporter à Paris la foire de Saint-Laurent dans un lieu fermé où les marchands et les marchandises pourraient être mis à couvert, l'affaire ayant été renvoyée par le roi et le conseil à la ville, pour avoir son avis, elle déclara que les marchands et le public recevraient bien des commodités de ce transport ; cependant, cela ne réussit pas. La requête des missionnaires eut tout autre succès en 1661 que celle du duc de Mortemart. Ayant remontré au roi que leur foire embarrassait extrêmement le faubourg, et en même temps demandé la permission de la transférer en quelque endroit de leur domaine et seigneurie, de plus, d'y faire des halles, des loges et des boutiques fermées, tant pour la commodité des marchands que pour la sûreté des marchandises, presqu'aussitôt il leur fut accordé des lettres patentes là-dessus ; les ayant renvoyées à la ville en 1662, le prévôt des marchands se transporta sur le lieu, et comme il le trouva fort commode, il ne fit aucune difficulté de donner son consentement, si bien que les lettres du roi ayant été enregistrées, les prêtres de la Mission commencèrent à bâtir leur foire, et à la mettre en l'état que nous la voyons. C'est une place de cinq ou six arpents, fort proche de Saint-Laurent, mais au delà, entre le faubourg de Saint-Laurent et celui de Saint-Denis, qui forme de grands chemins vis-à-vis Saint-Lazare et les Récollets. A l'un des bouts est un grand espace découvert (c'est ce que l'on nomme aujourd'hui le grand préau) ; le reste est entre-coupé de rues larges et tirées à la ligne, ornées de loges et de boutiques de même symétrie, claires et commodes, bâties agréablement, si bien que le tout ensemble compose un quartier propre et galant, d'ailleurs si bien situé pour une foire de Paris, qu'il ne se voit rien de semblable.

« Cette foire, en 1345, se tenait le jour de Saint-Laurent. Autrefois elle finissait quand le soleil commençait à se coucher, et à peine l'était-il, que les sergents à la douzaine du roi au Châtelet venaient fondre sur les loges, faisaient les diables à quatre et brisaient tout. Philippe de Valois eut beau défendre une telle violence, le prévôt de Paris ne s'en mettant pas fort en peine, il fallut alors que les missionnaires s'en plaignissent de nouveau au roi ; de sorte que, l'année suivante, Philippe leur accorda d'autres lettres, ratifiées depuis, en 1362, par le roi Jean.

« Maintenant on fait l'ouverture le jour de Saint-Jacques et Saint-Christophe ; le Châtelet vient prendre en corps possession de la justice haute, moyenne et basse, où ces messieurs dînent ensuite aux dépens des missionnaires de Saint-Lazare, qui leur font faire bonne chère.

« Anciennement donc, comme j'ai dit, il ne se tenait que le jour de Saint-Laurent ; avec le temps elle se tint aussi la veille, ce qui a continué jusqu'en 1616 ; depuis, elle a duré une semaine ; après, quinze jours, et même un mois presque entier ; présentement, elle dure deux mois. Apparemment, on ne se sentit point du temps de la Ligue et autres temps difficiles. Mais il est certain qu'elle ne fut point ouverte en 1668, à cause de la peste dont quelques villes des environs étaient affligées, ce qui n'empêcha pas les marchands de venir à l'ordinaire, et de faire apporter leurs machandises, qui, à la vérité, ne furent étalées que le dernier jour de décembre, par ordre du lieutenant-général de police. Outre les marchands de bijoux, les cafés et autres, on y vend depuis quelques années de la porcelaine et autres curiosités. Autrefois on n'y vendait que des pots de terre et de grès, de la faïence, des verres de fougère, du cristal et surtout de petits tambourgs ou tambourins. Cette foire finit ordinairement le jour de Saint-Michel, 29 de septembre. »

Les spectacles de la Foire acquirent bientôt une telle célébrité, qu'un grand nombre d'auteurs de mérite ne crurent pas déroger en consacrant leur talent aux amusements de la foule qui accourait de toutes parts. Peu à peu les pièces perdirent cet esprit de licence qui les caractérisait. et déjà, à la fin du siècle de Louis XIV, elles avaient subi un changement si complet qu'il aurait été presque impossible de reconnaître, sous l'allure polie et spirituelle, les grossières farces d'autrefois. De ce genre, ainsi dégagé des plaisanteries grossières qui le déparaient, naquit l'opéra-comique ; c'est-à-dire que l'opéra-comique, jusqu'alors à l'état d'embryon, prit des forces, et se plaça d'une manière convenable dans le répertoire scénique.

L'activité progressive qui se faisait remarquer, chaque jour, dans les spectacles de la Foire, avait tellement effrayé les comédiens du théâtre Français et de l'Opéra, que ceux-ci avaient sollicité et obtenu un arrêté qui défendait aux acteurs des foires Saint-Laurent et Saint-Germain de jouer autrement que par pantomime. Cet arrêté n'eut cependant pas l'effet qu'on aurait pu croire. Les acteurs de la Foire prirent le parti de jouer *à la muette*; mais, dans l'impossibilité où ils étaient d'exprimer, par des gestes, tout ce que renfermaient de piquant les pièces qu'ils représentaient, ils eurent recours à un expédient fort original : ils imaginèrent l'emploi des cartons, sur lesquels était imprimé, en gros caractères et en prose fort laconique, ce que leur jeu ne pouvait rendre. Ces cartons étaient roulés, et, au dire de la chronique, chaque acteur avait dans sa poche droite le nombre qui lui était nécessaire pour son rôle; à mesure qu'il avait besoin d'un carton, il le tirait et l'exposait aux yeux des spectateurs, et ensuite, pour ne pas faire d'erreur et arrêter ainsi la pièce, il le mettait dans sa poche gauche. Ces cartons ne furent pas goûtés du public; alors on substitua à cette prose des couplets sur des airs connus, qui, en rendant la même idée, ajoutaient à la gaîté des représentations. Ces écriteaux, lorsque le temps était venu, descendaient du plafond du théâtre au-dessus de la tête de l'acteur qui devait le chanter, tandis que ce même acteur exprimait, par ses gestes, l'esprit de ce même couplet. Pour faciliter la lecture des écriteaux, l'orchestre exécutait l'air du couplet, et des gens, gagnés par la troupe et dispersés dans toute la salle, les chantaient : et, par ce moyen, engageaient les spectateurs à les imiter. Le Théâtre-Français et l'Opéra étaient vaincus; l'arrêté obtenait sa pleine exécution, et les spectateurs prirent tellement goût à l'innocente ruse des forains, que, chaque soir, les petits théâtres Saint-Laurent et Saint-Germain retentissaient de mille voix. Les écriteaux ne cessèrent d'exister que lorsque la parole fut enfin rendue aux acteurs de la Foire.

Enfant du règne de Henri III, la Comédie-Italienne, après bien des vicissitudes de fortune, parvint enfin à se faire, sous Louis XIV, une position assez belle. Les principaux personnages de la scène italienne étaient *Arlequin, Colombine, Pantalon*, etc. Dans ces différents rôles, s'est d'abord élevé au premier rang Dominique, le fameux *Arlequin*, dont le nom fut un des piliers de la troupe.

Arlequin, sous le masque, avait le talent d'exciter le rire des spectateurs les plus sérieux; mais, à la ville, il était mélancolique. Étant allé un jour chez un fameux médecin pour le consulter sur la maladie noire dont il était attaqué, celui-ci, qui ne le connaissait pas, lui dit qu'il ne savait d'autres remèdes pour le guérir que d'aller souvent rire aux bouffonneries de maître Arlequin.

— En ce cas, je suis mort, répondit le pauvre malade, c'est moi qui suis Arlequin.

Un autre trait fera mieux connaître cet intéressant personnage de la Comédie-Italienne.

Les comédiens italiens s'étaient mis à jouer des pièces françaises; les comédiens du roi prétendirent qu'ils n'en avaient pas le droit. On dit que Louis XIV eut la fantaisie d'être le juge de ce différend : Baron se présenta pour défendre la prétention des comédiens français, et Arlequin fut envoyé par ses camarades pour soutenir celle des Italiens. Lorsque les adversaires furent en présence, après que Baron eut achevé son plaidoyer, Arlequin dit au roi :

— Sire, comment parlerai-je?

— Parle comme tu voudras, répondit Louis XIV.

— Il n'en faut pas davantage, dit Arlequin; j'ai gagné ma cause.

On assure que cette décision, quoique obtenue par subtilité, eut son effet, et que, depuis, les comédiens italiens jouèrent des pièces françaises.

Dans le même emploi se sont distingués aussi Angelo Constantini et Gherardi, qui se montrèrent les dignes successeurs de Dominique.

Catherine Biancolelli, fille du célèbre Dominique, paraissait alors sous les traits de la piquante *Colombine*. Tandis que l'emploi du toujours dupe *Pantalon* était tenu par des acteurs dont la franchise de jeu se trouvait en rapport avec la manière large de leurs camarades.

La troupe italienne marcha donc dans une voie progressive, comblée de faveurs et d'argent. En **1680**, à la réunion des différentes troupes françaises en une seule, Louis XIV les autorisa à jouer à l'hôtel de Bourgogne. Cet état de prospérité dura pendant dix-sept ans sans interruption ; mais, en **1797**, la fortune se montra tout à coup infidèle à ses favoris. D'Argenson, lieutenant-général de police, se transporta à onze heures du matin à ce théâtre, fit apposer les scellés sur toutes les portes, et défendit, au nom du roi, aux acteurs, de continuer leurs spectacles, sa majesté ne jugeant pas à propos de les garder plus longtemps à son service. Le véritable motif de cette décision royale n'a jamais été bien connu; on prétendit dans le temps que la comédie de la *Fausse prude*, dans laquelle on jouait madame de Maintenon, avait provoqué cette disgrâce.

Pendant ce temps, le théâtre revêtait une forme plus noble, prenait une allure plus dégagée, et se recommandait par ses études, par ses mœurs et par son industrie, si je puis m'exprimer ainsi. En effet, jusqu'au commencement du xvii° siècle, l'état tout à fait impolicé dans lequel vivait le comédien ne pouvait guère être un titre de considération et d'honneur ; saltimbanque plutôt qu'acteur, énergumène plutôt que comédien, la vie de cet homme s'écoulait le plus souvent dégradée et orgiaque : les passions toujours désordonnées et libertines qu'il était chargé de reproduire s'incrustant profondément dans une nature le plus souvent brutale et insusceptible de compréhension.

Avant d'entrer dans l'appréciation du nouveau siècle qui s'ouvre devant nous, insouciant, sceptique et bariolé comme une étoffe de carnaval, un dernier coup d'œil sur la grande époque qui vient de finir :

Pendant les dernières années de Louis XIV, il s'était glissé dans les mœurs un esprit de jésuitisme et de mauvaise foi ; toutes les passions vicieuses avaient revêtu un costume plus modeste, mais non moins galant.

—Il faut, disait hautement le maréchal de Villeroi, peu après gouverneur de Louis XV, répétant en français un proverbe italien, il faut tenir le pot de chambre aux ministres tant qu'ils sont en place, et le leur verser sur la tête quand ils n'y sont plus.

Il ajoutait :

— Quelque ministre qui vienne en place, je déclare d'avance

que je suis son serviteur, son ami, et même un peu son parent.

L'annotateur des mémoires de Dangeau, à propos de la mort du prince Philippe, arrivée le 27 septembre 1693, cite un trait de vanité féodale d'une impudence incroyable :

« Ce prince, dit-il, grand escroc et grand débauché, mourut fort promptement. On moralisait là-dessus en présence de la maréchale de Meilleraye, avec grand doute de son salut.

« — Je vous assure, dit la maréchale fort sérieusement, qu'à des gens de cette qualité-là, Dieu y regarde bien à deux fois pour les damner. »

Les femmes, surtout, faisaient parade du dévergondage le plus effronté. Galantes et joueuses, elles savaient jeter sur les vices qu'elles prédilectaient le parfum d'une coquetterie aimable et séduisante. Il fallait au moins ces petits dédommagements pour faire fermer les yeux sur certaines imperfections morales.

Maintenant, voici le portrait de ces dames, avec toute la richesse des détails et toute la variété du coloris. — C'est La Bruyère qui parle.

« Roscius entre sur la scène de bonne grâce : oui, *Lélie*; et j'ajoute encore qu'il a les jambes bien tournées, qu'il joue bien, et de longs rôles ; et que pour déclamer parfaitement, il ne lui manque, comme on le dit, que de parler avec la bouche ; mais est-il le seul qui ait de l'agrément dans ce qu'il fait? et ce qu'il fait, est-ce la chose la plus noble et la plus honnête que l'on puisse faire? Roscius, d'ailleurs, ne peut être à vous, il est à un autre ; et quand cela ne serait pas ainsi, il est retenu : *Claudie* attend, pour l'avoir, qu'il se soit dégoûté de *Messaline*. Prenez *Bathylle*, Lélie : où trouverez-vous, je ne dis pas dans l'ordre des chevaliers que vous dédaignez, mais même parmi les farceurs, un jeune homme qui s'élève si haut en dansant, et qui fasse mieux la cabriole? Voudriez-vous le sauteur *Cobus,* qui, jetant ses pieds en avant, tourne une fois en l'air avant que de tomber à terre? Ignorez-vous qu'il n'est plus jeune? Pour Bathylle, dites-vous, la presse y est trop grande, et il refuse plus de femmes qu'il n'en agrée. Mais vous avez *Dracon,* le joueur de flûte; nul autre de son métier n'enfle plus décemment ses joues en soufflant dans le hautbois ou le flageolet: car c'est une chose infinie que le nombre des instruments qu'il fait parler; plaisant d'ailleurs, il fait rire jusqu'aux enfants et aux femmelettes. Qui mange et qui boit mieux que Dracon en un seul repas? Il enivre toute une compagnie, et se rend le dernier. Vous soupirez, Lélie : est-ce que Dracon aurait fait un choix? ou que malheureusement on vous aurait prévenue? se serait-il enfin engagé à *Césonie,* qui l'a tant connu, qui lui a sacrifié une si grande foule d'amants, je dirai même toute la fleur des Romains? A Césonie, qui est d'une famille patricienne, qui est si jeune, si belle et si sérieuse. Je vous plains, Lélie, si vous avez pris, par contagion, ce nouveau goût qu'ont tant de femmes romaines pour ce qu'on appelle des hommes publics, et exposés par leur condition à la vue des autres. Que ferez-vous, lorsque le meilleur en ce genre vous est enlevé! Il reste encore *Bronte* le questionnaire : le peuple ne parle que de sa force et de son adresse; c'est un jeune homme qui a les épaules larges et la taille ramassée; un nègre d'ailleurs, un homme noir. »

La Bruyère parle aussi des dames qui, pendant l'été, dirigeaient leur promenade sur les bords de la Seine, pour jouir du spectacle des baigneurs :

« Tout le monde connaît cette longue allée qui borde et qui resserre la Seine, du côté où elle entre à Paris avec la Marne qu'elle vient de recevoir. Les hommes s'y baignent au pied, pendant les chaleurs de la canicule; on les voit de fort près se jeter dans l'eau, on en voit sortir; c'est un amusement. Quand cette saison n'est pas venue, les femmes de la ville ne s'y promènent pas encore; et, quand elle est passée, elles ne s'y promènent plus. »

On lit dans le *Ménagiana*, à ce sujet :

Les éventails à jour que les femmes portent quand elles vont à la porte Saint-Bernard pour prendre le frais sur le bord de la rivière, et, par occasion, pour voir les baigneurs, s'appellent des *lorgnettes*. Le temps de bains, dans certains almanachs, se nomme la *culaison*. »

« Les joueuses, dit Lemontey, en se quittant, prononçaient une formule par laquelle on se faisait un don réciproque de ce qui aurait pu, dans la partie, ne pas être légitimement gagné. Cet art de frauder Dieu, pratiqué par tant de pieuses harpies jusque dans les cabinets de madame de Maintenon, m'a paru le trait le plus éminemment caractéristique.

« La tolérance alla plus loin encore : des bandits, que nous ferions chasser de nos antichambres, jouissaient d'honorables familiarités. Les Pomenars, les Charnacé, les Falari, poursuivis pour des crimes ignominieux, tels que le vol et la fausse monnaie, étaient, à la faveur d'un nom connu et d'un cynisme amusant, admis et fêtés dans les compagnies les plus hautes et les plus précieuses. »

La dévotion était devenue une mode à la cour, depuis que les femmes se rendaient en foule aux églises. Mais, comme elles ne sacrifiaient rien qu'à la mode, elles ne crurent pas devoir apporter de modifications dans leurs costumes mondains ; elles portaient les bras, les épaules et la gorge entièrement nus, et cette indécence fut poussée jusqu'à un tel degré, que plusieurs curés déclamèrent en chaire contre les femmes qui, pendant l'office divin, faisaient ainsi abnégation de toute pudeur.

Les princes et les princesses ne communiaient qu'avec des hosties choisies : ils auraient repoussé une hostie ordinaire, comme une chose indigne d'eux.

« Madame la dauphine fit ses pâques à la paroisse, lit-on dans les mémoires de Dangeau ; il arriva une chose extraordinaire : c'est qu'il y eut deux consécrations, parce qu'on avait oublié d'abord de présenter l'*hostie choisie* pour la communion de madame la dauphine. »

De pareils faits prouvent toute la sincérité des sentiments religieux de la fin du règne de Louis XIV.

Dulaure cite, dans son histoire de Paris, une lettre écrite par un Sicilien à un de ses amis, et datée de Paris du 20 août 1692, qui renferme des détails fort intéressants. J'ai cru devoir en extraire les passages suivants ; tout en formant une esquisse assez large des mœurs et des habitudes du siècle de Louis XIV, ils feront excuser les quelques débauches dont les colporteurs d'anecdotes scandaleuses se sont toujours plu à parer la vie de théâtre.

« Ce n'est pas exagérer de dire que tout Paris est une grande hôtellerie ; on voit partout des cabarets et des hôtes, des tavernes et des taverniers ; les cuisines fument à toute heure, parce qu'à toute heure on mange. Les tables sont abondantes ; les Parisiens ne mangent jamais seuls ; ils aiment à boire de petits coups, mais souvent; et ils ne boivent jamais qu'ils n'invitent leurs convives à faire de même. Le même peuple ne s'enivre que les jours de fête qu'il ne fait rien ; mais il travaille les jours ouvriers avec assiduité. il n'y a pas un peuple au monde plus industrieux et qui gagne moins, parce qu'il donne tout à son ventre, à ses habits, et cependant il est toujours content.

« Le luxe est ici dans un tel excès, que qui voudrait enrichir trois cents villes désertes, il lui suffirait de détruire Paris. On y voit briller une infinité de boutiques où l'on ne vend que des choses dont on n'a aucun besoin ; jugez du nombre des autres où l'on achète celles qui sont nécessaires.

« Quoiqu'il ne pleuve pas, on ne laisse pas de marcher souvent dans la boue ; comme l'on jette toutes les immondices dans les rues, la vigilance des magistrats ne suffit pas pour les faire nettoyer. Cependant les dames ne vont plus qu'en mules. Autrefois, les hommes ne pouvaient marcher à Paris qu'en bottines. Un Espagnol, les voyant en cet équipage le jour de son arrivée, demanda *si toute la ville* partait en poste.

« Les femmes aiment ici les petits chiens avec une passion extrême, et elles les caressent avec autant de tendresse que s'ils étaient de la race du chien qui suivit Tobie. Les chiens de Boulogne passent présentement pour laids et insupportables. On ne caresse plus que ceux qui ont le museau de loup et les oreilles coupées ; plus ils sont difformes, plus ils sont honorés de baisers et d'embrassements. Les femmes ont aussi le privilége de commander à leurs maris et de n'obéir à personne... Il y en a qui écrivent et qui font des livres ; les plus sages font des enfants, les plus pieuses consolent les affligés, les plus sobres mangent par jour autant que les musulmans font oraison, étant la coutume du pays de saluer le soleil levant le pain à la main.

« Il y en a quelques-unes qui, en sortant de la maison, oublient de fermer la porte, au mépris des voleurs, parce qu'elles portent sur elles tout leur patrimoine.

« Les plus nobles traînent par derrière une longue queue d'or ou de soie, avec laquelle elles balaient les églises et les jardins. Elles ont toutes le privilége d'aller masquées en tout temps, de se cacher et de se faire voir quand il leur plaît; et avec un *masque de velours noir,* elles entrent quelquefois dans les églises comme au bal et à la comédie, cachées à Dieu et à leurs maris.

« Les plus belles commandent en reine à leurs maris comme à des sujets, à leurs amants comme à des esclaves : elles ne savent ce que c'est que donner le lait à leurs enfants.

« Elles donnent et reçoivent facilement de l'amour; mais on n'aime ni longtemps ni assez… On ne voit presque jamais ici de jaloux, rarement un homme qui se croit malheureux pour l'infidélité de sa femme et très rarement une fille qui sacrifie à Diane, déesse de la chasteté.

« Le baiser qui, en Turquie, en Italie et en Espagne, est le commencement de l'adultère, n'est ici qu'une simple civilité… On ne fait point de visites où l'on ne mêle des baisers.

« L'adultère y passe pour une galanterie, même dans l'esprit des maris, qui voient tranquillement faire l'amour à leur femme.

« Les tailleurs ont plus de peine à inventer qu'à coudre, et quand un habit dure plus que la vie d'une fleur, il paraît décrépit. De là est né un peuple de fripiers qui font profession d'acheter et de vendre de vieux haillons et des habits usés. Ils vivent splendidement en dépouillant les uns et les autres ; commodité assez singulière dans une ville très peuplée, où ceux qui s'ennuient de porter longtemps le même habit trouvent à le changer avec une perte médiocre, et où les autres qui en manquent ont le moyen de s'habiller avec une petite dépense.

« La civilité est plus étudiée en France que dans le royaume de la Chine; on la pratique avec beaucoup d'agrément parmi les personnes de qualité; les bourgeois y mêlent de l'affectation, et le peuple s'en acquitte grossièrement; chacun en fait un art à sa mode... *On trouve des maîtres qui montrent les cérémonies...* Une femme assez bien faite s'offrit de me *vendre des compliments*, et de me les donner à bon marché. Cette femme va dans les maisons, déploie sa marchandise, et gagne de quoi vivre.

« Tout le monde s'habille avec beaucoup de propreté; les rubans, les miroirs et les dentelles sont trois choses sans lesquelles les Français ne peuvent vivre... Le luxe démesuré a confondu le maître avec les valets, et les gens de la lie du peuple avec les personnes les plus élevées. Tout le monde porte épée...

« Les hommes ne portent point de barbe ni leurs propres cheveux, et ils couvrent avec beaucoup de soin les défauts des années, ce qui leur donne une jeunesse perpétuelle. Depuis que la perruque a été reçue, les chevelures des morts et celles des femmes se vendent cher.

« Il n'y a pas de peuple plus impérieux et plus hardi. Les Parisiens se sont donné eux-mêmes le bruit de ne rien faire le soir de ce qu'ils ont promis le matin; ils disent que, les seuls au monde, ils ont le privilége de manquer de parole, sans craindre de ne rien faire contre l'honnêteté.

« Pendant le carême, le peuple court le matin au sermon avec une grande dévotion, et l'après-dîner à la comédie, avec le même empressement..... Le peuple fréquente les églises avec piété; les marchands vont demander à Dieu quelque négoce prospère. Il n'y a que les nobles et les grands qui y viennent pour se divertir, pour parler et faire l'amour, et l'on voit quelquefois des hommes qui y entrent avec des bottes.....

« On vend toutes sortes de choses, excepté l'art de garder un secret. Les Français disent que c'est la profession d'un confesseur.

« Les solliciteurs, les charlatans, les joueurs et les laquais sont des plus beaux ornements de Paris.

« Je n'ai jamais vu tant d'abbés, et qui portent plus volontiers l'habit court, le petit collet et la perruque blonde. En vérité, ils sont l'ornement de Paris et des dames affligées; comme ils ont l'esprit galant, leur conversation est plus agréable et plus souhaitée.....

« Ce qu'on trouve ordinairement à Paris, sont quantité de paroles données qu'on ne tient pas, de grâces reçues qu'on se fait un plaisir d'oublier, plusieurs fous dans les rues et quelques-uns d'enfermés; mais ce qu'on voit rarement, c'est la modestie, c'est la sagesse, ce sont les gens oisifs, des personnes sobres, et des hommes qui aient vieilli. Il est très rare de trouver des timides et des scrupuleux : mais ce qu'on n'y voit jamais et ce qu'on souhaiterait avec plus d'ardeur, c'est le repos, le secret et un ami véritable. »

Avant de laisser tomber le coin du voile que j'ai cru devoir soulever dans l'intérêt historique, je placerai ici une dernière citation; elle est extraite d'une lettre de madame de Maintenon:

« Je ne suis point sortie de la méfiance, et j'aurais vécu longtemps sans croire les hommes aussi mauvais qu'on le dit; mais la cour change les meilleurs... Presque tous noient leurs parents, leurs amis, pour dire un mot de plus au roi, et pour lui montrer qu'ils lui sacrifient tout. Ce pays est effroyable, il n'y a point de tête qui n'y tourne. Je vois, j'entends des choses qui me plaisent ou qui m'indignent. Nous avons des assassinats de sang-froid, des envies sans sujets, des rages, des trahisons sans ressentiments, des avarices insatiables, des désespoirs au milieu du bonheur, des bassesses qu'on honore du nom de grandeur d'âme. Je me tais, je n'y puis penser sans emportement. »

On peut donc comparer le siècle de Louis XIV à un magnifique vaisseau dont les mâtures s'élèvent, majestueuses, vers le ciel. Le vaisseau fend l'onde, et semble s'enorgueillir de la riche cargaison qu'il porte dans ses flancs. Le service du bord s'y fait avec une ponctualité scrupuleuse. A la voix du capitaine, chatoyante quelquefois, toujours impérieuse, l'équipage s'empresse d'obéir. A mesure que le vaisseau avance, il se décore de nouveaux ornements. L'œil se plaît à le suivre dans sa marche légère et progressive, et, en le voyant, la pensée s'élargit, s'élève à la taille du beau navire, et rêve un avenir de gloire. Mais le prestige dont s'enveloppe le vaisseau comme dans un nuage d'éclairs disparaît tout à coup devant le regard de l'analyste. Sous le pont, tout couvert de brillants oripeaux, se cachent les misères du cœur; à côté de l'éclat, de la noblesse et de l'opulence, se traînent la pauvreté et l'ignominie. Si quelques hommes portent le regard haut et fier, la foule qui les entoure, compacte et dégradée, s'occupe à gueuser quelques faveurs ou à pleurer de rage. La bassesse se drape dans un manteau de courtisan; toutes les passions bonnes du cœur sont étouffées par le contact des passions du cerveau, comme la tige du bon grain sous l'embrassement parasite de l'ivraie. L'honneur est un luxe populaire, et l'amour une erreur des sens. Mais, qu'on ferme les yeux ; que la pensée oublie un moment sa rigidité, et sur l'horizon se dessine encore, à travers une brume vaporeuse, le beau navire pavoisé que l'analyse avait dépoétisé.

Il en est ainsi du siècle de Louis XIV.

Au premier abord, le siècle de Louis XIV éblouit et produit sur l'esprit le prestige de l'admiration ; tous les évènements paraissent gigantesques ; mais bientôt le prestige perd de sa force, et le grand siècle se découvre avec ses infirmités et ses petitesses. Cependant, jamais siècle n'a enfanté plus de chefs-d'œuvre, jamais page d'histoire ne fut remplie d'un plus grand nombre de noms célèbres ; le xviie siècle fut un siècle de prédilection. L'abbé Maury, le jour de sa réception à l'Académie française, le 1er janvier 1785, a rassemblé avec une heureuse simplicité toutes les gloires qui entouraient le trône de Louis XIV, brillantes comme un groupe d'étoiles.

« Ce monarque, dit-il, eut à la tête de ses armées, Turenne, Condé, Luxembourg, Catinat, Boufflers, Créqui, Montesquiou, Vendôme et Villars ; Château-Renaud, Duquesne, Tourville, Duguay-Trouin, commandaient ses escadres ; Colbert, Louvois, Torcy, étaient appelés à ses conseils ; Bossuet, Bourdaloue, Massillon, lui annonçaient ses devoirs. Son premier sénat avait Molé et Lamoignon pour chefs, Talon et d'Aguesseau pour organes ; Vauban fortifiait ses citadelles, Riquet creusait ses canaux, Perrault et Mansard construisaient ses palais ; Puget, Girardon, Le Poussin, Le Sueur et Le Brun les embellissaient ; Le Nôtre dessinait ses jardins; Corneille, Racine, Molière, Quinault, La Fontaine, La Bruyère, Boileau, éclairaient sa raison et amusaient ses loisirs; Montausier, Bossuet, Beauvilliers, Fénelon, Huet, Fléchier, l'abbé Fleury, élevaient ses enfants. C'est avec cet auguste cortége de génies immortels que Louis XIV, appuyé sur tous ces grands hommes, qu'il sut mettre et conserver à leur place, se présente aux regards de la postérité. »

Retranchez ces noms du siècle de Louis-le-Grand, et vous ne trouverez plus qu'un roi, faible et libertin dans la jeunesse, orgueilleux et débauché dans l'âge mûr, dévot et sans volonté dans la vieillesse.

Placé entre le père Letellier et le père Lachaise, ces deux prêtres orgueilleux, Louis XIV, sur les dernières années de sa vie, associé à l'ordre des jésuites, prétendait éteindre par l'hypocrisie le libertinage qui régnait à la cour. Dès lors, le langage fut moins éhonté; mais les mœurs, sans cesser d'être libertines, se firent un masque d'une dévotion de parade, et dont le cerveau faisait tous les frais.

Si Molière eût succombé trente ans plus tard, les courtisans du *jésuite* Louis XIV se fussent *peut-être* donné le plaisir de récompenser le moraliste en l'enfermant à la Bastille.

FIN DU PREMIER VOLUME.

TABLE NOMINATIVE

PAR ORDRE ALPHABÉTIQUE

Des Comédiens, Musiciens et Auteurs mentionnés dans le premier volume de l'Histoire du Théâtre en France.

COMÉDIENS ET MUSICIENS.

Angelo Constantini.
Baron.
Baron (Mlle).
Baron (Michel).
Baron (Etienne).
Bary.
Beauval.
Beauval (Mlle).
Beauchâteau.
Beauchâteau (Mlle).
Beaupré.
Beaupré (Marotte).
Bejart.
Bejart (Madeleine).
Bejart (Armande-Gresinde).
Bellerose.
Bertrand Haudrin (dit Guillot Gorju).
Biancolleli (Catherine).
Brécourt (Guillaume-Marcoureau).
Cambert.
Champmeslé.
Champmeslé (Marie).
Charpentier.
Dancourt.
Dancourt (Mlle).
Dancourt (Manon).
Dancourt (Mimi).
De Brie.
De Brie (Mlle).
De Croisac.
D'Ennebaut (Mlle).
Desmares (Nicolas).
Desmares (Charlotte-Antoinette).
Des OEillets (Mlle).

Des Urlis (Catherine).
Dominique.
Dorimont.
Duclos (Marie-Anne de Châteauneuf).
Du Croissy (Philibert Cassaud).
Du Fresne.
Dulaurier (dit Bruscambille).
Dumeni.
Du Parc.
Du Parc (Mlle).
Du Rocher (St-Georges).
Floridor (Josias de Soulas de).
Gherardi.
Gros-Guillaume (Robert Guérin).
Guerin d'Etriché.
Hauteroche.
Hubert.
Hugues Gueru (Gaultier Garguille).
Jeliotte.
Lafleur (Juvenon de).
La Grange (Charles Varlet de).
Laroque.
La Thuillerie.
L'Epy (Julien de, dit Jodelet).
Le Rochois (Marie).
La Thorillière (Lenoir de).
La Thorillière (Pierre Lenoir de).
Le Grand.
Lully.
Maupin (Mlle)
Mezzetin.
Mondor.
Mondorge.
Mondori.

438 TABLE.

Molière (Jean-Poquelin).
Montfleuri (de).
Poisson (Raymond).
Ponteuil (Nicoles-Étienne Le Franc).
Ragueneau.
Ragueneau (Marie).
Raisin (Jacques).
Raisin (Jean-Baptiste Siret).

Rosimond.
Sallé.
Scaramouche.
Tabarin.
Thévenard.
Trivelin.
Turlupin (Henri Le Grand)
Villiers (de).

AUTEURS.

Aimé Martin.
Ancelot.
Arioste.
Arouet de Voltaire.
Bachaumont.
Balzac.
Baron.
Bayle.
Beffara.
Belin (Jules).
Benserade.
Bernier.
Beys.
Binet.
Boccace.
Boileau.
Boisrobert.
Bossuet.
Bouché.
Bouchet (Jéhan).
Bouhours.
Bourdaloue.
Boursault.
Boyer.
Brossette.
Brueys.
Buffon.
Bussy-Rabutin.
Cailhava.
Campan (Mme).
Campistron.
Chapelle.
Chapelain.
Chapuzeau.
Chaulieu (Abbé de).
Cizeron-Rival.
Corneille (Pierre).
Corneille (Thomas).
Cotin (l'abbé).
Cyrano de Bergerac.
Dacier (Mme).
D'Allainval.
Dancourt.
Dangeau.
Dante.
Dassoucy.
De Beauchamp.
De la Motte.
De la Rue (Père).
De la Suze (Mme).

De Rochemont.
Descartes.
De Scudéri (Mlle).
Deshoulières (Mme).
Desmarets.
De Tralage.
De Trissart.
De Visé.
Dolce (Ludovico).
Dorneval.
Dryden.
Ducange.
Dufresny.
Dulaure.
Du Ryer.
Du Tillet.
Du Verdier.
Euripide.
Fénelon.
Fléchier.
Fleury (L'abbé).
Fontenelle.
Froissart.
Furetière.
Fuzelier.
Gacon.
Garnier (Robert).
Gassendi.
Grimarest.
Grimm.
Gringore (Pierre).
Guéret.
Gui-Patin.
Hardy (Alexandre).
Hesnaut.
Jean de Notre-Dame (Nostradamus).
La Beaumelle.
La Bruyère.
La Fontaine (Jean de).
La Grange Chancel.
La Mare.
La Monnoye.
Larochefoucault.
La Rue (Abbé de).
La Vallière (Duc de).
Le Boulanger de Chalussay.
Le Grand.
Lemazurier.
Lemontey.
Lesage.

Linière.
Longchamps (Abbé de).
Longepierre.
Lope de Vega.
Loret.
Magnin.
Mairet.
Malherbe.
Marigny.
Massieu (Abbé).
Massillon.
Maury (L'abbé).
Ménage.
Ménandre.
Michel (Jéhan).
Molière (Jean-Baptiste Poquelin).
Montaigne.
Montesquieu.
Montfleury (de) fils.
Nicot.
Palaprat.
Parasols.
Parfait (Les frères).
Pasquier (Etienne).
Péchantré.
Pelisson.
Pellegrin (Abbé).
Perrin.
Pétrarque.
Platon.
Plaute.
Perrault.
Piron.
Poinsinet.

Pradon.
Quinault.
Racan.
Racine (Jean).
Racine (Louis).
Rees.
Riccoboni.
Robinet.
Rotrou.
Rousseau (Jean-Baptiste).
Roze.
Sainte-Beuve.
Saint-Evremont.
Saint-Pierre (Abbé de).
Saint-Simon.
Sarrasin.
Sauval.
Scudéry.
Segrais.
Senecé.
Sévigné (Mme de).
Shakspeare.
Sibilet (Thomas).
Simonnin.
Somaise.
Tallemant des Réaux.
Térence.
Théophile.
Théophraste.
Tirto de Molina.
Voiture.
Vaugelas.
Vigneul de Marville.
Warton.

FIN DE LA TABLE.

A Gabriel del et direx

Lekain

Imprimé par Lemarchand

A. Gabriel del. et direx.

Baron

Imprimé par Puchot.

M.elle Bourgoin

Imprimé par Lemarchand.

Mlle Adrienne Lecouvreur.

Imprimé par Pichot.

www.ingramcontent.com/pod-product-compliance
Lightning Source LLC
Chambersburg PA
CBHW070540230426
43665CB00014B/1755